JN430580

초보자를 위한 홈 소잉 결정판

사카우치 쿄코 지음 | 김수연 옮김

한스미디어

Contents

·Sewing Basic Technique·

봉제의 기초

원단

원단을 알아보고 원단 다루는 법부터 익혀볼까요?

봉제를 처음 접하는 사람이라면 그다지 두껍지 않은 코튼 소재의 원단을 추천합니다. 두꺼운 데님 원단이나 스트레치성이 있는 원단, 비칠 정도로 얇은 원단 등은 다루는 데 요령이 필요하므로 봉제에 익숙해지고 나서 도전해보세요.

원단의 부분 명칭

세로 올 방향

원단의 식서와 평행이 되는 올(날실) 방향입니다. 실을 팽팽하게 펴서 원단을 짜기 때문에 가로 올에 비해 잘 늘어나지 않습니다.

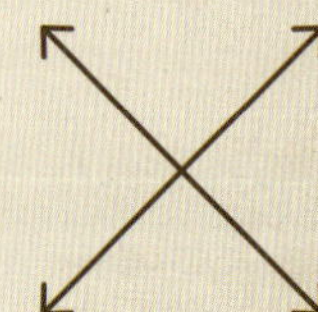

바이어스

영어로 '비스듬한'이라는 의미를 가진 바이어스는 봉제에서는 올 방향에 대각선인 방향을 말합니다. 올 방향 45° 방향은 '정바이어스'라고 하며 올이 잘 풀리지 않고 잘 늘어나는 각도입니다.

식서(셀비지)

올이 풀리지 않게 짜여 있는, 원단의 양 끝부분을 말합니다.

가로 올 방향

직조 원단은 날실에 씨실을 교차시켜서 짠 것으로, 가로 올 방향은 씨실의 방향을 말합니다.

식서

원단 폭

원단 가로 올 방향의 식서에서 식서까지의 길이를 말합니다. 원단 폭은 90㎝, 110㎝, 140㎝ 등 원단마다 다르고, 폭에 따라 필요한 원단의 양도 달라지므로 주의해야 합니다.

원단 소재와 특성

천연 섬유

코튼

흡수성과 흡습성이 우수하며 열에도 강하고 튼튼합니다. 물론 세탁도 간편합니다.

리넨

흡습성과 발산성이 뛰어나 청량감을 주는 원단으로, 천연 섬유 중에서 가장 강하며 얼룩도 제거하기 쉽습니다.

실크

부드럽고 광택이 있는 원단으로, 물에 젖으면 감촉이 바뀌므로 되도록 물세탁은 피합니다.

모직

보온 효과가 뛰어나고 물이 잘 스며들지 않으며, 구김도 잘 생기지 않습니다.

화학 섬유

레이온

실크와 비슷하게 만든 원단으로, 흡습성과 흡수성이 뛰어납니다. 물에 젖으면 변형되거나 얼룩이 남는 경우도 있습니다.

폴리에스테르

구김이 잘 생기지 않는 튼튼한 원단입니다. 물기가 빨리 마르나, 흡수성은 낮습니다. 다림질할 때는 헝겊을 덮어 저온으로 다립니다.

나일론

탄력성이 있으며 구김이 잘 생기지 않는 원단입니다. 햇빛을 받으면 변색될 수 있으므로 그늘에서 말립니다.

봉제를 배울 때
기초적으로 알아야 할 항목들을 소개합니다.
자세한 설명은 Lesson 1(p.7~40)을 참고하세요.

패턴

**패턴을 만들 때 알아야 할 기본 요령입니다.
생각보다 어렵지 않으니 잘 익혀두세요.**

원단을 재단하고자 하는 형태로 제도한 옷본을 '패턴'이라고 합니다. 옷이나 소품을 만들 때 완성된 모습을 결정짓는 중요한 역할을 하는데, 초보자는 실물 크기 패턴이 있는 작품부터 해보는 것이 좋습니다.

1. 패턴 베끼기

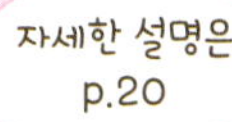

실물 크기 패턴 중에서 만들고자 하는 작품과 사이즈를 선택합니다. 패턴 위에 부직포 패턴지처럼 비치는 종이를 겹쳐놓고, 방안자를 사용해 선을 베낍니다.

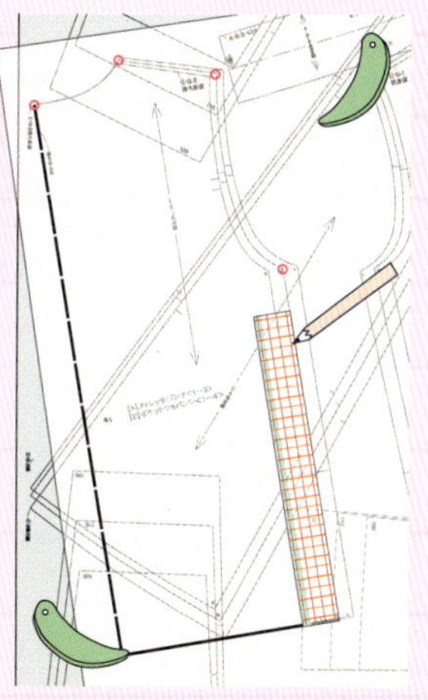

선과 기호의 의미

- 골선
- 완성선
- 식서 방향

2. 시접 넣기

자세한 설명은
p.20~21

패턴을 베끼고 나면 재단 배치도(How to make 페이지 참고)에 지정된 시접을 표시합니다. '시접 없이 재단' 혹은 '0'이라고 표기된 부분에는 시접을 넣지 않습니다.

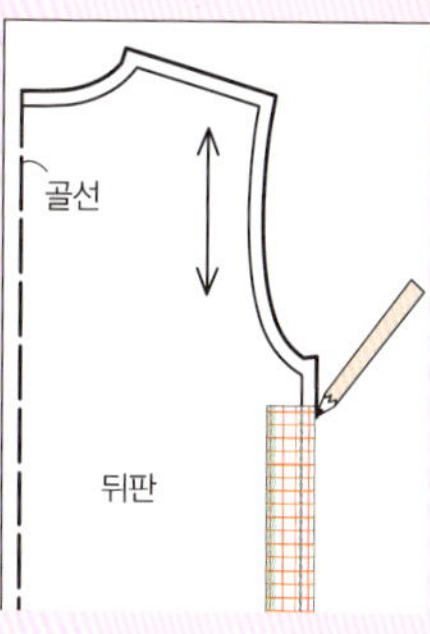

3. 재단하기

자세한 설명은
p.22

원단 위에 시접을 넣은 패턴을 겹친 다음 패턴에 맞춰서 재단합니다.

'골선'이란?

패턴에 표시된 '골선'은 원단을 접었을 때 생긴 접음선에 맞추면 됩니다.

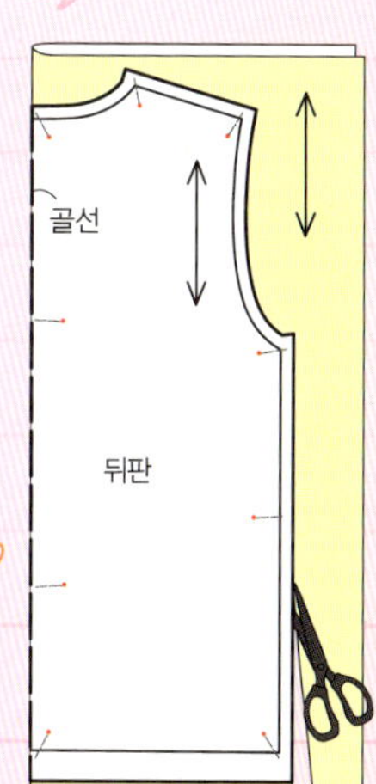

4. 표시하기

자세한 설명은
p.24~26

재단을 마치면 패턴을 제거하지 않은 상태에서 원단 사이에 초크 페이퍼를 끼우고, 룰렛으로 중심과 모서리, 맞춤점, 다트, 턱 등의 기호를 원단에 표시합니다.

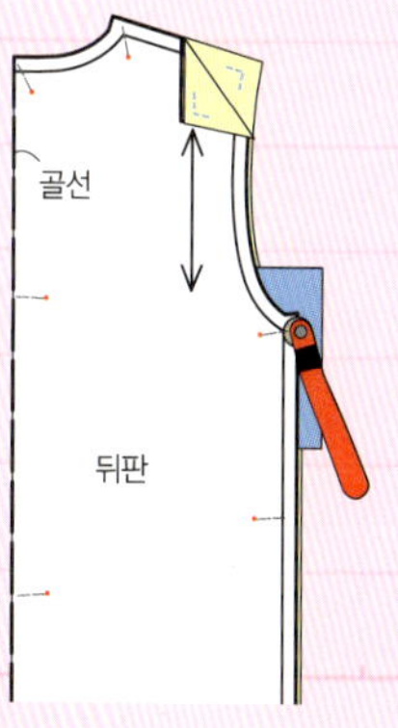

봉제

봉제를 시작하기 전에 알아두어야 할 기초 지식

봉제할 때 자주 등장하는 봉제 관련 용어들을 정리했습니다.

원단 맞추는 방법

겉끼리 맞대기

원단의 겉끼리 맞대어 겹치는 방법입니다.

안끼리 맞대기

원단의 안끼리 맞대어 겹치는 방법입니다.

시접 처리법

자세한 설명은 p.31

시접 가르기

바늘땀을 따라 다림질을 해서 시접을 가르는 방법입니다.

시접 넘기기

시접을 어느 한쪽 방향으로 넘겨서 처리하는 방법으로, '한쪽으로 넘기기'라고도 합니다.

일반적으로 재봉틀의 침판에는 바늘의 위치에서 거리를 나타내는 가이드(눈금)가 표시되어 있습니다. 이 가이드를 이용하면 완성선을 표시하지 않더라도 원하는 시접 폭만큼 균일하게 봉제할 수 있습니다.

실

용도에 알맞은 실을 선택하는 요령

실은 종류가 다양한데, 용도에 맞춰 구분해서 사용하는 것이 좋습니다.

실 종류

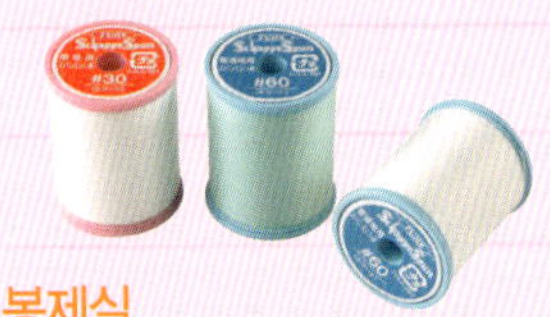

봉제실

재봉틀로 봉제할 때 사용하는 실이며 원단 두께에 맞춰 30번(두꺼운 원단용), 60번(보통 두께 원단용), 90번(얇은 원단용)으로 구분합니다.

손바느질용 실

종이 보빈에 감겨 있는 실과 봉제실처럼 콘에 감겨 있는 실이 있습니다. 바느질할 때 실이 꼬이지 않도록 하기 위해 봉제실과는 실의 꼬임이 반대로 되어 있습니다.

니트용 봉제사

신축성 있는 니트 원단에는 니트 전용 봉제사를 사용합니다. 니트용 봉제사로는 튼튼한 나일론 100% 소재의 '레질론' 등이 있습니다.

시침실

시침질이나 실표뜨기를 할 때 사용하는 실로 흰색 실뿐 아니라 분홍색, 하늘색 실이 있습니다.

원단과 바늘과 실의 관계

	원단 종류	재봉틀 바늘	봉제실	손바늘(메리켄 바늘)
얇은 원단	론, 보일 등	7호, 9호	90번	8호, 9호
보통 두께 원단	브로드클로스, 시팅, 덩거리 등	9호, 11호	60번	7호
두꺼운 원단	드릴, 데님 등	11호, 14호, 16호	30번, 60번	4호, 5호, 6호

도구 제공 시침실: CLOVER, 봉제실·손바느질용 실·니트용 봉제사: FUJIX

Lesson 1

준비하기

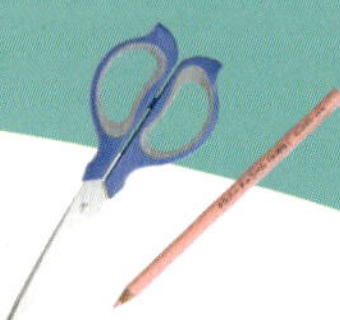

봉제 도구

봉제하는 데 필요한 도구부터 준비합니다.

▶▶ 기본 도구

패턴을 뜰 때 & 재단할 때

방안자

50㎝ 길이의 자를 준비하는데, 눈금이 0.5㎝ 간격으로 표시된 것이 편리합니다.

부직포 패턴지

실물 크기의 패턴을 베끼거나 제도할 때, 얇은 원단을 봉제할 때 사용합니다.

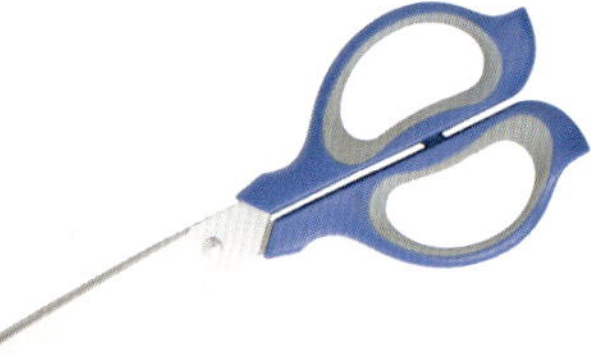

종이용 가위

부직포 패턴지에 베낀 패턴을 자르는 데 사용합니다.

재단 가위

원단을 자르는 데 쓰며, 천 이외의 것을 자르면 가윗날이 상할 수 있으므로 원단을 자를 때만 사용합니다.

문진

패턴을 베낄 때 종이가 움직이지 않도록 고정하는 용도로 사용합니다.

룰렛

톱니바퀴가 달려 있어서 원단에 점선을 표시할 수 있으며, 초크 페이퍼와 함께 사용합니다.

초크 페이퍼

원단 밑에 깔거나 원단 사이에 끼운 상태로 위쪽에서 룰렛으로 눌러 표시하면 초크 페이퍼에 묻어 있는 초크가 원단에 묻어 나옵니다. 양면 타입이 사용하기 편합니다.

초크 펜슬

원단 위에 봉제하는 데 필요한 표시를 할 때 사용합니다. 물로 지워지는 타입이 사용하기 편리합니다.

 도구 제공 종이용 가위 외: CLOVER

봉제할 때

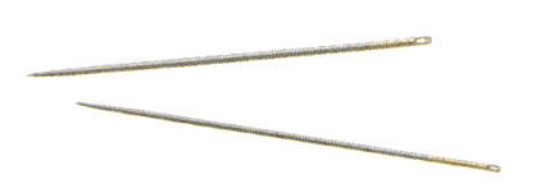

손바늘

손바느질용 바늘로, 원단을 합봉할 때뿐 아니라 단추를 달거나 공그르기할 때 씁니다.

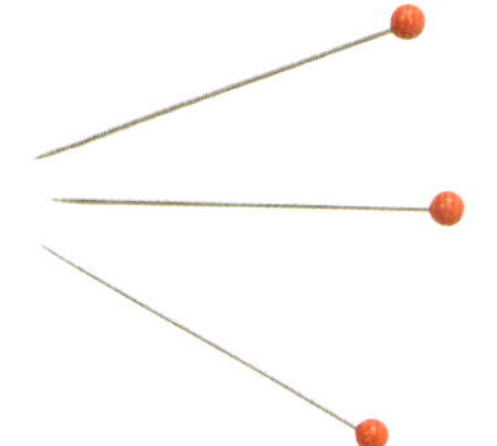

시침핀

바느질하기 전에 원단과 원단이 서로 어긋나지 않도록 고정시킬 때 씁니다.

핀 쿠션

작업 중에 바늘이나 시침핀을 잃어버리지 않도록 꽂아둘 때 씁니다. 자석 타입 등 다양한 종류가 있습니다.

송곳

모서리 모양을 잡거나 봉제 시 원단을 밀 때, 바늘땀을 뜯을 때 등 용도가 다양합니다.

쪽가위

실을 자르거나 섬세한 부분을 자를 때 편리한 가위입니다.

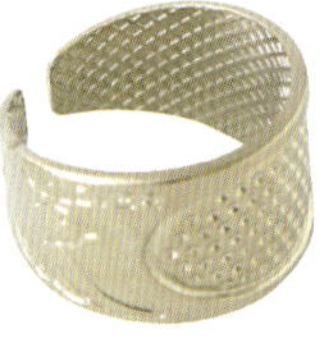

골무

손바느질할 때 손가락에 끼운 다음, 홈에 바늘을 대고 바늘 머리를 밀면서 바느질합니다.

Point

시침핀 사용법

시침핀 꽂는 방법

시침핀은 완성선에 직각이 되도록 꽂아야 합니다. 즉, 원단을 들어 올리지 않은 상태에서 아래쪽에 있는 원단을 살짝 뜬 다음, 겉쪽으로 시침핀을 빼냅니다.

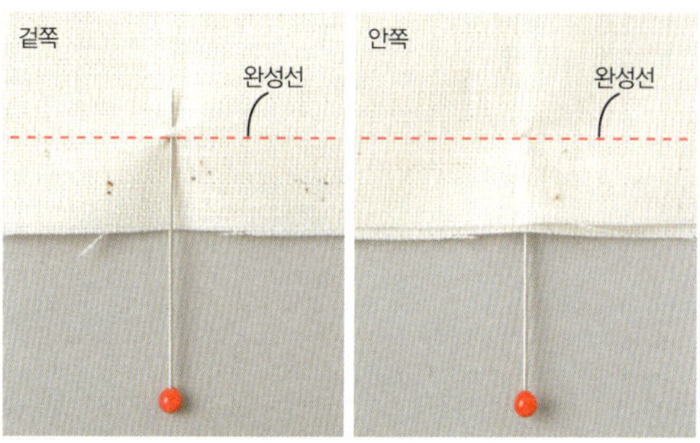

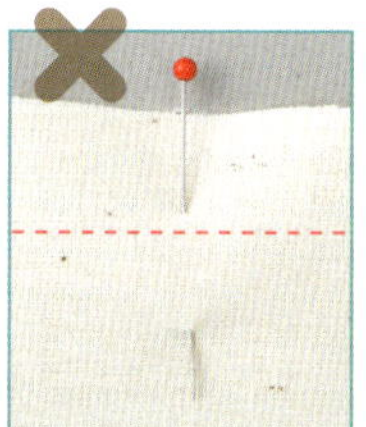

원단을 크게 떠서 꽂으면 원단이 어긋날 수 있습니다.

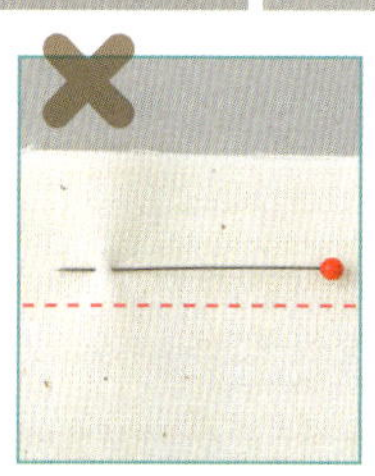

완성선에 평행하게 꽂으면 봉제할 때 노루발에 걸립니다.

시침핀 꽂는 순서

위아래 원단이 어긋나지 않도록 다음 순서대로 시침핀을 꽂습니다.

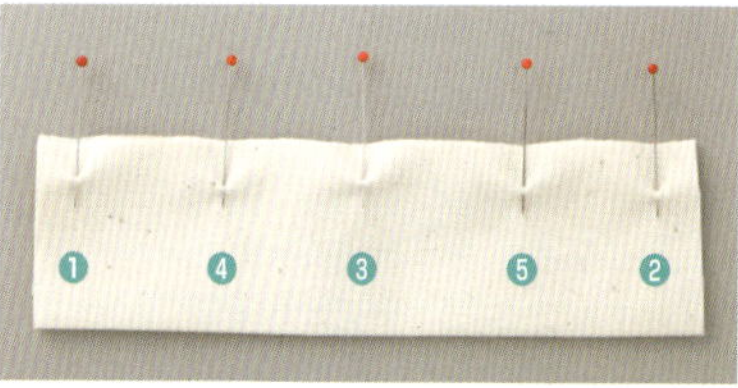

❶❷ 원단의 끝부분부터 고정합니다.
❸ 한가운데를 고정합니다.
❹❺ 다시 한 번 그 사이를 고정합니다.

재봉틀로 봉제할 때

자세한 설명은
p.27

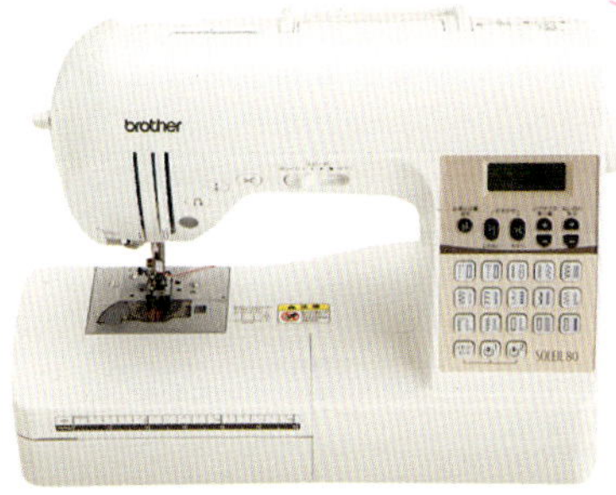

재봉틀

직선박기와 시접 처리를 할 수 있는 가정용 재봉틀을 준비합니다.

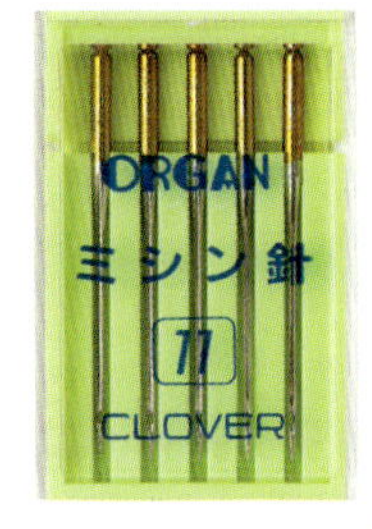

반원형

가정용 재봉틀에 쓰이는 바늘은 머리 부분이 반원형입니다.

재봉틀 바늘

재봉틀 바늘은 손바늘과 달리 바늘귀가 뾰족한 바늘 끝부분에 있습니다. 바늘 머리의 모양은 가정용, 공업용 등 재봉틀 종류에 따라 다릅니다.

'북알 사용법'
p.28~29

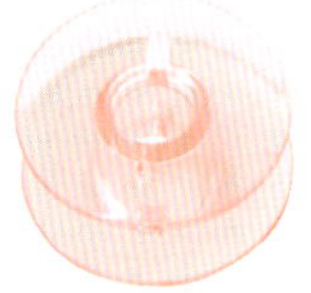

북알(보빈)

밑실을 감기 위한 도구입니다.

북알 높이에 주의!

북알은 사용하는 재봉틀 기종에 맞는 높이를 사용해야 합니다.

북집(보빈 케이스)

북알을 옆쪽에서 넣는 수직 가마 타입의 재봉틀은 북알과 북집을 맞춰 사용합니다. 수평 가마 타입은 북집이 따로 필요 없습니다.

다림질할 때

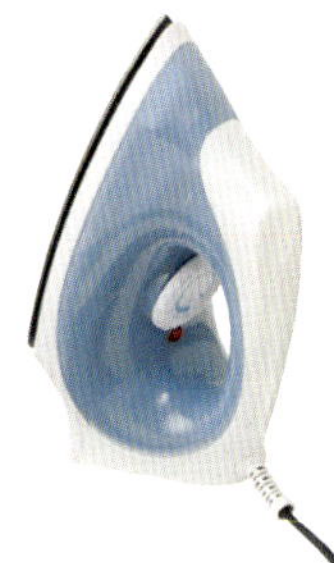

다리미

원단의 올을 바로잡을 때부터 봉제를 마무리할 때까지, 봉제의 모든 과정에 꼭 필요한 도구입니다. 증기가 나오지 않는 건식 다리미는 별도로 분무기를 준비해야 합니다.

다리미판

커다란 다리미판을 사용하면 작업하기가 수월합니다.

 도구 제공 재봉틀: 부라더총판, 재봉틀 바늘 · 북알 · 북집: CLOVER

▶▶ 있으면 편리한 도구

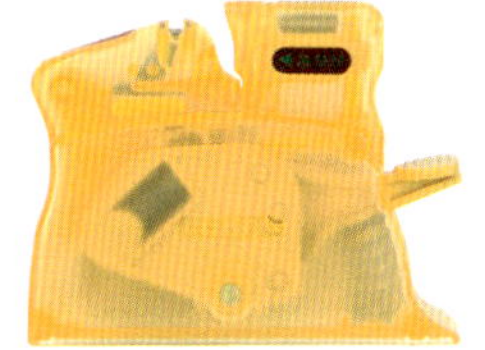

자동 실 꿰기

아주 가느다란 바늘귀에도 간단하게 실을 꿸 수 있는 도구입니다.

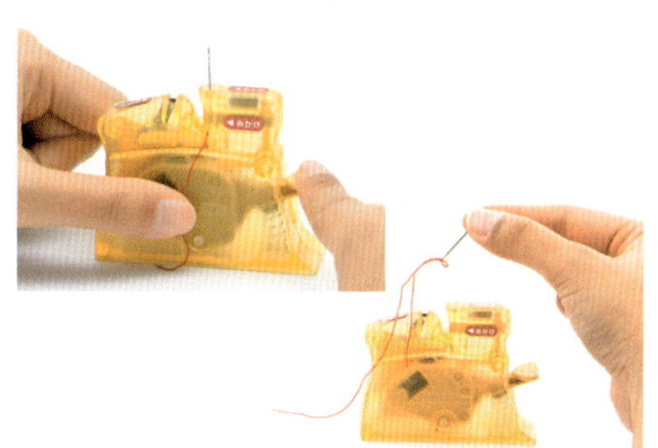

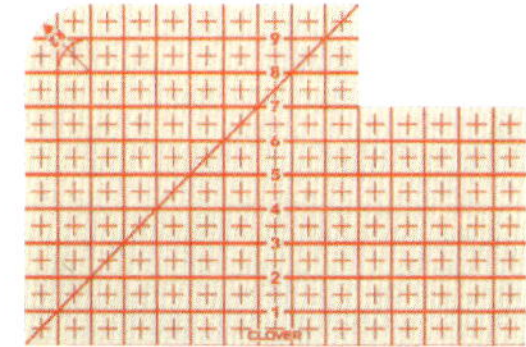

아이론 시접자

모눈 모양의 선이 그어져 있어서 원단에 따로 표시하지 않더라도 원하는 치수대로 원단을 접을 수 있는 편리한 자입니다.

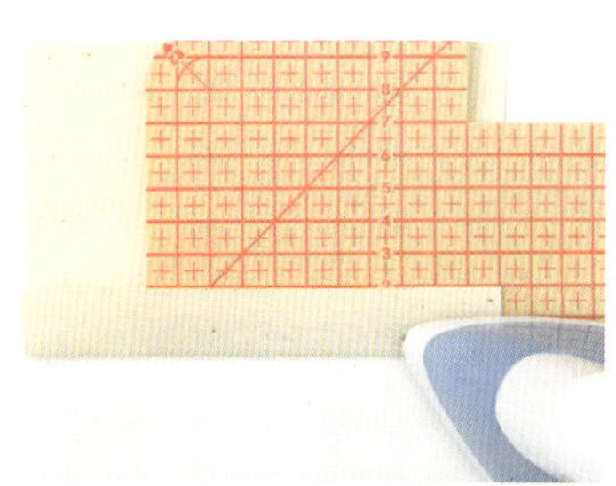

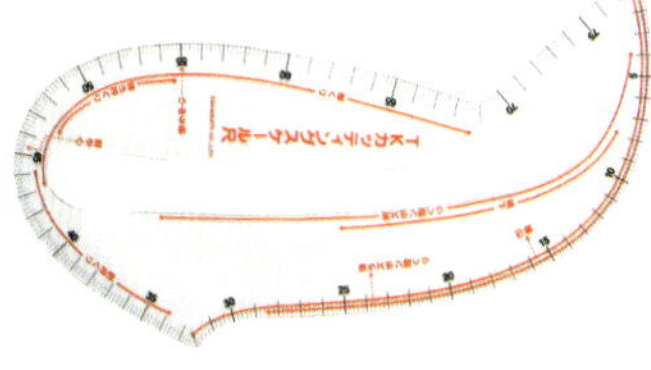

곡선자

패턴을 베끼거나 제도할 때, 목둘레나 진동둘레 등 곡선을 깔끔하게 그리는 데 사용합니다.

실뜯개(리퍼)

단춧구멍을 내거나 바늘땀을 뜯을 때 사용합니다.

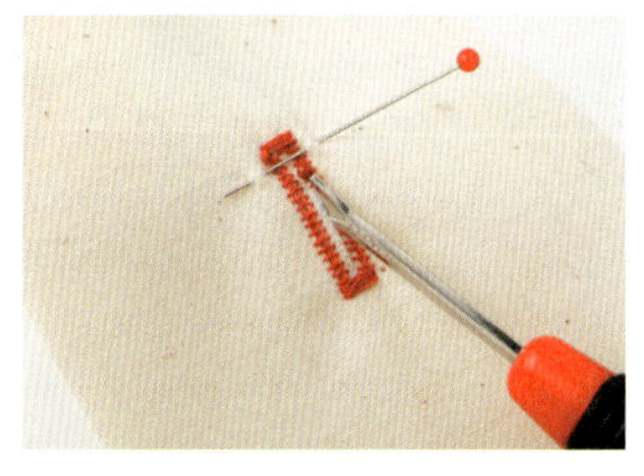

고무줄 끼우개

고무줄이나 끈을 끼우기 쉽게 도와주는 도구입니다.

걸이 뒤집개

끈이나 고리 등 가늘게 봉제한 원단을 겉으로 뒤집을 때 사용하면 편리합니다.

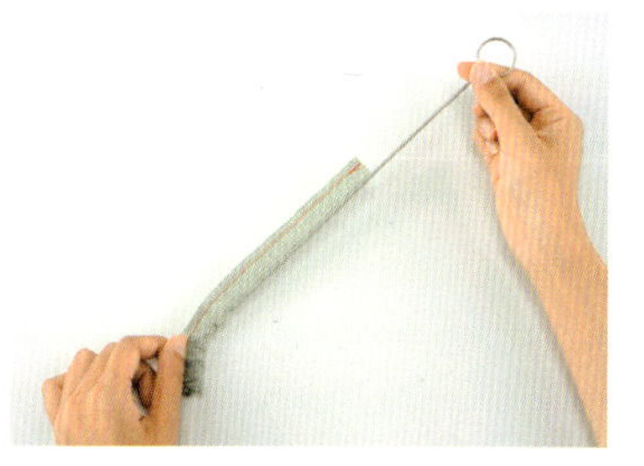

수용성 양면 접착테이프

원단과 원단을 임시 고정할 때 쓰는 수용성 접착테이프입니다. 지퍼를 달 때 주로 사용합니다.

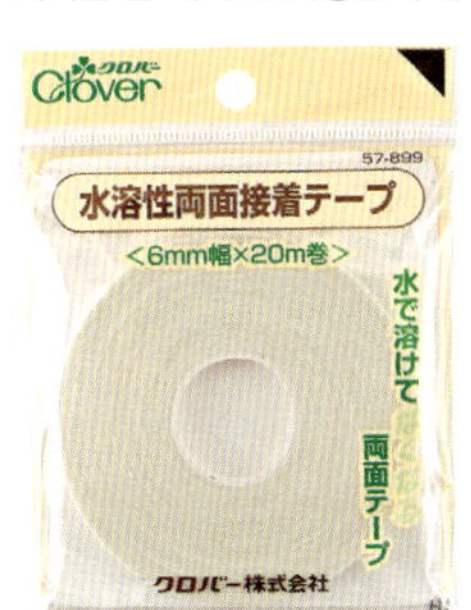

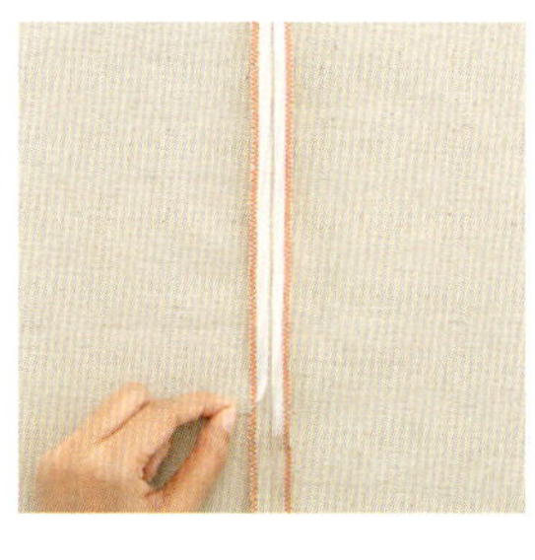

바이어스 메이커

지정한 치수의 폭으로 재단한 원단을 바이어스 메이커에 끼우고 원단 끝부분부터 다리미로 다리면 간단하게 양옆이 접히면서 바이어스테이프가 완성됩니다.

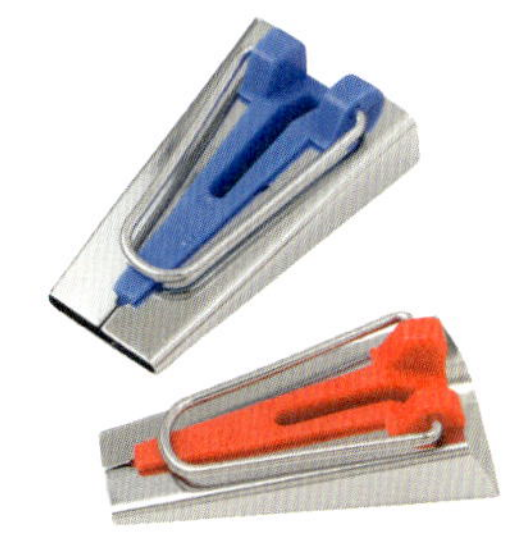

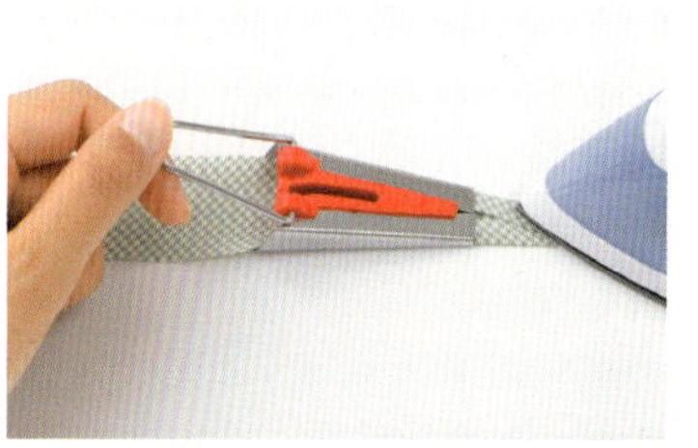

도구 제공 곡선자 외: CLOVER

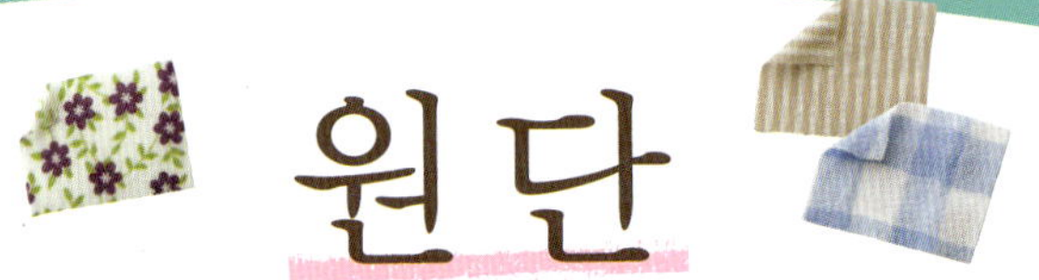

원단

원단을 소개합니다. 만들려는 작품에 알맞는 원단을 선택해야 합니다.

원단은 2가지로 분류

신축성이 없다 → 패브릭 원단

날실과 씨실로 짜서 만든 원단으로, 거의 늘어나지 않습니다. 단, 올에 신축성이 있는 원단은 스트레치성이 있습니다.
실의 직조 방법에 따라 평직이나 능직 등으로 나뉩니다.

신축성이 있다 → 니트 원단

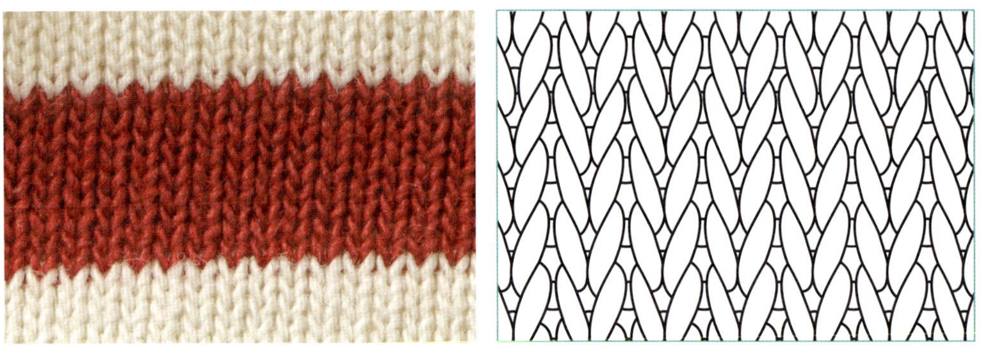

실로 떠서 만든 원단이며, 고리 모양이 이어진 구조로 되어 있습니다. 원단에 가로세로로 신축성이 있는 것이 특징입니다.

※니트 원단에 대한 자세한 설명은 p.92를 참고하세요.

▶▶ 원단 준비 '선세탁'과 '원단 올 바로잡기'

선세탁이란?

완성한 작품을 세탁했을 때 원단이 줄어들거나 뒤틀리지 않도록 재단하기 전에 미리 원단을 물에 담가 올을 바로잡는 것을 말합니다. 단, 물에 담아 변형이 올 수 있는 소재의 원단이라면 선세탁을 하지 않습니다.

원단 올 바로잡기란?

원단은 보통 감겨 있는 상태로 판매되기 때문에 올의 방향이 틀어져 있는 경우가 많습니다. 날실과 씨실이 뒤틀림 없이 서로 직각이 되도록 원단의 올을 바로 잡는 것을 '원단 올 바로잡기'라고 합니다.

원단 소재에 맞춰 준비하기

코튼·리넨 원단

❶ 원단을 병풍 식으로 접어 세탁기에 넣고 하룻밤 정도 물에 담가둡니다. 물론 세숫대야나 욕조에 담가두어도 됩니다.

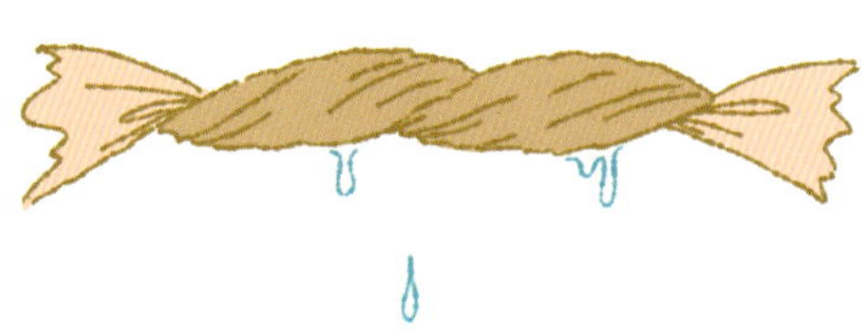

❷ 다음날 세제를 넣지 않고 물로 헹군 다음, 그대로 세탁기에 넣어 가볍게 탈수합니다. 크기가 작은 원단이라면 손으로 가볍게 물기를 짭니다.

❸ 올 방향이 직각이 되도록 원단을 잘 펴서 그늘에 말립니다.

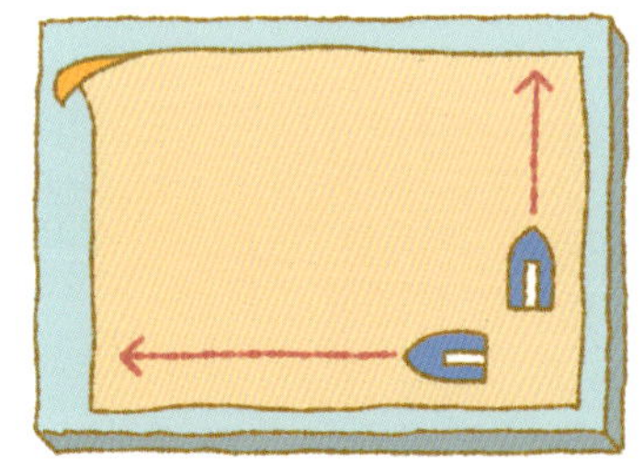

❹ 약간 덜 말랐을 때 올을 바로잡아가며, 올 방향을 따라 원단 안쪽에서 증기 없이 고온으로 다립니다.

화학 섬유 원단

선세탁이나 원단 올 바로잡기를 하지 않아도 됩니다. 원단에 구김이 있다면 재단하기 전에 저온으로 다림질해서 펴둡니다.

견 원단

물에 담그면 변형이 올 수 있으므로 선세탁은 하지 않습니다. 저온으로 다려 원단의 올을 바로잡습니다.

울 원단

❶ 분무기를 사용해 원단 안쪽을 충분히 적십니다.

❷ 원단을 병풍 식으로 접은 다음 비닐봉지에 넣어서 하룻밤을 놔둡니다.

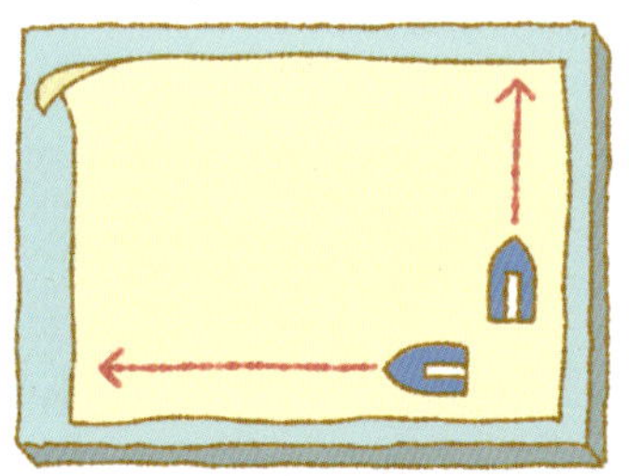

❸ 약간 축축한 상태의 원단을 올 방향이 직각이 되도록 잘 펴서 저온으로 증기 없이 다립니다.

작품에 맞는 원단 선택하기

주름이 잡히는 디자인에는 촉감이 부드러운 원단을 사용하면 좋은 것처럼, 작품을 만들 때는 완성된 모습을 생각하며 원단을 선택하는 것이 중요합니다.

스커트

- 데님
- 론
- 리넨
- 보일
- 비옐라
- 서지
- 시팅
- 코듀로이

원피스·튜닉

- 론
- 리넨
- 비옐라
- 새틴
- 시팅
- 플란넬

블라우스·셔츠

- 더블거즈
- 덩거리
- 론
- 리넨
- 브로드클로스
- 비옐라
- 샴브레이
- 시팅

팬츠

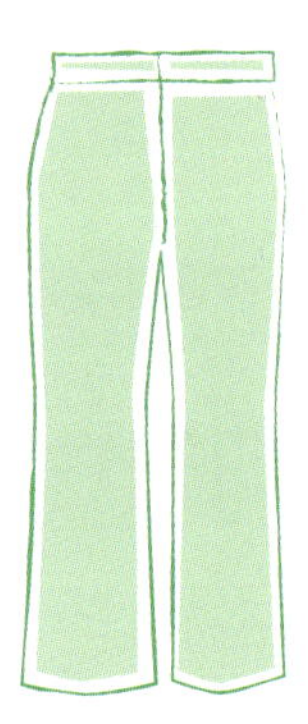

- 데님
- 드릴
- 리넨
- 치노 클로스
- 코듀로이
- 트위드

재킷

- 데님
- 드릴
- 서지
- 코듀로이
- 퀼팅
- 트위드
- 플란넬

가방

- 데님
- 드릴
- 라미네이트 원단
- 리넨
- 범포
- 비닐 코팅 원단
- 퀼팅

초보자도 다루기 쉬운 원단

더블거즈(Double Gauze)

거즈 2장을 합친 원단으로, 촉감이 매우 부드럽습니다. 바이어스 방향으로 늘어나기 쉬워 봉제할 때 주의해야 합니다.

바늘 굵기  11호 | 실 굵기   60~90번 |  다림질 온도 고

덩거리(Dungaree)

날실에는 표백실을, 씨실에는 염색실을 사용한 원단입니다. 데님과 비슷하지만 데님보다 얇아 가정용 재봉틀로 쉽게 봉제할 수 있습니다.

바늘 굵기 11호 | 실 굵기  60번 | 다림질 온도 고

드릴(Drill)

굵은 실로 짠 두께감이 있는 튼튼한 면직물로, 능직 원단이라서 대각선으로 골이 있습니다.

바늘 굵기 11~14호 | 실 굵기  30~60번 | 다림질 온도 고

론(Lawn)

견처럼 광택을 내 만든 평직으로 된 얇은 고급 원단으로, 영국 리버티사의 '타나론'이 유명합니다.

바늘 굵기 9~11호 | 실 굵기  90번 | 다림질 온도 고

리넨(Linen)

아마 섬유를 원료로 짠 원단으로, 강도가 있고 청량감이 있으며 흡수성도 우수합니다.

다림질 온도 고

브로드클로스(Broadcloth)

촉감이 부드럽고 광택이 있는 원단으로, 무지뿐 아니라 선염 스트라이프나 프린트 무늬 등 종류가 다양합니다.

시어서커(Seersucker)

경사 방향으로 오그라든 줄무늬가 나타나는 원단으로, 청량감이 있어 몸에 닿을 때 감촉이 좋습니다.

코튼 플란넬(Cotton Flannel)

플란넬 원단의 일종으로, 촉감이 부드러우며 표면에 짧은 보풀(기모)이 있습니다.

보일(Voile)

강하게 꼰 실로 짠 원단으로, 얇고 가벼우며 빛깔이 은은합니다.

샴브레이(Chambray)

다른 색의 날실과 씨실로 짠 원단입니다. 사진의 원단은 날실에는 흰색, 씨실에는 하늘색 실을 사용했습니다.

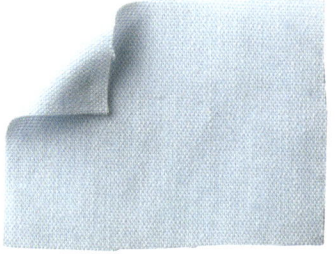

바늘 굵기 11호 | 실 굵기 60번 | 다림질 온도 고

시팅(Sheeting)

성글게 짠 평직물로, 무지로 된 가봉용 원단이나 프린트가 들어간 원단이 있습니다.

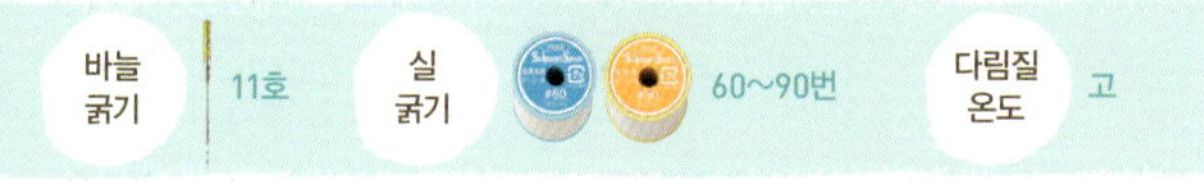

퀼팅 원단(Quilting)

원단 2장 사이에 솜을 넣고 바느질해 누빈 원단으로, 쿠션성이 우수합니다.

바늘 굵기 11~14호 | 실 굵기 30~60번 | 다림질 온도 저

▶▶ 초보자가 다루기 어려운 원단

데님(Denim)

인디고 염료로 염색한 날실과 표백실인 씨실로 만든, 촘촘한 짜임으로 된 튼튼한 원단입니다. 얇은 데님은 가정용 재봉틀로 봉제할 수 있습니다.

바늘 굵기	실 굵기	다림질 온도
11~16호	30~60번	고

비닐 코팅 원단 라미네이트 원단

표면을 수지로 코팅한 원단을 '비닐 코팅 원단'이라고 하며, 표면에 다른 시트를 붙여서 가공한 것을 '라미네이트 원단'이라고 합니다.

바늘 굵기	실 굵기	다림질
11~14호	30~60번	불가능

범포(帆布)

요트의 돛이나 텐트 등에도 사용되는, 평직으로 된 튼튼한 원단입니다. 얇은 것은 캔버스(Canvas)라고 부릅니다. 두께를 호수로 표시하는데, 숫자가 작을수록 두꺼워집니다.

바늘 굵기	실 굵기	다림질 온도
11~16호	30~60번	고

새틴(Satin)

주자직으로 짠 원단으로, 표면이 매끄럽고 광택이 있습니다. 소재는 면, 폴리에스테르, 견 등이 있으며 두께도 다양합니다.

바늘 굵기	실 굵기	다림질 온도
9~11호	60~90번	면…고 폴리에스테르·견…저

서지(Serge)

소모직물로, 대각선에 무늬가 있으며 양복이나 제복 등에 사용합니다. 모와 면 등 소재가 다양한데, 사진은 삼능직으로 된 원단입니다.

바늘 굵기	실 굵기	다림질 온도
11호	60번	면…고 울…중

코듀로이(Corduroy)

'코르덴'이라고도 부르며, 겉면에 보풀이 있고 세로 방향으로 골이 나 있는 원단입니다. 대부분 면 소재이며, 보온성이 우수해 가을과 겨울 의류 등에 적합합니다.

바늘 굵기	실 굵기	다림질 온도
11호	60번	면…고 레이온…저·중

트위드(Tweed)

굵은 양모사로 성글게 짠 소박한 촉감의 두꺼운 원단으로, 직조 방법에 따라 능직과 평직 등으로 나뉩니다. 트위드는 실표뜨기를 하는 게 좋습니다.

바늘 굵기	실 굵기	다림질 온도
11호	60번	중

플라노(Flano)

모나 모혼방사로 짠 원단으로, 단면 또는 양면에 보풀(기모)이 있습니다.

바늘 굵기	실 굵기	다림질 온도
11호	60번	면…고 모…중

접착심

접착심은 보이지 않는 부분에 붙여 사용하지만 봉제에서 아주 중요한 역할을 합니다.

▶▶ 접착심이란?

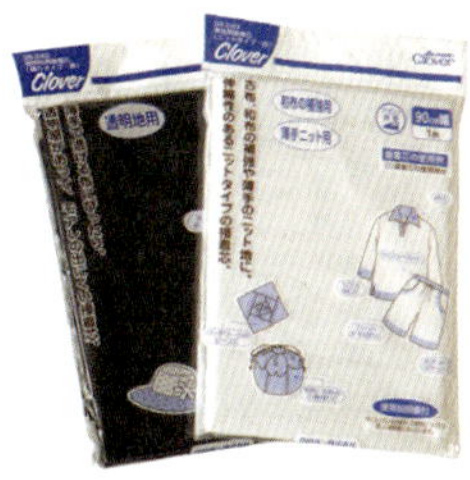

바탕 원단의 한쪽 면에 접착제가 발려 있는 심지를 '접착심'이라고 합니다. 원단에 힘을 싣는 데 쓰이며, 접착심은 원단 안쪽에 다리미로 접착합니다.

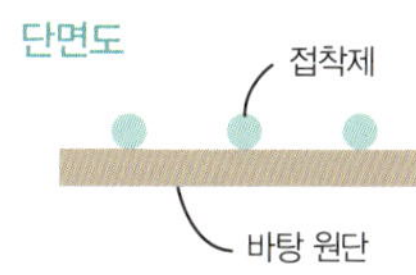
단면도
접착제
바탕 원단

접착심을 붙인 칼라
빳빳하게 서 있습니다.

접착심을 붙이지 않은 칼라
힘이 없어 처집니다.

접착심을 붙이는 이유

- 원단에 힘을 실어주기 위해
- 목둘레, 진동둘레 등 늘어나기 쉬운 부분이 늘어나는 것을 방지하고 봉제를 쉽게 하기 위해
- 단추 다는 위치, 주머니 입구 등 힘을 받는 부분을 보강하기 위해
- 완성된 작품의 형태를 탄탄하게 유지하기 위해

접착심을 붙인 가방
힘이 있어 형태가 유지됩니다.

접착심을 붙이지 않은 가방
힘이 없어 부드러운 느낌이 듭니다.

▶▶ 접착심 종류

겉감을 따라
잘 움직여요

직물

바탕 원단이 직물로 된 타입의 접착심은 겉감을 따라 잘 움직이므로 원단이 늘어나는 것을 방지합니다. 패브릭 작품을 만들 때 적합하며, 스트레치 타입도 있습니다.

니트 원단, 패브릭
원단에도 ok

편성물

바탕 원단이 편성물로 된 타입의 접착심입니다. 바탕 원단에 신축성이 있으며, 겉감을 따라 움직이기 때문에 니트 원단이나 줄어들기 쉬운 원단에 사용할 수 있습니다.

촉감이
빳빳해요

부직포

바탕 원단에 섬유가 섞인 부직포 타입은 올 방향이 없기 때문에 방향에 상관없이 재단할 수 있고, 잘 구겨지거나 변형되지 않습니다.

Clover
폭이
다양해요

늘어남 방지 테이프

테이프 모양의 접착심으로 스트레치 타입, 늘어나지 않는 타입 등 다양한 종류가 있습니다. 주로 어깨나 주머니 입구 등에 사용합니다.

Point 접착심 색 선택법

연한 색 원단
▸▸흰색

진한 색 원단
▸▸검은색

기본색은 흰색과 검은색

접착심의 기본색은 흰색과 검은색입니다. 작품에 사용할 원단의 색이 연하다면 흰색 접착심을, 색이 진하다면 검은색 접착심을 사용합니다.

풍부한 색을 구비한 대형 수예점

대형 수예점에서는 다양한 색의 접착심을 구매할 수 있습니다. 접착심 자체를 안감처럼 사용할 수 있는 것도 있습니다.

도구 제공 접착심·늘어남 방지 테이프: CLOVER, 칼라 접착심(프레시온): Home Craft

▶▶ 접착심 붙이기

원단 전면에 접착심을 붙일 때

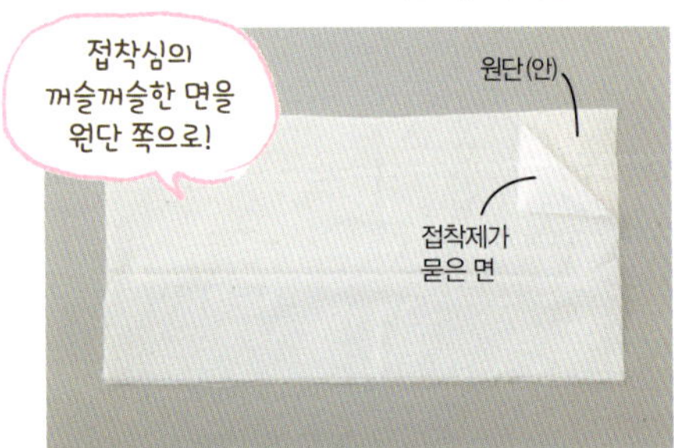

1 원단과 접착심은 붙이고자 하는 사이즈보다 크게 재단합니다. 원단 안쪽이 위로 오도록 놓고, 접착심의 접착제가 묻어 있는 면을 원단 안쪽과 맞대어 올려놓습니다. 원단과 접착심 사이에 먼지나 실밥이 끼어 있지 않은지 꼭 확인하세요.

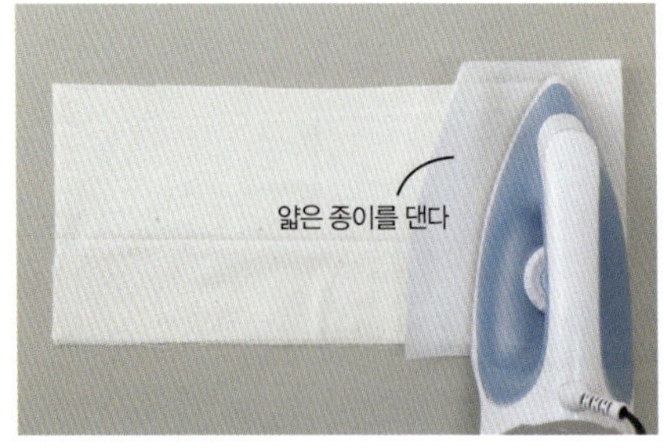

2 1 위에 오븐용 테프론 시트처럼 얇은 종이를 올려놓고 중심에서 바깥쪽을 향해 다리미를 위에서 누르듯이 댑니다. 한곳에 5~10초씩 누르면서 다리미를 이동하며 접착심을 붙입니다.

다림질할 때는 틈이 생기지 않게!

다림질할 때 빈틈이 생기면 틈 부분의 접착심이 원단에 잘 붙지 않습니다. 틈이 생기지 않도록 누르는 부분을 겹쳐가면서 꼼꼼하게 다림질합니다.

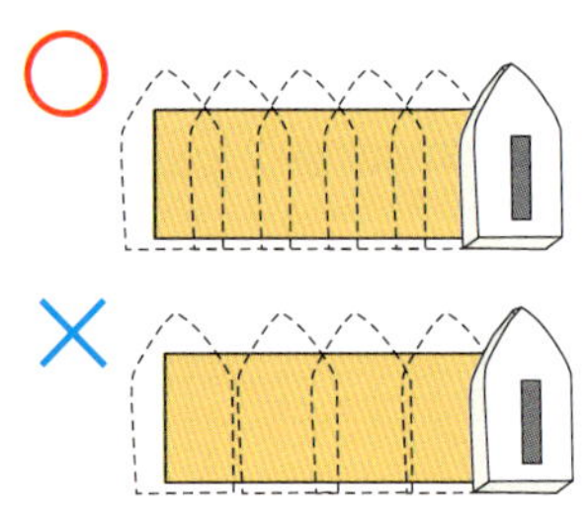

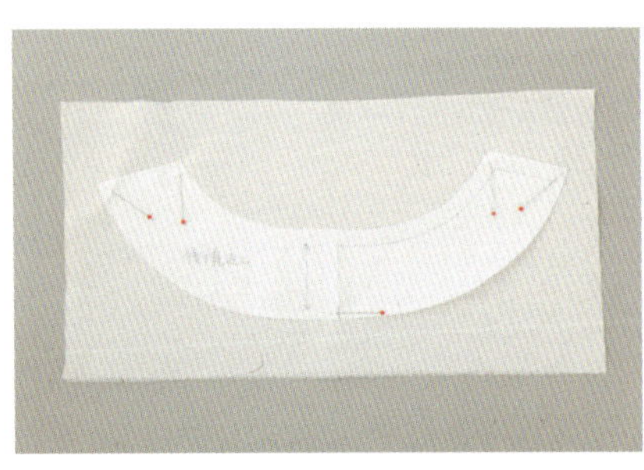

3 다리미 열이 남아 있는 동안에는 접착심이 어긋날 수 있으므로 원단이 식은 뒤에 패턴을 올려놓아야 합니다. 시침핀을 꽂고 재단합니다.

4 원단 전면에 접착심을 붙인 모습입니다.

원단 일부에 접착심을 붙일 때

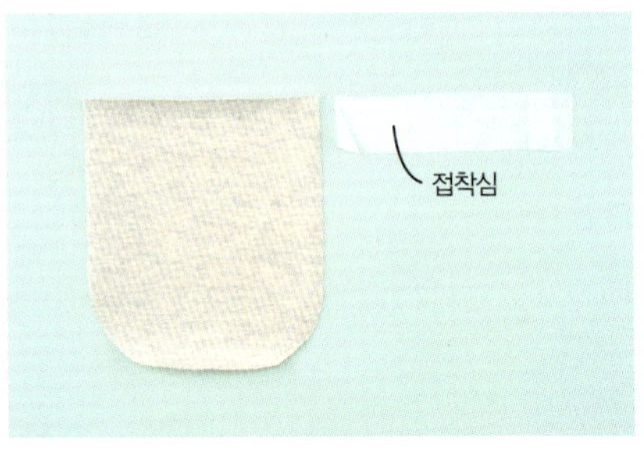

1 붙이고자 하는 부분의 모양대로 접착심을 재단합니다.

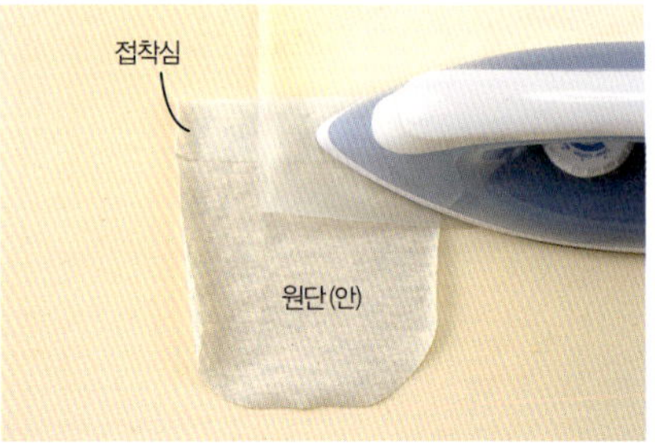

2 원단 위에 접착심을 겹쳐놓은 다음, 얇은 종이를 올리고 다립니다.

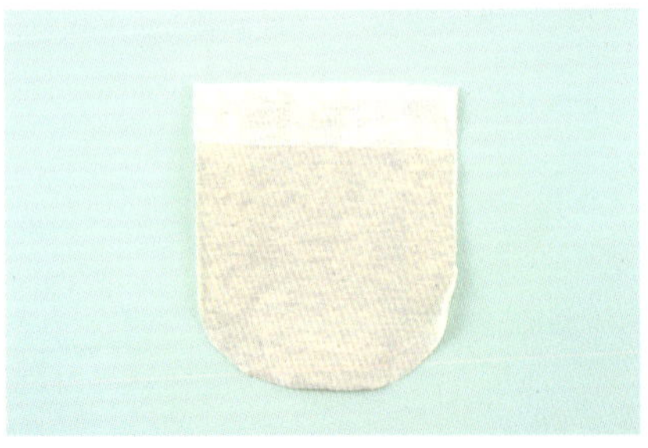

3 원단 일부에만 접착심을 붙인 모습입니다.

늘어남 방지 테이프 붙이기

늘어남 방지 테이프를 붙일 부분의 길이만큼 자른 다음, 완성선이 0.2~0.3cm 정도 덮이도록 올려놓고 양쪽 끝부분을 다리미로 누릅니다. 다리미를 조금씩 움직여 눌러야 깔끔하게 붙일 수 있습니다.

굴곡이 심한 곡선에 붙일 때

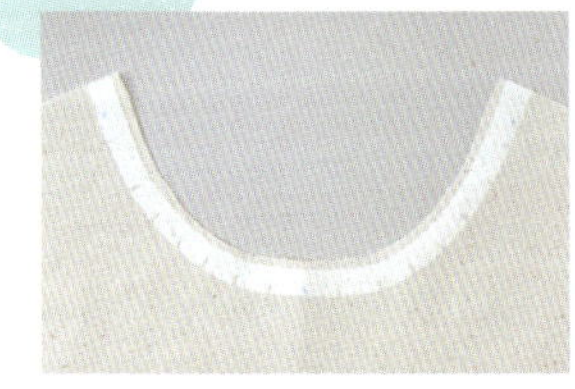

늘어남 방지 테이프에 가위집을 넣고 곡선을 따라 붙입니다.

완만한 곡선에는 가위집을 넣지 않아도 되는 스트레치 타입의 테이프를 사용합니다.

패턴 & 재단

패턴을 뜨고 원단을 재단합니다. 꼼꼼하게 작업하면 작품의 완성도가 높아집니다.

▶▶ 패턴의 선과 기호

패턴에는 다양한 선과 기호가 있습니다.
재단하거나 봉제할 때 중요한 역할을 하므로 잘 확인하고 패턴에 적용합니다.

기본 선과 기호

완성선

작품을 완성했을 때의 모습대로 표시한 선입니다. 시접이 들어 있지 않은 패턴에서는 가장 바깥쪽에 있는 선이 완성선이 됩니다.

식서

올(세로 올 방향)의 방향을 나타냅니다.

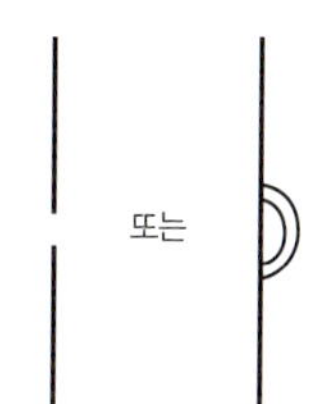

골선

원단을 반으로 접었을 때의 접음선을 말합니다. 골선에 패턴을 맞춰 놓고 재단합니다.

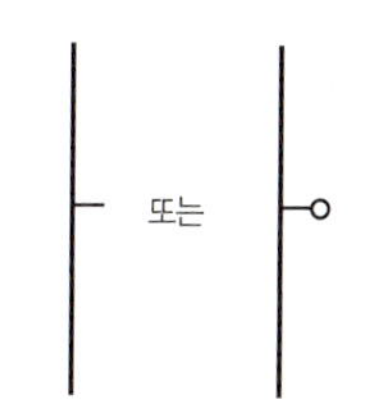

맞춤점

2장 이상의 원단을 연결할 때 서로 어긋나지 않도록 각각의 원단에 해 두는 표시입니다.

주름

큰 땀으로 봉제해 주름(개더) 잡는 부분을 나타냅니다.

그 밖에 알아야 할 선과 기호

접음선

원단 접는 위치를 나타낸 선입니다.

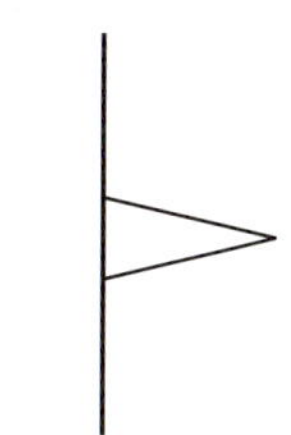

다트

선과 선을 맞춰 박아서 입체적으로 만듭니다.

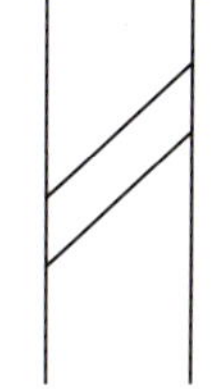

턱

사선의 높은 쪽에서 낮은 쪽으로 원단을 접어 주름을 만듭니다.

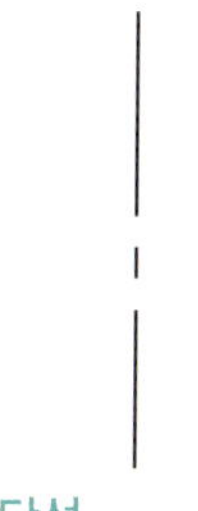

안단선

안단 다는 위치를 나타낸 선입니다.

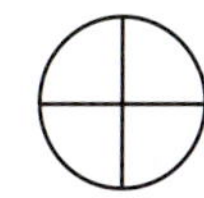

단추

단추 다는 위치를 나타냅니다.

단춧구멍

단춧구멍 위치를 나타냅니다.

오그리기

소매산 등 원단을 오그려가며 줄여서 봉제하는 부분을 나타냅니다.

▶▶ 패턴 베끼기

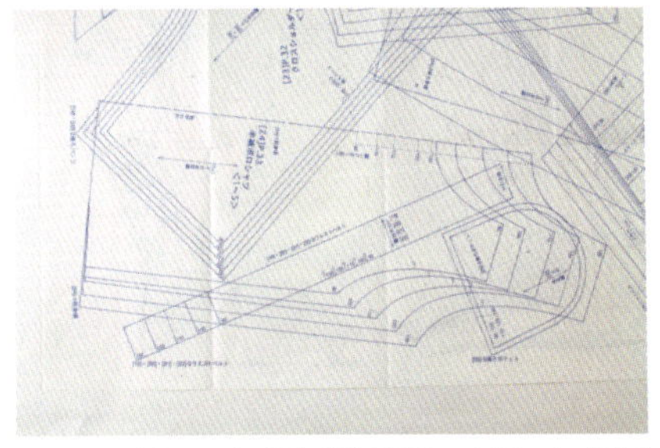

1 실물 크기 패턴에서 만들고 싶은 디자인과 사이즈를 선택합니다.

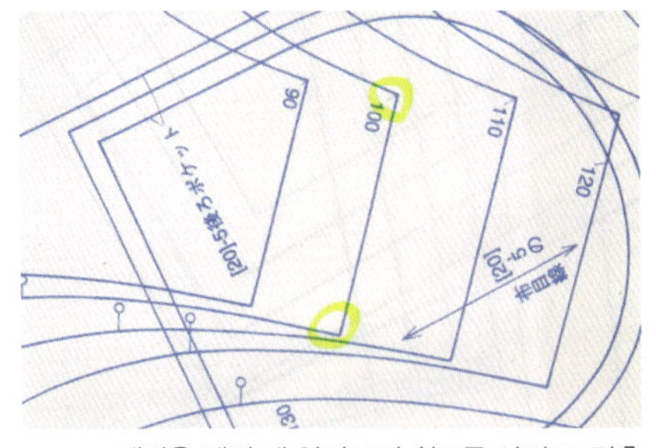

2 패턴을 베낄 때 알아보기 쉽도록 사이즈, 맞춤점, 모서리 등을 형광펜으로 표시합니다.

3 실물 크기 패턴 위에 부직포 패턴지를 겹쳐놓고 움직이지 않도록 문진을 올립니다.

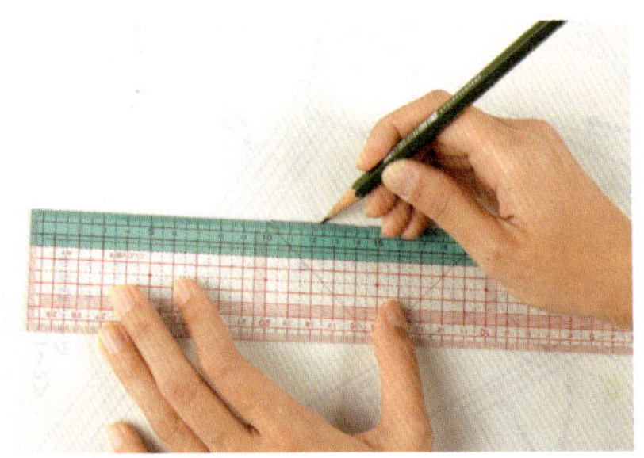

4 방안자를 사용해 선을 베낍니다.

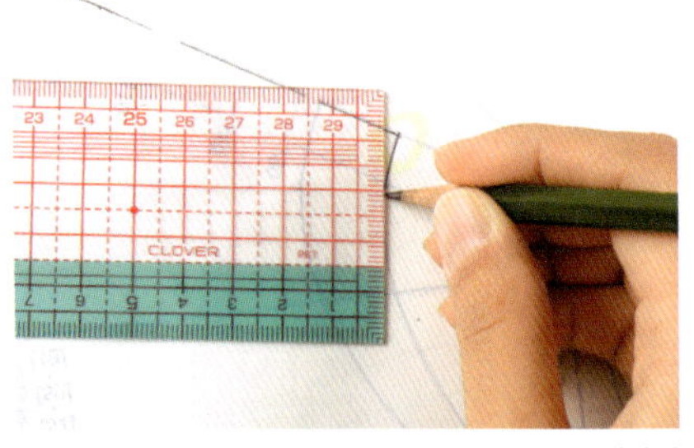
CLOVER

5 곡선 부분은 방안자의 각도를 조금씩 바꿔가며 베낍니다. 곡선자(p.11)가 있으면 편리합니다.

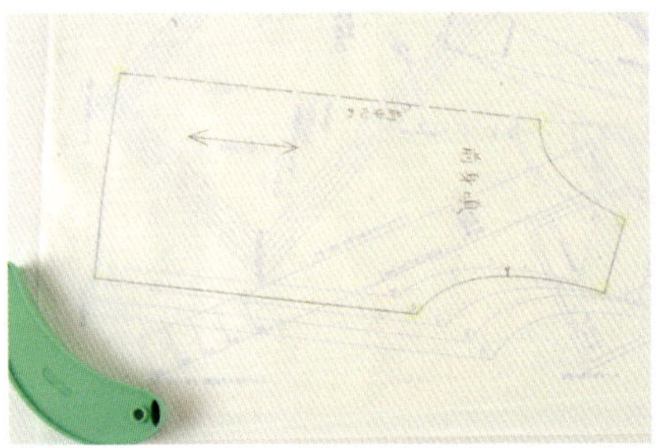

6 맞춤점과 식서 방향, 패턴명 등을 베낍니다. 패턴 하나를 다 베낀 모습입니다.

▶▶ 패턴에 시접 넣기

1 재단 배치도에 나와 있는 시접 치수를 참고해 방안자로 치수를 재가면서 완성선 바깥쪽에 선을 그립니다. 방안자는 시접 폭만큼의 위치의 완성선에 맞춰놓아야 합니다.

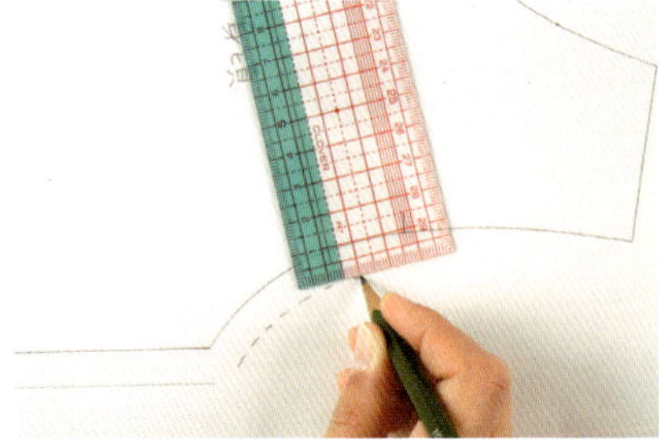

2 곡선 부분은 조금씩 시접 폭만큼 재가면서 점선으로 표시합니다.

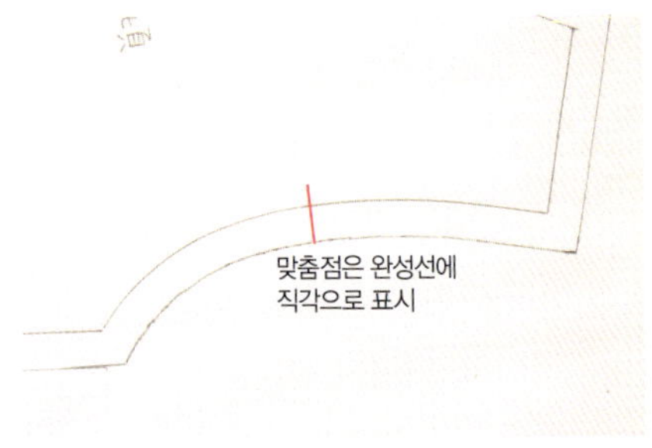
맞춤점은 완성선에
직각으로 표시

3 2의 점선을 연결합니다. 맞춤점은 시접 끝부분까지 길게 이어서 표시합니다.

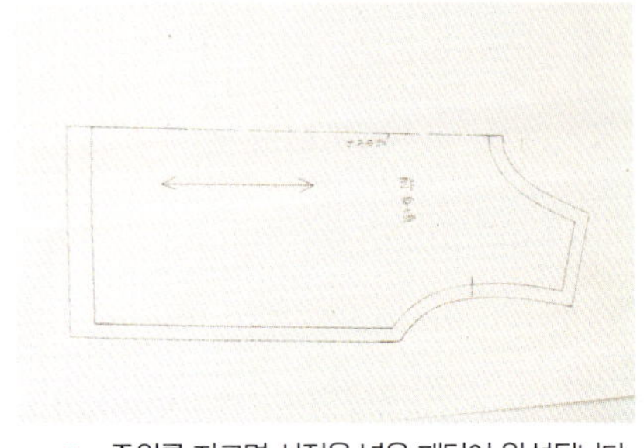

4 주위를 자르면 시접을 넣은 패턴이 완성됩니다.

소맷부리와 밑단에 시접 넣기

소맷부리와 밑단은 모서리에서 선이 비스듬하게 합쳐집니다.
그 주위에 평행하게 시접을 넣으면 시접을 접었을 때 원단이 남거나 부족해지므로 다음과 같은 방법으로 시접을 넣습니다.

소맷부리(둔각)

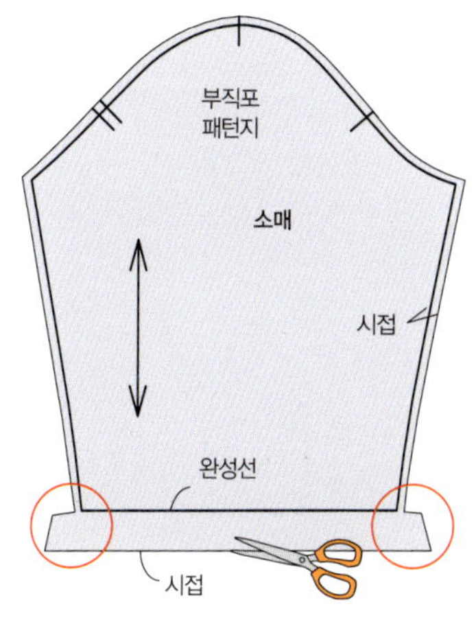

❶ 모서리 이외 시접을 다 넣고 나면 소맷부리의 모서리 주위를 넉넉하게 남기고 패턴을 자릅니다.

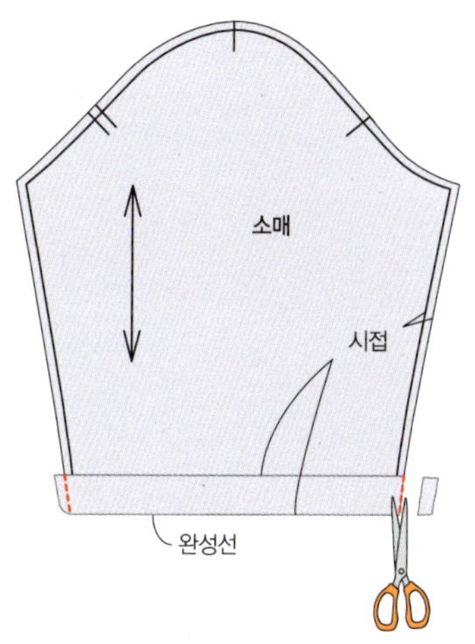

❷ 완성선을 따라 소맷부리를 접어 올리고 소매 밑단 시접선에 맞춰 여분을 자릅니다. 소맷부리를 두 번 접어박기로 처리해야 한다면 두 번 접습니다.

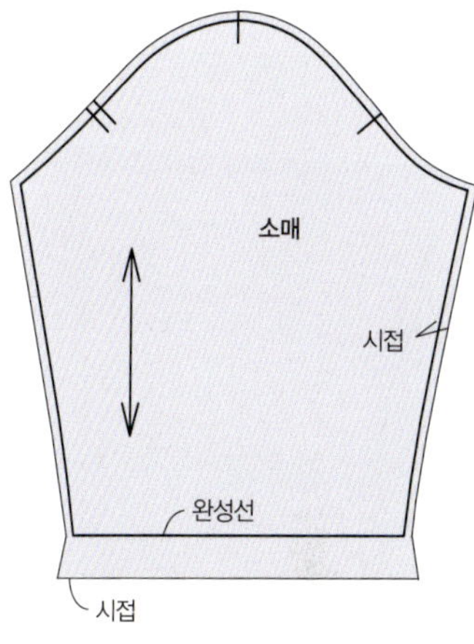

❸ 이 방법으로 봉제하면 시접이 딱 맞아떨어지게 됩니다.

밑단(예각)

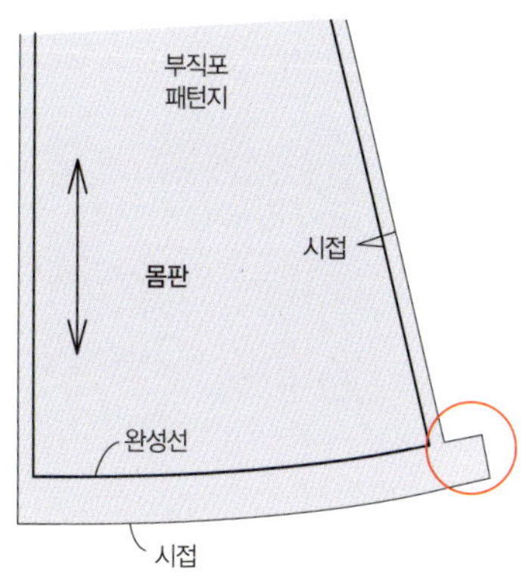

❶ 모서리 이외 시접을 다 넣고 난 다음 밑단의 모서리 주위를 넉넉하게 남기고 패턴을 자릅니다.

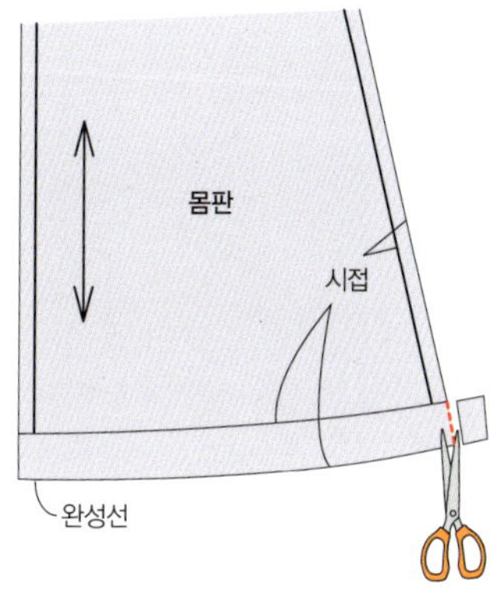

❷ 완성선을 따라 밑단을 접어 올리고 옆선 시접선에 맞춰 여분을 자릅니다. 밑단을 두 번 접어박기로 처리해야 한다면 두 번 접습니다.

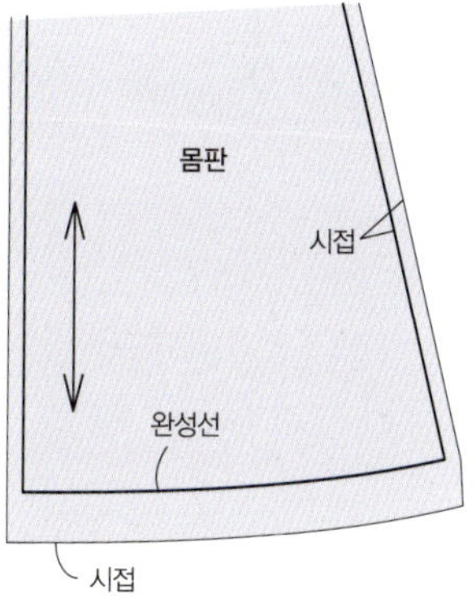

❸ 모서리에 여분이 남아 있지 않은 모습입니다. 이 방법으로 봉제하면 시접이 깔끔합니다.

▶▶ 재단하기

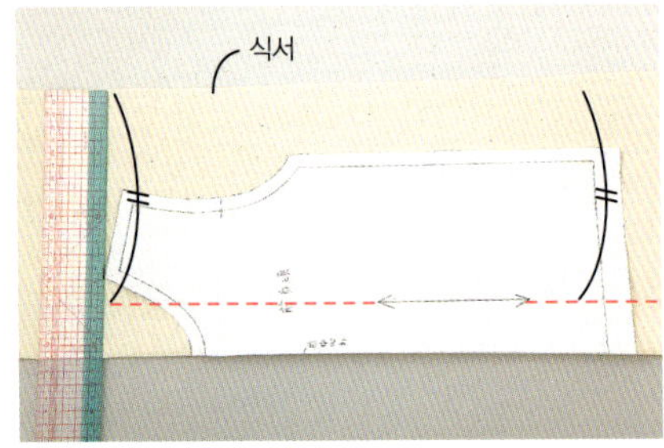

1 패턴의 식서 방향과 원단의 식서가 평행하도록 방안자로 잽니다.

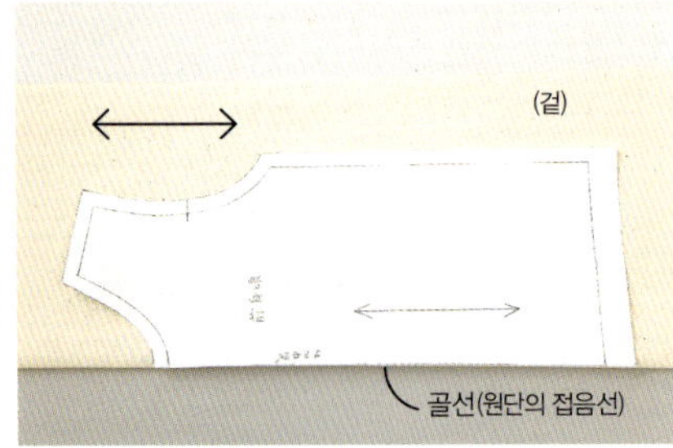

2 How to make의 재단 배치도를 참고해 원단 위에 패턴을 올립니다.

무늬 방향에 주의!

위아래가 정해진 무늬는 패턴의 위아래를 한 방향으로 맞춰 재단해야 합니다.

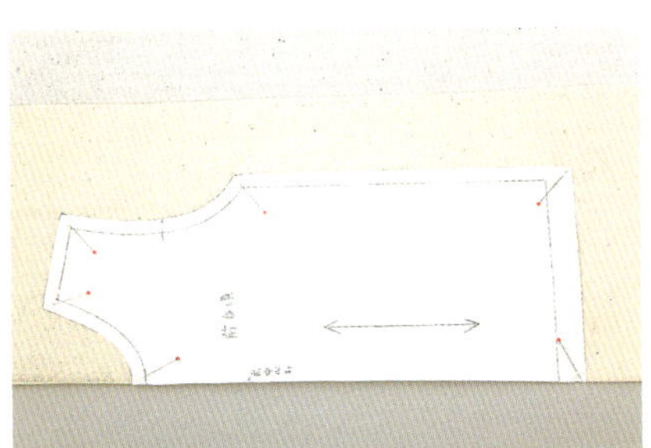

3 패턴이 비뚤어지지 않도록 모서리와 긴 직선 부분에 시침핀을 꽂습니다.

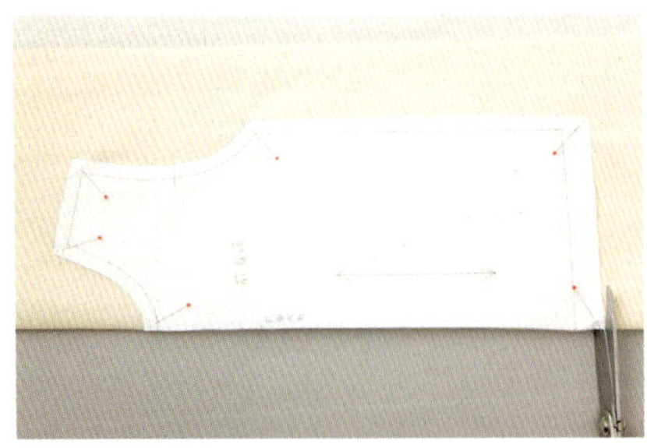

4 원단 끝부분에 가위를 넣어 재단을 시작합니다. 가윗날을 원단에 수직이 되게 하고, 아래쪽 날을 바닥에 댄 상태에서 천천히 자르면 안정감 있게 자를 수 있습니다.

깔끔하게 자르는 요령

원단을 들어 올리지 마세요!

원단을 들어 올리면 원단이 서로 어긋나서 패턴대로 자르기 힘듭니다. 원단을 바닥에 놓은 상태에서 움직이지 않아야 합니다.

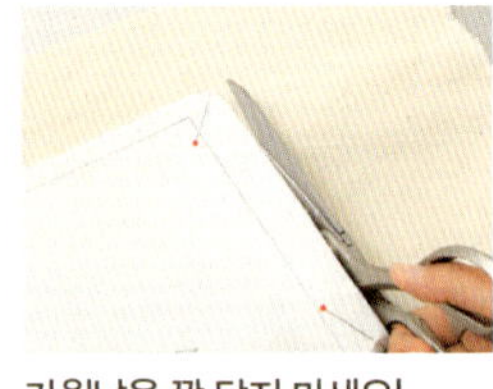

가윗날을 꽉 닫지 마세요!

가윗날을 완전히 닫으면 다시 원단에 날을 댔을 때 원래 잘리던 선에서 비뚤어지게 잘릴 수 있습니다. 가윗날을 꽉 닫지 말고 그전에 멈춰서 계속 이어 자릅니다.

5 다른 각도에서 가위를 넣을 때는 패턴을 움직이는 것이 아니라, 자르기 쉬운 위치로 몸을 움직여 자릅니다.

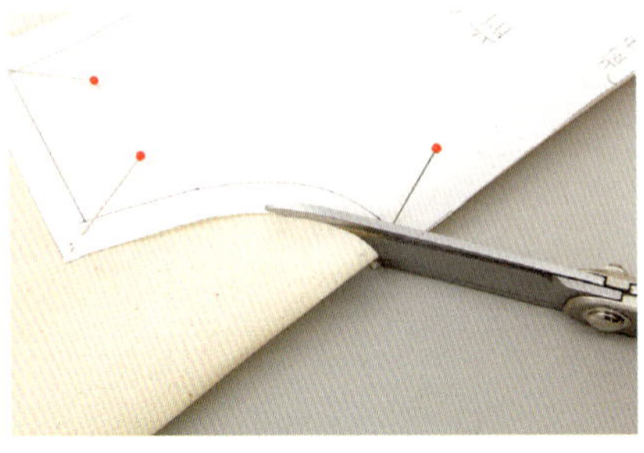

6 곡선은 가위를 조금씩 움직여가며 천천히 자르면 잘 잘립니다.

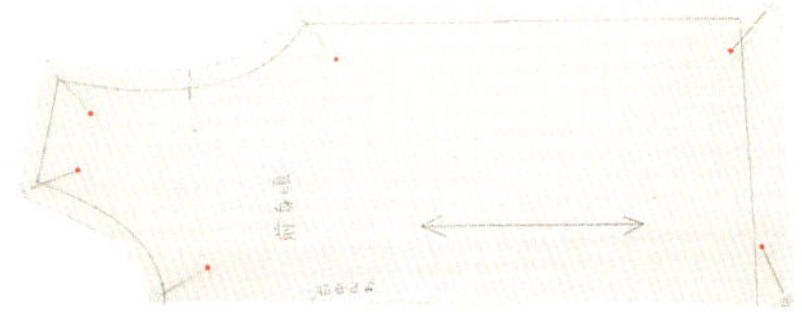

7 재단을 끝낸 모습입니다.

패턴대로 자르기 쉽지 않을 때

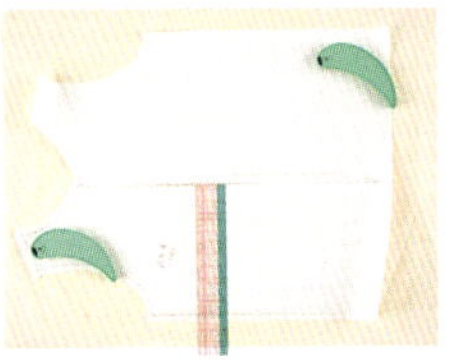

❶ 원단 안쪽을 위로 가게 하고, 올 방향에 맞춰 패턴을 올립니다. 그다음 문진을 올려놓거나 시침핀을 꽂아 고정합니다.

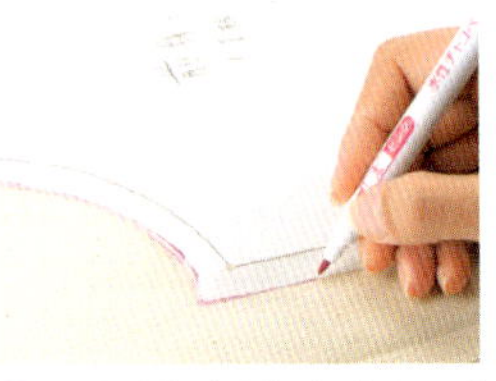

❷ 패턴의 윤곽선은 수성 초크펜을 사용해 베끼고, 베낀 선 위를 정확하게 자릅니다.

무늬 맞추기

무늬 맞추기란?

체크나 보더 등의 무늬 원단은 '옆선 등 연결되는 부분의 무늬가 이어지도록 맞추는 것'이 중요한데, 이를 '무늬 맞추기'라고 합니다. 옷을 입었을 때도 '좌우대칭으로 보이도록 무늬를 맞추는 것'이 좋습니다. 무늬 원단은 How to make에 나와 있는 원단 소요량보다 10~20% 정도 여유분을 더해 준비합니다.

상의

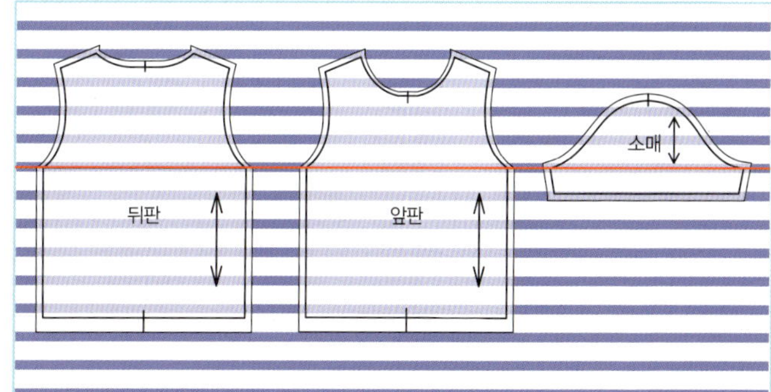

어깻죽지 부분에서 중심 쪽을 향해 수직으로 그은 선에 같은 무늬가 오도록 배치합니다. 체크 원단은 앞·뒤 몸판의 중심에 같은 무늬가 오도록 배치합니다.

팬츠

밑단에 같은 무늬가 오도록 배치합니다. 즉, 밑단을 세로 방향과 수직으로 2등분한 선에 같은 무늬가 오도록 배치합니다.

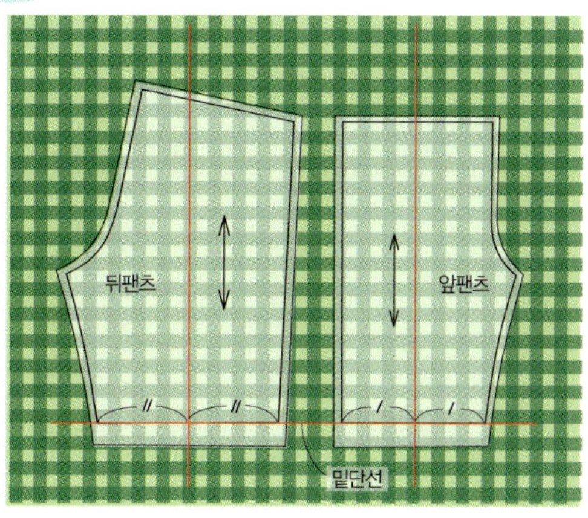

스커트

앞·뒤 중심에 같은 무늬가 오도록 배치합니다. 물론 밑단도 같은 무늬가 오도록 합니다.

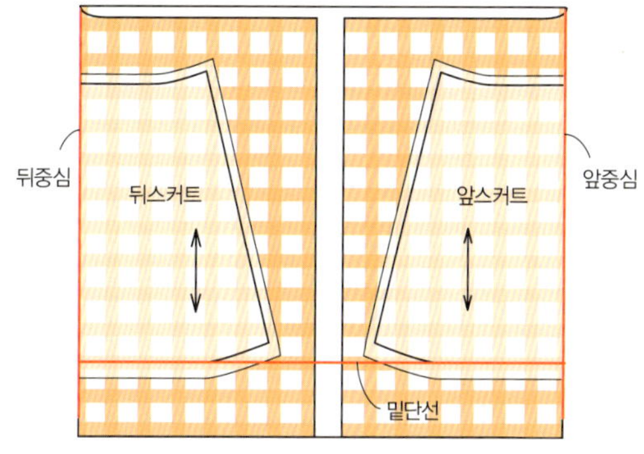

가방

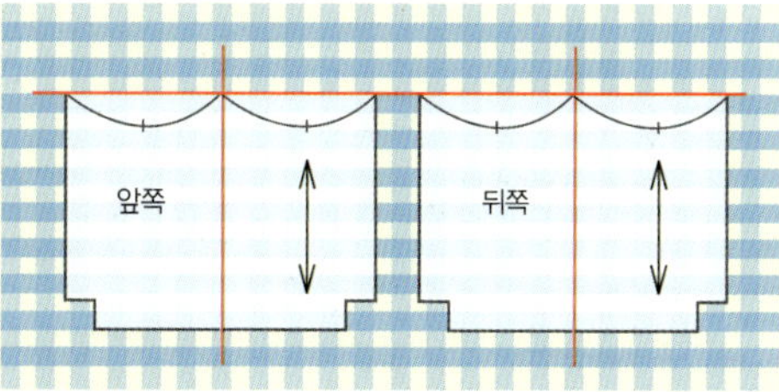

앞·뒤쪽 중심에 같은 무늬가 오도록 배치하는데, 가방 입구의 무늬도 잘 맞춰서 배치합니다.

▶▶ 표시하기
합봉할 때 필요한 기호들을 원단에 표시합니다.

표시하기란? ➜ 봉제할 때 기준점이 되는 역할을 합니다

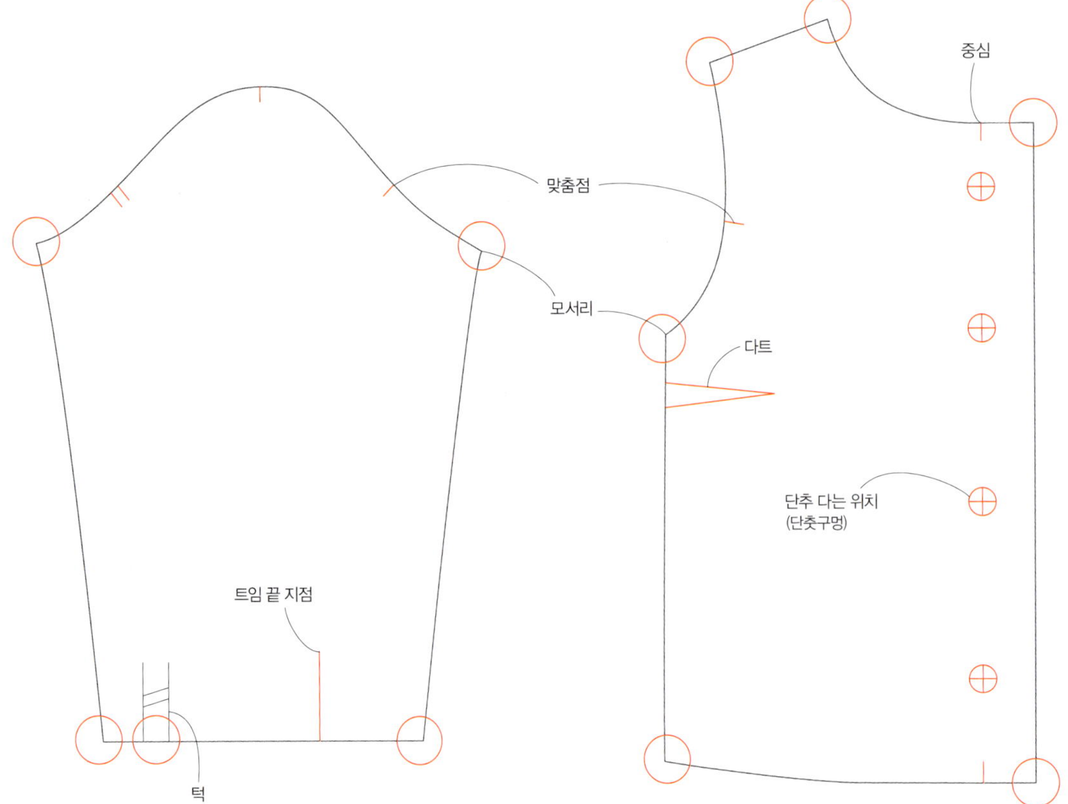

표시하는 위치

- 다트
- 단추 다는 위치
- 단춧구멍
- 맞춤점
- 모서리
- 중심
- 턱
- 트임 끝 지점

완성선을 모두 표시해야 하나요?

재봉틀로 봉제한다면 최소한의 위치에만 표시해도 됩니다. 완성선을 모두 표시하다 보면 봉제 작업에 들어가기도 전에 오랜 시간을 허비하게 될 수도 있습니다. 재봉틀로 봉제할 때는 침판에 표시되어 있는 시접 가이드에 원단 가장자리를 맞춰 박으면 따로 표시를 하지 않더라도 완성선에 맞춰 봉제할 수 있습니다. 단, 손바느질로 작업한다면 완성선을 모두 표시하는 것이 좋습니다.

표시할 때 사용하는 도구

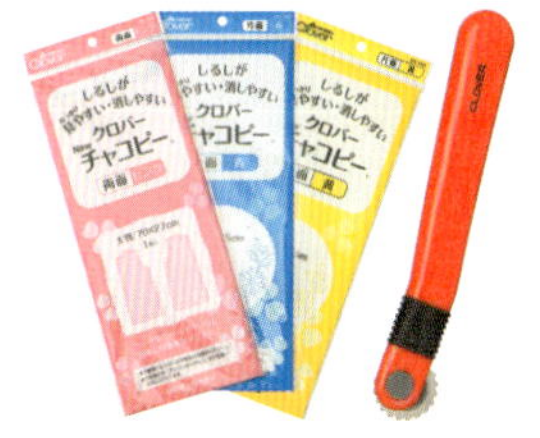

초크 페이퍼+룰렛

양면 또는 단면에 초크가 묻어 있는 종이입니다. 원단 사이에 끼우고 위쪽에서 룰렛으로 눌러 표시합니다.

적합한 소재
표면에 보풀이 생기지 않는 원단

재단 가위

시접 가장자리에 0.3㎝ 정도의 노치(가위집)를 넣어 표시합니다.

적합한 소재
모든 소재 ok

초크 펜슬

원단에 직접 표시하는 초크 펜슬은 물로 지울 수 있는 타입이 사용하기 편리합니다.

적합한 소재
표면에 보풀이 일지 않는 원단

시침실

실로 꿰매서 바느질할 부분을 표시하는 방법을 '실표뜨기'라고 합니다. 바느질이 끝나면 쪽가위로 실표뜨기한 실을 모두 제거합니다.

적합한 소재
바늘 자국이 남는 원단 외

표시법

초크 페이퍼

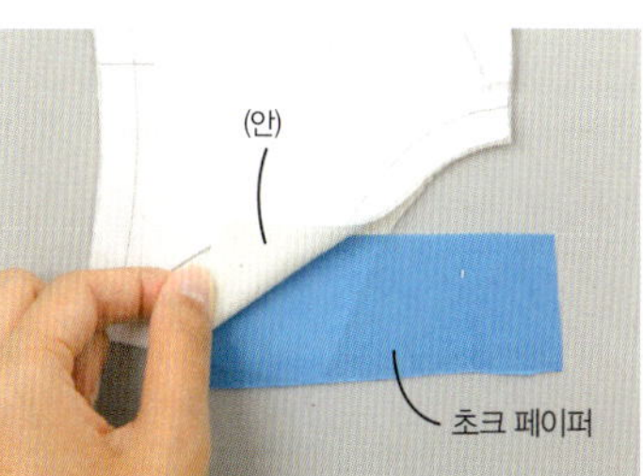

1 원단을 안끼리 맞댄 다음 그 위에 패턴을 겹쳐놓고 원단 사이에는 초크 페이퍼를 끼웁니다. 단면 타입은 초크가 묻은 쪽이 바깥쪽이 되도록 접어서 사용합니다.

2 패턴 위쪽에서 룰렛으로 완성선을 덧 그리듯이 누릅니다.

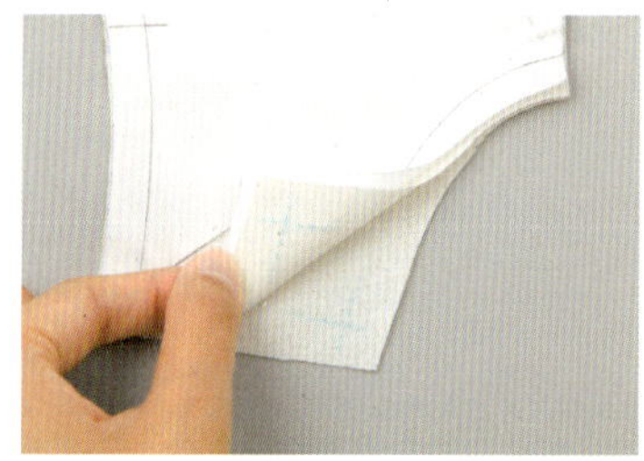

3 위아래 원단에 대칭으로 표시가 된 모습입니다.

노치

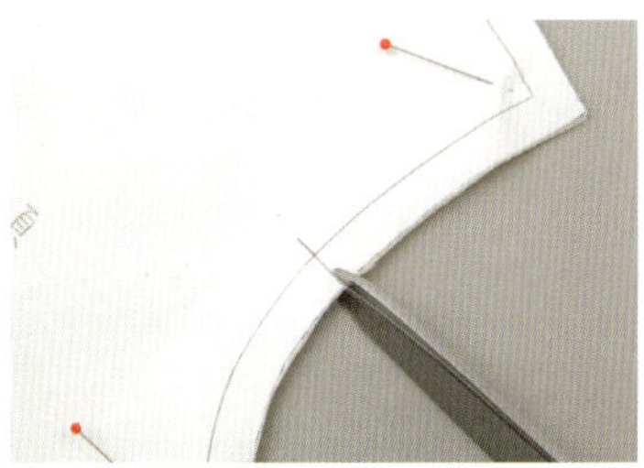

맞춤점 시접을 깊게 자르지 않도록 주의하면서 0.3㎝ 정도의 노치를 넣습니다.

'골선'은 접음선을 향해 비스듬히 자릅니다.

노치는 시접 등 원단 가장자리에만 표시할 수 있습니다. 다트의 끝부분이나 단춧구멍 등 완성선보다 안쪽에 표시할 때는 적합하지 않으니 다른 방법과 병행해서 사용합니다.

초크 펜슬

1 패턴을 원단과 분리하고 표시할 위치에 송곳으로 구멍을 뚫습니다.

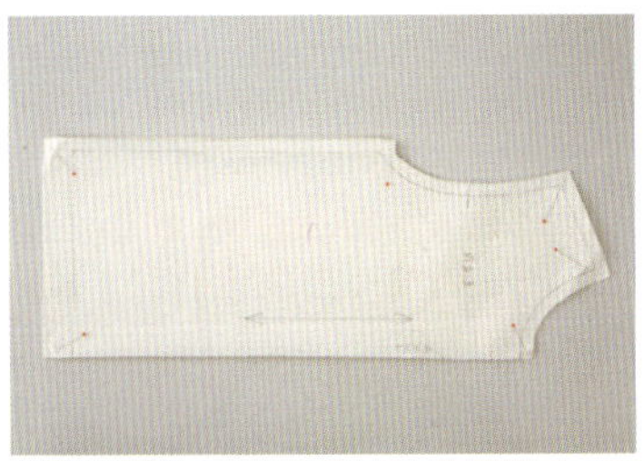

2 겉끼리 맞대놓은 원단에 패턴을 다시 겹칩니다.

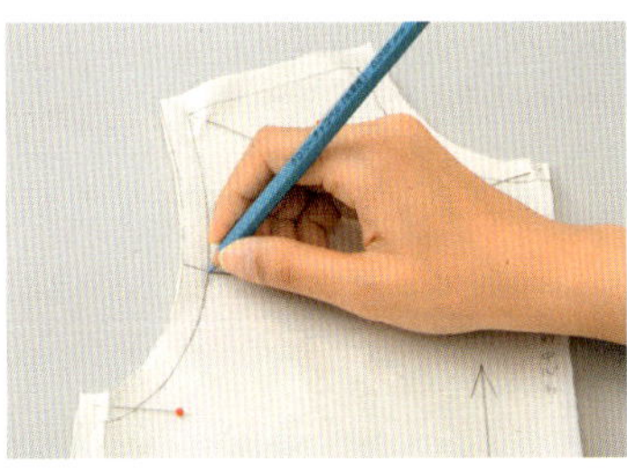

3 1에서 뚫어둔 구멍 위쪽에 초크 펜슬로 표시를 합니다.

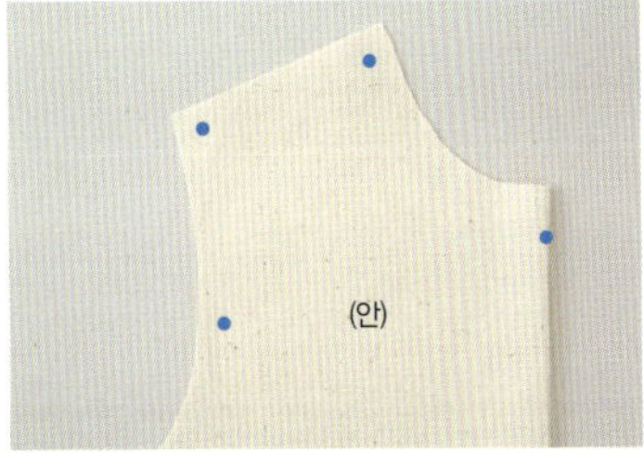

4 모서리와 맞춤점을 점으로 표시한 모습입니다.

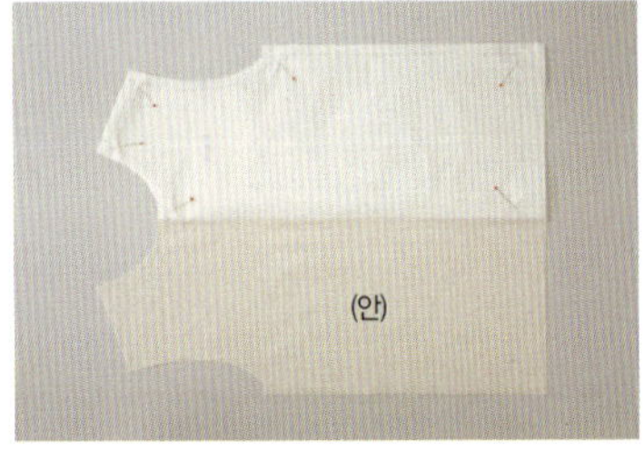

5 패턴을 안으로 뒤집어 반대쪽에 패턴을 고정합니다. 3과 같은 방법으로 표시합니다.

실표뜨기

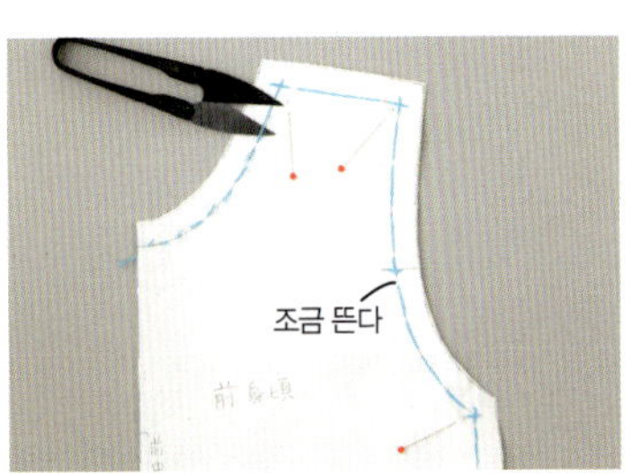

1 시침실 2가닥을 사용해 5㎝ 간격으로 완성선에 실표뜨기를 합니다. 모서리나 맞춤점 등은 십자 모양이 되도록 실을 교차하되, 곡선은 촘촘하게 시침합니다. 실표뜨기를 다 하고 나면 겉쪽으로 나와 있는 실 사이를 쪽가위를 사용해 자르고 패턴을 빼냅니다.

2 시침실이 빠지지 않도록 주의하면서 위쪽 원단을 들어 올린 상태에서 원단과 원단 사이에 있는 실을 재단 가위로 자릅니다.

3 위쪽 원단에 남은 실을 바싹 자른 다음 다리미 앞부분으로 눌러 실이 빠지지 않도록 합니다.

재봉틀

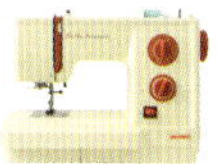

재봉틀 종류와 다루는 방법을 소개합니다.

▶▶ 재봉틀 종류

가정용 재봉틀

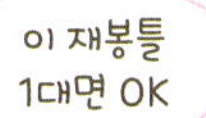

전동 재봉틀

모터 속도를 전압으로 변화시킵니다. 앞쪽 스위치로 조작하는 타입과, 발판 컨트롤러로 봉제를 시작하거나 멈추고 발판을 누르는 정도에 따라 속도를 조절할 수 있는 타입이 있습니다.

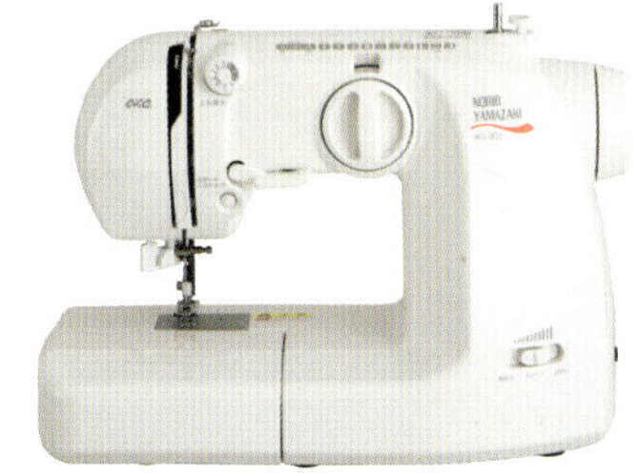

전자 재봉틀

전자 회로로 봉제 속도를 조절하는 재봉틀입니다. 저속으로 봉제할 때도 힘이 있기 때문에 전동 재봉틀보다 쉽게 두꺼운 원단을 봉제할 수 있고, 봉제를 끝낼 때 바늘을 멈추는 위치를 정할 수도 있습니다. 앞쪽 스위치로 조작하는 타입과, 스위치와 발판 컨트롤러를 모두 사용할 수 있는 타입이 있습니다.

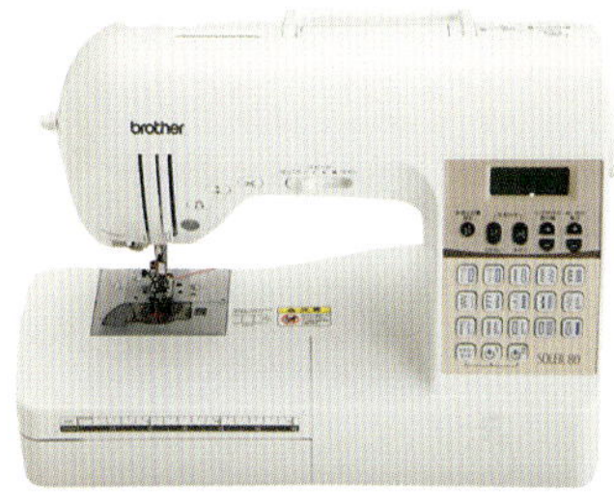

컴퓨터 재봉틀

마이크로컴퓨터가 내장되어 있어 모양의 형성과 속도를 컴퓨터로 제어할 수 있는 재봉틀입니다. 복잡한 무늬와 문자, 자수 등 다양한 방법으로 전자 재봉틀보다 깔끔하게 봉제할 수 있습니다. 앞쪽 스위치로 조작하는 타입과, 스위치와 발판 컨트롤러를 모두 사용할 수 있는 타입이 있습니다.

오버로크 재봉틀

자세한 설명은 p.95

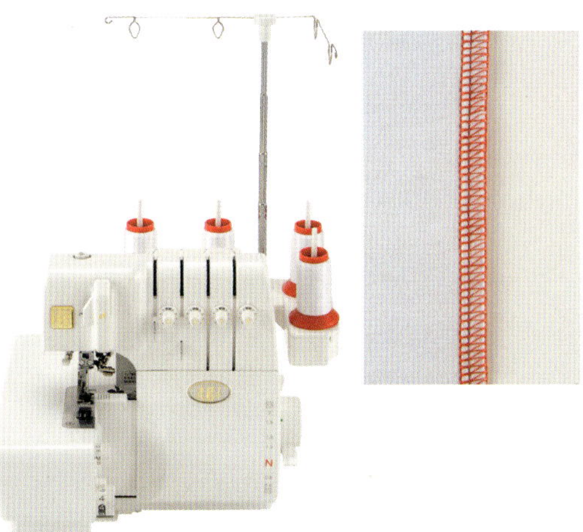

가장자리 감침질 전용 재봉틀로, 올풀림을 방지하기 위해 지그재그로 박음질됩니다. 작품 시접을 기성품처럼 깔끔하게 처리할 수 있으며, 니트 원단을 합봉할 때도 유용합니다.

직업용 재봉틀

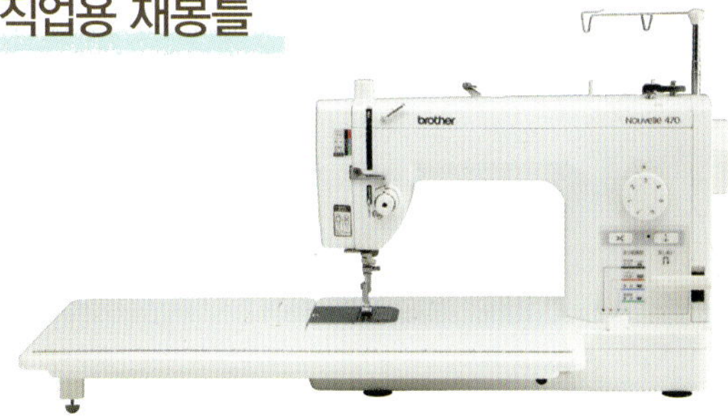

직선박기 전용 재봉틀로, 가정용 재봉틀보다 힘이 있어서 두꺼운 원단도 봉제할 수 있습니다. 가장자리 감침질 등 다른 봉제는 불가능하므로 오버로크 재봉틀과 함께 사용하는 것이 좋습니다. 본격적으로 양재를 하려는 사람을 위한 재봉틀입니다.

공업용 재봉틀

재봉틀과 작업 테이블이 일체형인 직업용 재봉틀보다 더 큰 모터가 달려 있는 대형 재봉틀입니다.

도구 제공 전동 재봉틀: 자노메미싱공업, 전자 재봉틀: CATALOG HOUSE, 컴퓨터 재봉틀 · 직업용 재봉틀: 부라더총판, 오버로크 재봉틀: Baby Lock

▶▶ 재봉틀 준비하기

1. 바늘 장착하기

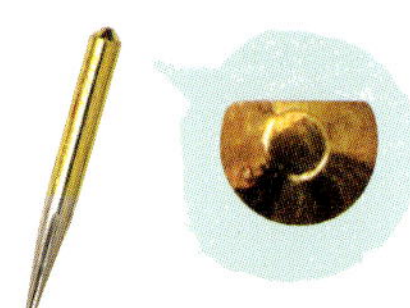

재봉틀 바늘

사용할 원단의 두께에 맞춰 바늘 굵기를 선택합니다. 번호가 작을수록 가늘어지고 번호가 클수록 굵어집니다. 재봉틀 바늘은 소모품입니다.

바늘 장착하는 방법

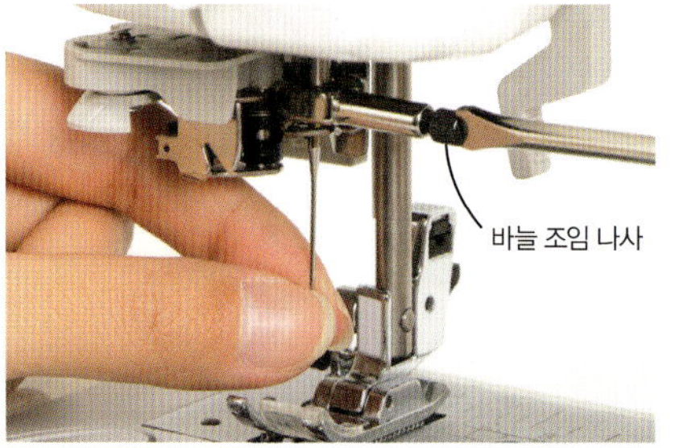

❶ 드라이버로 바늘 조임 나사를 돌려 풉니다. 바늘 머리의 평평한 부분을 안쪽으로 가게 한 다음, 바늘 머리 부분이 멈춤핀에 닿아 더는 올라가지 않을 때까지 위로 밀어 넣습니다. 바늘을 왼손으로 잡은 상태에서 오른손으로 나사를 단단히 조입니다.

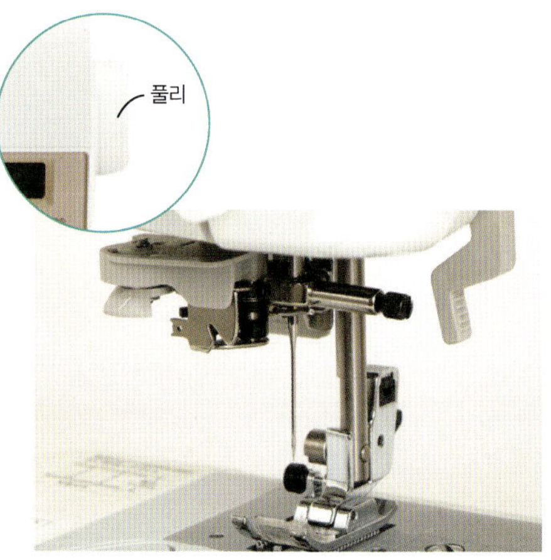

❷ 풀리를 돌려 바늘을 위아래로 천천히 움직여가며 바늘이 흔들리지는 않는지, 침판 위의 바늘구멍 위치와 잘 맞는지 확인합니다.
풀리는 바늘을 수동으로 올리거나 내릴 때, 한 땀씩 정확히 봉제할 때 돌려서 사용합니다. 풀리를 돌릴 때는 항상 몸쪽으로 돌려야 합니다.

2. 밑실 감기

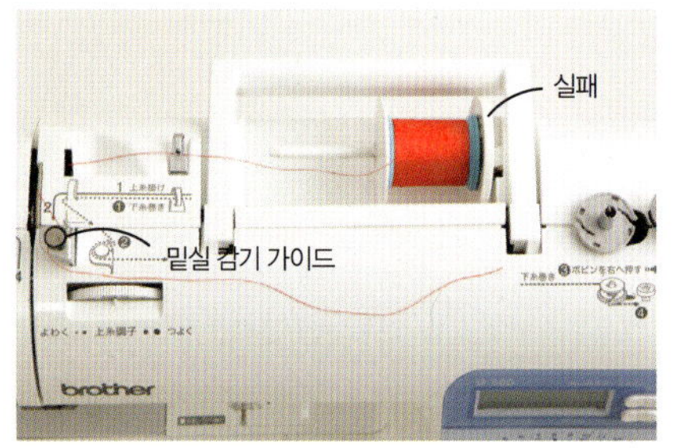

❶ 실패꽂이에 실패를 끼우고 실패막이를 꽂아 고정한 다음, 밑실 감기 가이드에 실을 겁니다.

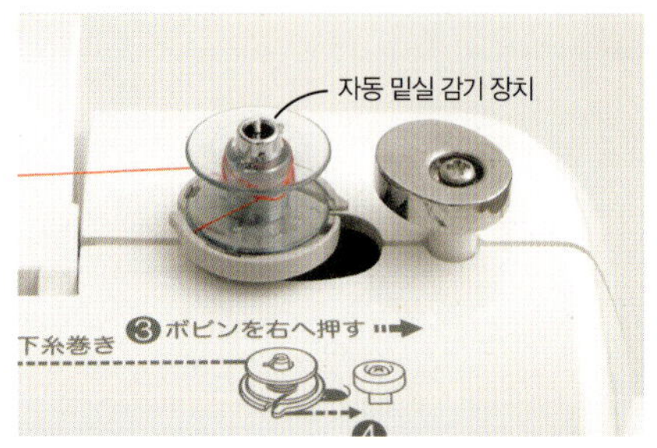

❷ 북알에 네다섯 번 정도 실을 감은 다음, 자동 밑실 감기 장치에 끼우고 북알을 오른쪽으로 밀어 이동시킵니다. 이처럼 자동 밑실 감기 장치는 북알에 밑실을 감을 때 사용합니다.

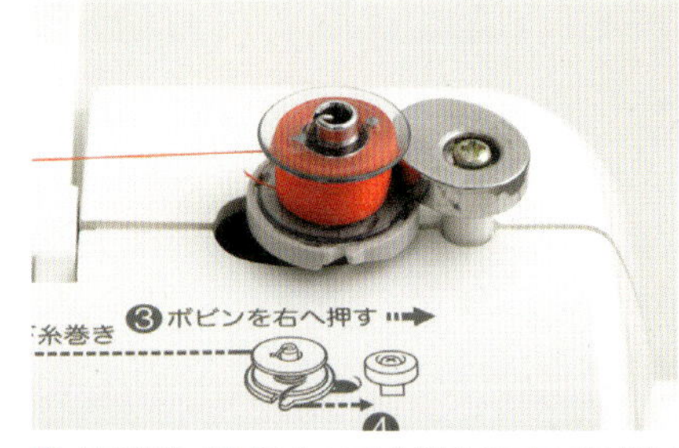

❸ 시작/멈춤 버튼을 누르거나 발판 컨트롤러를 밟아 북알에 실을 감습니다. 실은 북알의 80% 정도가 되도록 균등하게 감습니다. 발판 컨트롤러는 봉제 시 발로 밟아서 봉제 속도를 조절하는 역할을 합니다.

올바른 실 감기

한쪽으로 쏠리거나 많이 감은 상태의 북알을 사용해 봉제하면 실의 장력이 나빠질 수 있으니 주의합니다.

○

골고루 감겼습니다.

×

실이 한쪽으로 쏠렸습니다.

×

느슨하게 감겼습니다.

수직 가마

북알을 북집에 넣기

수직 가마는 북알을 북집에 넣고 재봉틀에 집어넣습니다. 북알에 감은 실이 시계 방향이 되도록 해서 북집에 넣습니다.

실 끝을 홈 밑쪽에서 끼우고 사진의 화살표 방향으로 빼냅니다.

장력 조절 나사 조절하기

북집에 있는 장력 조절 나사가 아주 느슨하거나 꽉 조여 있으면 실의 장력이 나빠지는 원인이 되므로 드라이버로 조절합니다.

실 끝을 들어 올려 흔들어 봤을 때 스르르 움직일 정도로 나사를 조절합니다. 북집이 뚝 떨어지거나 움직이지 않으면 나사를 조금만 돌려서 적당히 조절하면 됩니다.

3. 윗실 끼우기

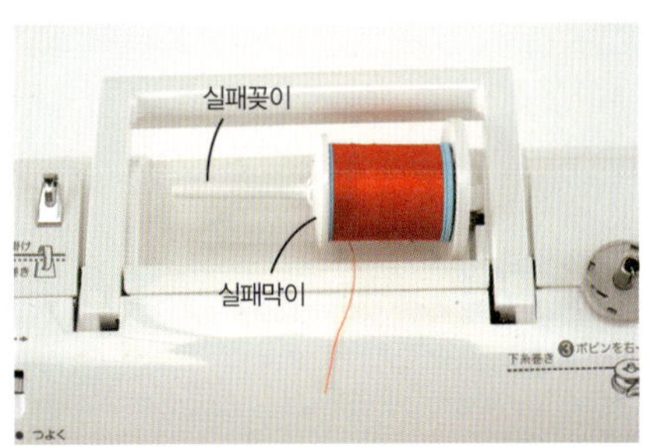

❶ 실패꽂이에 실패를 끼우고 실패막이를 꽂아 고정합니다. 실은 실패 밑에서 앞쪽으로 풀리도록 합니다.

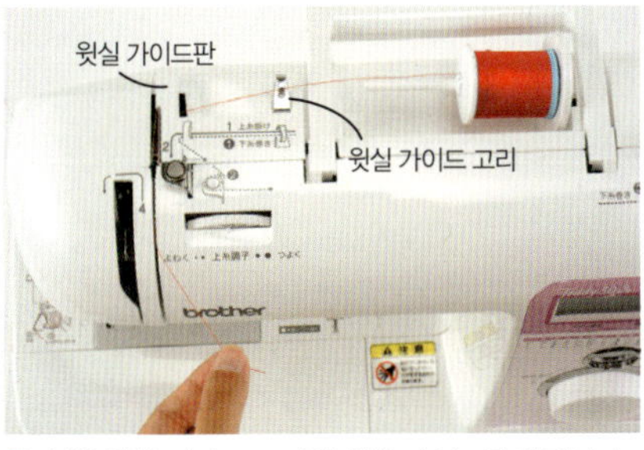

❷ 실을 윗실 가이드 고리와 윗실 가이드판에 겁니다.

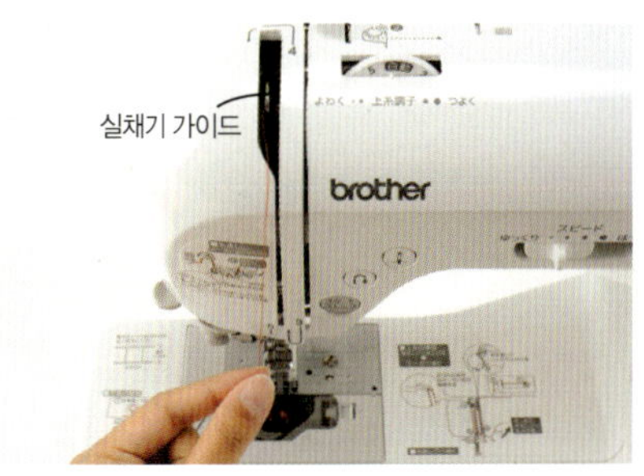

❸ 재봉틀에 인쇄된 화살표 순서를 따라 실을 통과시키고 실채기 가이드에 겁니다. 실채기 가이드는 윗실을 거는 장치로, 풀리를 돌리면 실채기가 위아래로 움직입니다.

❹ 실걸이대에 실을 겁니다.

❺ 바늘귀 앞쪽에서 실을 끼워 뒤쪽으로 빼냅니다.

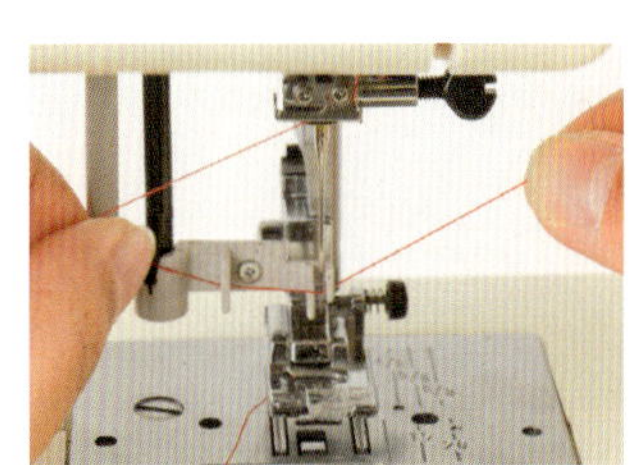

편리한 '자동 실 꿰기 장치'

대부분의 가정용 재봉틀에는 간단히 실을 통과시킬 수 있는 자동 실 꿰기 장치가 장착되어 있습니다. 이 자동 실 꿰기 장치를 사용하면 어렵지 않게 실을 꿸 수 있습니다.

4. 밑실 끼우기

수평 가마

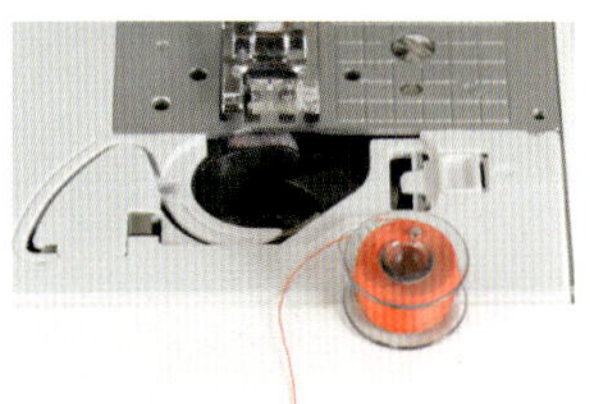

❶ 북알에 감은 실이 반시계 방향이 되도록 하고 가마에 넣습니다.

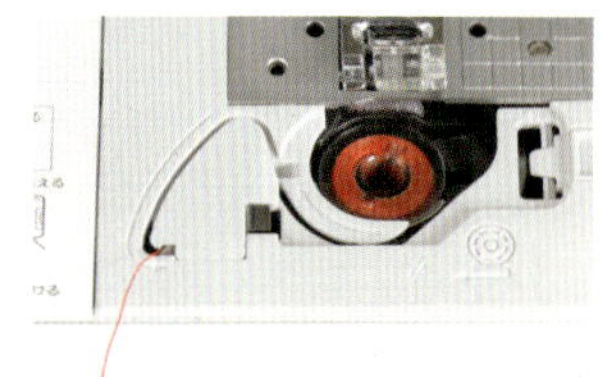

❷ 재봉틀에 표시되어 있는 화살표 방향을 따라 실 끝을 슬롯에 걸고 여분의 실을 자릅니다.

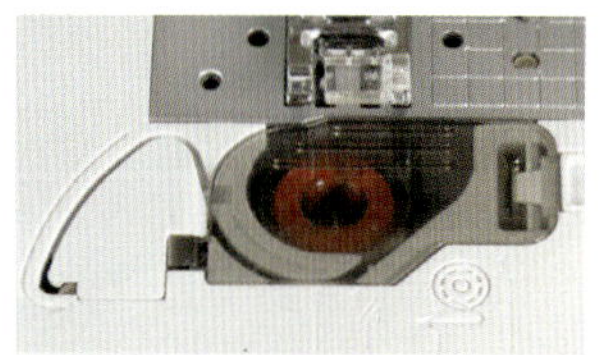

❸ 뚜껑을 닫습니다.

수직 가마

북집을 재봉틀의 가마에 집어넣은 모습입니다.

5. 밑실 당겨 올리기

※재봉틀 기종에 따라 밑실을 당겨 올릴 필요가 없는 것도 있습니다.

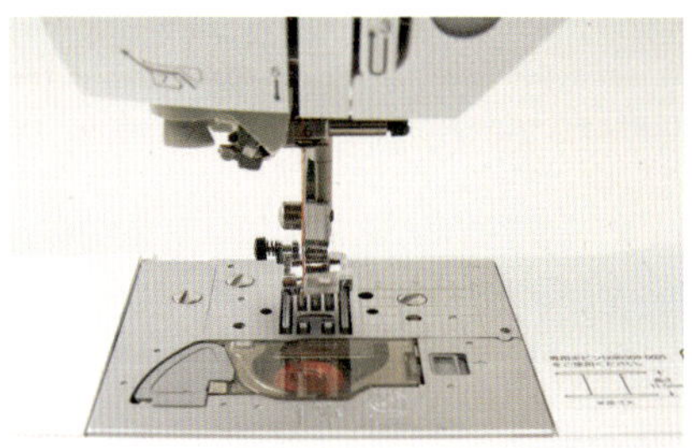

❶ 윗실의 실 끝을 손가락으로 잡고 풀리를 몸 쪽으로 천천히 한 바퀴 돌려 윗실에 밑실이 걸리도록 합니다.

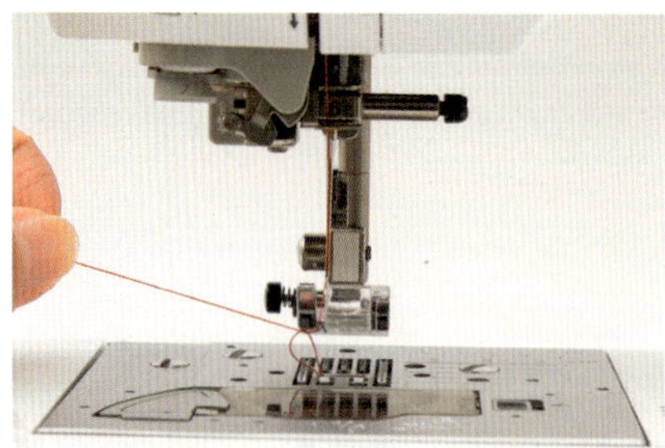

❷ 윗실의 실 끝을 살살 잡아당겨 윗실에 걸린 밑실을 끌어 올립니다.

❸ 밑실의 고리는 송곳으로 들어 올리고, 밑실의 실 끝은 침판 위로 끌어 올립니다.

Point
재봉틀로 봉제할 때의 기본자세
재봉틀은 수평으로 평평한 곳에 놓고 의자에 앉습니다.
큰 작품을 봉제할 때는 재봉틀 왼쪽에 넓은 공간을 확보해두어야 합니다. 원단을 잡고 재봉틀 속도에 맞춰 몸 쪽으로 원단을 살짝 당겨주듯 봉제합니다.
진동이나 소리가 신경 쓰인다면 재봉틀 밑에 소음 방지 매트를 깝니다.
왼손은 안쪽에 두어 원단을 지탱합니다.
오른손은 몸 쪽에 두어 원단을 가볍게 누릅니다.

6. 테스트 봉제

❶ 풀리를 몸 쪽으로 돌려 바늘을 내립니다. 밑실을 살짝 잡아당겨 느슨하지 않도록 조정합니다.

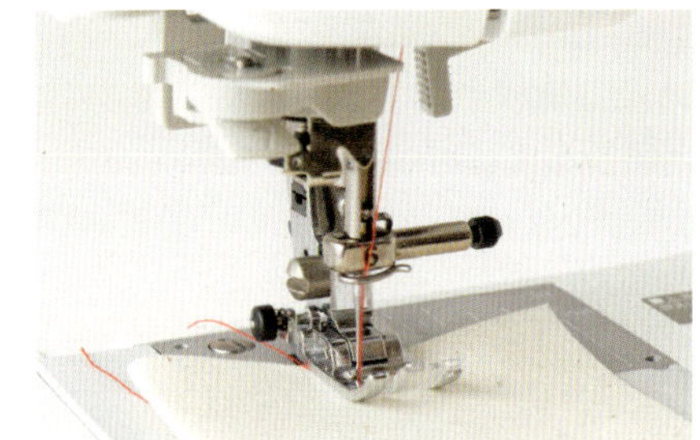

❷ 노루발을 내리고 시작/멈춤 버튼을 누르거나 발판 컨트롤러를 밟아 봉제를 시작합니다.

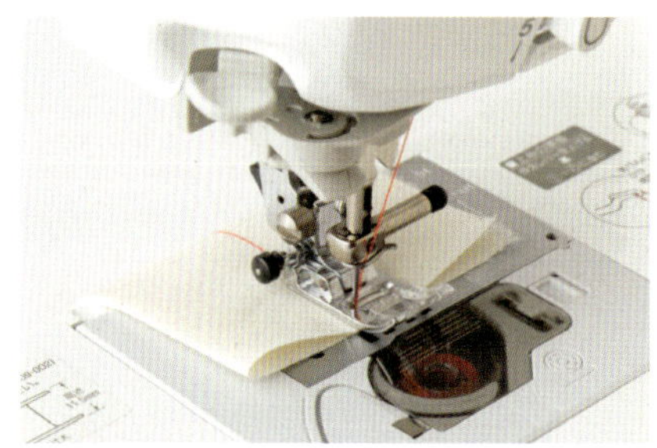

❸ 봉제를 하고 나서 바늘땀을 살펴보며 제대로 봉제되는지 확인합니다.

7. 실 장력 확인하기

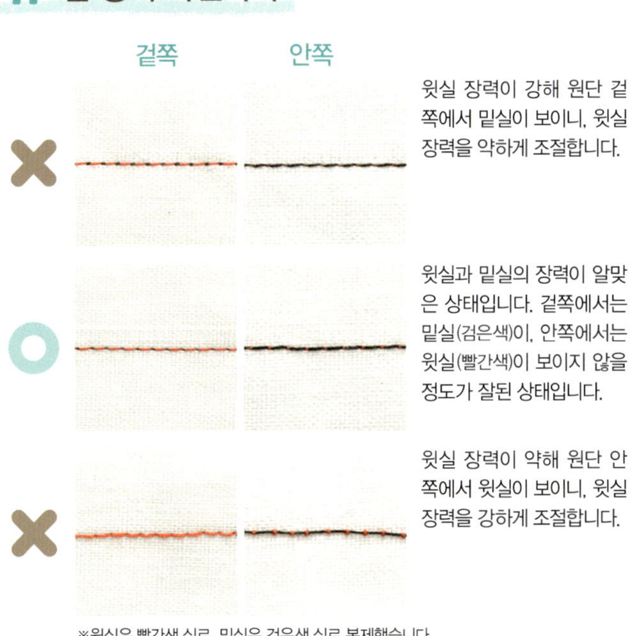

윗실 장력이 강해 원단 겉쪽에서 밑실이 보이니, 윗실 장력을 약하게 조절합니다.

윗실과 밑실의 장력이 알맞은 상태입니다. 겉쪽에서는 밑실(검은색)이, 안쪽에서는 윗실(빨간색)이 보이지 않을 정도가 잘된 상태입니다.

윗실 장력이 약해 원단 안쪽에서 윗실이 보이니, 윗실 장력을 강하게 조절합니다.

※윗실은 빨간색 실로, 밑실은 검은색 실로 봉제했습니다.

윗실 장력 조절 다이얼 사용법

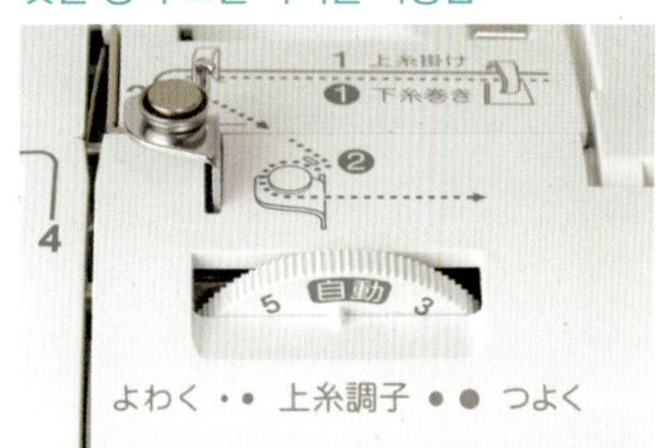

재봉틀에 달린 윗실 장력 조절 다이얼(사진은 자동 조절)을 돌려 조절하고 한 번 더 테스트 봉제를 해 실 장력을 확인합니다.
가정용 재봉틀의 실 장력은 윗실 장력을 바꿔 조절합니다. 윗실을 느슨하게 하려면 숫자가 큰 쪽으로 돌리고, 팽팽하게 하려면 숫자가 작은 쪽으로 다이얼을 돌립니다.

8. 직선박기와 되돌아박기

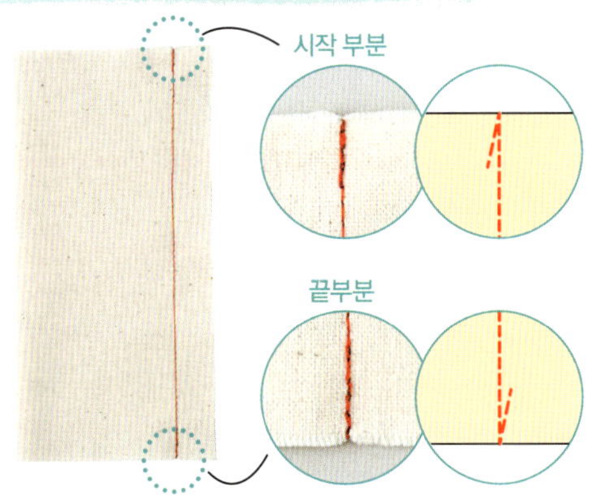

기본적으로 봉제를 시작할 때와 끝마칠 때는 바늘땀이 풀리지 않도록 되돌아박기를 합니다.

재봉틀에 원단 올려놓기

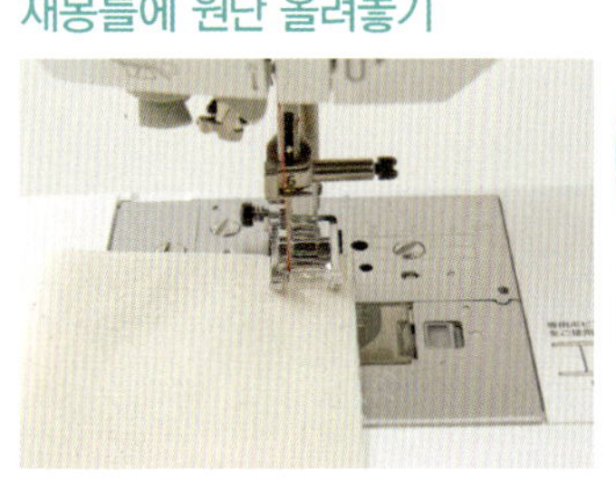

솔기 가이드

※솔기 가이드는 재봉틀 기종에 따라 사용할 수 없는 것도 있습니다.

시접 폭을 침판의 가이드에 맞춰 원단을 놓습니다. 침판에 가이드가 없다면 솔기 가이드를 사용하거나 침판에 표시합니다. 원단 가장자리에서 0.7㎝ 정도 들어간 부분에 바늘을 내립니다.

도구 제공 솔기 가이드: KAWAGUCHI

봉제를 시작할 때

❶ 윗실과 밑실을 뒤쪽으로 살짝 잡아당긴 상태에서 노루발을 내리면 봉제를 시작할 때 실이 엉키는 것을 방지할 수 있습니다. 노루발은 봉제할 때 원단이 뜨지 않게 위에서 눌러주면서 원단이 뒤로 밀려나갈 수 있도록 합니다.

❷ 후진/보강 재봉 버튼을 눌러 원단 끝까지 되돌아박기를 합니다.

❸ 원단 끝에서 되돌아박기를 한 바늘땀 위를 겹쳐서 박습니다.

봉제를 끝마칠 때

❶ 반대쪽 원단 끝까지 박습니다.

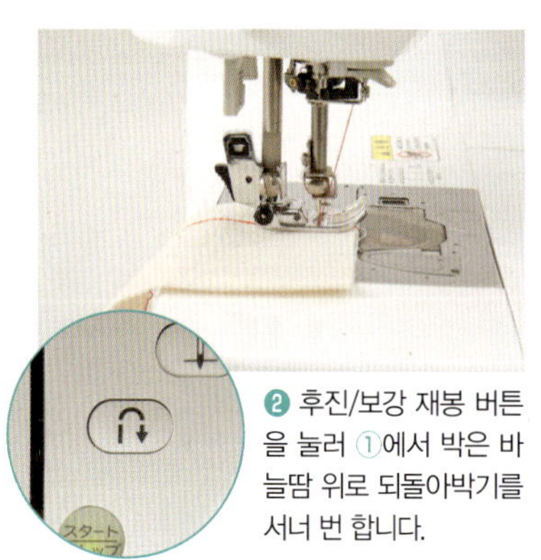

❷ 후진/보강 재봉 버튼을 눌러 ①에서 박은 바늘땀 위로 되돌아박기를 서너 번 합니다.

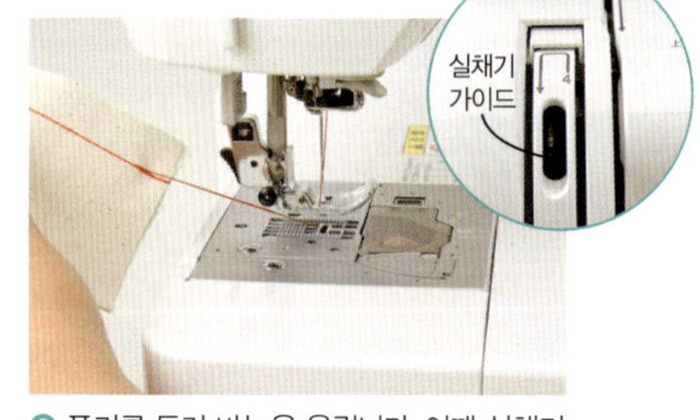

❸ 풀리를 돌려 바늘을 올립니다. 이때 실채기 가이드가 올라가 있는지 확인한 다음, 봉제가 끝난 원단을 뒤쪽으로 잡아당겨 실을 5㎝ 정도 남기고 자릅니다.

봉제실 처리하기

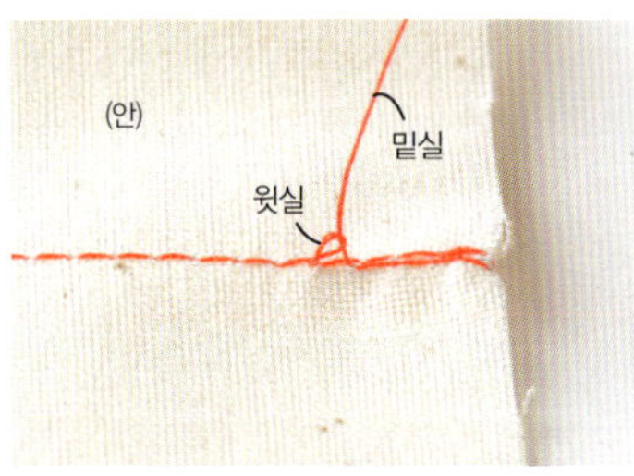

❶ 밑실을 잡아당기면 윗실의 고리가 안쪽으로 나옵니다.

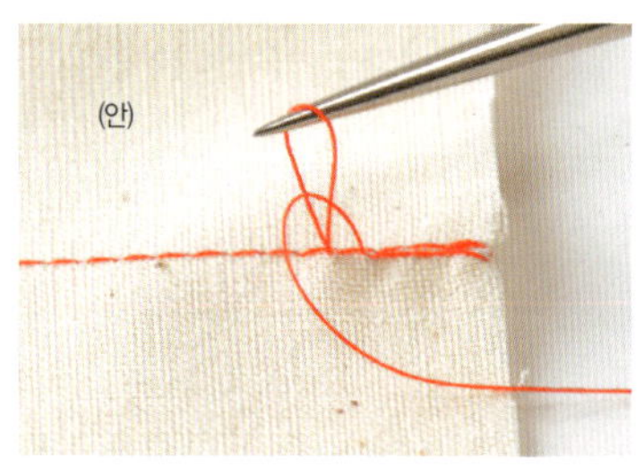

❷ 고리 안에 송곳을 넣어 윗실의 실 끝을 안으로 끌어냅니다.

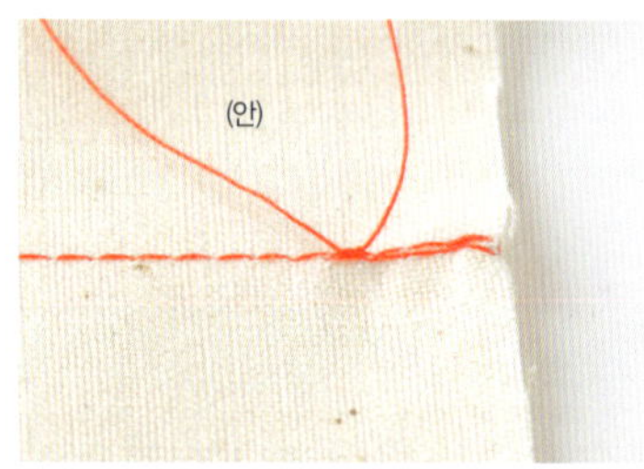

❸ 여분의 실을 자릅니다. 잘 풀리는 원단이나 실이라면 윗실과 밑실을 서로 묶고 나서 자릅니다.

Point

재봉틀 문제점 해결하기

봉제를 잘못했을 때

바늘땀에 쪽가위나 실뜯개를 넣어 실을 자릅니다.

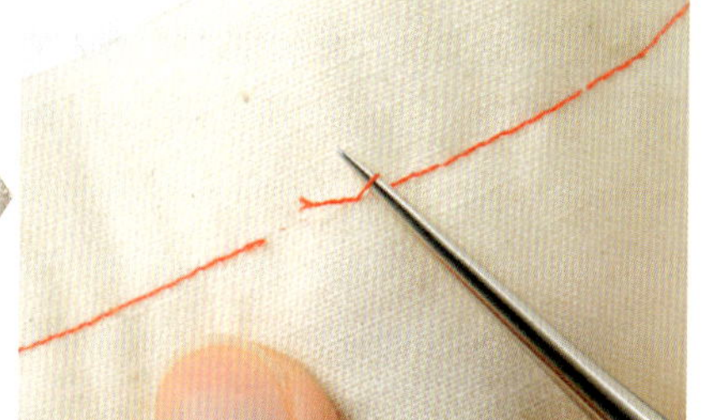
송곳으로 실 끝을 당겨 조심스럽게 뜯어냅니다.

봉제 도중에 실이 떨어졌을 때

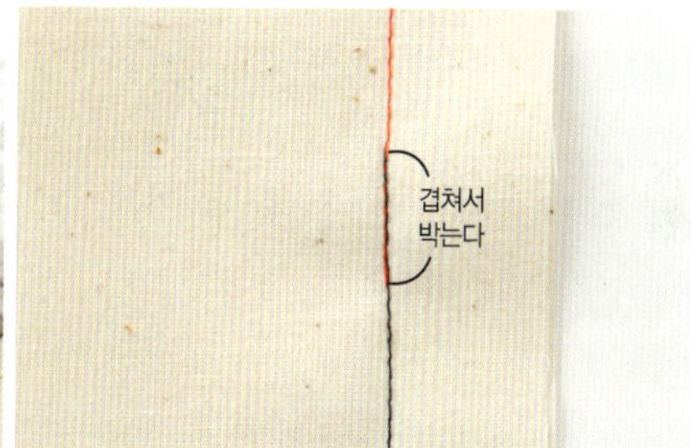

실이 끝난 부분에서 2cm 정도 되돌아와 바늘을 내리고 봉제된 곳을 한 번 더 박으면 실이 풀리지 않습니다.
위에서 겹쳐서 박는 쪽은 되돌아박기를 하고 나서 봉제를 시작합니다.

봉제가 제대로 되지 않을 때

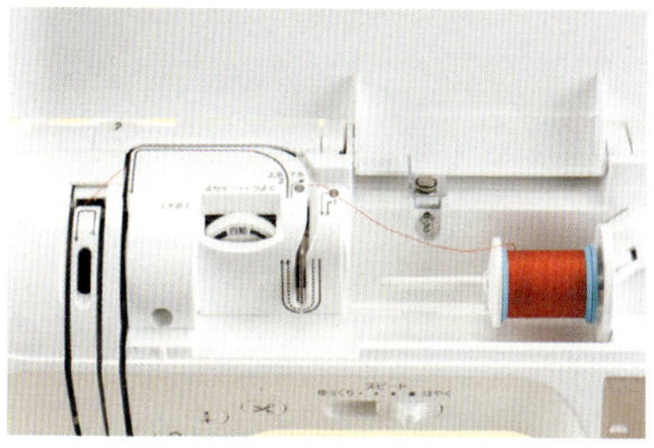
윗실이 올바른 순서대로 걸려 있는지 확인합니다.

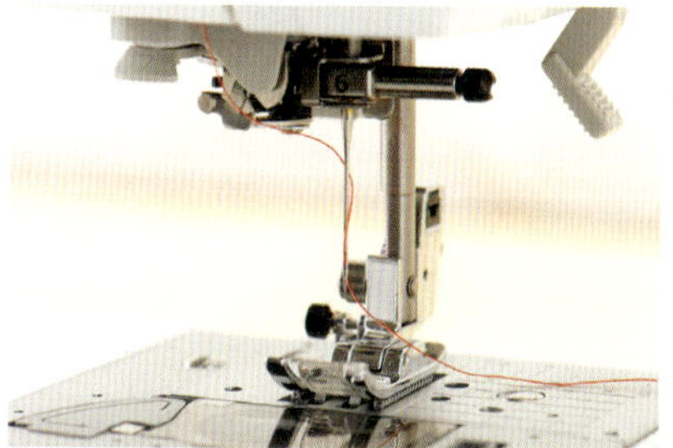
윗실이 바늘에 엉켜 있지 않은지 확인합니다.

노루발을 내리지 않은 상태에서 봉제하면 윗실은 뜨고 밑실은 고리 모양이 되니 주의합니다.

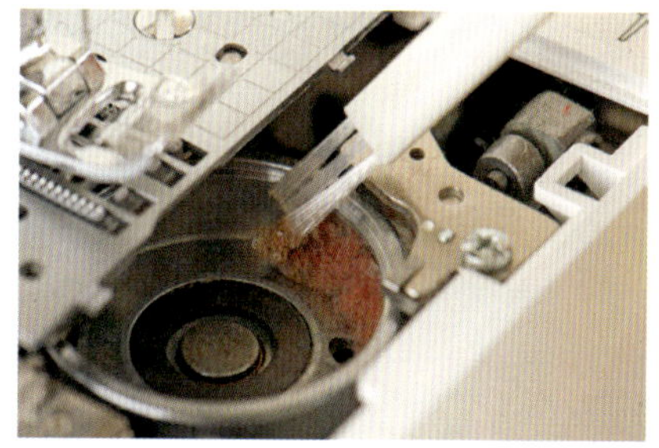
재봉틀 가마 안에 먼지나 이물질이 끼어 있으면 실 장력이 나빠질 수 있습니다. 청소용 솔을 사용해서 정기적으로 청소합니다.

윗실이 끊어진다면

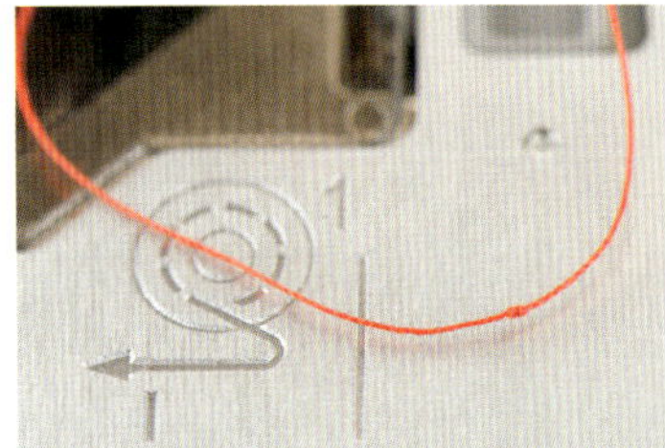

윗실의 상태를 확인합니다. 윗실에 매듭이 지어져 있으면 바늘구멍에 걸려서 윗실이 끊어지기도 합니다.

밑실이 엉킨다면

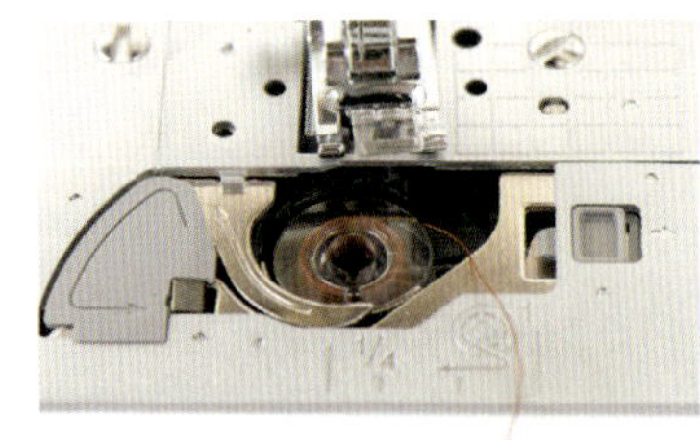

밑실이 올바르게 끼워져 있는지 확인합니다.

'밑실 끼우기' p.30

바늘이 부러졌을 때

재봉틀 바늘이 올바르게 장착되어 있는지 확인합니다. 가마를 손상시키는 원인이 될 수도 있으니 주의해야 합니다.

'바늘 장착하는 방법' p.28

원단에 주름이 잡힌다면

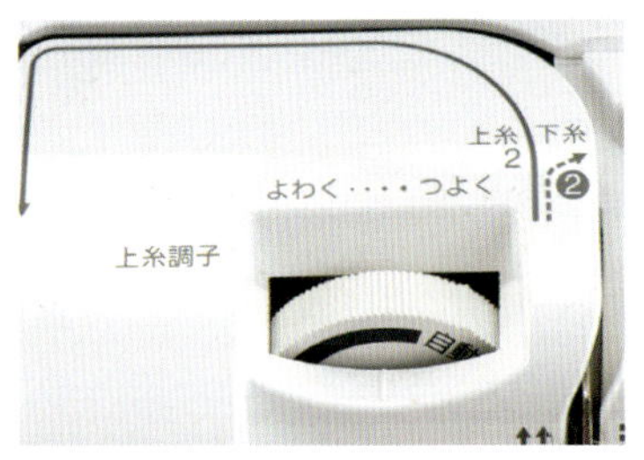

윗실 장력 조절 다이얼을 돌려서 실 장력이 알맞도록 조절합니다.

'윗실 장력 조절 다이얼 사용법' p.31

재봉틀이 작동하지 않을 때

발판 컨트롤러의 잭이 빠져 있지 않은지 확인합니다.

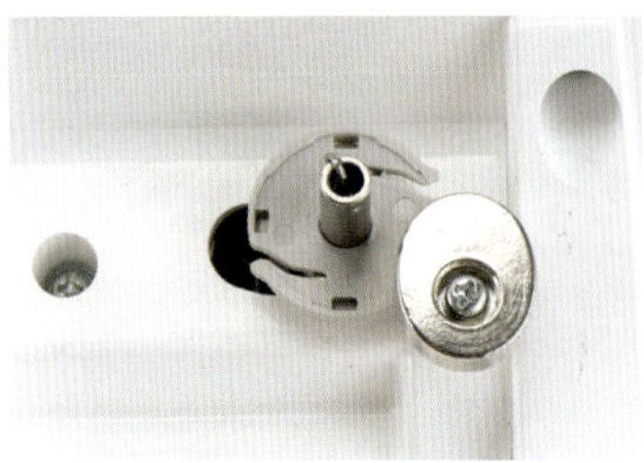

자동 밑실 감기 장치가 오른쪽으로 들어가 있지 않은지 확인합니다.

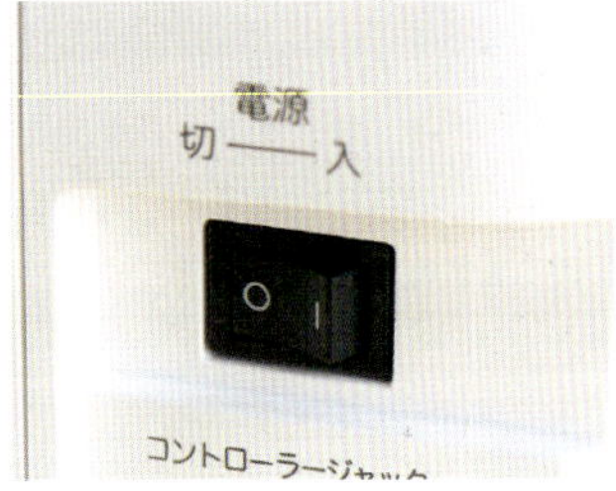

재봉틀 본체의 전원이 켜져 있는지 다시 한 번 확인합니다.

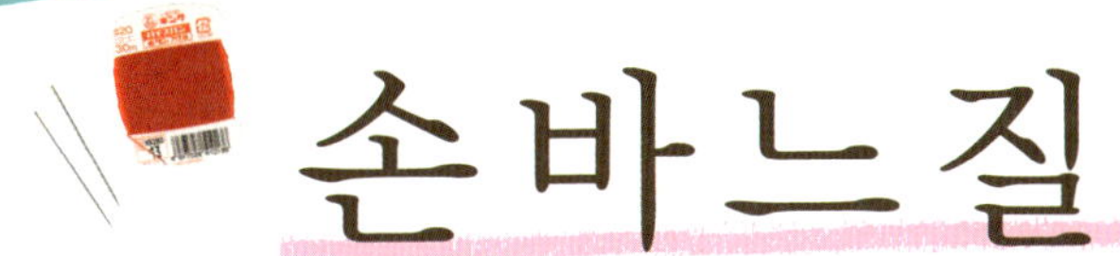

손바느질

시침질이나 밑단을 처리할 때 사용하므로 손바느질 또한 봉제에서 큰 역할을 합니다.

▶▶ 손바늘 종류

일제 바늘&메리켄 바늘

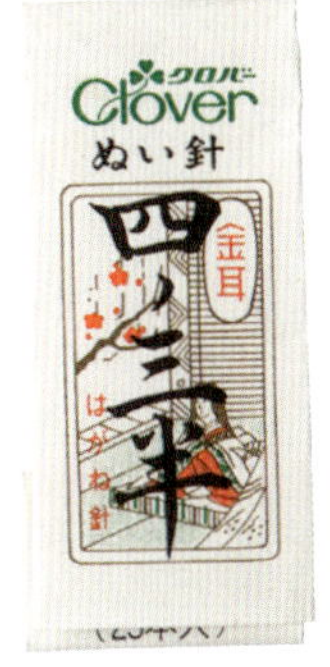

일제 바늘

일제 양재용 바늘로, '3-4'와 같은 표기가 적혀 있습니다. 앞에 적힌 숫자는 바늘 굵기를, 뒤에 적힌 숫자는 바늘 길이를 나타냅니다.

메리켄 바늘

미국제 양재용 바늘로, 4~9번까지 있으며 번호가 커질수록 바늘은 가늘어집니다. 얇은 원단에는 가는 바늘을, 두꺼운 원단에는 두꺼운 바늘을 사용합니다.

길이로 구분해 사용하기

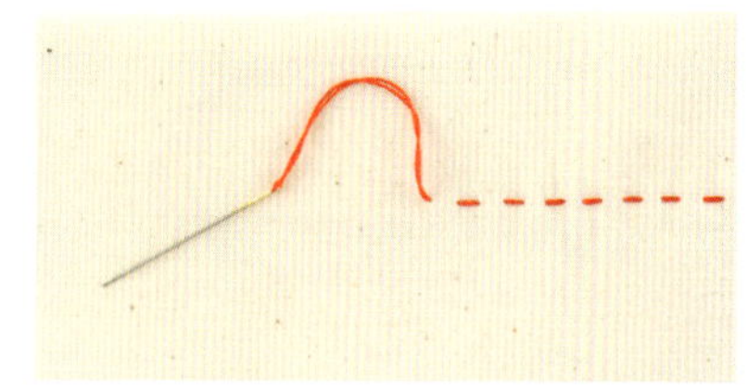

짧은 바늘

촘촘하게 바느질할 때나 공그르기할 때 사용합니다.

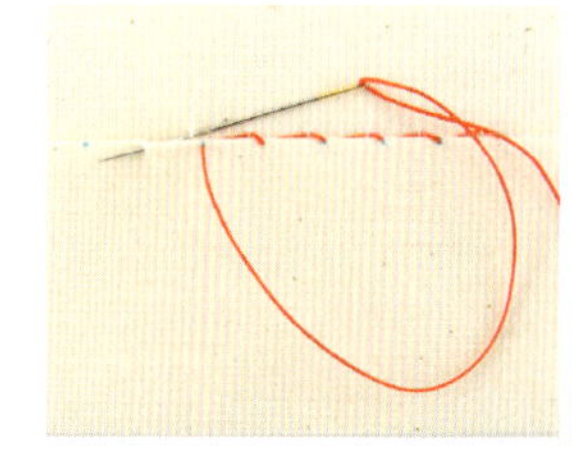

긴 바늘

단추 달기와 시침질, 간격이 넓은 공그르기에 사용합니다.

▶▶ 실 종류

손바느질용 실

원단을 합봉할 때나 공그르기할 때 사용합니다. 면·견·합성 섬유 등 소재가 다양하므로 사용할 원단에 맞춰 실을 선택합니다.

시침실

원단끼리 서로 어긋나지 않도록 시침질(임시 고정)할 때 사용하는 실로, 실이 매끄럽게 가공되지 않아 잘 미끄러지지 않습니다.

단추 달기용 실

단추 달기 전용으로 만들어진 실로, 강도가 높으며 굵은 것이 특징입니다.

도구 제공 손바늘·시침실: CLOVER, 손바느질용 실·단추 달기용 실: FUJIX

▶▶ 바늘 잡는 법

실 길이

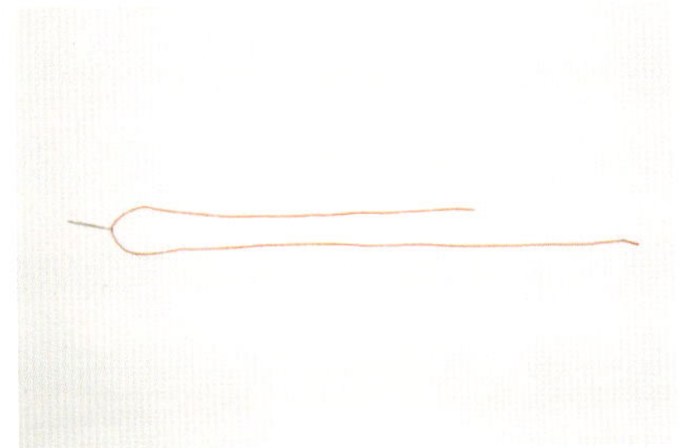

바느질할 거리보다 조금 더 길게 자릅니다. 아주 길게 자르면 꿰매기 힘들어지므로 최대 50~60㎝ 정도로만 잘라 사용합니다.

바늘 잡는 법

주로 쓰는 손(오른손)

주로 쓰는 손의 중지 제1관절에 골무를 끼웁니다. 엄지와 검지로 바늘을 잡고, 바늘 머리를 골무에 대듯이 해서 잡습니다.

바늘 사용법

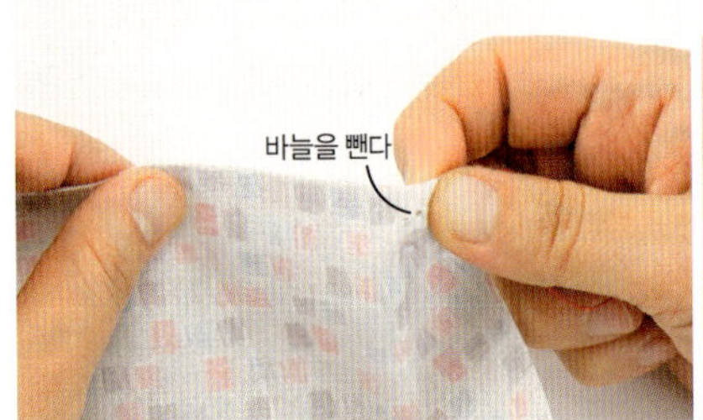
바늘을 뺀다

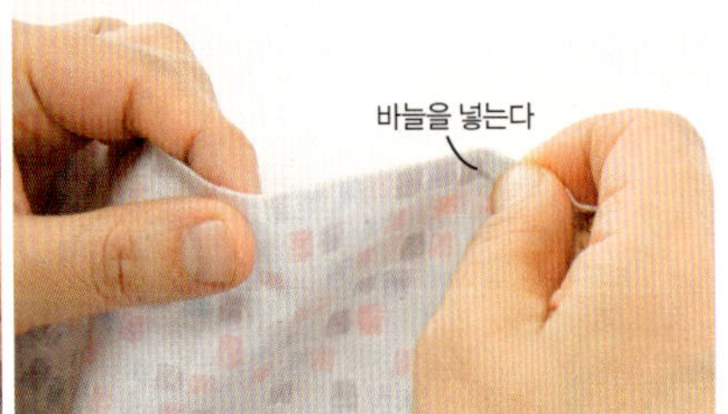
바늘을 넣는다

바늘을 잡지 않은 손으로 원단을 잡습니다. 바늘은 가급적 움직이지 말고 원단을 움직여가며 꿰맵니다.
'몇 땀을 연속해서 꿰매고 실 잡아당기기'를 계속 반복합니다.

▶▶ 손바느질 기초

시작매듭 짓기

바느질을 시작할 때 실 끝이 원단에서 빠지지 않도록 매듭을 짓습니다.

바늘에 실을
두 번 감는다

1 검지 위에 실 끝과 바늘을 올려놓고 엄지로 누릅니다. 바늘에 실을 두 번 감습니다.

감은 실을
누른다

2 감은 실을 엄지와 검지로 누릅니다.

3 그대로 바늘을 죽 잡아 뺍니다.

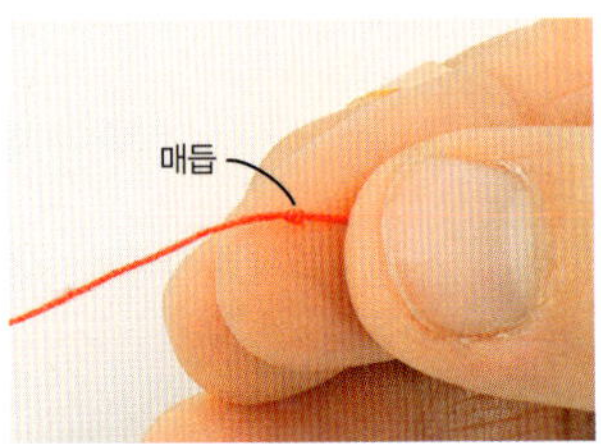
매듭

4 매듭을 지은 모습입니다.

끝매듭 짓기

바느질을 끝마칠 때 실 끝이 원단에서 빠지지 않도록 매듭을 짓습니다.

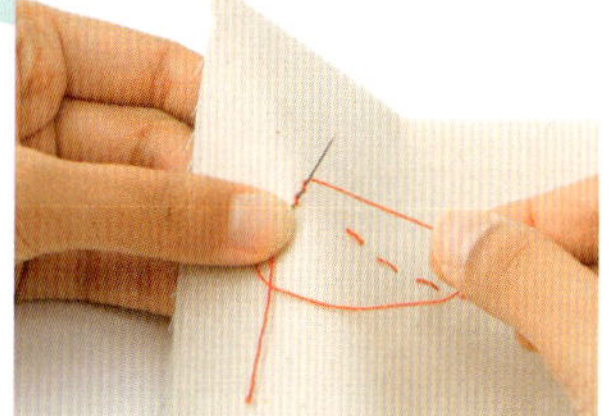

1 바느질이 끝나면 마지막 땀에 바늘을 대고 손가락으로 가볍게 눌러 바늘에 실을 두어 번 감습니다.

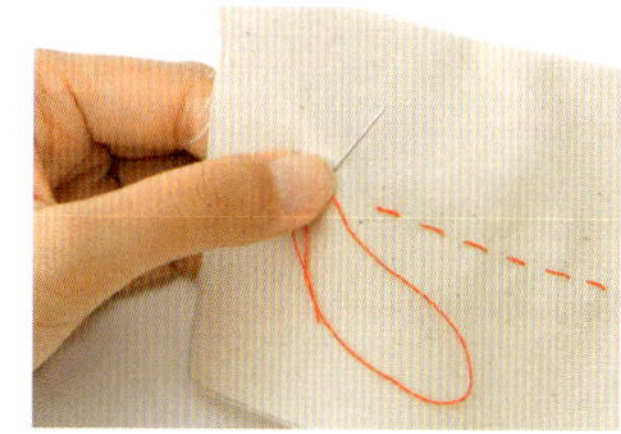

2 감은 실을 손가락으로 누른 상태에서

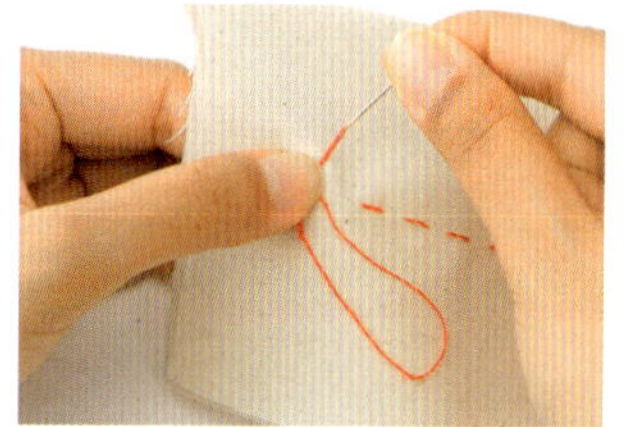

3 그대로 바늘을 빼냅니다.

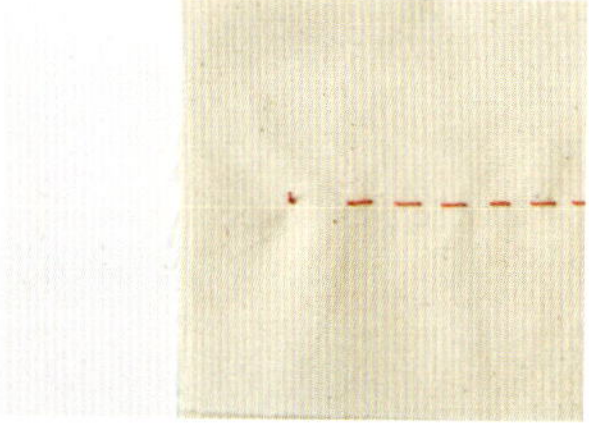

4 실 끝을 0.2~0.3㎝ 남기고 자른 모습입니다.

홈질

가장 기초적인 손바느질입니다.

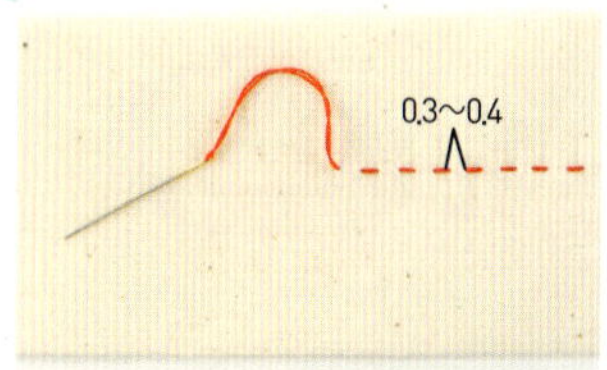

바늘을 누르면서 꿰매야 하며, 겉과 안으로 나오는 바늘땀의 길이가 같아지는 바느질입니다. 0.3~0.4㎝의 바늘땀으로 바느질합니다.

반박음질

홈질보다 튼튼한 손바느질입니다.

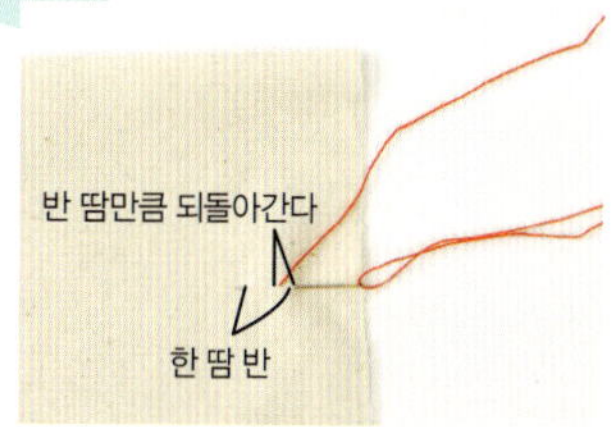

반 땀 되돌아가서 바늘을 넣고 한 땀 반 만큼 앞쪽에서 바늘을 빼냅니다.

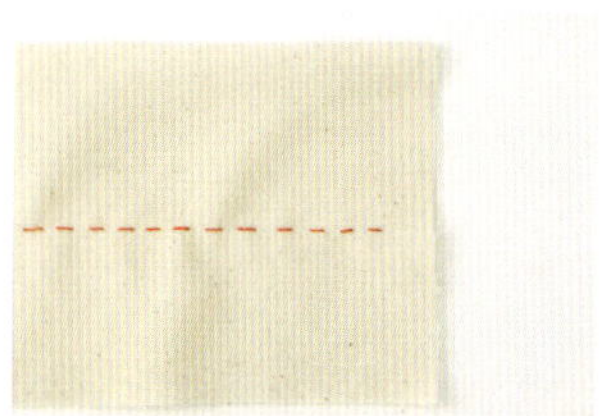

반박음질한 모습입니다.

온박음질

손바느질 중에 가장 튼튼하게 완성됩니다.

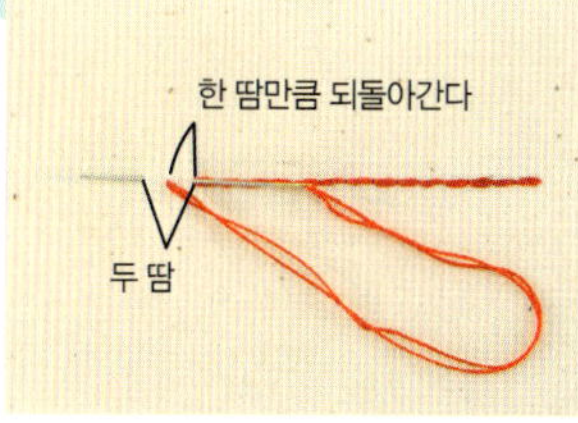

한 땀씩 되돌아가면서 바느질합니다. 한 땀 전의 위치와 똑같은 곳에 바늘을 꽂은 다음, 실이 나와 있는 곳보다 한 땀 앞쪽으로 바늘을 빼냅니다.

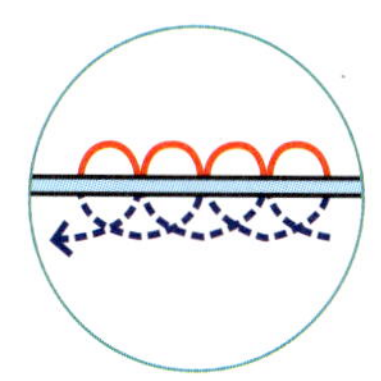

온박음질한 모습을 나타낸 그림입니다.

공그르기

스커트의 밑단 등 겉쪽에서 바느질한 실이 보이지 않도록 할 때 사용합니다.

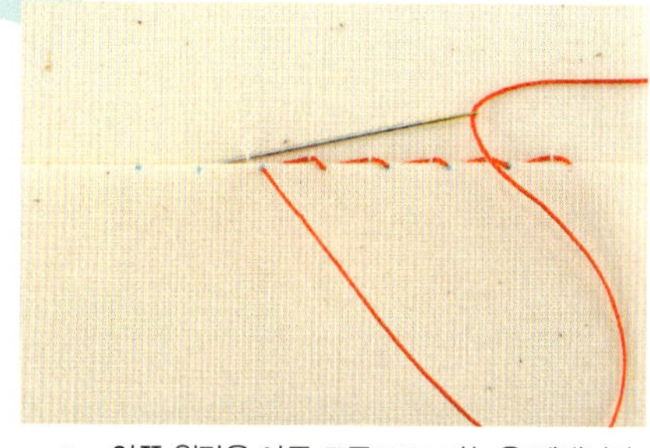

1 안쪽 원단을 아주 조금 뜨고 바늘을 빼냅니다.

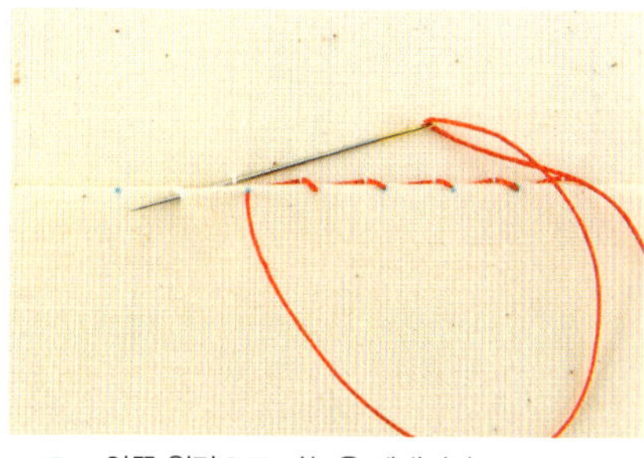

2 앞쪽 원단으로 바늘을 빼냅니다.

3 1과 2를 일정한 간격으로 반복합니다.

ㄷ자 감치기

원단 2장을 접음선을 따라 꿰매어 연결하는 방법입니다.

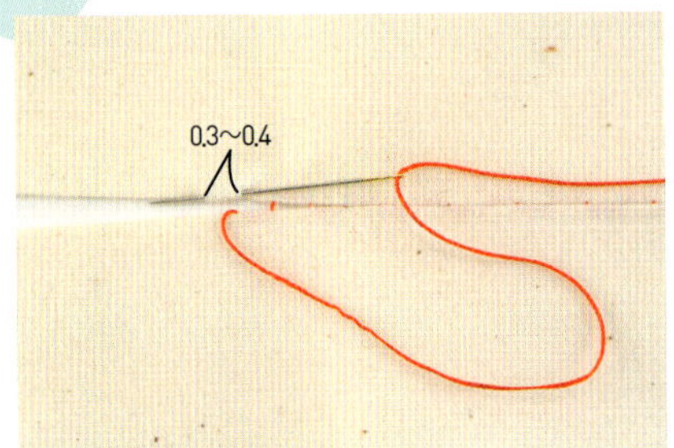

1 원단 2장을 사진처럼 맞댑니다. 앞쪽의 접음선에서 뒤쪽 접음선으로 바늘을 꽂고 0.3~0.4㎝ 정도 앞쪽에서 바늘을 빼냅니다.

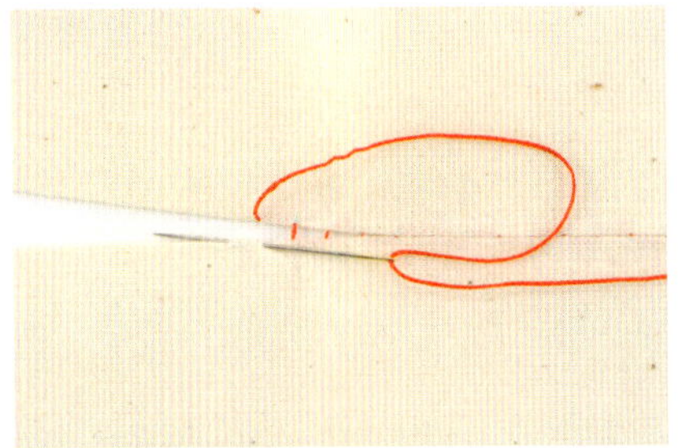

2 다시 앞쪽의 접음선에 바늘을 꽂고 1의 과정을 번갈아가며 반복합니다.

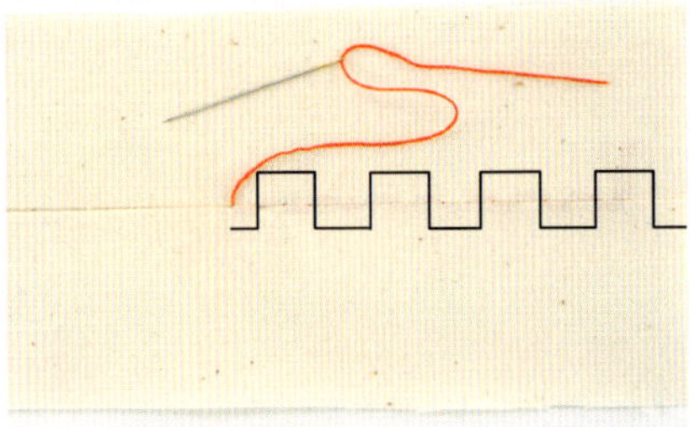

3 실이 겉으로 나오지 않도록 ㄷ자 감치기를 해 원단 2장을 연결합니다.

▶▶ 시침질

시침실 준비하기

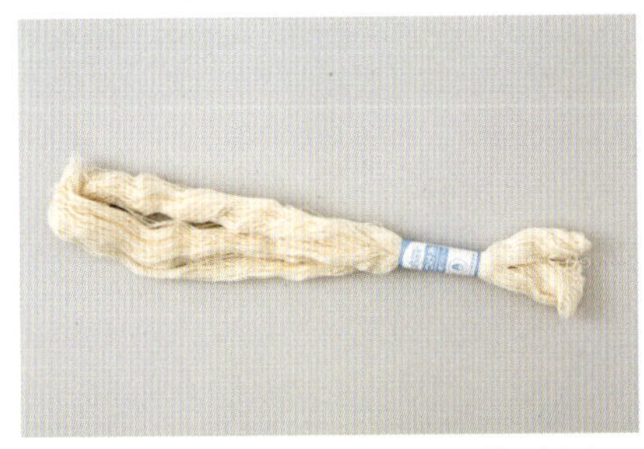

1 맨 먼저 시침실에 붙어 있는 라벨을 뗍니다.

2 시침실을 가지런히 펴서 고리를 만들고 실이 엉키지 않도록 끈이나 리본으로 튼튼하게 묶습니다.

3 실 다발의 한 군데를 자릅니다.

4 시침질할 때는 1가닥씩 빼내서 사용합니다.

시침질하는 법

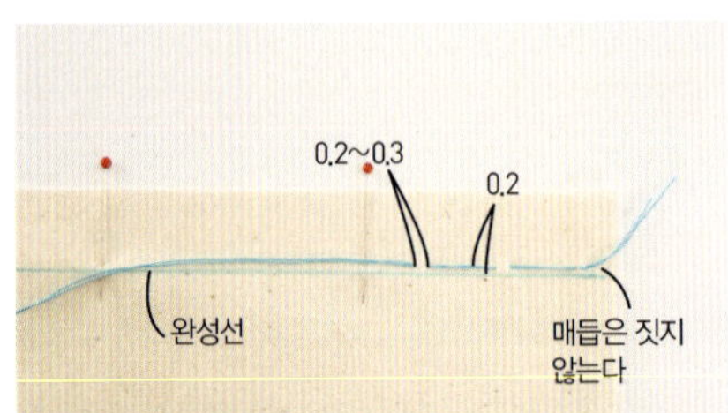

완성선보다 시접 쪽으로 0.1~0.2㎝ 떨어진 부분을 꿰매는데 0.2~0.3㎝ 정도씩 뜨면서 홈질보다 듬성듬성 바느질합니다. 시작 부분과 끝부분은 한 땀 정도 박음질하고 매듭은 짓지 않습니다.

다림질

다리미를 능숙하게 다룰 수 있게 되면 작품을 더욱 깔끔하게 완성할 수 있습니다.

▶▶ 다리미

면
원단이 늘어나지 않도록 다리미를 끌지 말고 누르듯이 다립니다.

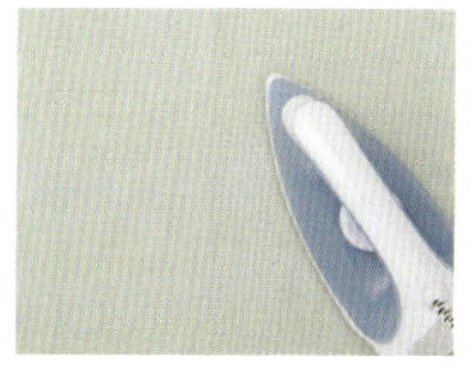

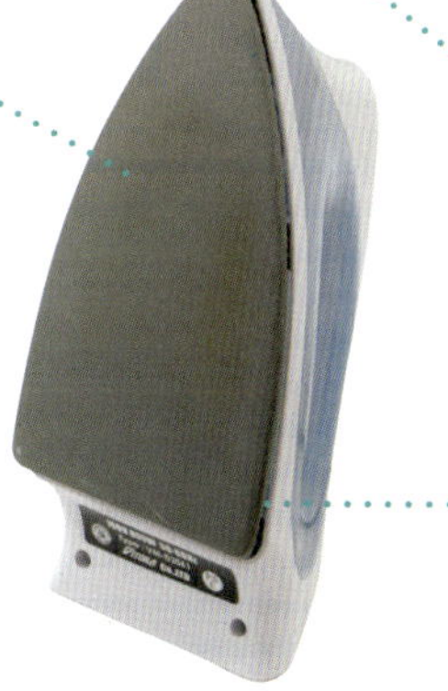

앞부분
아주 작은 면적을 이용하므로 섬세한 작업을 할 때 적합합니다.

옆쪽
'면'보다 정확하게 눌러 다릴 수 있습니다.

▶▶ 다리미 온도

온도	원단 소재
고 180~210℃	코튼·리넨
중 140~160℃	모·견
저 80~120℃	폴리에스테르·아크릴

▶▶ 다림질 테크닉

바늘땀 정돈하기

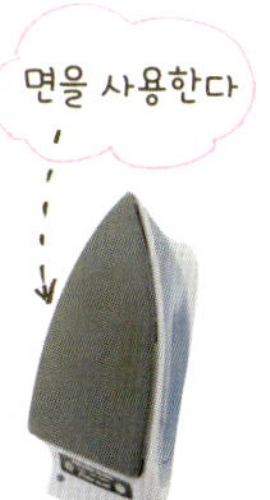
면을 사용한다

바늘땀에 다리미를 대고 누르면 바늘땀이 안정됩니다.

시접 넘기기

앞부분을 사용한다

다리미의 앞부분을 사용해 시접을 한쪽으로 넘겨서 누릅니다.

시접 가르기

앞부분을 사용한다

시접을 손끝으로 눌러가면서 양옆으로 갈라 다리미로 누릅니다.

시접 안정시키기

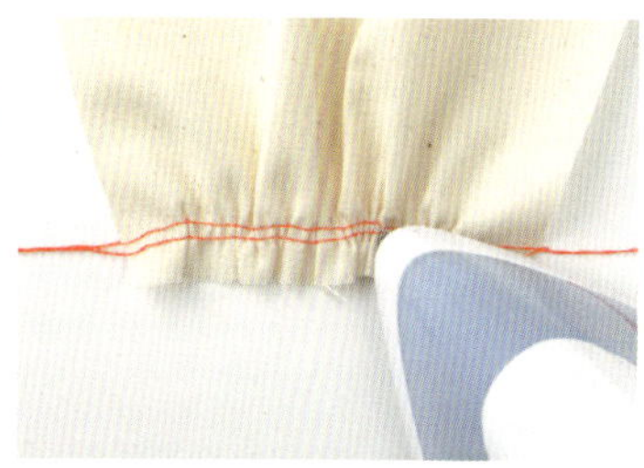

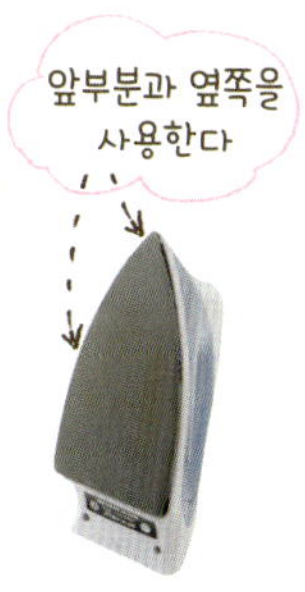
앞부분과 옆쪽을 사용한다

주름을 잡은 시접은 원단이 울게 됩니다. 다리미로 시접만 눌러서 안정시키면 봉제하기 쉬워집니다.

Column 1

봉제 용어

ㄱ

【겉끼리 맞대기】 원단 2장의 양쪽 겉면이 안쪽으로 가도록 맞추는 일.
【골선】 원단을 반으로 접었을 때의 마루 부분.
【공그르기】 겉에서 바늘땀이 보이지 않도록 원단을 꿰매는 바느질.
【끼워 넣기】 원단을 재단할 때 원단을 낭비하지 않도록 패턴을 위아래 상관없이 배치하는 것.

ㄴ

【노치】 시접의 맞춤점 위치에 넣는 0.3㎝ 정도의 가위집.

ㄷ

【다트】 입체적으로 만들기 위해 원단을 접어 봉제하는 부분.
【되돌아박기】 바늘땀이 풀리지 않도록 같은 곳을 왕복해서 봉제하는 일.

ㅁ

【맞춤점】 2장 이상의 원단을 맞춰 연결할 때 서로 어긋나지 않도록 각각의 원단에 해두는 표시.
【매듭】 실이 빠지지 않도록 시작 부분과 끝 부분의 실을 묶는 일.

ㅂ

【바로 재단하기】 패턴을 사용하지 않고 원단을 직접 재단한다.
【바이어스】 올 방향의 대각선인 방향.

ㅅ

【시접】 원단과 원단을 합봉할 때 생기는 솔기 또는 그 솔기가 접혀서 속으로 들어간 부분.
【시접 가르기】 합봉한 2장의 시접을 양쪽으로 가르는 일.
【시접 넘기기】 시접을 한쪽으로 접는 일.
【시접 없이 재단】 시접을 주지 않고 재단하는 것.
【시침질】 합봉할 때 원단이 뒤틀리거나 밀리지 않도록 본바느질 전에 임시로 성글게 꿰매는 바느질.

ㅇ

【안끼리 맞대기】 원단 2장의 양쪽 겉면이 바깥쪽으로 가도록 맞추는 일.
【안단】 옷의 목둘레나 앞단의 안쪽이 될 부분에 사용하는 천으로, 배색천을 달거나 접어서 안단을 만든다.
【오그리기】 주름이 생기지 않을 정도로 원단을 오그려서 입체적인 형태를 만드는 일.
【올 방향】 원단의 날실(세로) 방향과 씨실(가로) 방향.
【옷 길이】 옷을 착용했을 때의 길이. 목 아랫부분부터 밑단까지 길이.
【원단 소요량】 옷이나 소품을 만들 때 필요한 원단량.
【원단 올 바로잡기】 재단하기 전에 틀어져 있는 원단의 올 방향을 바로잡거나, 다림질이나 세탁했을 때 원단이 줄어드는 것을 방지하기 위해 하는 일.

ㅈ

【재단 배치도】 원단을 재단하는 데 쓰이는 패턴 배치를 나타낸 그림.
【접착심】 바탕 원단의 한쪽 면에 접착제가 발라져 있어 다림질로 접착하는 심지.
【주름】 원단에 가늘게 주름(개더)을 잡아주는 것.

ㅊ

【창구멍】 합봉 후에 겉으로 뒤집기 위해 남겨놓은 트임.
【촘촘한 홈질】 홈질보다 촘촘하게 겉과 안에 나오는 바늘땀(0.2㎝)이 가지런하도록 꿰매는 것.

ㅋ

【크게 재단하기】 치수에 맞춰 원단을 재단하기 전에 시접을 여분으로 더해 재단하는 것.

ㅌ

【턱】 원단을 접어서 만든 주름. 플리츠와 달리 주름의 넓이, 간격, 방향을 다양하게 할 수 있다.
【트임】 옷을 입고 벗기 수월하도록 목둘레나 소맷부리 등에 만들어둔 부분.
【트임 끝 지점】 트임이 끝나는 위치.

ㅍ

【패브릭】 코튼이나 리넨 등 늘어나지 않는 원단.
【패치】 디자인을 위해 가로나 세로에 다른 원단으로 바꿔서 합봉하는 것.
【패턴】 의복 등을 구성할 때 소재를 재단하기 위한 종이 옷본.

ㅎ

【홈질】 겉과 안에 0.3~0.4㎝ 정도의 바늘땀이 보이도록 꿰매는 기본 바느질.
【홑옷】 안감을 넣지 않은 옷.

【옷의 부분 명칭】

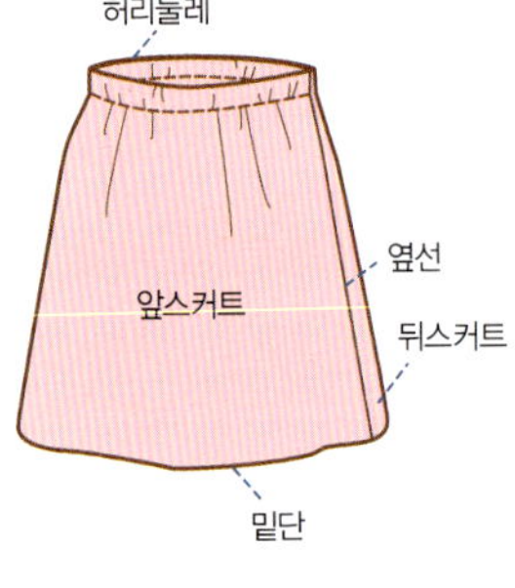

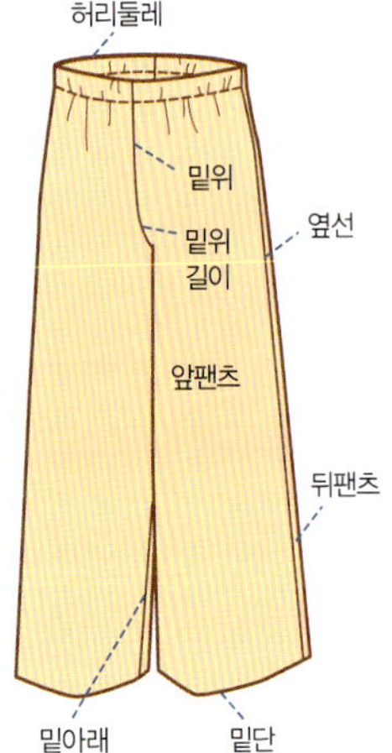

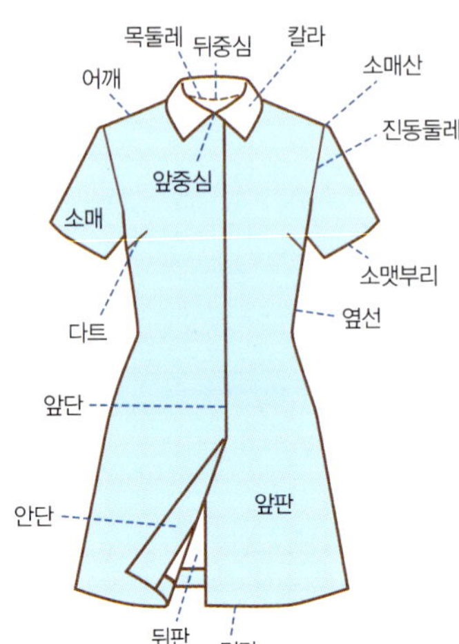

Lesson 2

여러 가지 봉제법

기본 봉제

이제 봉제를 시작해볼까요? 시접 처리와 모서리·곡선 봉제법부터 소개합니다.

▶▶ 시접 처리

지그재그 스티치

원단 가장자리를 지그재그로 봉제해 올이 풀리지 않도록 하는 방법입니다.

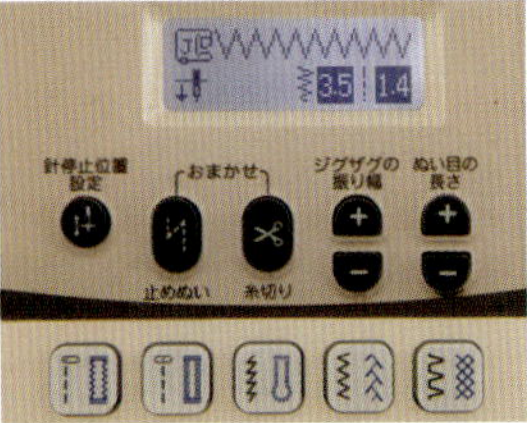

1 재봉틀의 봉제 모양 중에서 지그재그 스티치를 선택합니다.

2 원단 가장자리에서 약간 안쪽으로 바늘을 내려 되돌아박기합니다. 가장자리에서 0.1~0.2cm 정도 안쪽을 박으면 가장자리가 말려 들어가지 않습니다.

3 봉제를 끝마칠 때도 되돌아박기하고 실을 자릅니다.

4 지그재그 스티치로 깔끔하게 처리한 모습입니다.

Point 얇은 원단이나 올이 풀리기 쉬운 원단

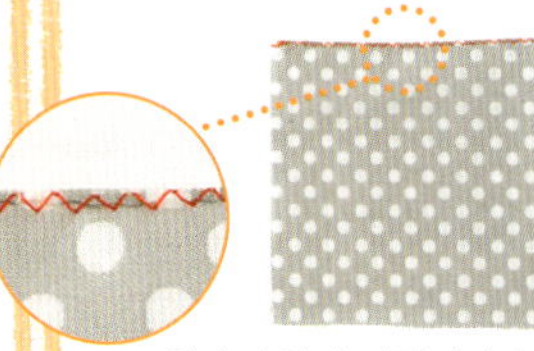

원단이 얇아 가장자리가 말려 지그재그 스티치가 잘되지 않습니다.

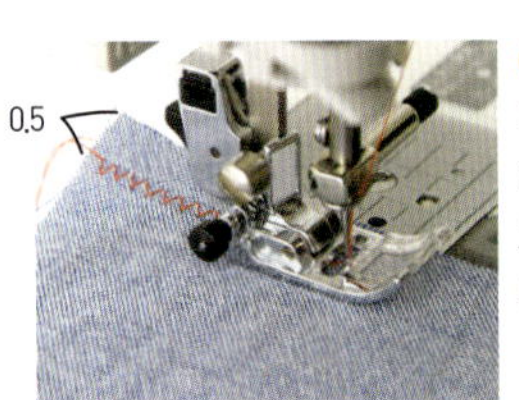

❶ 시접을 0.5cm 정도 더해 원단 가장자리에서 0.5cm 안쪽에 지그재그 스티치를 합니다.

❷ 스티치한 실이 잘리지 않도록 주의하면서 여분으로 더했던 시접 0.5cm를 잘라냅니다.

시침박기

원단 가장자리를 잘라낸 상태에서 올풀림을 막기 위해 직선박기하는 방법입니다.

시접에 직선박기로 2줄을 박는데, 최대한 시접 끝부분에 박습니다.

핑킹가위로 자르기

올이 잘 풀리지 않는 원단에 적합한 시접 처리법입니다.

원단용 핑킹가위를 사용해 원단 가장자리를 지그재그로 자릅니다.

도구 제공 핑킹가위: CLOVER

한 번 접어박기

원단 가장자리를 한 번 접어 봉제하는 시접 처리법으로, 두꺼운 원단이나 플레어스커트 등 밑단을 가볍게 마무리할 때 사용합니다.

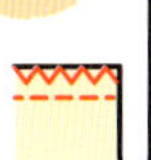

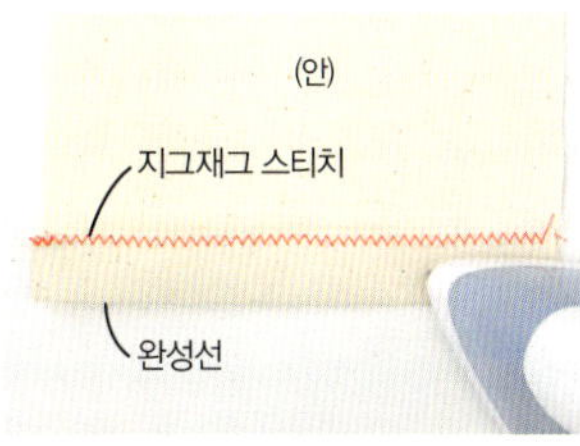

1 원단 가장자리에 지그재그 스티치를 하고 완성선을 따라 접은 다음 다림질을 합니다.

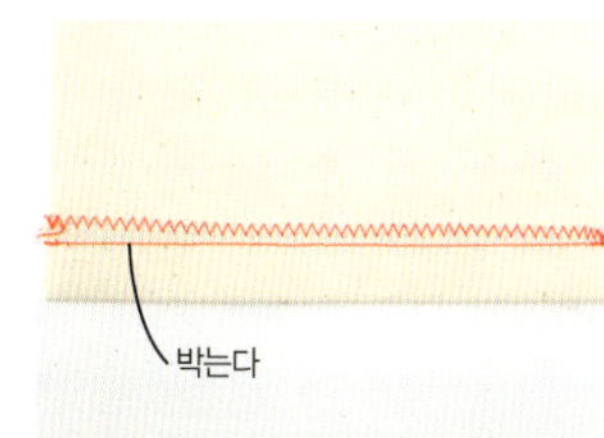

2 시접은 직선박기해 고정합니다. 손바느질로 공그르기를 하기도 합니다.

두 번 접어박기①

원단 가장자리를 두 번 접어 봉제하는 시접 처리법으로, 두꺼운 원단이나 가벼운 원단의 가장자리를 마무리할 때 사용합니다. 예시 사진의 시접은 3cm입니다.

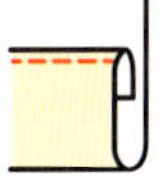

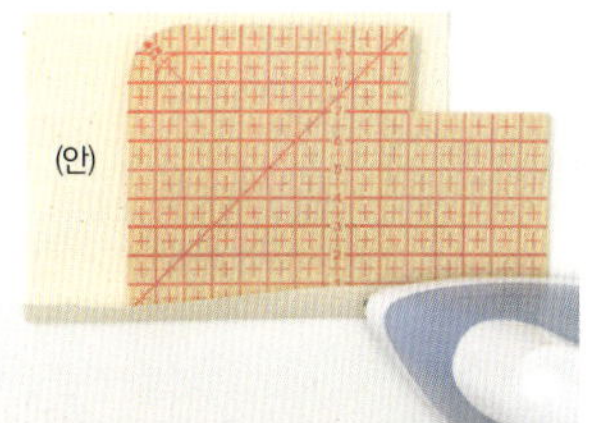

1 아이론 시접자를 이용해 원단 가장자리를 1cm 접어 다립니다.

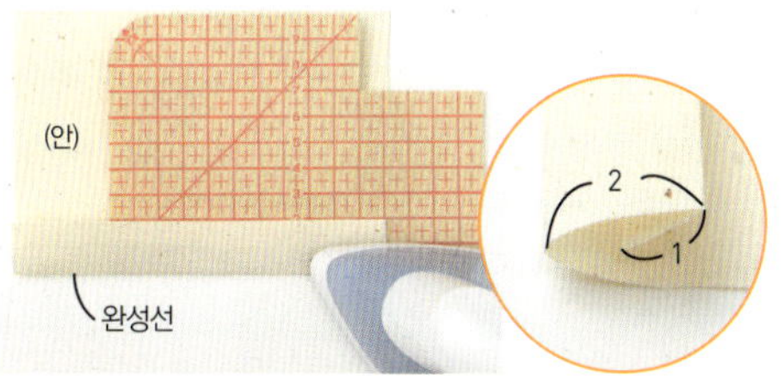

2 완성선을 따라 한 번 더 접은 다음 다립니다. 옆에서 보면 1에서 접은 폭(1cm)보다 2에서 접은 폭(2cm)이 더 넓습니다.

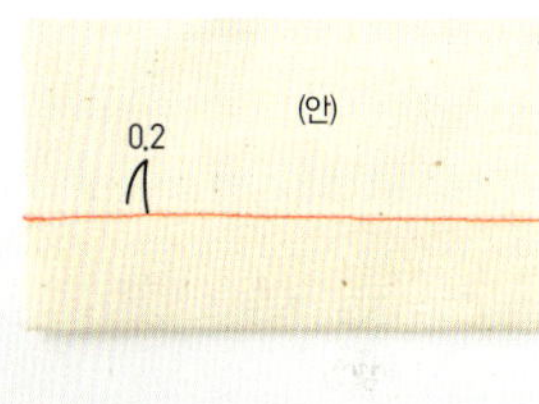

3 시접을 고정시키기 위해 1의 접음선에서 0.2cm 들어간 부분을 박습니다.

두 번 접어박기②

원단 가장자리를 같은 폭으로 두 번 접어 봉제하는 시접 처리법으로, 비치는 원단이나 튼튼한 원단의 가장자리를 마무리할 때 적합합니다. 예시 사진의 시접은 3cm입니다.

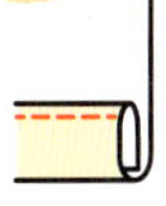

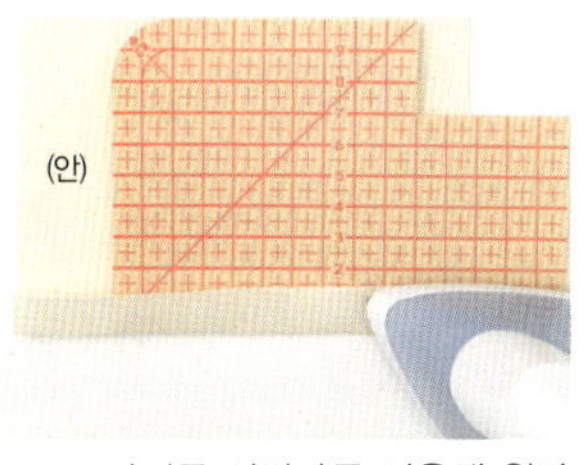

1 아이론 시접자를 이용해 원단 가장자리를 1.5cm 접어 다립니다.

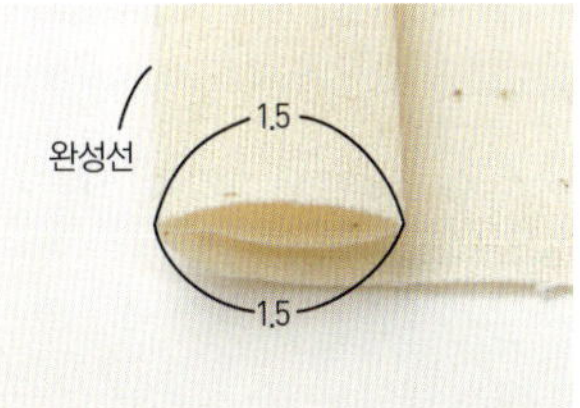

2 완성선을 따라 한 번 더(1.5cm) 접습니다. 1과 2에서 접는 폭은 같습니다. 즉 같은 너비로 두 번 접은 것입니다.

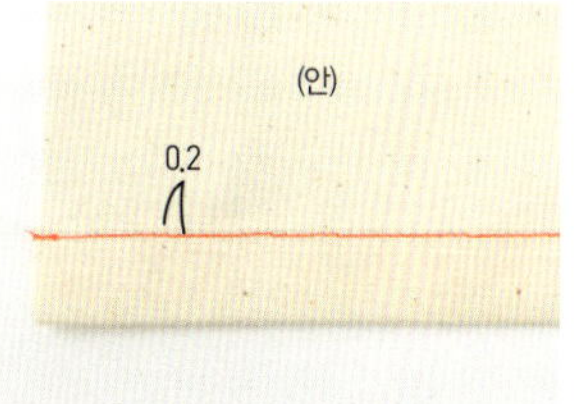

3 시접을 고정시키기 위해 1의 접음선에서 0.2cm 들어간 부분을 박습니다.

통솔

원단 가장자리를 감싸듯 봉제하는 시접 처리법으로, 두 번 봉제하기 때문에 매우 튼튼합니다. 예시 사진의 시접은 1cm입니다.

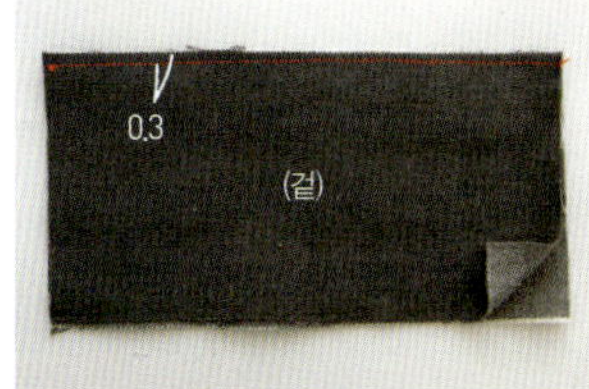

1 원단을 안끼리 맞대고 가장자리에서 0.3cm 들어간 부분을 박습니다.

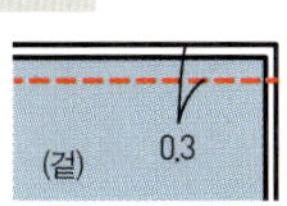

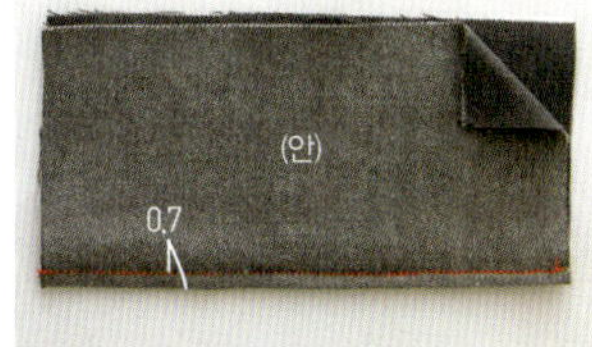

2 원단을 펼쳐서 겉끼리 맞대고 1의 봉제선을 따라 접은 다음, 완성선을 박습니다.

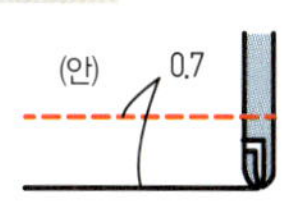

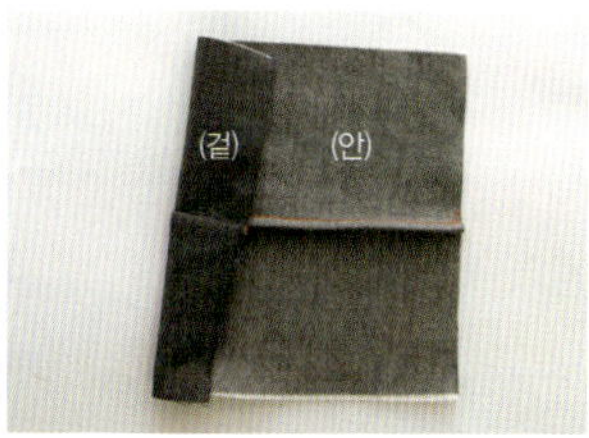

3 원단 가장자리가 봉제선 안쪽으로 들어간 통솔을 완성했습니다.

▶▶ 자주 사용하는 봉제법

모서리박기

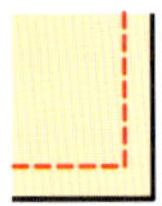

1 직선박기로 모서리까지 박습니다.

2 모서리까지 오면 바늘을 원단에 꽂은 상태에서 봉제를 일단 멈춥니다.

3 노루발 레버를 올려서 노루발을 올립니다.

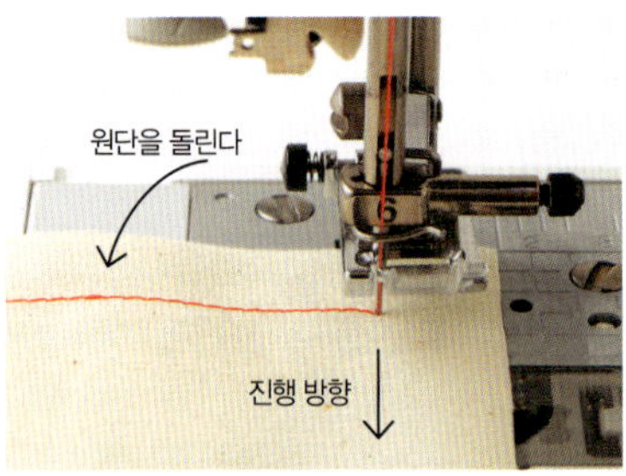

4 진행 방향이 자신의 정면에 오도록, 꽂힌 바늘을 축으로 원단을 돌립니다.

5 노루발 레버를 내려서 노루발을 내리고 계속 봉제합니다.

6 깔끔하게 모서리박기를 한 모습입니다.

큰 땀으로 박기

나중에 뜯어내는 임시 고정용 봉제법으로, 실을 잡아당겨 주름을 잡을 때 사용합니다.

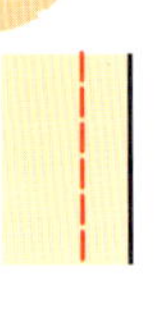

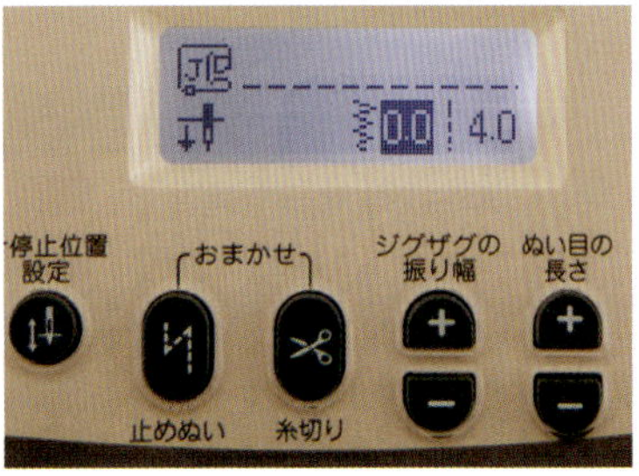

1 바늘땀의 길이를 버튼이나 다이얼로 조절해 0.3~0.4㎝로 설정합니다.

2 '직선박기'(p.31)와 같은 방법으로 봉제합니다.

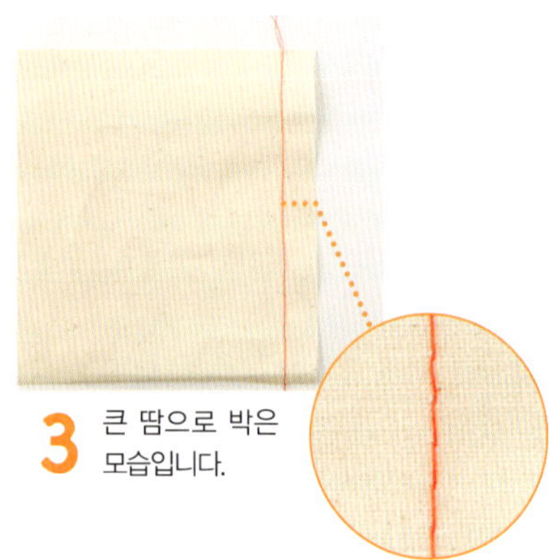

3 큰 땀으로 박은 모습입니다.

곡선박기

봉제할 때는 직선뿐 아니라 곡선을 봉제하는 경우도 많습니다. 곡선 박는 요령을 알아보겠습니다.

볼록한 곡선

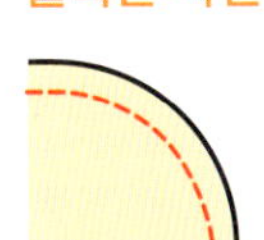

재봉틀의 봉제 속도에 맞춰 원단을 조금씩 돌리며 박습니다. 곡선 부분은 올 방향에 비스듬히 재단되어 있어 원단이 늘어나기 쉬우므로 주의해서 봉제합니다.

오목한 곡선

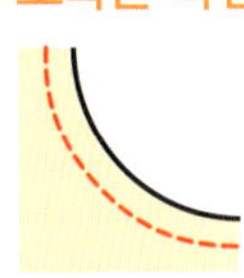

'볼록한 곡선'과 마찬가지로, 원단을 돌리며 천천히 박습니다. '직선박기'(p.31)를 할 때처럼 침판의 가이드에 원단을 맞추면서 봉제하면 일정한 폭으로 봉제할 수 있습니다.

원단을 억지로 돌리면 일정한 간격으로 봉제되지 않을 뿐더러 힘이 들어가 바늘땀이 웁니다.

원통박기

소맷부리나 팬츠 밑단 등에 사용하는 봉제법입니다.

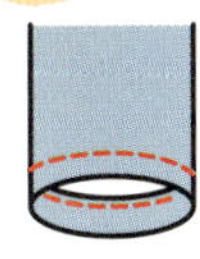

1 시접이 겹치지 않는 부분부터 봉제를 시작합니다.

2 왼손으로 누르는 원단을 몸 쪽으로 가져오듯 조금씩 원단을 움직이면서 봉제합니다. 끝마칠 때는 시작 부분에 2㎝ 정도 겹쳐서 박습니다.

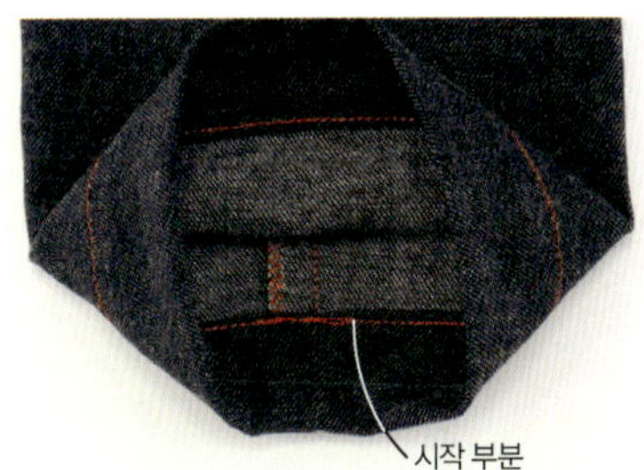

3 원통으로 한 바퀴를 봉제한 모습입니다.

숨겨박기

봉제선 사이나 가장자리를 봉제해 바늘땀이 눈에 잘 띄지 않게 하는 방법인데, 다른 원단과 합봉할 때 주로 사용합니다.

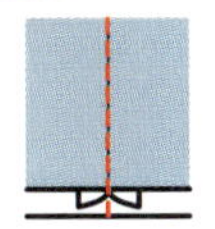

1 원단 2장의 봉제선 위에 바늘을 내립니다.

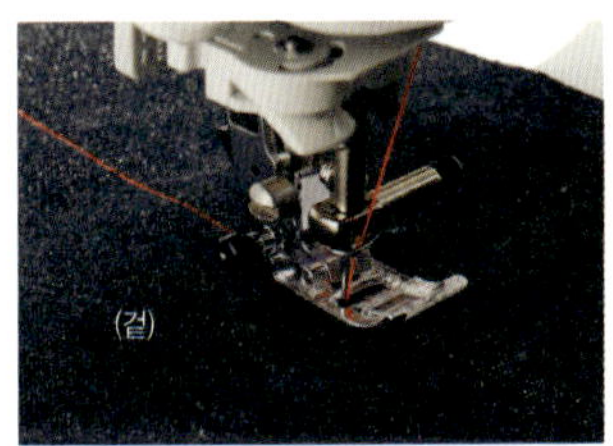

2 봉제선 위를 따라 조심스럽게 박아 나갑니다.

3 봉제선 위를 끝까지 박습니다.

4 원단과 같은 색의 실로 봉제하면 겉에서는 바늘땀이 거의 보이지 않습니다.

부분 봉제

소품이나 옷을 봉제할 때는 디자인을 위한 봉제법도 있고, 입고 벗기 쉬운 봉제법도 있습니다.
알아두면 편리한 부분 봉제법을 소개합니다.

▶▶ 주름(개더)

주름의 기본

원단을 박은 뒤 실을 잡아당겨서 주름을 잡는 봉제법입니다.

큰 땀으로 박기

① 완성선의 위아래를 박는다

완성선

(겉)

시작 부분과 끝부분의 실을 10㎝ 정도 남기고 완성선의 위아래를 큰 땀으로 2줄 박습니다.

실 잡아당기기

윗실 2가닥을 한꺼번에 잡고 실을 잡아당겨 주름을 잡습니다. 왼쪽도 오른쪽과 같은 방식으로 진행합니다.

정돈하기

주름이 한쪽으로 쏠리지 않도록 손가락으로 주름을 균등하게 정돈합니다.

시작 부분과 끝부분의 실을 10㎝ 정도 남기고 시접 쪽을 큰 땀으로 2줄 박습니다.

'큰 땀으로 박기'의 위치 차이

초보자는 이 방법으로!

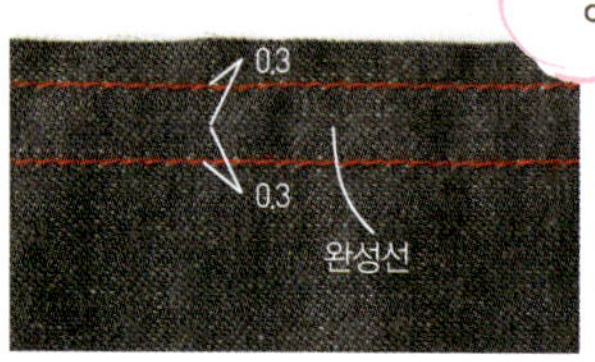

❶ 완성선의 위아래를 박는다

완성선의 위아래를 박아서 실로 누르기 때문에 봉제 시에 원단이 어긋날 일은 거의 없습니다. 다 박은 뒤에는 겉쪽으로 나와 있는 큰 땀으로 박았던 실을 제거합니다.

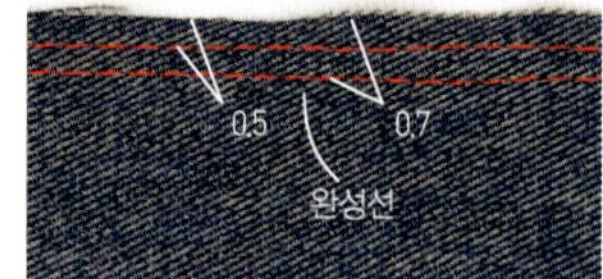

❷ 시접 쪽을 박는다

완성선을 박을 때 간혹 비뚤어져서 턱처럼 되는 경우가 있습니다. 하지만 바늘 자국이 눈에 잘 띄는 원단이라면 이 방법을 사용하는 것이 더 나을 수도 있습니다.

합봉할 폭에 맞춰 주름 잡는 법

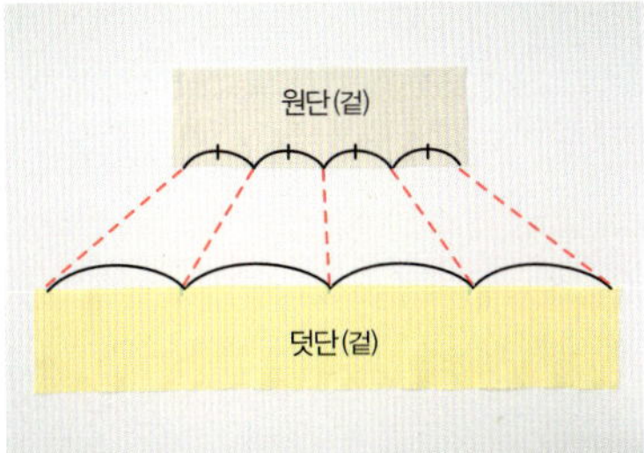

1 두 원단의 합봉할 위치를 표시하는 과정입니다. 각각 양 옆선의 시접을 제외한 나머지를 4등분해서 맞춤점을 표시합니다.

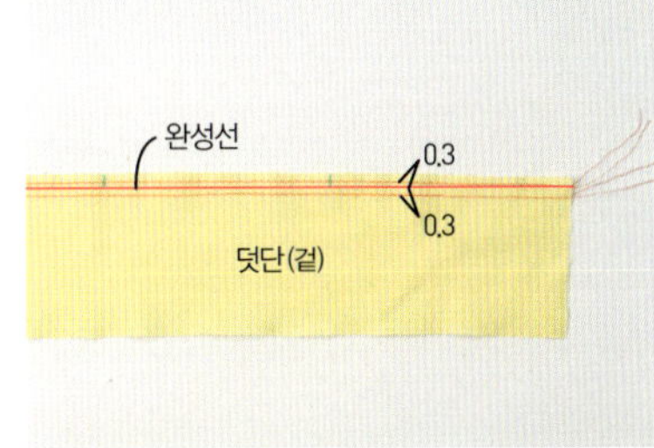

2 덧단의 완성선 위아래를 큰 땀으로 2줄 박습니다.

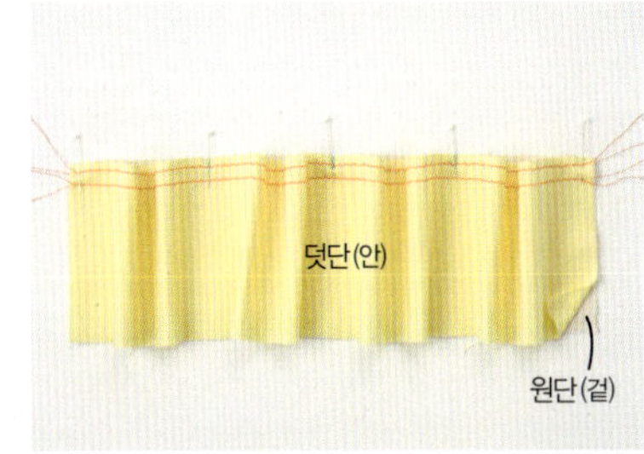

3 원단과 덧단을 겉끼리 맞대고 맞춤점 위치에 시침핀을 꽂습니다.

4 윗실 2가닥을 한꺼번에 잡아당겨 덧단의 주름이 고르게 잡히도록 조절합니다.

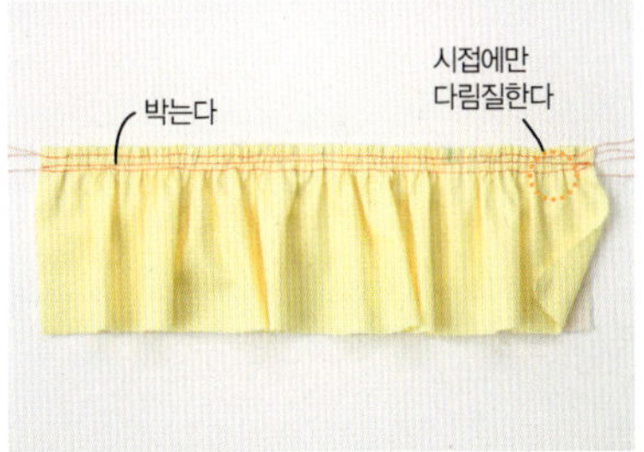

5 다리미로 덧단의 시접을 다려서 주름을 누르고 완성선 위를 박습니다.

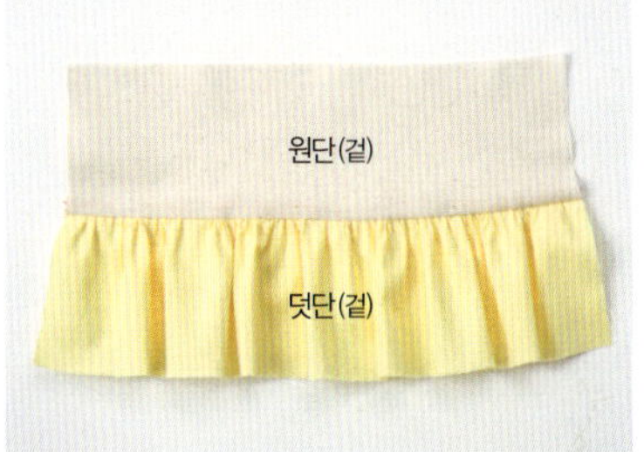

6 덧단의 겉쪽에 큰 땀으로 박았던 실을 빼내고, 주름을 잡아 합봉한 모습입니다.

 턱

턱의 기호

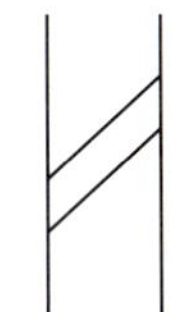

턱(tuck)의 기호에는 세로로 평행하는 2개의 선 사이에 사선 2줄이 들어가 있습니다. 원단 겉에서 봤을 때, 사선의 높은 쪽 세로줄을 낮은 쪽 세로줄에 겹쳐서 접으라는 의미입니다.

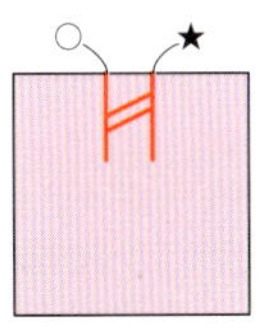
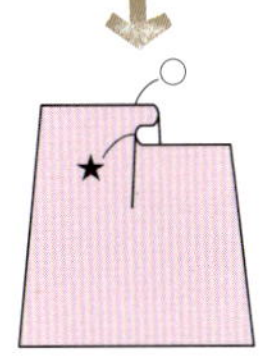
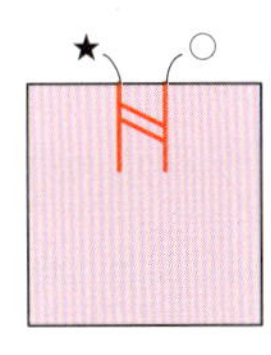
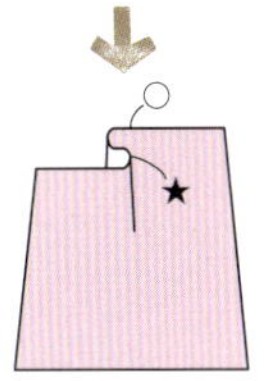
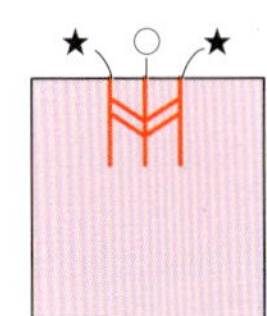
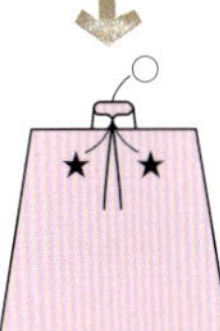

핀턱 만드는 법

핀처럼 좁게 걸어 잡아 박는 것을 뜻합니다.

1 접음선이 될 부분에 초크나 초크 펜슬을 사용해 표시합니다.

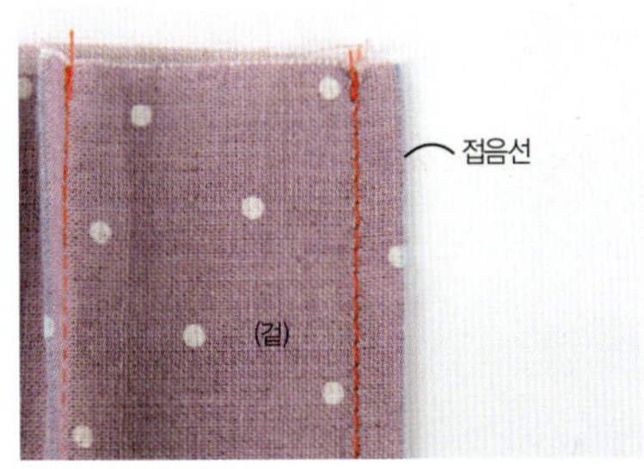

2 표시한 부분을 안끼리 맞대어 접고 1에 표시된 턱의 봉제 끝 지점까지 박습니다.

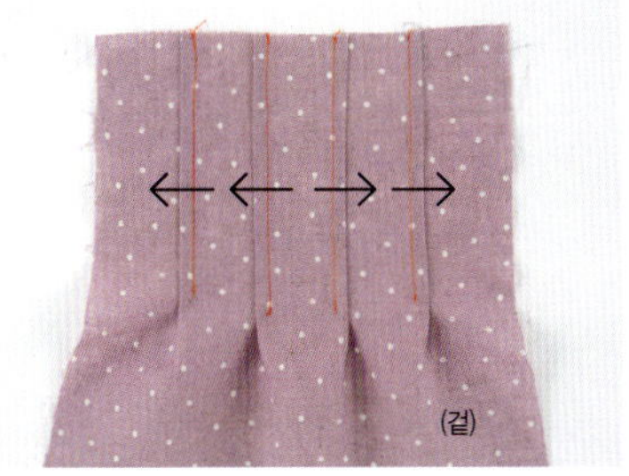

3 다리미로 턱을 다려서 넘기고 정돈한 모습입니다.

▶▶ 다트 평평한 원단을 입체적으로 만들기 위해 원단을 집어주듯 봉제하는 방법입니다.

다트선

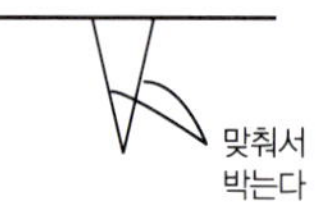

맞춰서
박는다

다트선은 2개의 선 끝부분이 V자형으로 맞닿아 있습니다.
이 두 선을 겹쳐서 봉제합니다.

다트 만드는 법

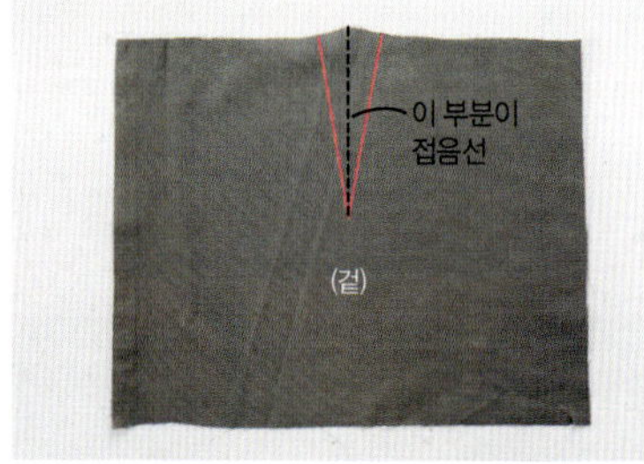

이 부분이
접음선
(겉)

1 사진의 표시된 위치에 다트선이 그려져 있습니다.

골선
(안)

2 양쪽 다트선이 겹쳐지도록 원단을 겉끼리 맞대어 겹치고 시침핀을 꽂습니다.

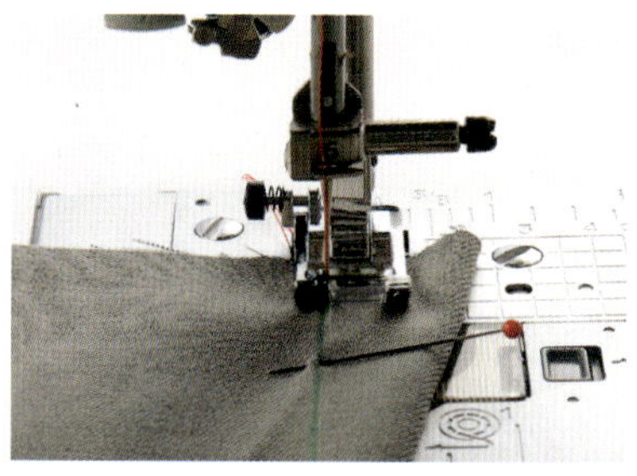

3 원단 가장자리부터 봉제를 시작하는데, 시작 부분은 되돌아박기합니다.

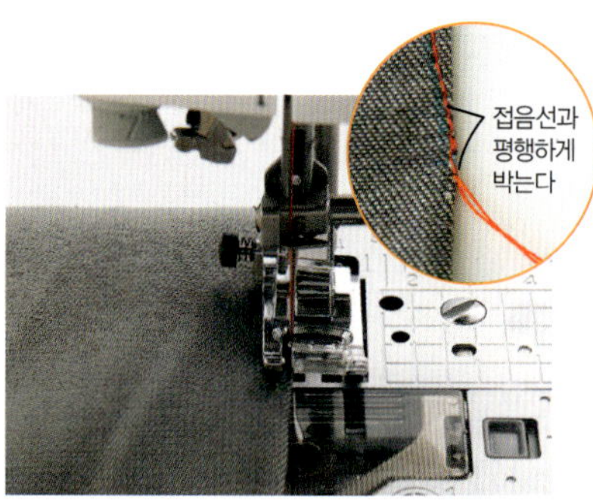

접음선과
평행하게
박는다

4 다트선 위를 박다가, 끝부분에 오면 접음선과 평행하게 두 땀 정도 박습니다.

(안)
다트의 끝부분은
자연스럽게
없어지도록
박는다

5 다 박고 나면 재봉틀에서 원단을 빼내고 실 끝을 자릅니다.

6 실 끝은 서로 한 번 묶고 나서 자릅니다.

7 완성된 다트를 다려 한쪽으로 넘긴 다음, 다트 끝부분의 모양이 자연스럽게 살아나도록 다립니다.

다트 끝부분 봉제법

각도가 있는 상태에서 끝까지 봉제하면 뾰족한 모서리가 생기게 됩니다.

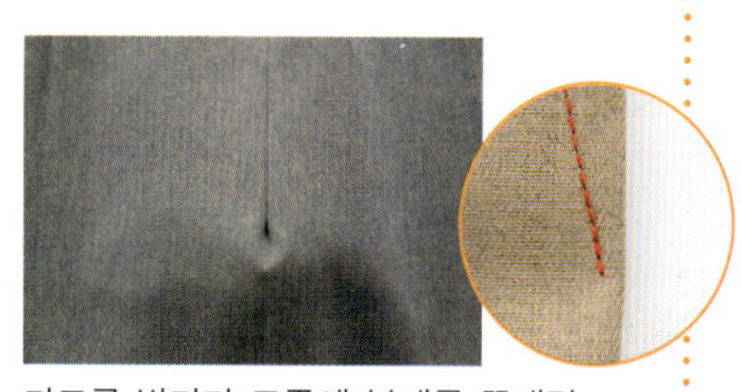

다트를 박다가 도중에 봉제를 끝내면 움푹하게 홈이 파이게 됩니다.

▶▶ 같은 원단으로 끈 만들기

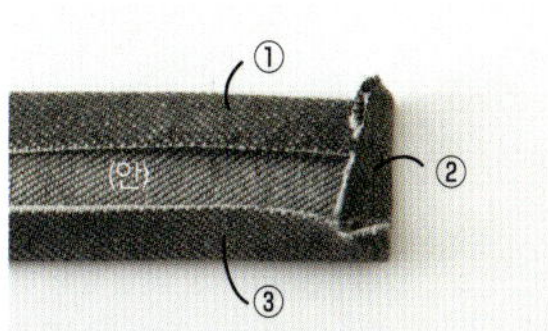

1 원단 안쪽을 위로 오도록 하고 ①→②→③ 순으로 시접을 접습니다.

2 중심을 따라 안끼리 맞대어 접고, 사진처럼 시접을 접어 넣습니다.

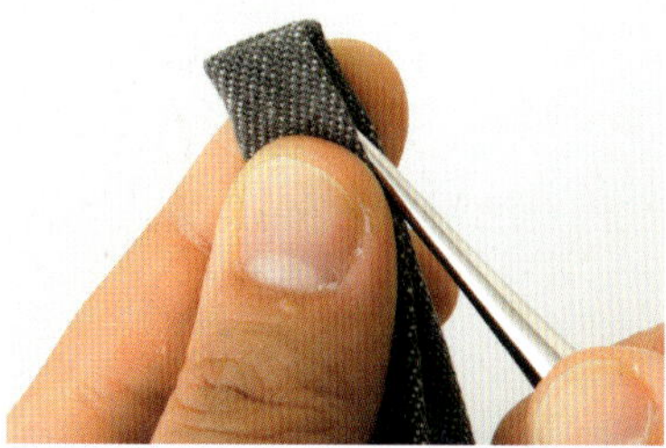

3 송곳을 사용해 모서리 등의 형태를 정돈합니다.

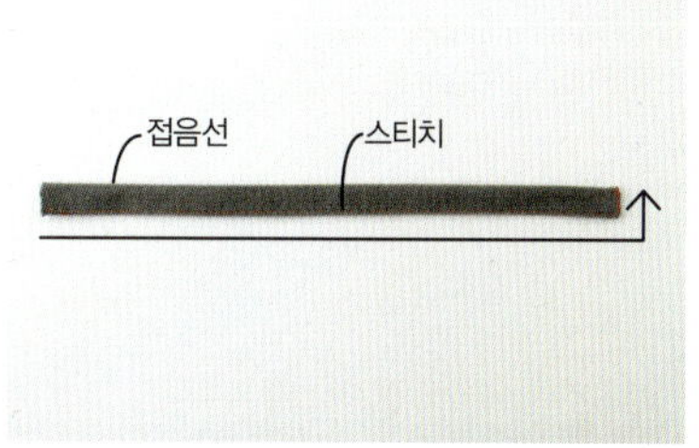

4 끈 가장자리를 사진의 화살표처럼 스티치합니다.

▶▶ 고리

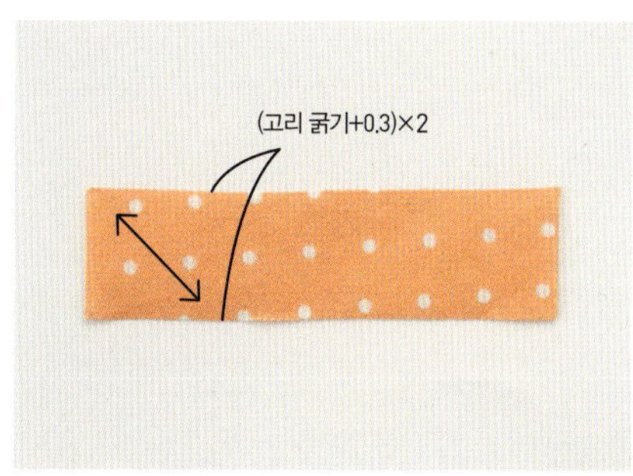

1 고리용 원단은 바이어스 방향으로 재단해야 합니다.

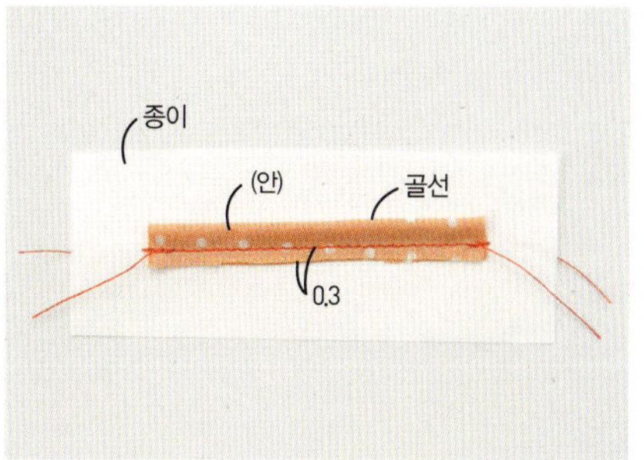

2 겉끼리 맞대어 박는데, 원단 밑에 얇은 종이를 깔고 원단과 함께 박으면 봉제하기 쉽습니다.

3 깔아둔 얇은 종이를 찢어서 제거한 모습입니다.

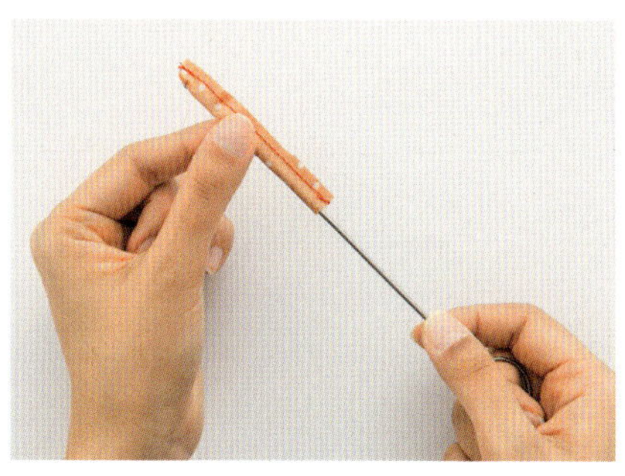

4 걸이 뒤집개를 사용해서 겉으로 뒤집습니다.

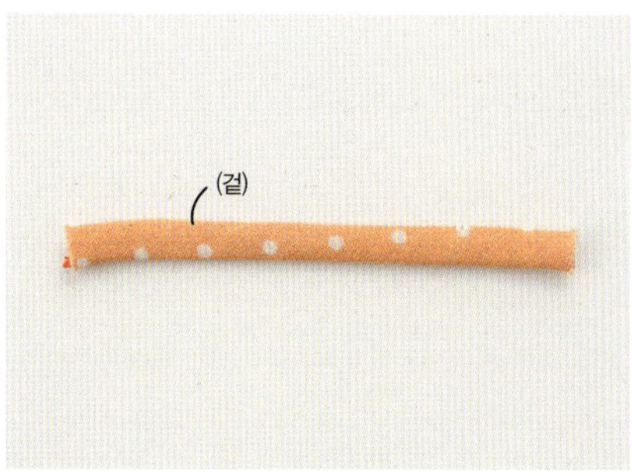

5 고리를 완성한 모습입니다.

옆주머니 팬츠나 스커트 등의 옆쪽에 다는 주머니입니다.

1 옆주머니를 만드는 데 필요한 앞팬츠, 주머닛감, 옆감을 준비합니다.

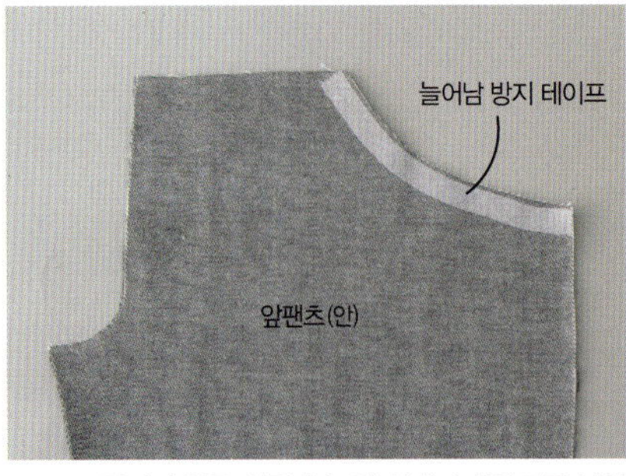

2 주머니 입구 시접에 늘어남 방지 테이프를 붙입니다.

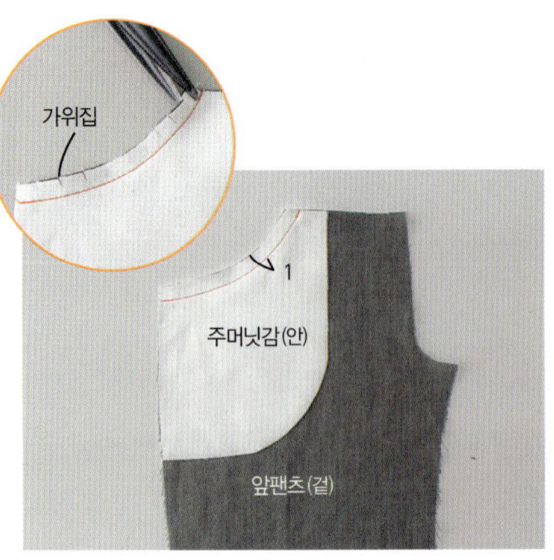

3 앞팬츠와 주머닛감을 겉끼리 맞대어 주머니 입구를 박고, 시접에 가위집을 넣습니다.

4 주머닛감을 겉으로 뒤집고, 주머닛감 쪽을 0.1~0.2㎝ 안쪽으로 넣어 주머니 입구를 다립니다.

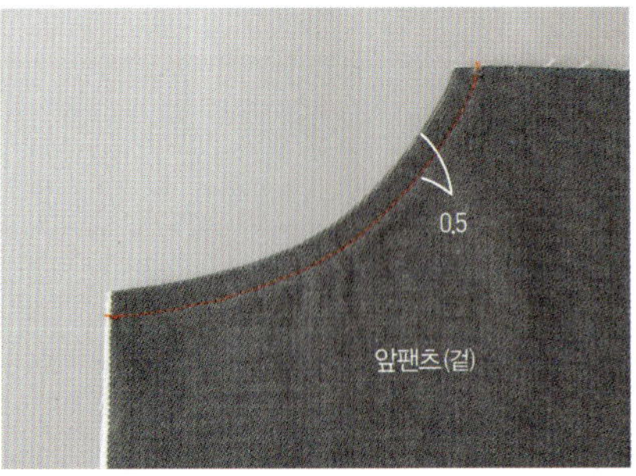

5 주머니 입구를 스티치합니다.

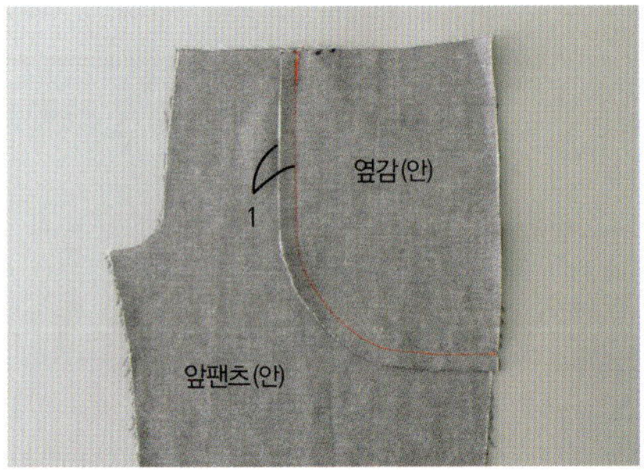

6 주머닛감과 옆감을 겉끼리 맞대어 박습니다. 앞팬츠를 함께 봉제하지 않도록 주의합니다.

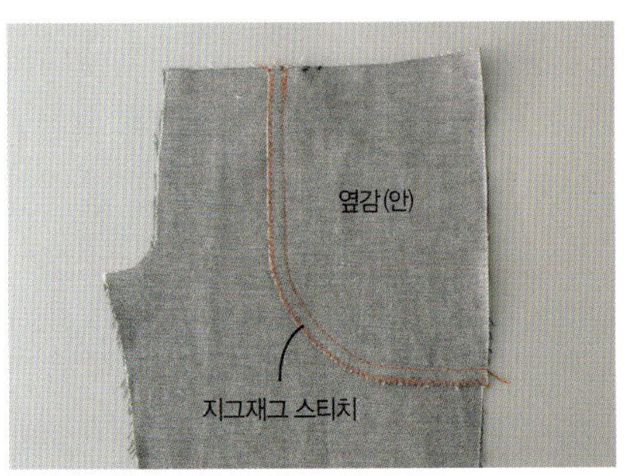

7 시접은 2장을 함께 지그재그 스티치합니다.

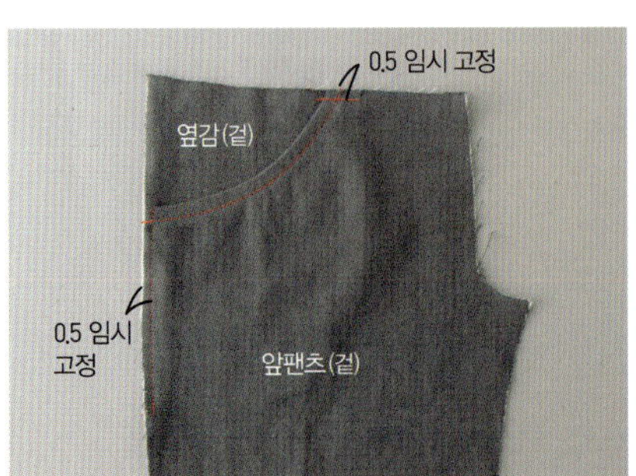

8 주머닛감과 옆감이 움직이지 않도록 윗단과 옆선 시접을 앞팬츠에 임시 고정합니다.

▶▶ 사각 패치 포켓

1 주머니 입구를 제외한 시접에 지그재그 스티치를 하고 나서 주머니 입구를 두 번 접어박습니다.

2 주머니 입구를 제외한 가장자리를 완성선을 따라 접습니다.

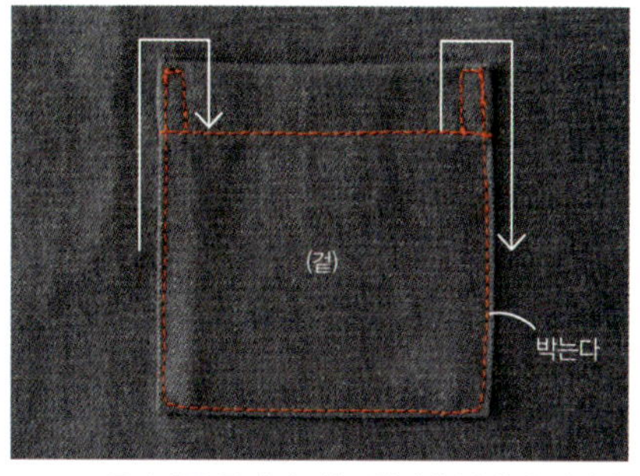

3 주머니를 주머니 다는 위치에 봉제해 답니다. 주머니 입구의 양옆은 사진의 화살표처럼 사각으로 박아서 보강합니다.

▶▶ 오픈 패치 포켓

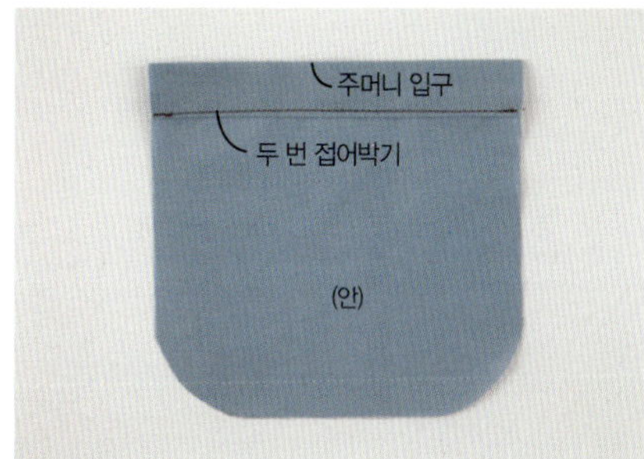

1 주머니 입구를 두 번 접어박습니다.

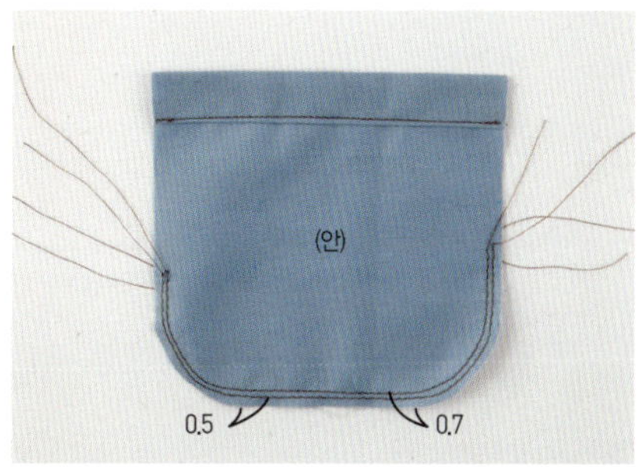

2 곡선으로 둥글린 시접에 겉쪽부터 큰 땀으로 2줄 박습니다.

3 주머니 모양으로 자른 두꺼운 종이를 주머니 안쪽에 겹쳐놓고 윗실 2가닥을 함께 잡아당겨 완성선을 따라 둥글립니다.

4 두꺼운 종이를 겹쳐놓은 상태에서 다림질해 곡선을 고정시킨 다음 두꺼운 종이를 빼냅니다.

5 큰 땀으로 박았던 실 끝을 자르고 주머니 다는 위치에 시침핀으로 고정합니다.

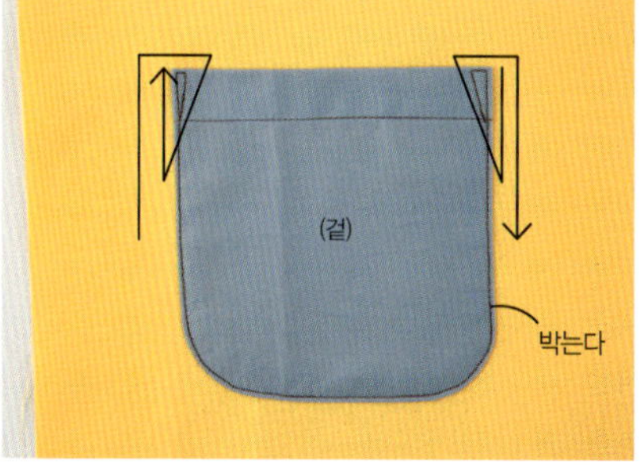

6 주머니를 봉제해 다는데, 주머니 입구의 양옆은 사진의 화살표처럼 삼각으로 박아서 보강합니다.

▶▶ 허리 고무 밴드 고무 밴드를 끼우는 타입의 허리둘레 봉제법입니다.

허리 고무 밴드 종류

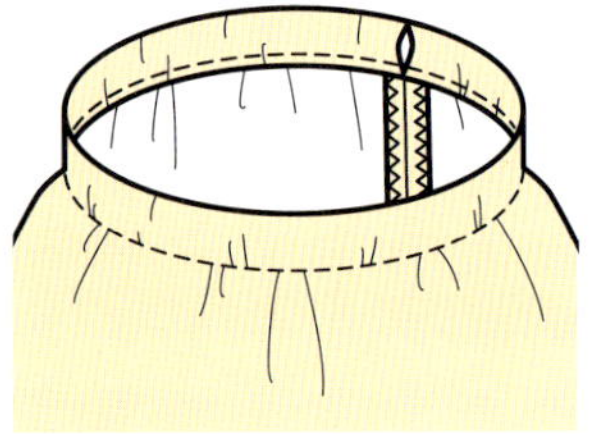

접어 겹치는 타입①

옆선 시접을 갈라 허리둘레 시접을 접어 겹치고 고무 밴드를 끼웁니다.

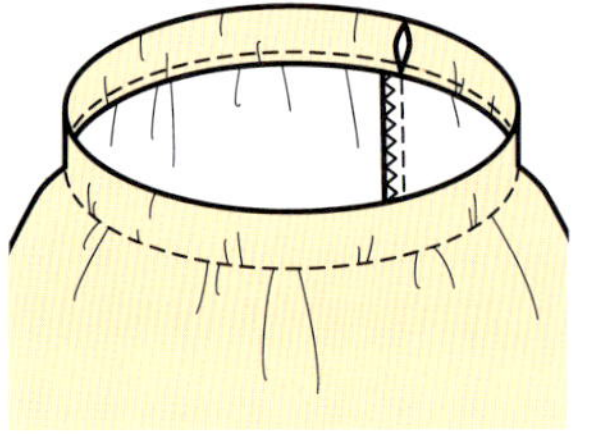

접어 겹치는 타입②

옆선 시접 2장을 함께 처리한 다음, 허리둘레 시접을 접어 겹치고 고무 밴드를 끼웁니다. 얇은 원단에 적합합니다.

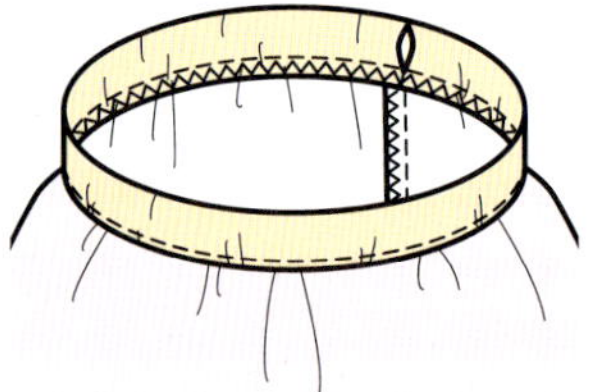

벨트 타입①

다른 원단으로 벨트를 만들어 본판에 봉제해 답니다. 벨트 원단 가장자리를 접어 넣지 않는 방법으로, 시접을 두껍게 처리하지 않을 때 적합합니다.

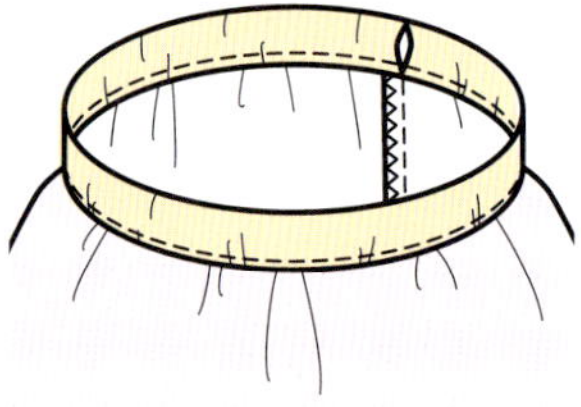

벨트 타입②

다른 원단으로 벨트를 만들어 본판에 봉제해 답니다. 벨트 원단 가장자리를 접어 넣는 방법으로, 얇은 원단에 적합합니다.

접어 겹치는 타입①

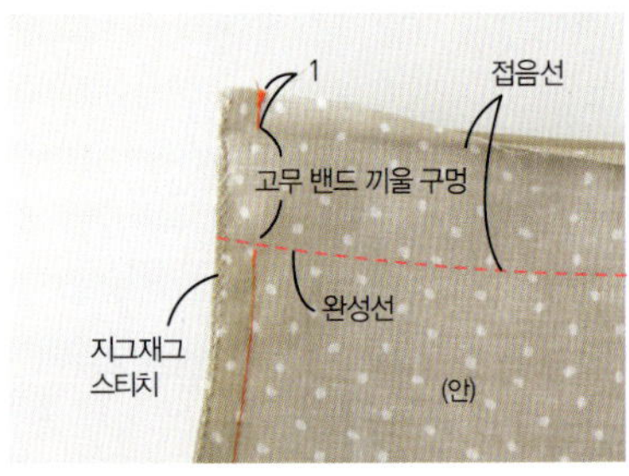

1 옆선 시접은 각각 지그재그 스티치로 처리하고 허리둘레는 두 번 접어 사진처럼 접음선을 표시합니다. 그다음 본판을 겉끼리 맞대고 고무 밴드 끼울 구멍만 남겨 옆선을 박습니다.

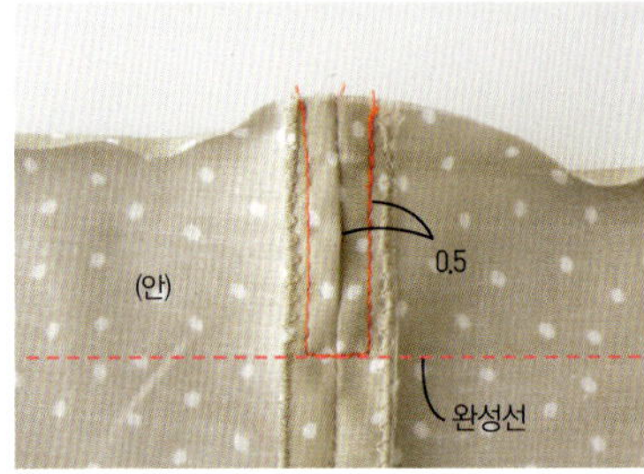

2 시접을 가르고 고무 밴드 끼울 구멍의 둘레를 사진처럼 박습니다.

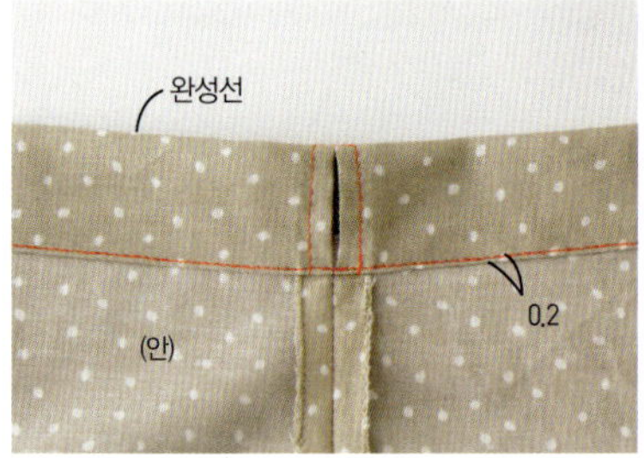

3 허리둘레 시접을 1의 접음선을 따라 접고 접음선에서 0.2㎝ 들어간 부분을 박습니다.

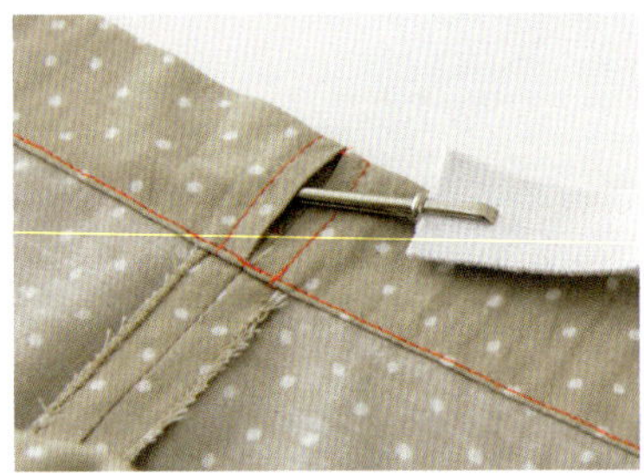

4 고무줄 끼우개를 사용해 고무 밴드를 구멍 속으로 끼워 통과시킵니다.

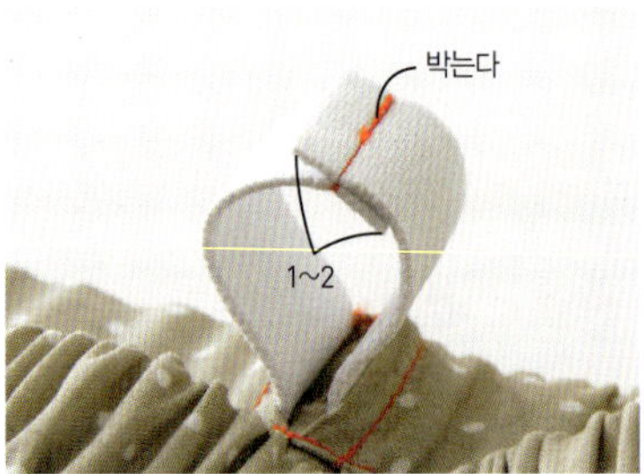

5 고무 밴드의 양 끝을 1~2㎝ 겹쳐서 단단하게 박습니다. 그래야 나중에 고무 밴드가 터지거나 뒤틀리지 않습니다.

6 5에서 겉으로 나와 있는 고무 밴드를 구멍으로 밀어서 넣고 밴드가 고르게 펴지도록 정돈합니다.

접어 겹치는 타입②

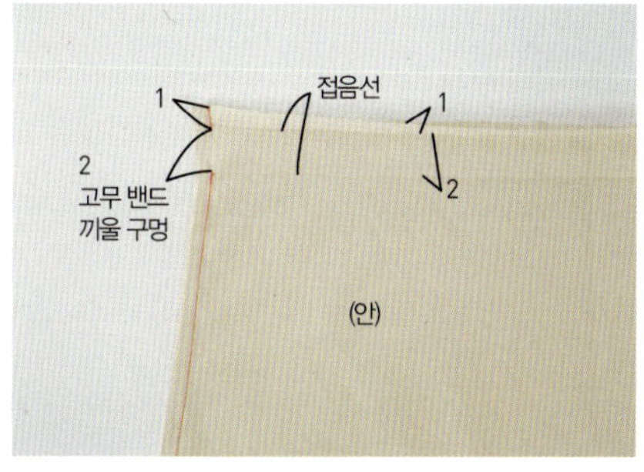

1

허리둘레는 두 번 접어 사진처럼 접음선을 표시합니다. 그다음 본판을 겉끼리 맞대 고무 밴드 끼울 구멍만 남기고 옆선을 박습니다.

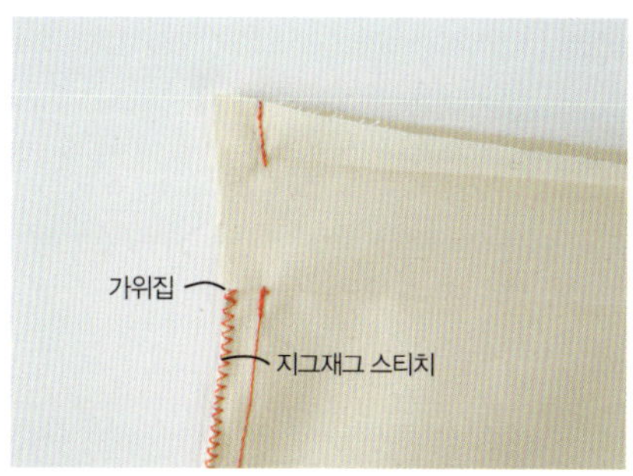

2

고무 밴드 끼울 구멍의 아래쪽까지, 옆선 시접 2장을 함께 지그재그 스티치로 처리합니다. 고무 밴드 끼울 구멍의 아래쪽에는 가위집을 넣습니다.

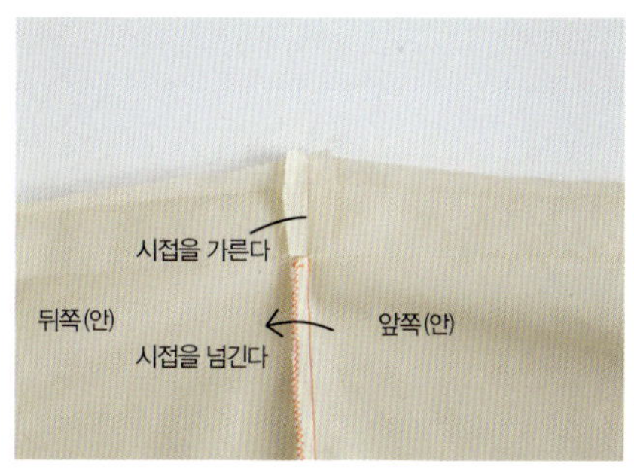

3

고무 밴드 끼울 구멍의 시접을 다리미로 가릅니다. 구멍을 제외한 옆선 시접은 뒤쪽으로 넘깁니다.

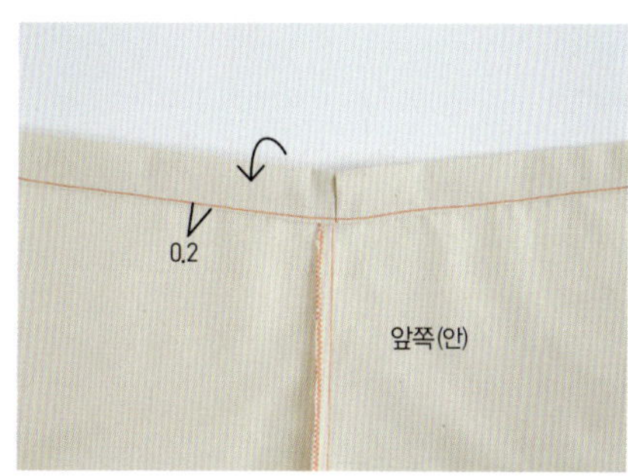

4

허리둘레 시접을 1의 접음선을 따라 접고 봉제합니다. 접어 겹치는 타입① (p.52)을 참고해 고무 밴드를 구멍 속에 끼웁니다.

벨트 타입①

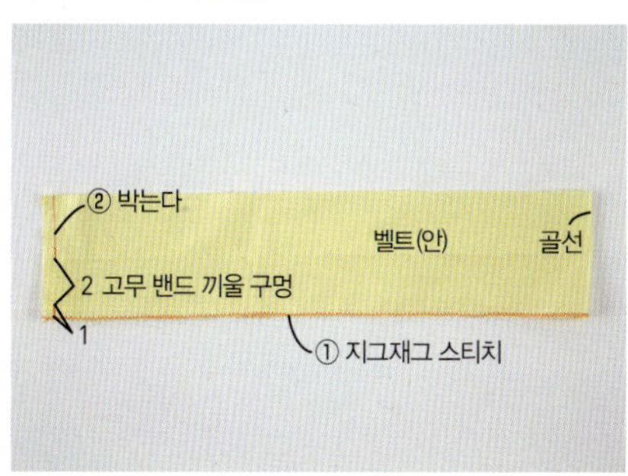

1

벨트 아랫단은 지그재그 스티치로 처리합니다. 겉끼리 맞대어 중심을 따라 접은 다음, 고무 밴드 끼울 구멍만 남기고 박습니다. 시접은 다리미로 가릅니다.

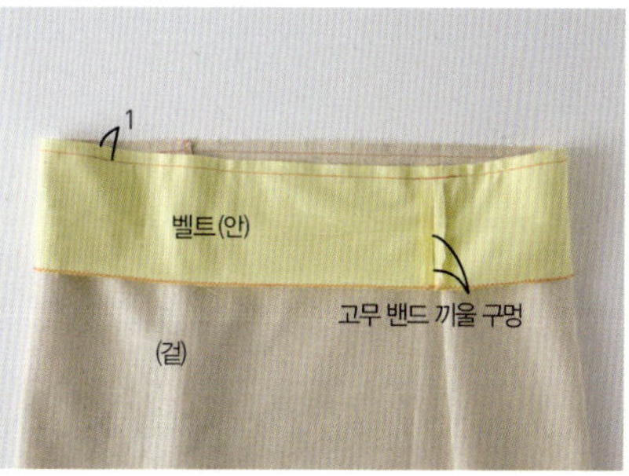

2

벨트의 처리하지 않은 쪽과 본판의 윗단을 겉끼리 맞대어 박습니다. 고무 밴드 끼울 구멍의 위치는 왼쪽 옆면 등 만드는 방법에 나와 있는 지정에 따라 작업합니다.

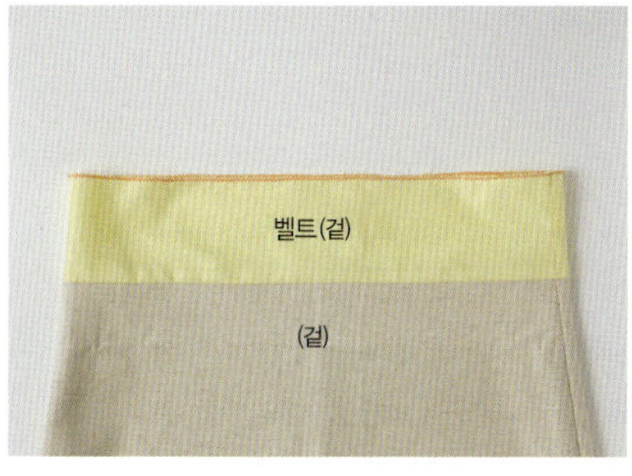

3

사진처럼 벨트를 위쪽으로 올려서 펼치고, 시접은 벨트 쪽으로 넘깁니다.

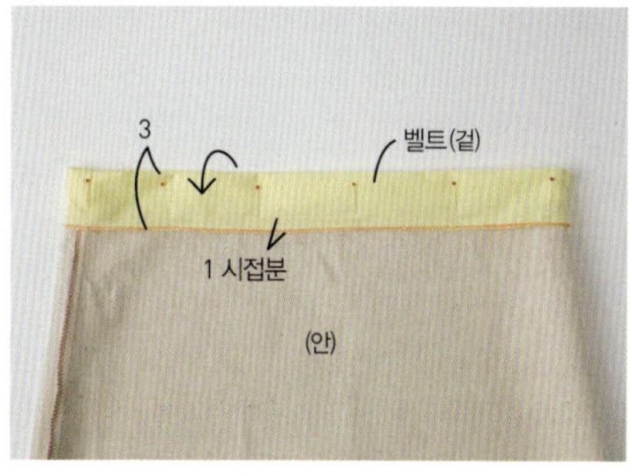

4

벨트를 안끼리 맞대어 반으로 접고 시침핀으로 고정하면, 본판의 완성선에서 시접이 1㎝ 정도 비어져 나옵니다.

5

본판의 겉쪽부터 벨트의 가장자리에 스티치합니다.

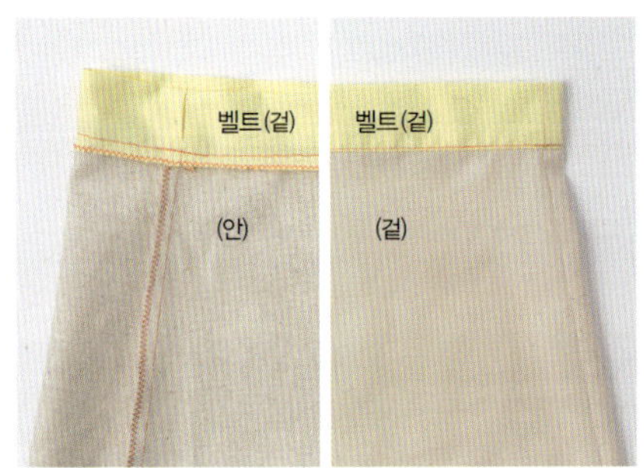

6

벨트에 스티치를 한 모습입니다.

7

고무 밴드를 고무줄 끼우개를 사용해 구멍으로 끼워 통과시킵니다.

벨트 타입②

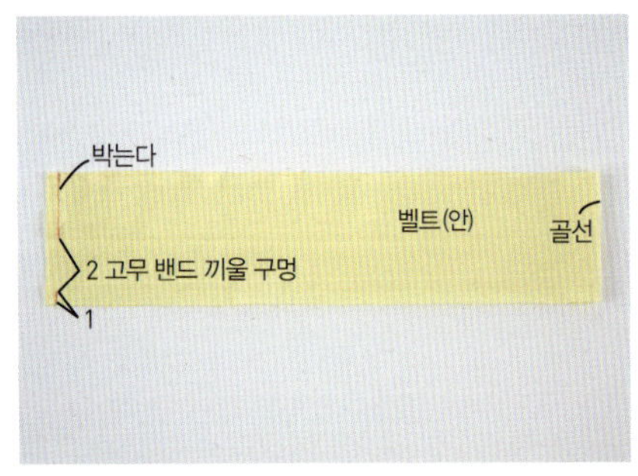

1

벨트를 겉끼리 맞대어 중심을 따라 접은 다음 고무 밴드 끼울 구멍만 남기고 박습니다. 시접은 다리미로 가릅니다.

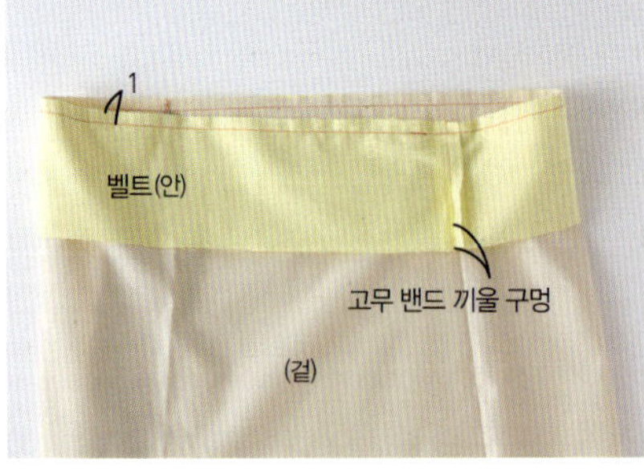

2

벨트는 고무 밴드 끼울 구멍의 방향에 주의해 벨트와 본판을 겉끼리 맞대어 박습니다. 시접은 벨트 쪽으로 넘깁니다.

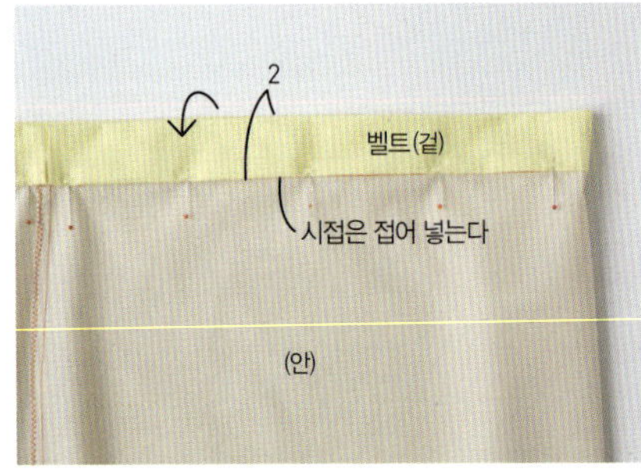

3

벨트 시접을 안쪽으로 접은 다음 한 번 더 벨트를 안끼리 맞대어 반으로 접습니다. 2의 바늘땀이 감춰지도록 시침핀으로 고정합니다.

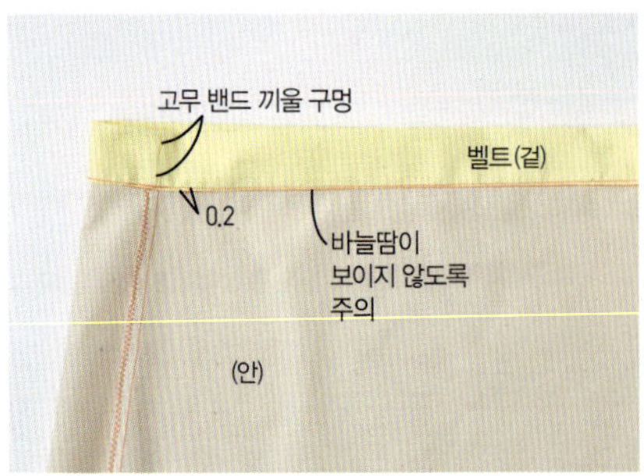

4

겉쪽에서 벨트의 접음선 가장자리에 빙 둘러 스티치합니다. 2의 바늘땀이 보이지 않도록 주의해서 봉제합니다.

▶▶ 벨트

안쪽에 접착심을 붙여 트임이 있는 팬츠 등에 사용하는 벨트입니다.

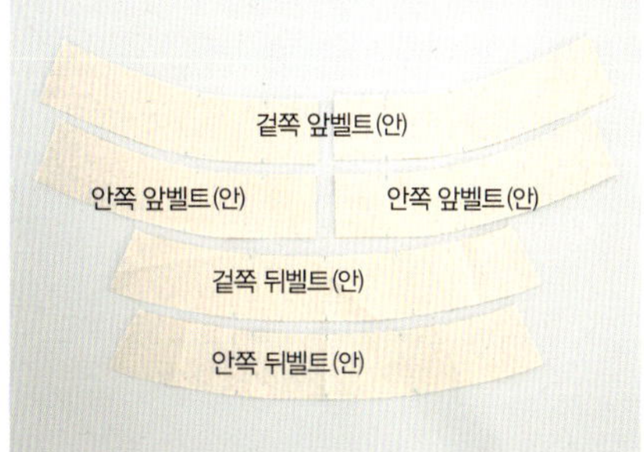

1 접착심을 붙인 벨트감을 준비합니다.

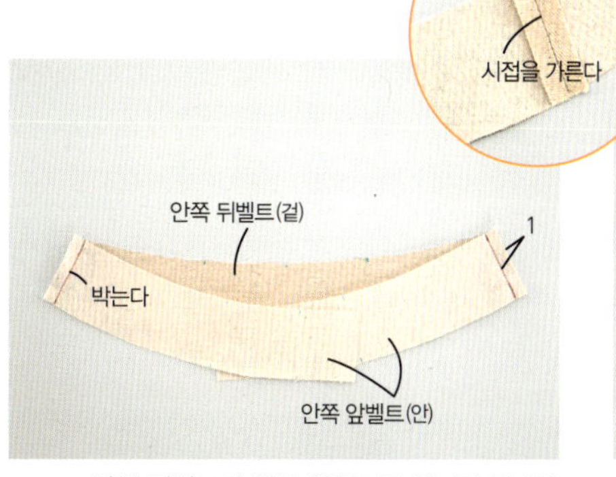

2 안쪽 뒤벨트와 안쪽 앞벨트를 겉끼리 맞대어 양옆을 박고 시접은 가름솔로 처리합니다. 겉벨트도 같은 방법으로 봉제합니다.

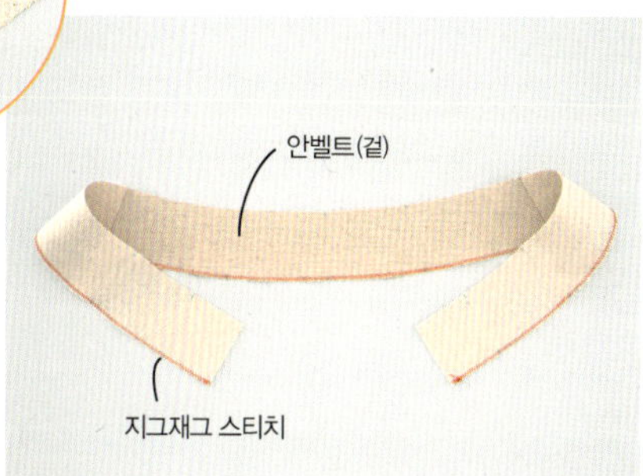

3 안벨트 아랫단을 지그재그 스티치합니다.

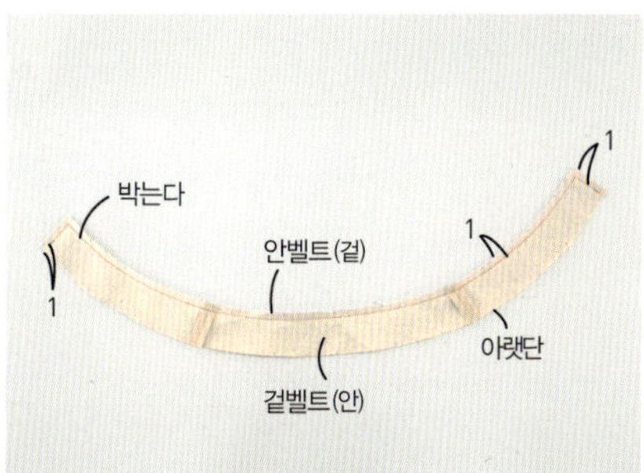

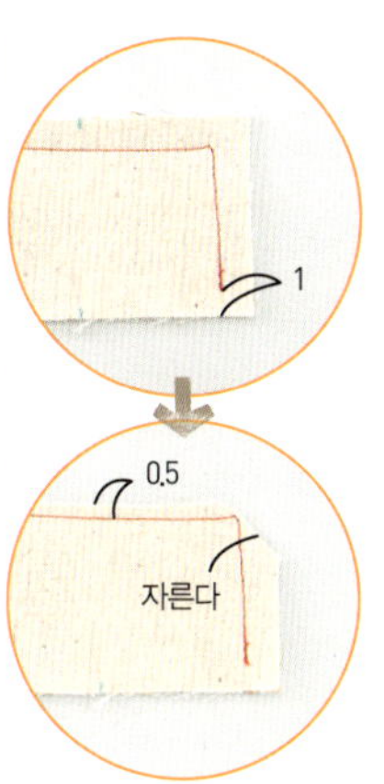

4 안벨트와 겉벨트를 겉끼리 맞대어 아랫단을 제외한 나머지 부분을 박는데, 양옆은 완성선까지 박습니다. 윗단 시접은 0.5cm로 자르고 모서리는 비스듬히 잘라냅니다.

5 팬츠와 겉벨트를 겉끼리 맞대어 시침핀으로 고정합니다.

겉벨트(안)

안벨트(안)

앞팬츠(겉)

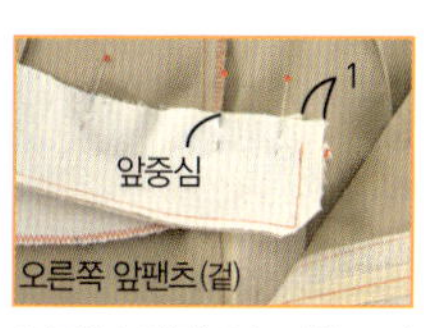

오른쪽 앞팬츠는 벨트의 완성선을 여밈분의 끝부분에 맞춥니다.

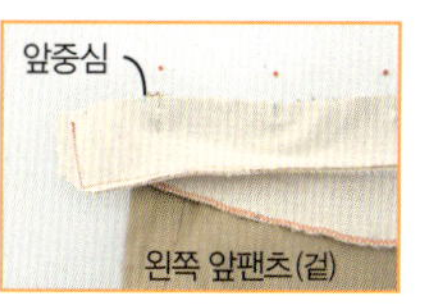

왼쪽 앞팬츠는 앞중심을 맞추고 여밈분만큼 냅니다.

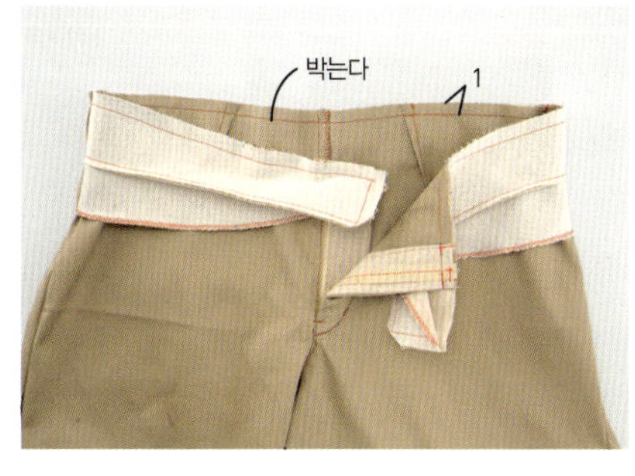

6 앞·뒤 팬츠를 이어서 박는데, 왼쪽 앞팬츠의 여밈분은 박지 않고 남깁니다.

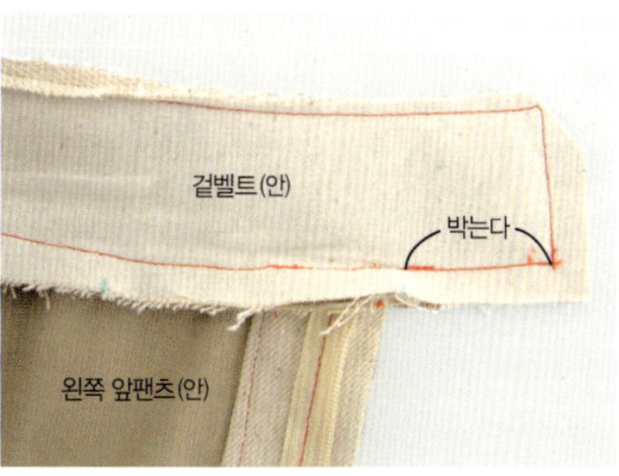

7 벨트를 펼쳐서 겉·안 벨트를 겉끼리 맞댄 다음, 왼쪽 앞팬츠의 박지 않고 남겨둔 여밈분을 봉제합니다.

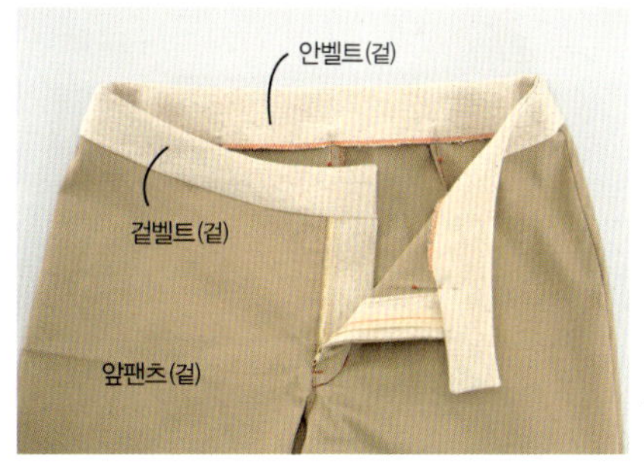

8 벨트를 겉으로 뒤집고 다리미로 형태를 정돈합니다. 벨트의 여밈분 시접은 비스듬하게 처리합니다.

9 벨트 주위를 겉쪽에서 다시 한 번 스티치합니다.

▶▶ 플랫칼라

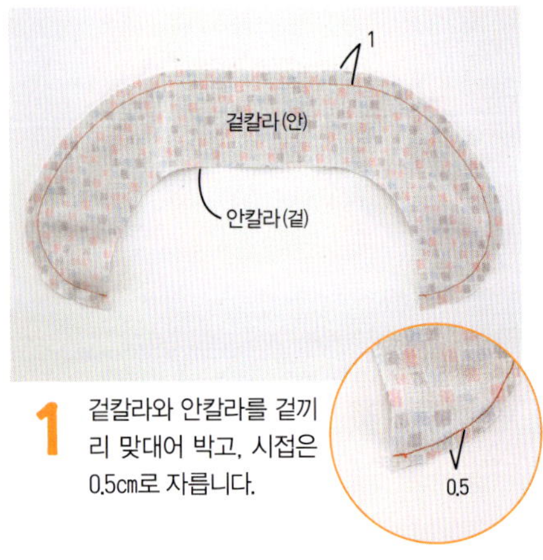

1 겉칼라와 안칼라를 겉끼리 맞대어 박고, 시접은 0.5cm로 자릅니다.

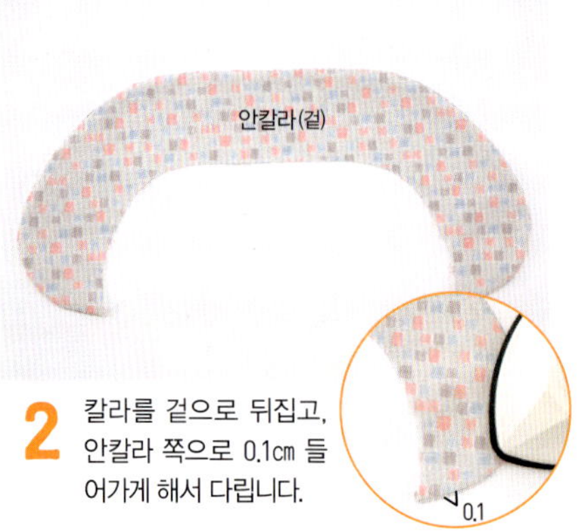

2 칼라를 겉으로 뒤집고, 안칼라 쪽으로 0.1cm 들어가게 해서 다립니다.

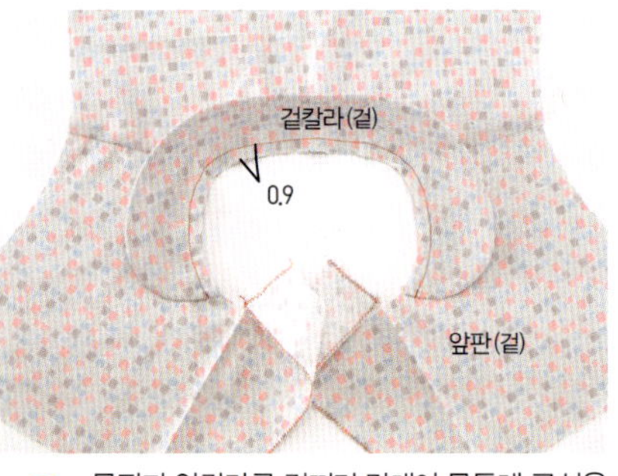

3 몸판과 안칼라를 겉끼리 맞대어 목둘레 곡선을 살려가며 박습니다.

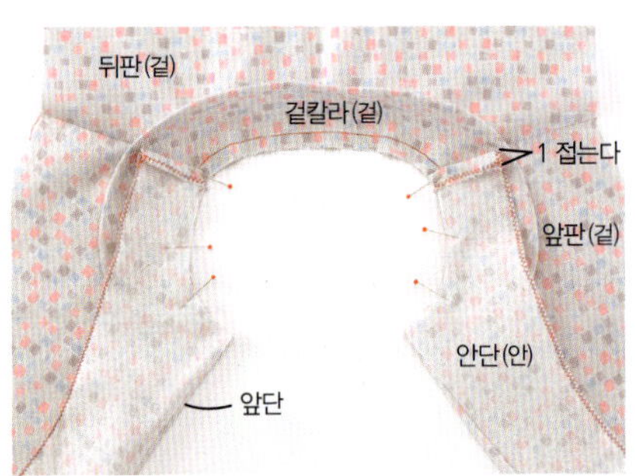

4 안단 어깨 시접을 앞판 쪽으로 접고 몸판과 겉끼리 맞대어 목둘레에 시침핀을 꽂습니다.

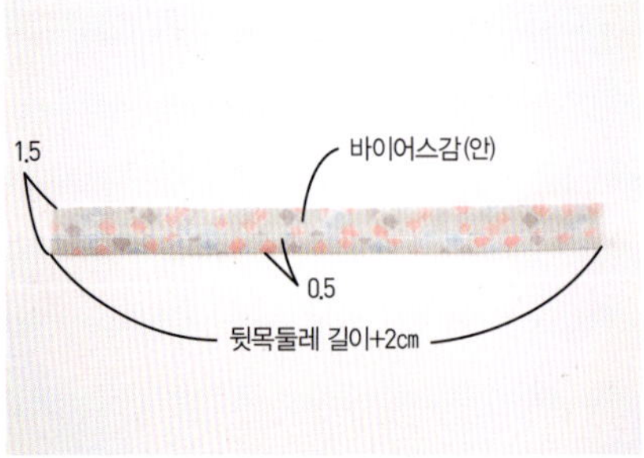

5 폭 2cm의 바이어스감을 재단하고 한쪽을 접어 바이어스테이프를 만듭니다.

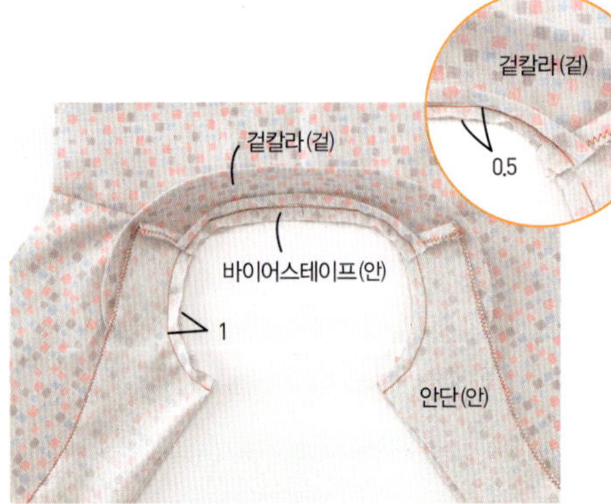

6 겉칼라와 바이어스테이프의 접지 않은 쪽을 겉끼리 맞대고 목둘레를 박습니다. 뒤판 목둘레 시접은 0.5cm로 자릅니다.

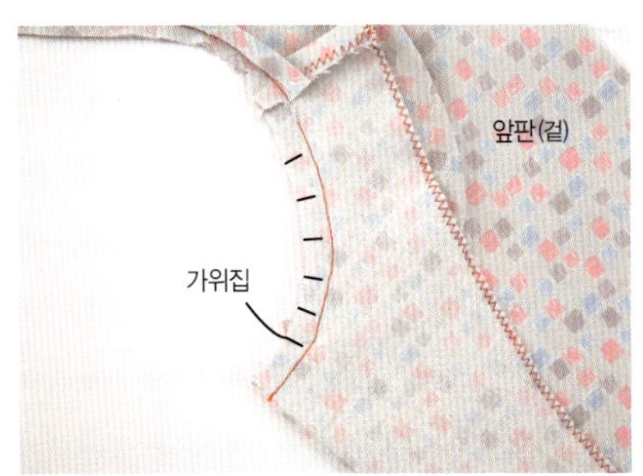

7 앞판 목둘레 시접에 가위집을 사진처럼 깊게 넣습니다.

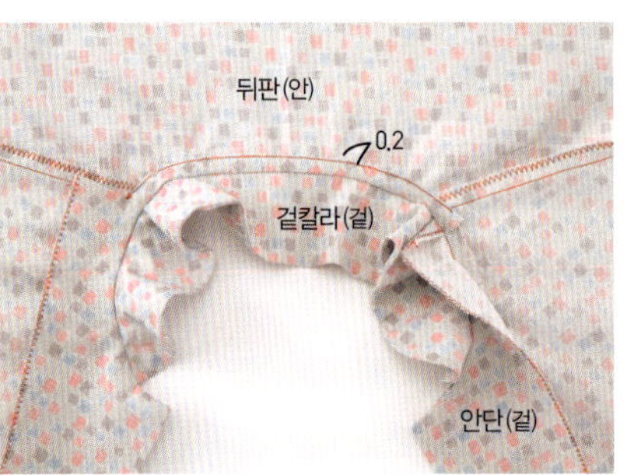

8 안단과 바이어스테이프를 겉으로 뒤집고 바이어스테이프를 뒤판에 봉제해 고정합니다.

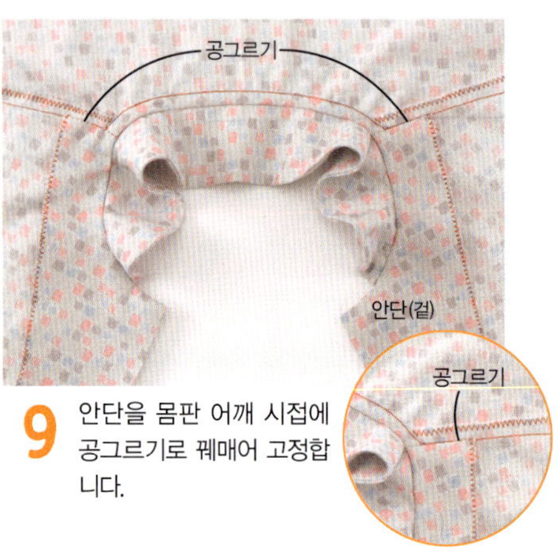

9 안단을 몸판 어깨 시접에 공그르기로 꿰매어 고정합니다.

▶▶ 받침 칼라가 달린 셔츠 칼라

받침 칼라가 달린
셔츠용 칼라

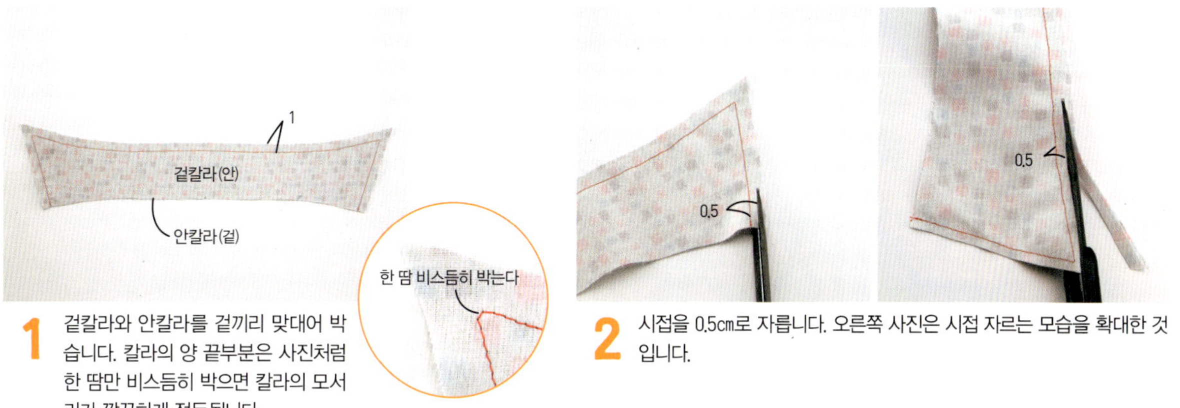

1 겉칼라와 안칼라를 겉끼리 맞대어 박습니다. 칼라의 양 끝부분은 사진처럼 한 땀만 비스듬히 박으면 칼라의 모서리가 깔끔하게 정돈됩니다.

2 시접을 0.5cm로 자릅니다. 오른쪽 사진은 시접 자르는 모습을 확대한 것입니다.

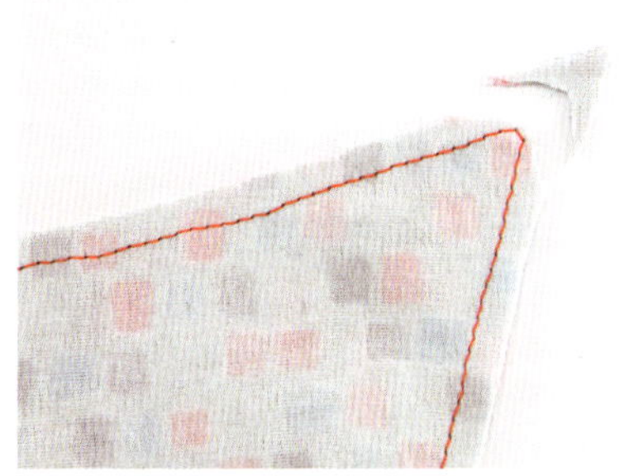

3 칼라 양 끝부분 시접을 자릅니다. 이렇게 시접을 잘라두어야 칼라를 뒤집었을 때 칼라 끝이 예쁘게 처리됩니다.

4 시접은 완성선을 따라 다리미로 꾹 눌러 접습니다.

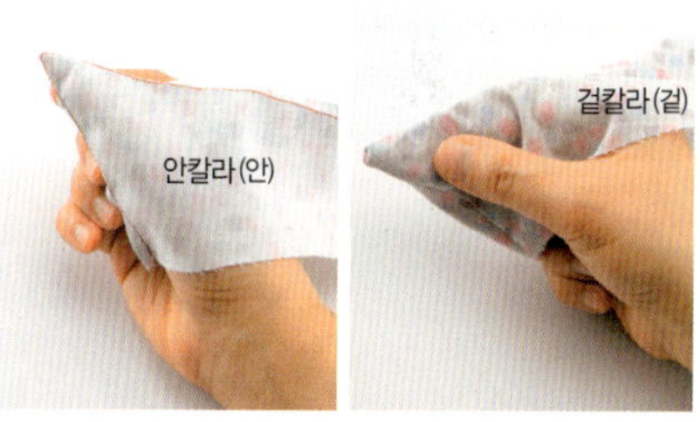

5 시접을 손가락으로 누른 상태에서 칼라의 끝부분에 손가락을 넣어 겉으로 뒤집습니다.

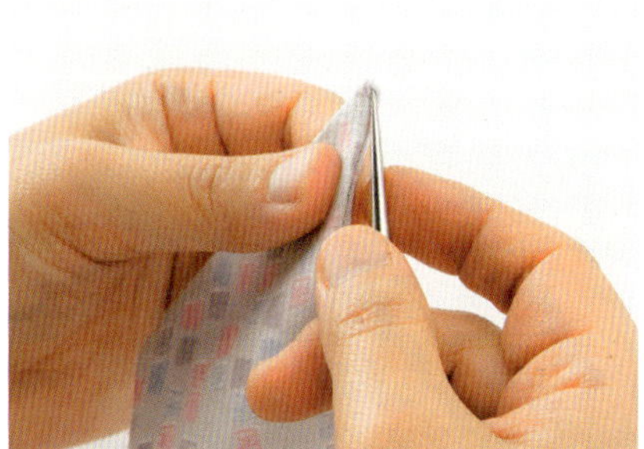

6 바늘땀의 틈 사이로 송곳을 넣어 칼라 양 끝부분의 형태를 정돈합니다.

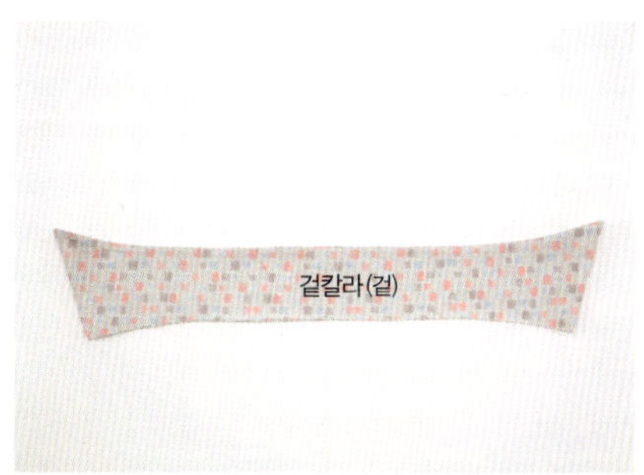

7 원단이 안칼라 쪽으로 약간 들어가게 하고 칼라가 들뜨지 않도록 힘을 주어 다립니다.

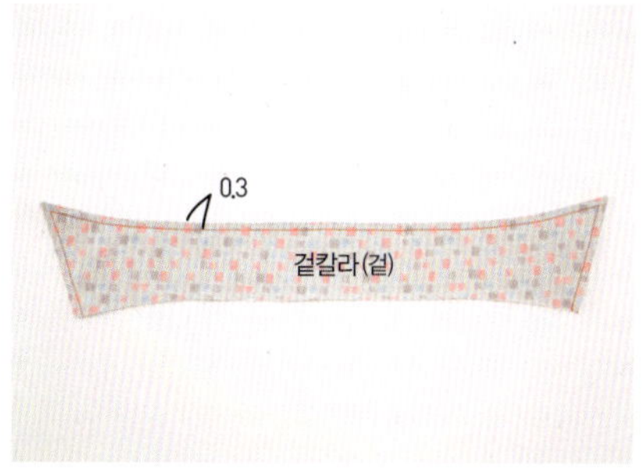

8 완성선에서 0.3cm 안쪽에 비뚤어지지 않게 스티치합니다.

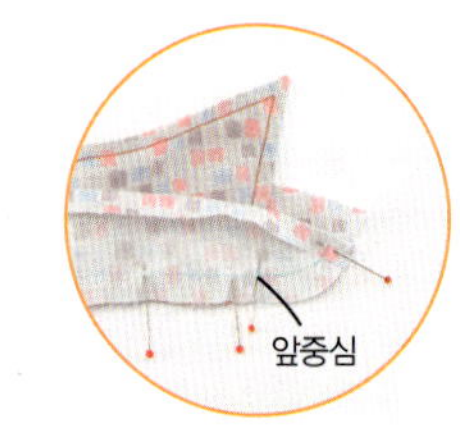

칼라의 가장자리를 앞중심의 표시에 맞춰 움직이지 않도록 시침핀으로 고정합니다.

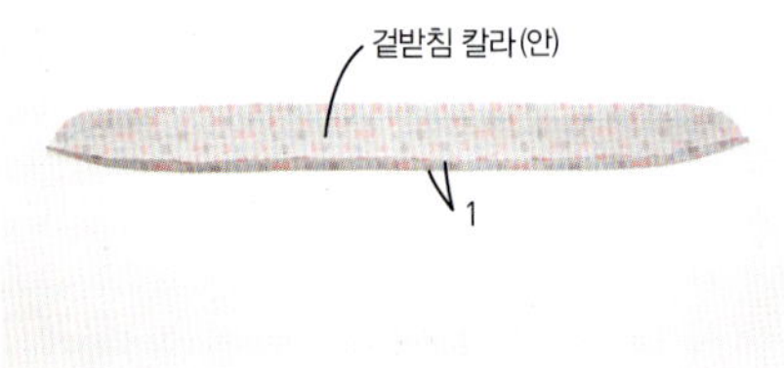

9 겉받침 칼라의 목둘레 쪽 시접을 완성선을 따라 접습니다.

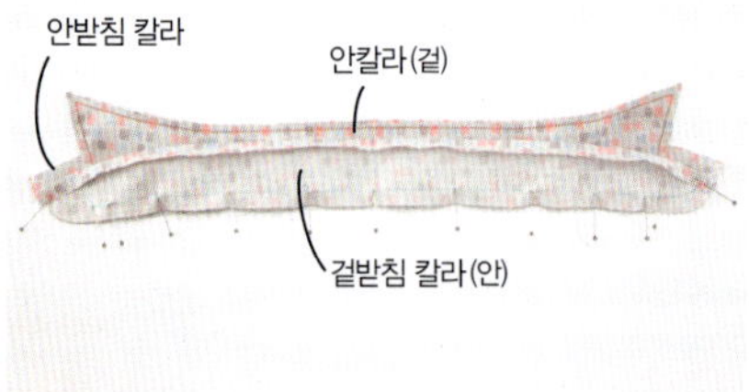

10 안칼라와 겉받침 칼라가 겉끼리 맞닿도록 칼라를 받침 칼라 사이에 끼운 다음, 맞춤점을 맞춰 시침핀을 꽂습니다.

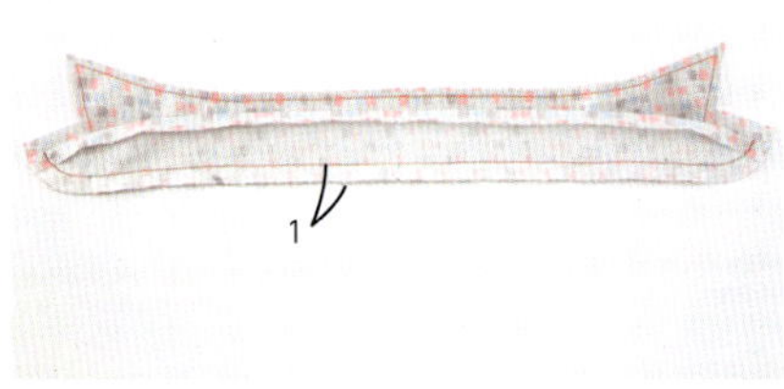

11 받침 칼라를 봉제합니다.

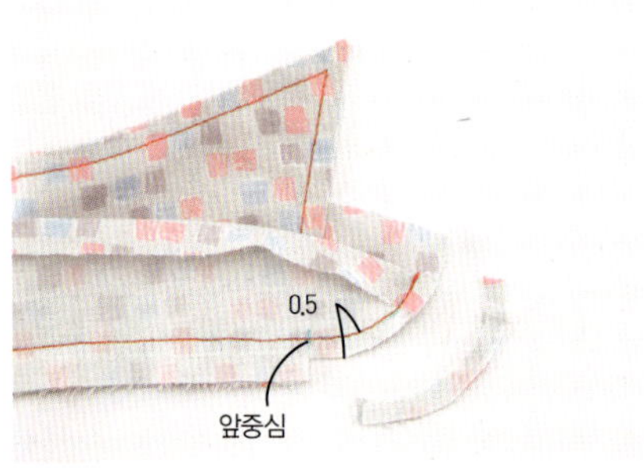

12 받침 칼라 양 끝 시접을 앞중심까지 0.5cm 자릅니다.

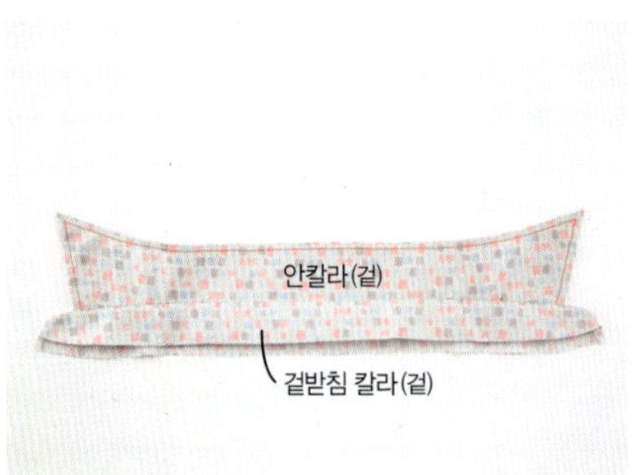

13 받침 칼라를 겉으로 뒤집고 들뜨지 않도록 형태를 정돈합니다.

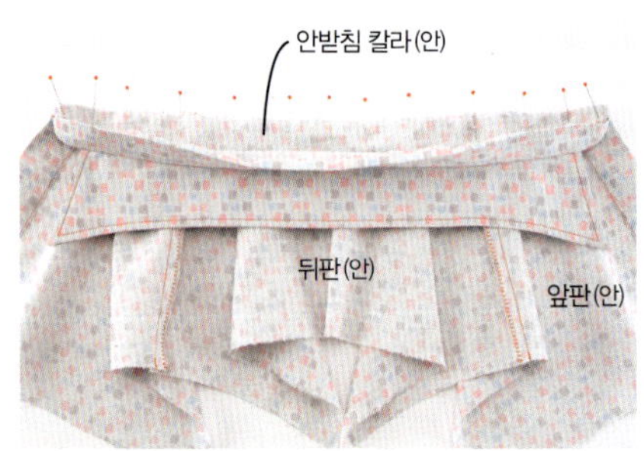

14 몸판 안쪽에 안받침 칼라의 겉쪽을 맞춰놓고 목둘레를 시침핀으로 촘촘하게 고정합니다.

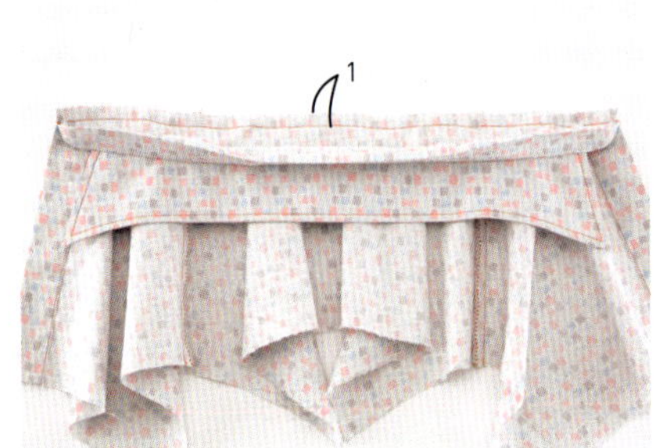

15 목둘레를 봉제합니다. 안받침 칼라만 봉제하기 때문에 양 끝은 겉받침 칼라가 봉제되지 않도록 주의해야 합니다.

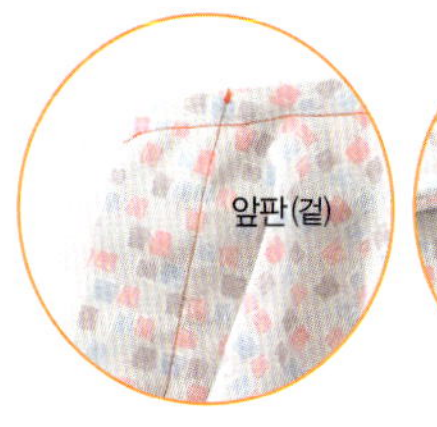

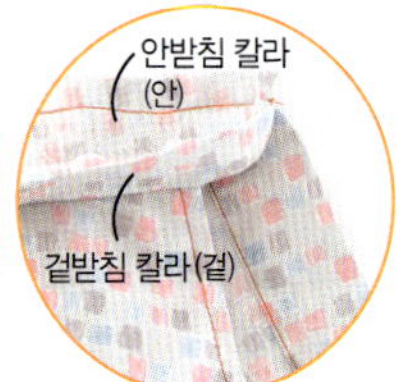

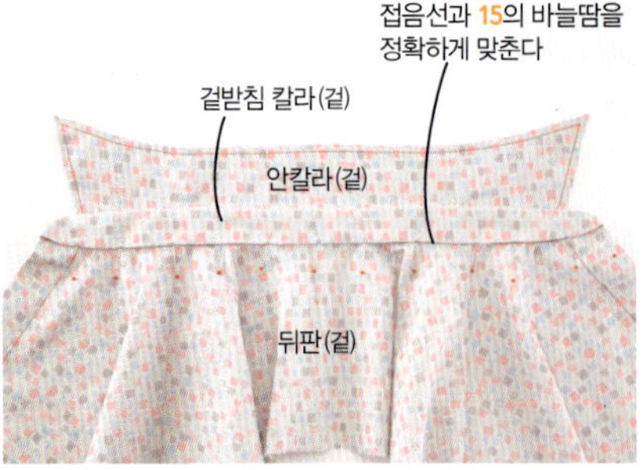

16 받침 칼라를 세워 올리고 몸판 시접을 받침 칼라 속으로 넣어 시침핀을 꽂습니다.

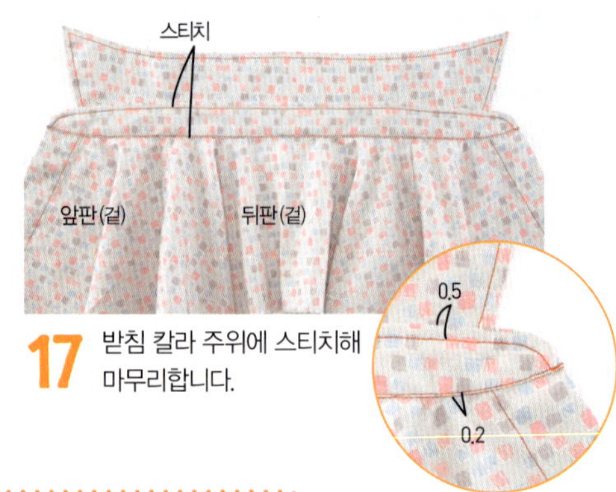

17 받침 칼라 주위에 스티치해 마무리합니다.

원단을 여러 장 겹칠 때 시침핀 꽂는 방법

사진처럼 접음선부터 시침핀(글라스핀)을 꽂으면 원단이 겹치는 장수가 줄어들기 때문에 봉제할 때 원단이 잘 어긋나지 않습니다.

▶▶ 라운드 칼라

패턴 1장으로 만드는, 셔츠나 블라우스에 달린 칼라

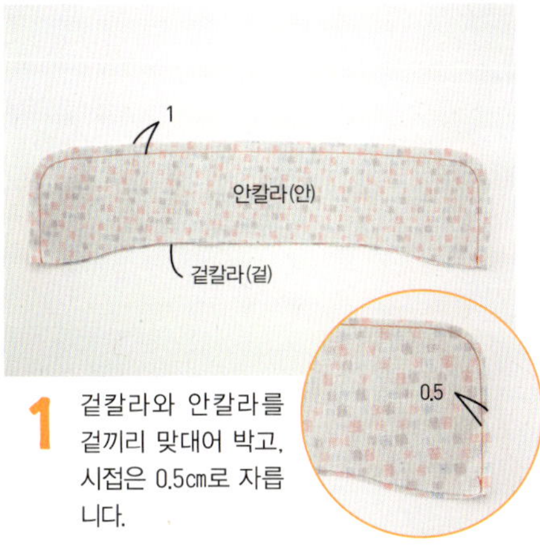

1 겉칼라와 안칼라를 겉끼리 맞대어 박고, 시접은 0.5㎝로 자릅니다.

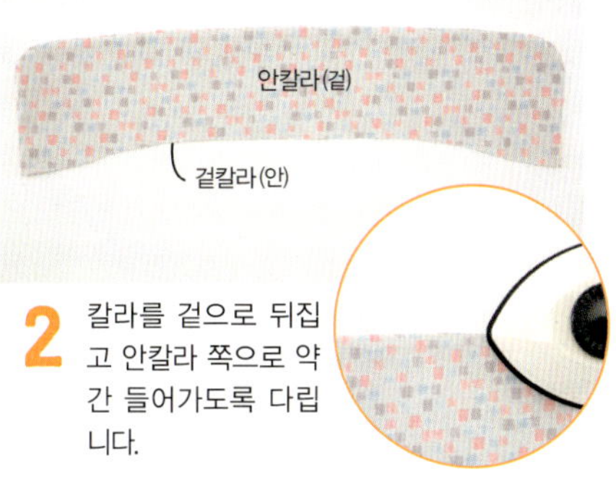

2 칼라를 겉으로 뒤집고 안칼라 쪽으로 약간 들어가도록 다립니다.

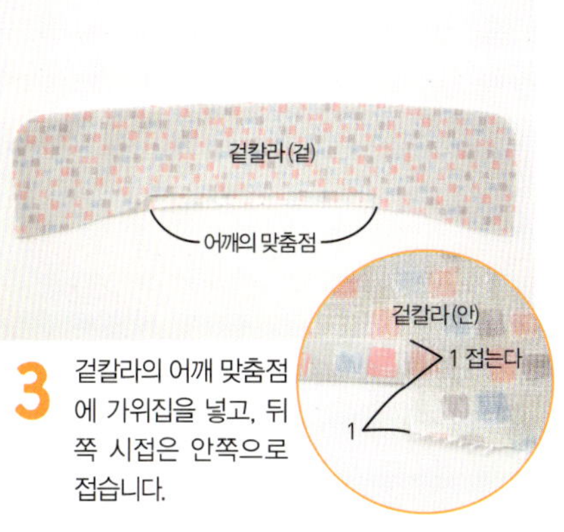

3 겉칼라의 어깨 맞춤점에 가위집을 넣고, 뒤쪽 시접은 안쪽으로 접습니다.

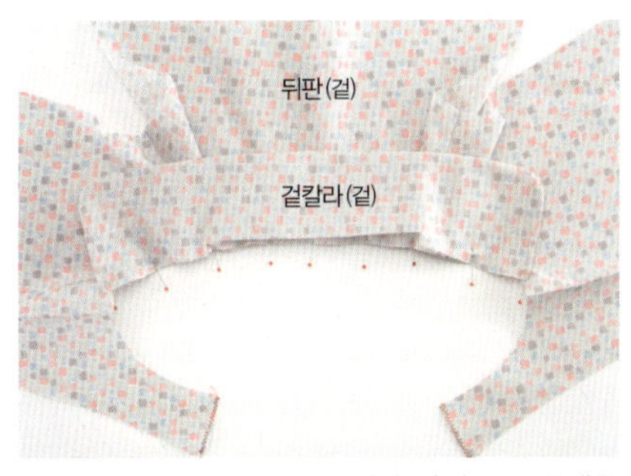

4 안칼라와 몸판을 겉끼리 맞대고 목둘레를 시침핀으로 고정합니다.

5 겉칼라의 접은 부분은 봉제되지 않도록 주의하면서 칼라를 몸판에 봉제해 답니다.

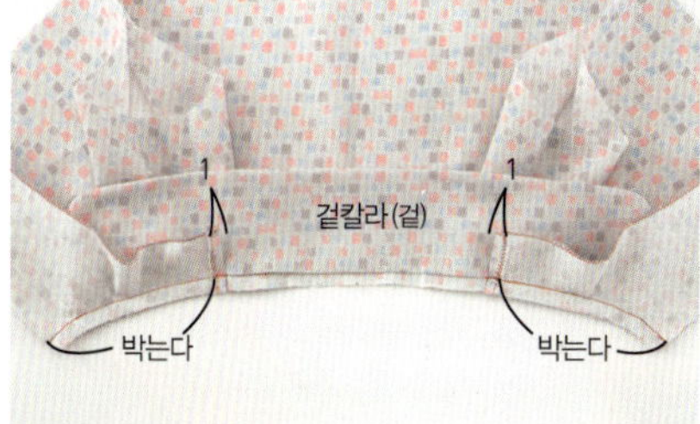

6 안단 어깨 시접을 접은 다음, 앞판과 안단을 겉끼리 맞대어 앞목둘레를 박습니다.

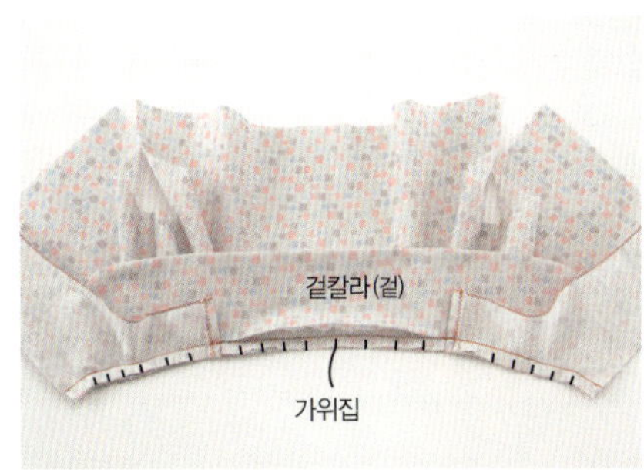

7 목둘레 시접에 사진처럼 깊고 촘촘한 가위집을 넣습니다.

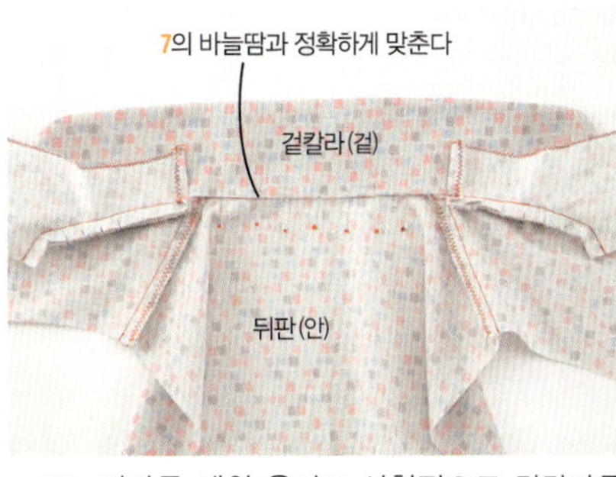

8 칼라를 세워 올리고 시침핀으로 겉칼라를 뒤판에 고정합니다.

9 뒷목둘레를 박은 다음 안단 어깨 시접의 모서리를 자릅니다.

10 안단의 어깨를 겉으로 뒤집고 접음선을 몸판 어깨 시접에 공그르기로 꿰맵니다.

▶▶ 뾰족단

슬리브 플래킷(sleeve placket)이라고 하며, 소매를 걷어 올리기 쉽도록 셔츠나 블라우스의 소맷부리에 만든 트임을 말합니다. 끝부분이 칼처럼 뾰족한 형태로 되어 있습니다.

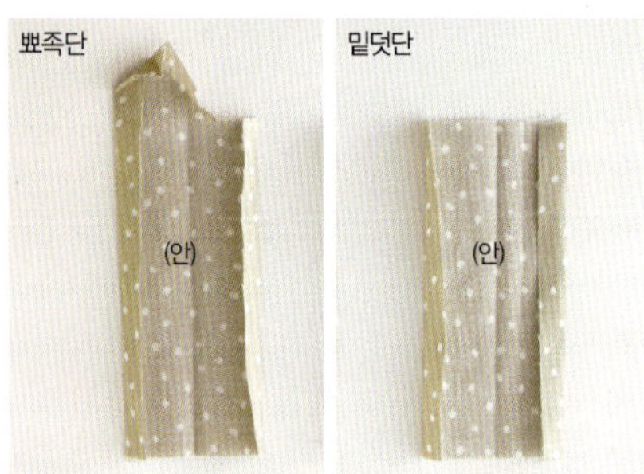

1 뾰족단과 밑덧단을 각각 완성선을 따라 접고 다리미로 꾹 눌러 접음선을 표시합니다.

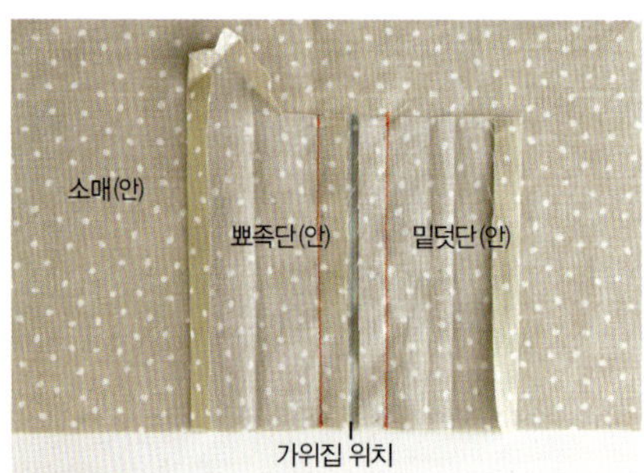

2 뾰족단과 밑덧단을 각각 소매와 맞추고 원단 가장자리까지 박습니다.

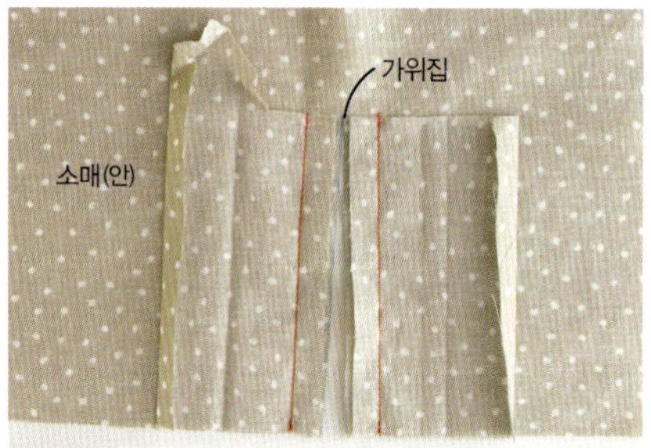

3 가위집 위치에 가위집을 정확하게 넣습니다.

4 밑덧단을 **2**의 봉제선을 따라 접고 다리미로 눌러 겹칩니다.

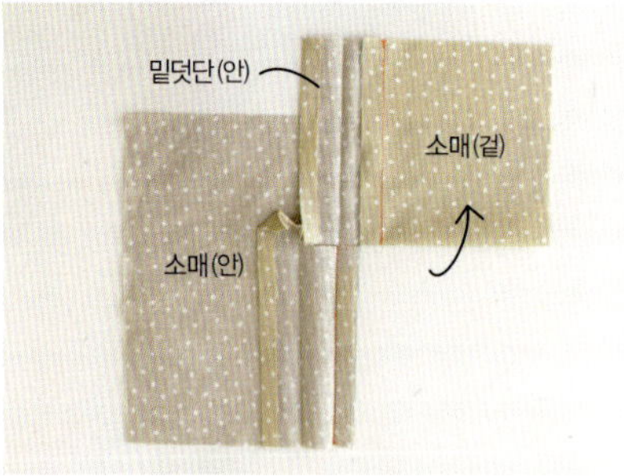

5 밑덧단을 사진처럼 위쪽으로 접어 올립니다.

6 밑덧단을 완성선의 접음선을 따라 접습니다. 가위집을 넣었던 쪽의 원단 가장자리를 감싸고 스티치합니다.

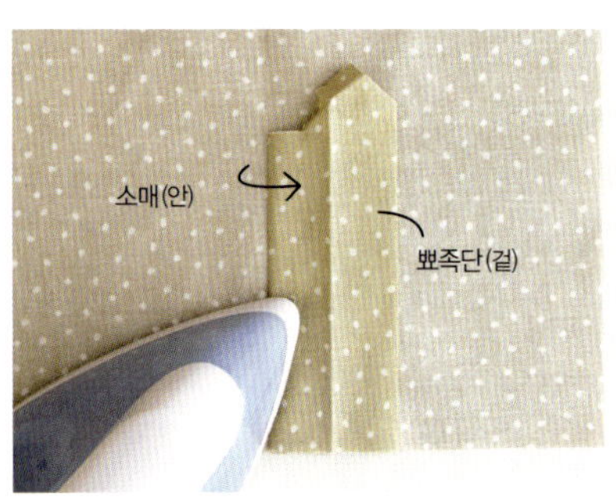

7 뾰족단을 **2**의 봉제선을 따라 접고 다리미로 눌러 겹칩니다.

8 소매를 겉으로 뒤집고 뾰족단을 완성선의 접음선을 따라 접은 다음, 가위집을 넣었던 쪽의 원단 가장자리를 감쌉니다.

9 소매 쪽이 봉제되지 않도록 조심하면서 접음선에 스티치합니다.

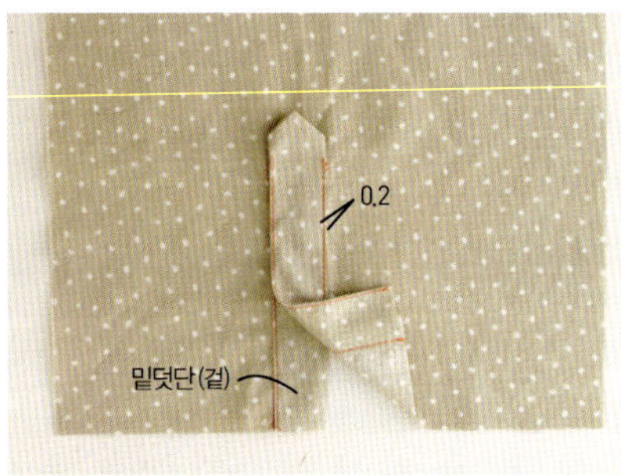

10 형태를 정돈하고 밑덧단이 봉제되지 않도록 주의해서 뾰족단의 가장자리를 **6**처럼 봉제해 고정합니다.

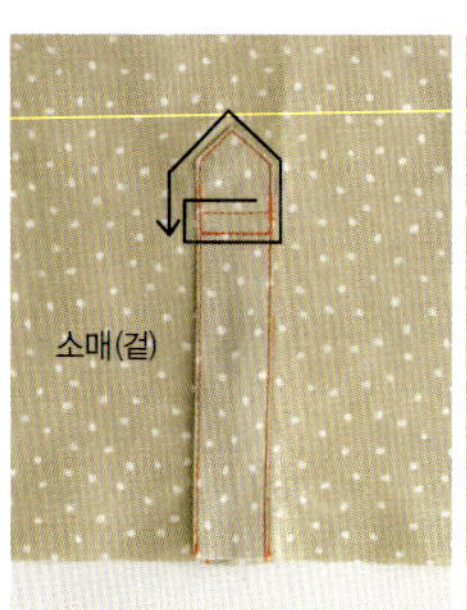

11 사진의 화살표 방향을 따라 뾰족단 윗부분에 스티치를 하고 밑덧단, 소매, 뾰족단을 한꺼번에 봉제해 고정합니다.

▶▶ 소맷부리 트임을 바이어스로 처리하기

소맷부리에 넣은 가위집의 가장자리를 가장자리 장식용 바이어스테이프(p.75)로 감싸서 처리하는 방법입니다.

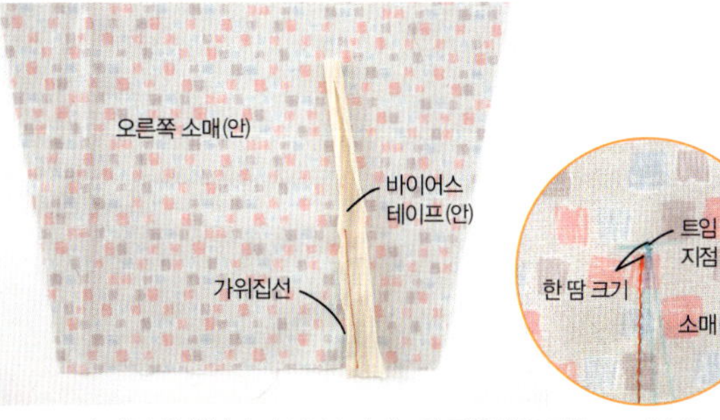

1 소매의 완성선과 바이어스테이프의 접음선을 맞추고 트임 끝 지점의 한 땀 전까지 박습니다.

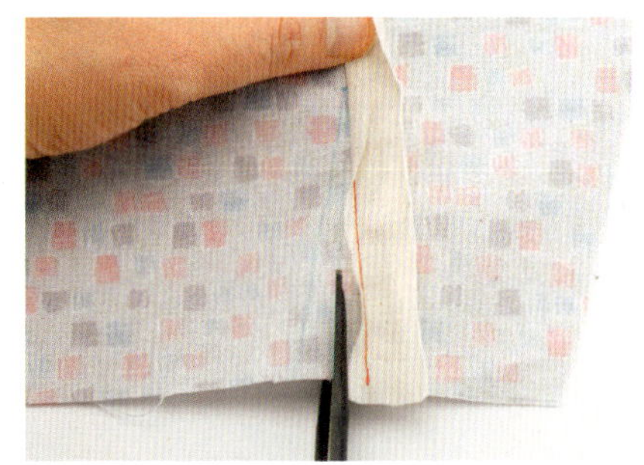

2 트임 끝 지점까지 가위집을 넣습니다.

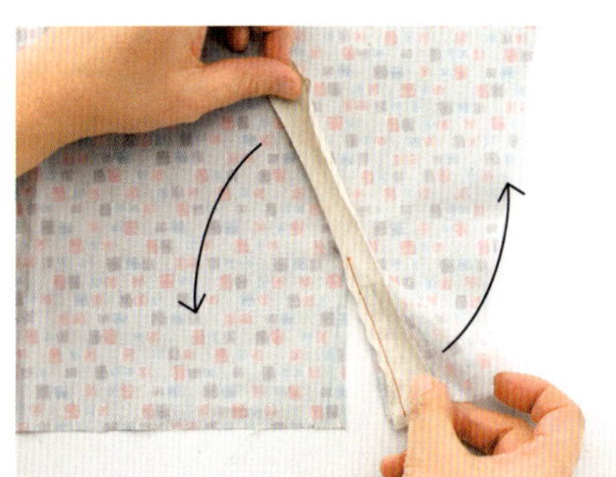

3 바이어스테이프를 180° 회전시킵니다.

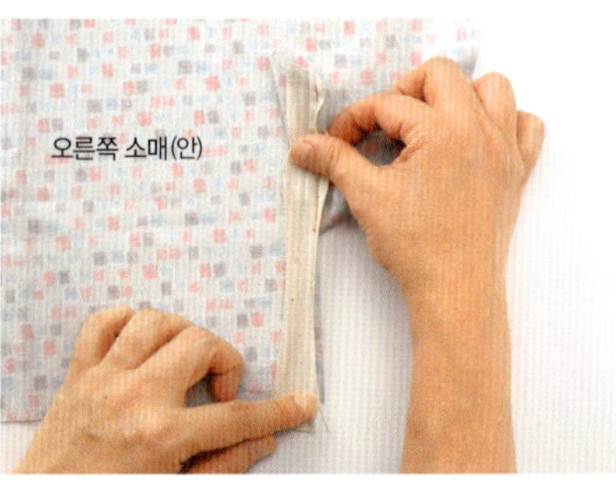

4 반대쪽의 완성선에 1과 같은 방법으로 바이어스테이프의 접음선을 맞춥니다.

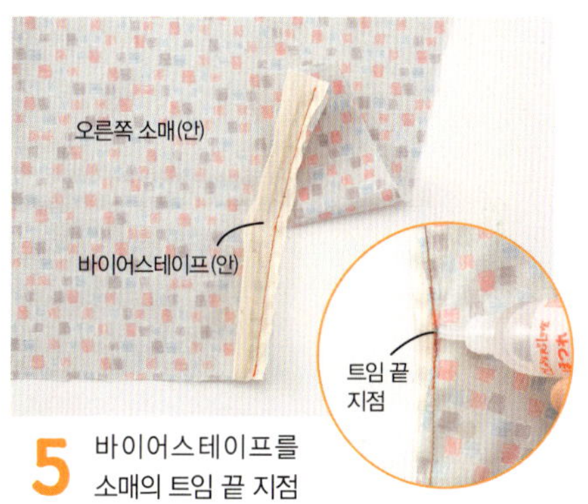

5 바이어스테이프를 소매의 트임 끝 지점까지 봉제해 고정합니다. 트임 끝 지점에 올풀림 방지액(또는 소량의 패브릭 접착제)을 발라 보강합니다.

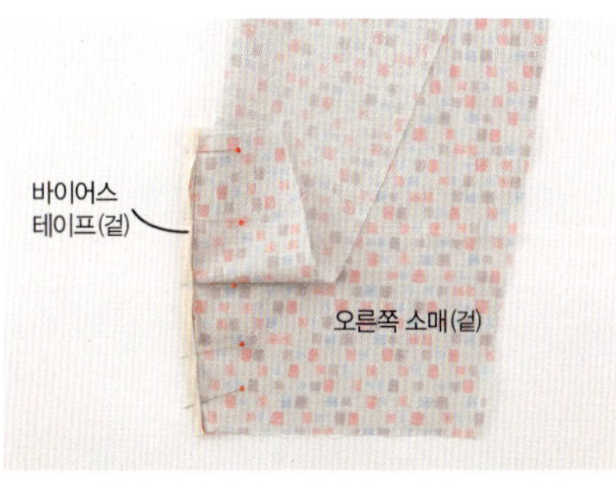

6 원단 가장자리를 바이어스테이프로 감싸고 접음선과 1·6의 바늘땀을 맞춰 시침핀으로 고정합니다.

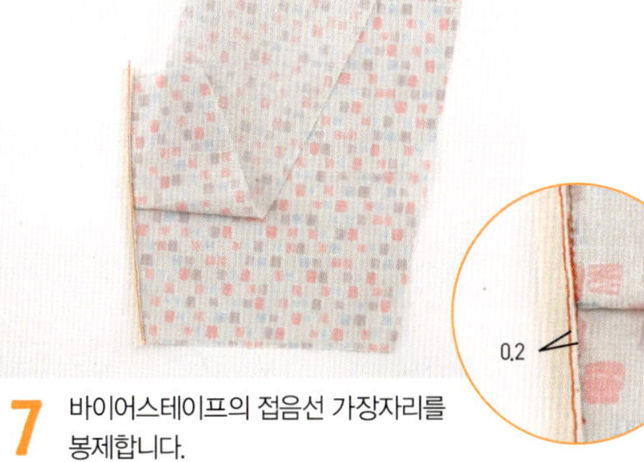

7 바이어스테이프의 접음선 가장자리를 봉제합니다.

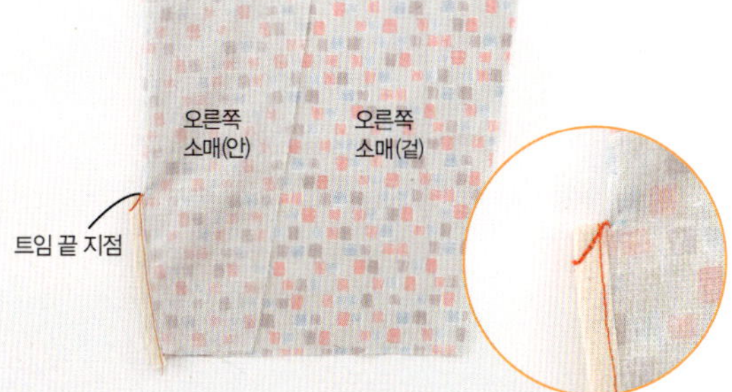

8 트임 끝 지점을 따라 바이어스테이프를 반으로 접고 사진처럼 접음선에 비스듬히 되돌아박기합니다.

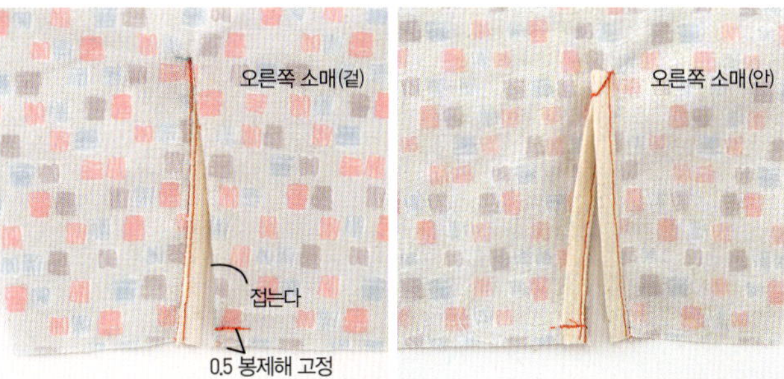

9 위에 겹치는 쪽의 바이어스테이프를 바늘땀을 따라 접어 겹치고, 소맷부리 시접을 봉제해 고정합니다. 왼쪽 소매는 좌우대칭으로 답니다.

▶▶ 커프스 소맷부리나 팬츠 밑단 등에 다는 장식입니다.

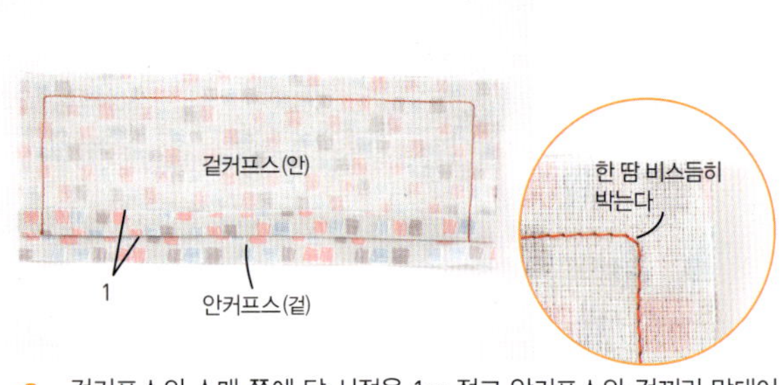

1 겉커프스의 소매 쪽에 달 시접을 1㎝ 접고 안커프스와 겉끼리 맞대어 박습니다. 모서리는 비스듬히 박으면 깔끔하게 정돈됩니다.

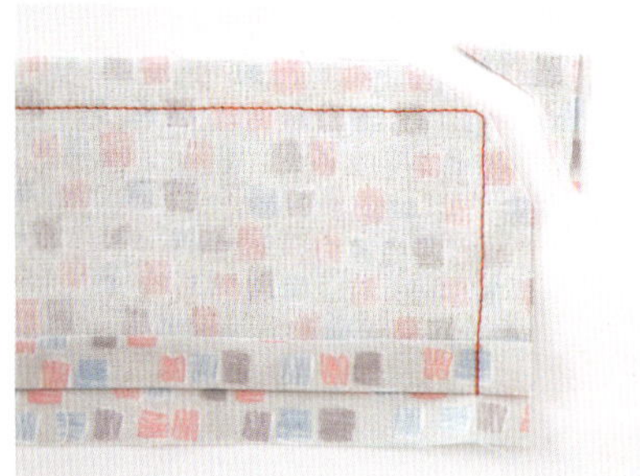

2 모서리 시접을 자릅니다.

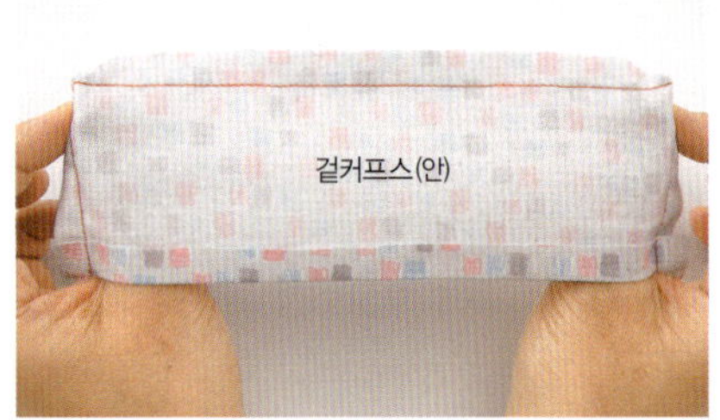

3 모서리 시접을 완성선을 따라 접고, 손가락 끝으로 시접을 누르면서 원단을 잡습니다.

4 손목의 스냅을 이용해 커프스를 겉으로 뒤집습니다.

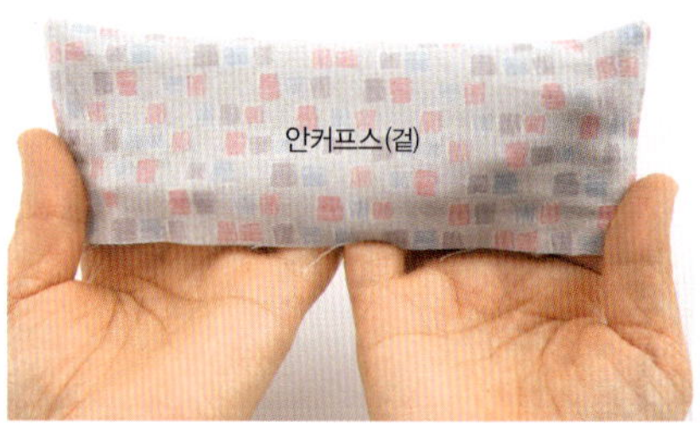

5 겉으로 뒤집은 모습입니다.

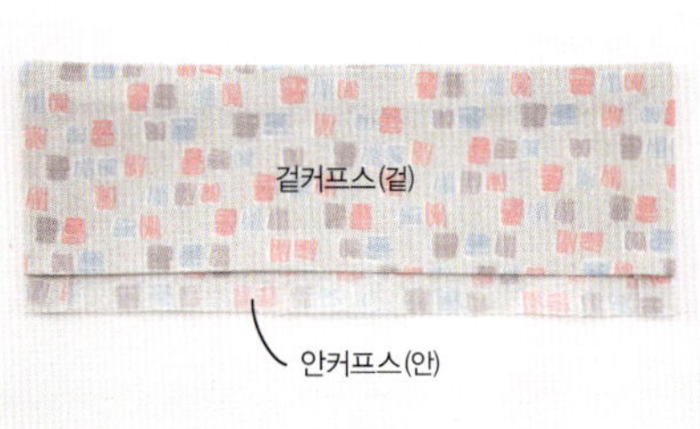

6 다리미로 형태를 정돈하고, 커프스의 모서리는 송곳으로 매끄럽게 처리합니다.

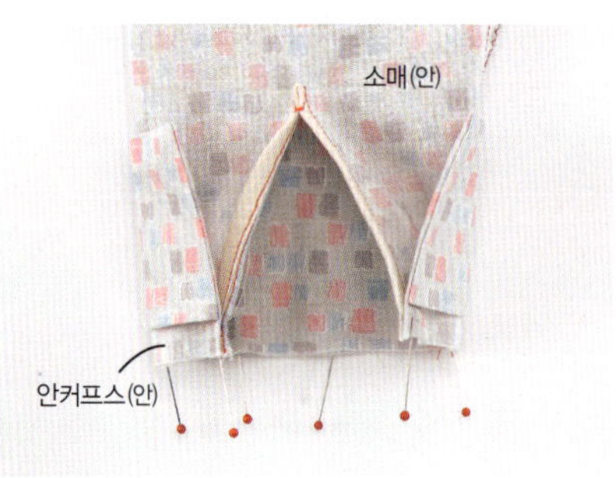

7 소매 안쪽에 안커프스를 겹치고 시침핀을 꽂습니다.

8 소매를 겉으로 뒤집고 커프스를 위쪽으로 오게 하면서 천천히 박습니다. 겉커프스가 봉제되지 않도록 주의합니다.

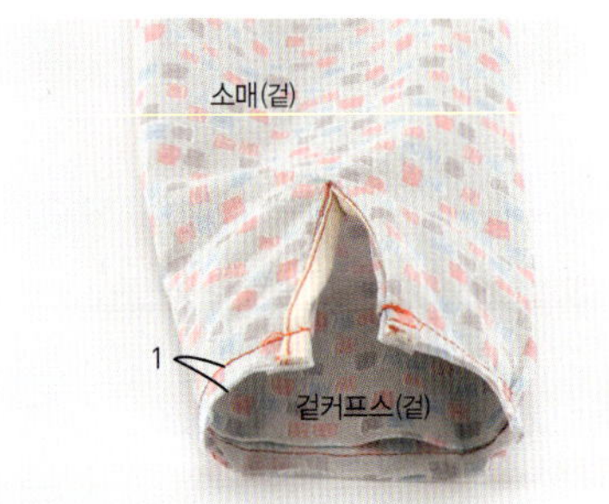

9 소매에 커프스를 단 모습입니다.

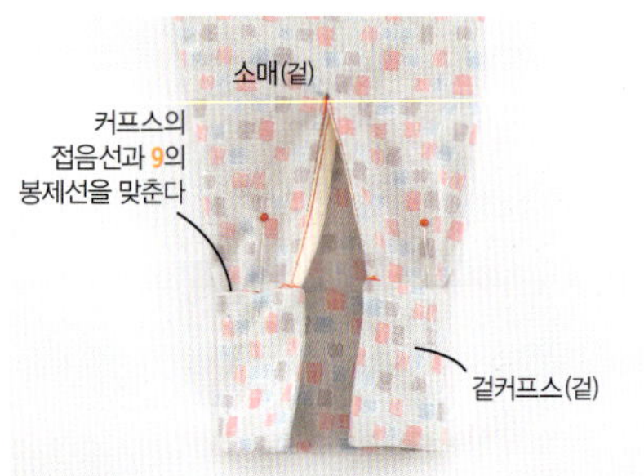

10 커프스를 밖으로 꺼낸 다음, 시접을 커프스 속으로 접어 넣고 시침핀을 꽂습니다.

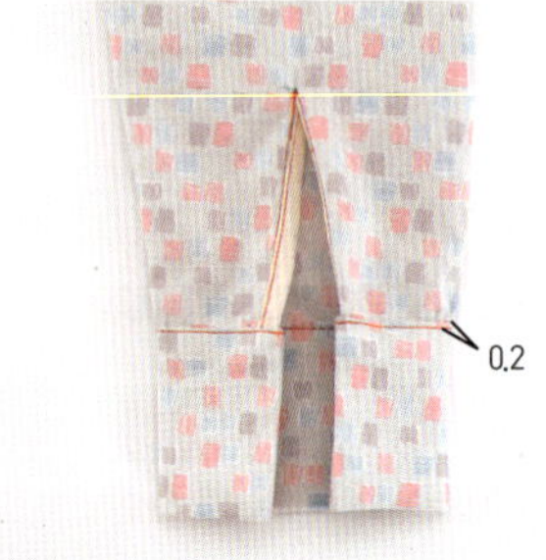

11 겉커프스 쪽에서 접음선 가장자리에 스티치하면 완성입니다.

▶▶ 퍼프 슬리브 소매산에 주름을 잡아 부풀린 소매입니다.

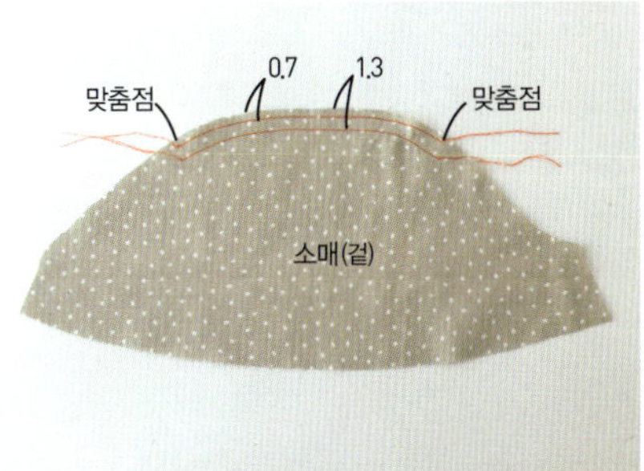

1 봉제 시작 부분과 끝부분의 실을 10㎝ 정도 남겨두고, 소매산의 완성선 위아래의 맞춤점에서 맞춤점까지 큰 땀으로 2줄 박습니다.

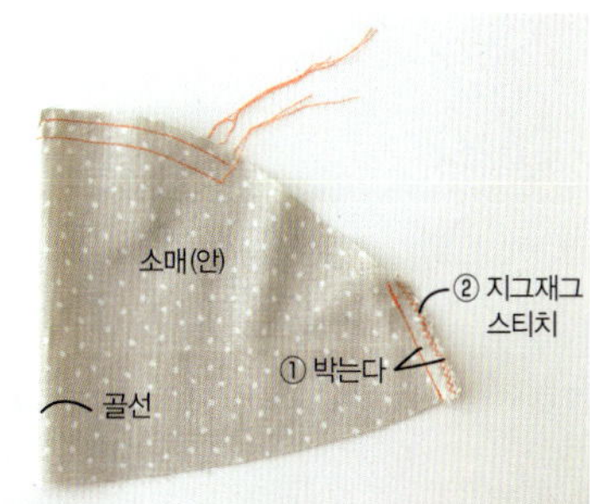

2 소매를 겉끼리 맞대고 소매 밑단부터 박습니다. 시접은 2장을 함께 지그재그 스티치로 처리해 뒤쪽으로 넘깁니다.

3 소매를 겉쪽으로 뒤집고 1의 윗실 2가닥을 동시에 잡아당겨서 소매산에 주름을 골고루 잡습니다.

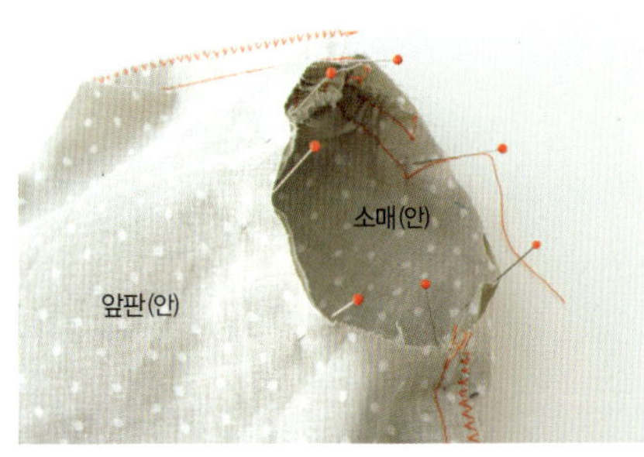

4 어깨와 옆선을 합봉한 몸판과, 소매를 겉끼리 맞댄 다음 소매산, 소매 밑단, 맞춤점을 맞춰가며 시침핀을 꽂습니다. 주름이 한쪽으로 쏠리지 않도록 주름과 주름 사이를 고정합니다.

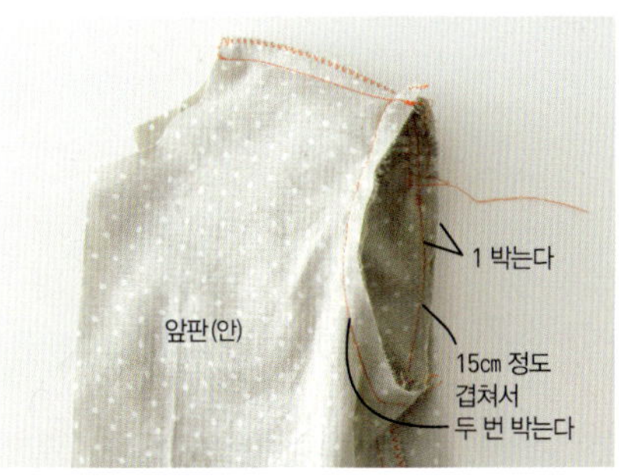

5 완성선을 따라 어긋나지 않게 박습니다. 소매 밑단은 보강을 위해 15㎝ 정도 겹쳐서 두 번 박습니다.

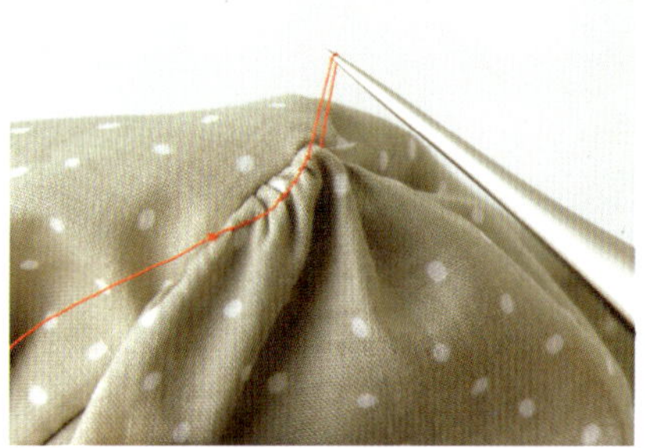

6 겉으로 비어져 나온 큰 땀으로 박았던 주름 잡기용 실을 송곳으로 원단이 손상되지 않도록 주의하며 빼냅니다.

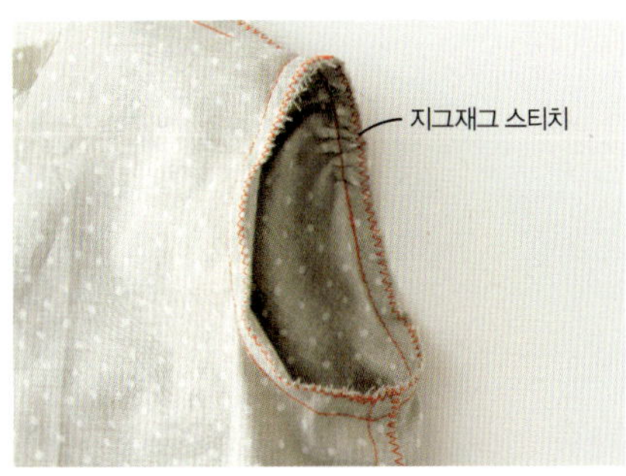

7 시접은 2장을 함께 지그재그 스티치로 처리합니다.

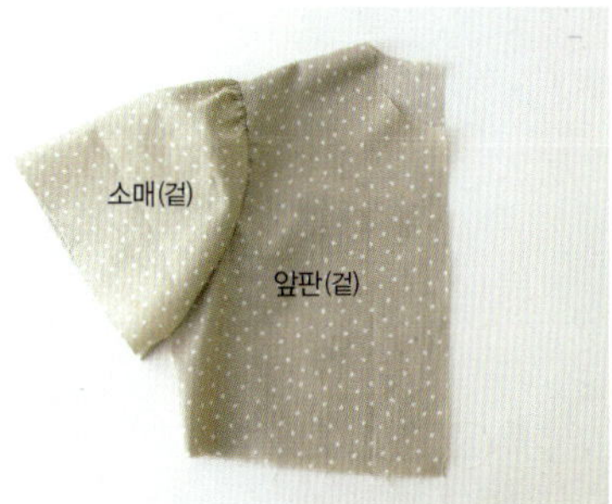

8 진동둘레를 봉제한 모습입니다. 소맷부리는 각각의 작품에 맞춰 처리하면 됩니다.

▶▶ 셔츠 슬리브

블라우스와 와이셔츠 등에 주로 사용되며, 어깨 부분이 넉넉해서 움직임이 편한 소매입니다.

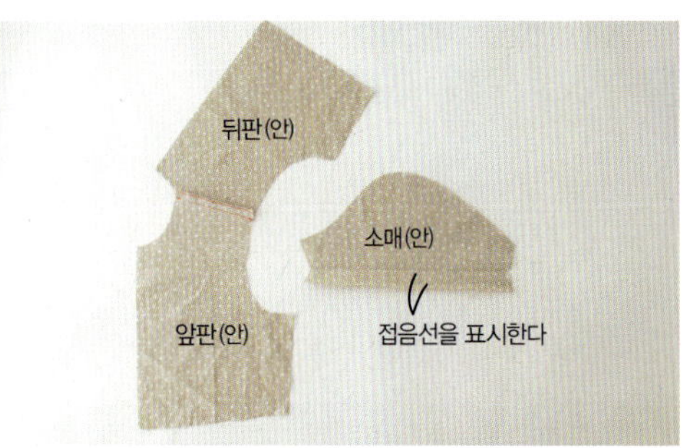

1 앞·뒤판의 어깨를 합봉하고, 소맷부리는 완성선을 따라 다리미를 사용해 접음선을 표시합니다.

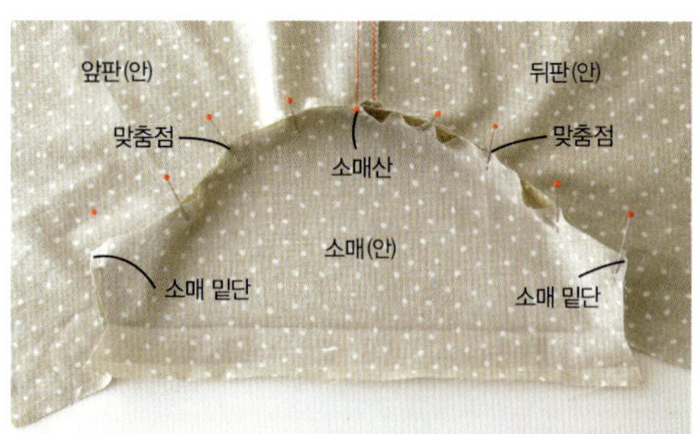

2 소매와 몸판을 겉끼리 맞대고 소매산, 소매 밑단, 맞춤점 순으로 각각의 사이에 시침핀을 꽂아 고정합니다.

3 완성선을 따라 박습니다.

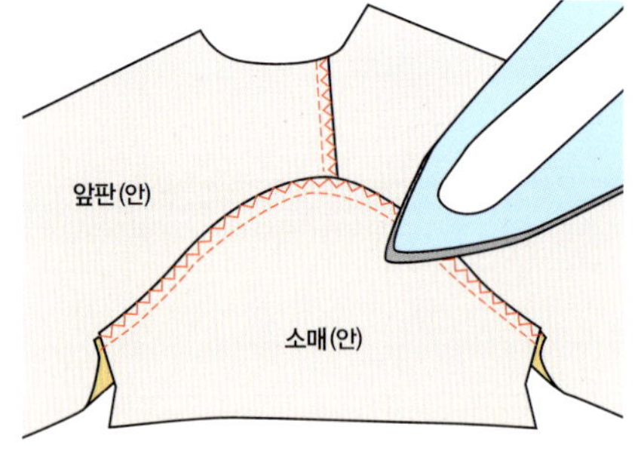

4 시접은 2장을 함께 지그재그 스티치로 처리하고, 다리미를 사용해 몸판 쪽으로 넘깁니다.

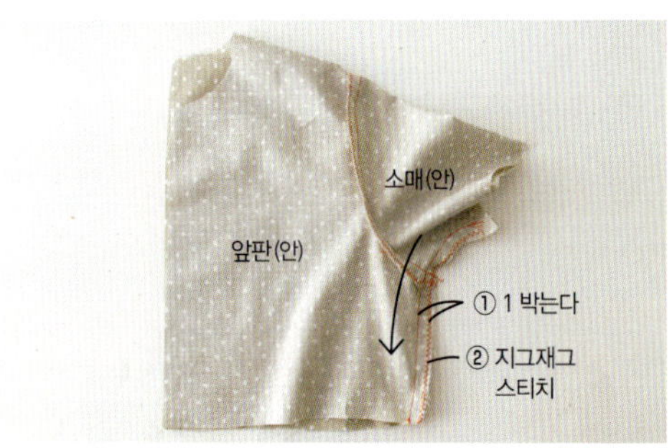

5 소매 밑단과 몸판의 옆선을 각각 겉끼리 맞대고 소맷부리에서 밑단까지 이어서 박습니다. 시접은 2장을 함께 처리하고 뒤쪽으로 넘깁니다.

6 겉으로 뒤집어 셔츠 슬리브를 완성합니다. 소맷부리는 두 번 접어박기로 처리합니다.

▶▶ 세트인 슬리브 소매산을 오그려 몸판에 봉제해 다는 몸에 딱 맞는 소매로, 재킷 등에 주로 사용됩니다.

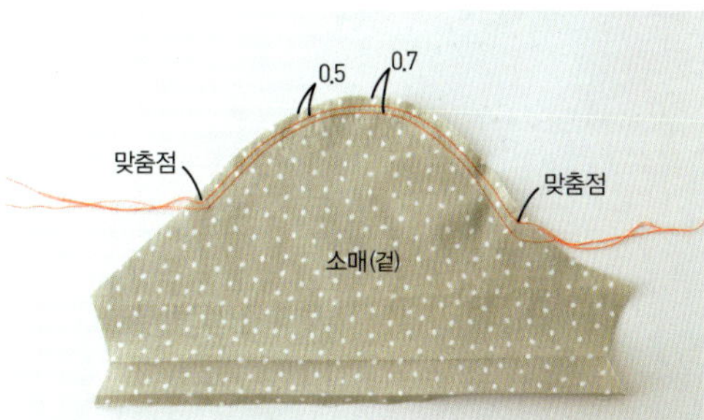

1 맞춤점에서 맞춤점 사이 시접에 큰 땀으로 2줄 박습니다. 소맷부리는 완성선을 따라 다리미를 사용해 접음선을 표시합니다.

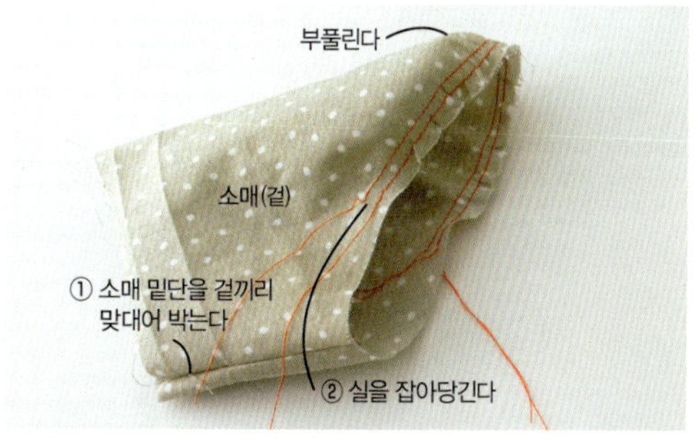

2 소매 밑단을 박고, 시접은 2장을 함께 처리해 뒤쪽으로 넘깁니다. 큰 땀으로 박은 실 중 윗실 2가닥을 잡아당겨서 주름이 잡히지 않을 정도로만 오그리고 소매를 부풀립니다.

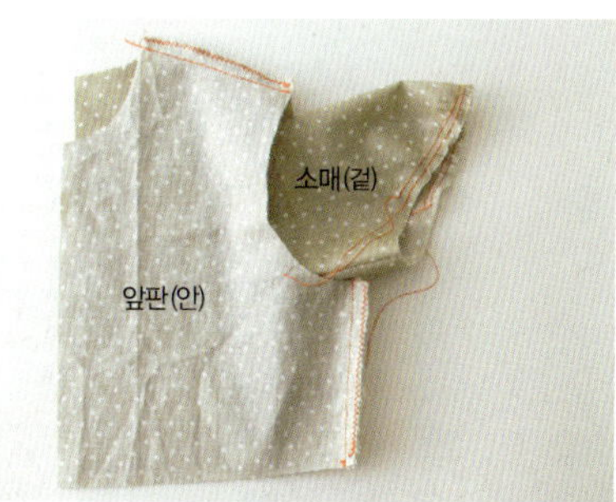

3 어깨와 옆선을 합봉한 몸판과, 소매를 겉끼리 맞댑니다.

4 완성선에 주름이 잡히지 않도록 주의하면서 소매산, 소매 밑단, 맞춤점을 맞춰 시침핀으로 고정합니다.

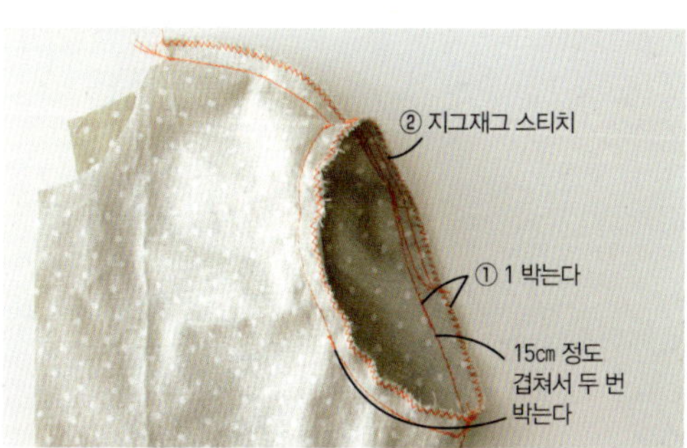

5 완성선을 박고 소매 밑단은 보강을 위해 15㎝ 정도 겹쳐서 두 번 박습니다. 시접은 2장을 함께 지그재그 스티치로 처리합니다.

6 겉으로 뒤집어 세트인 슬리브를 완성합니다. 소맷부리는 두 번 접어박기로 처리합니다.

▶▶ 슬래시 오프닝 겉에서 봤을 때 옷의 일부분을 드러나 보이게 튼 트임(오프닝)을 말합니다.

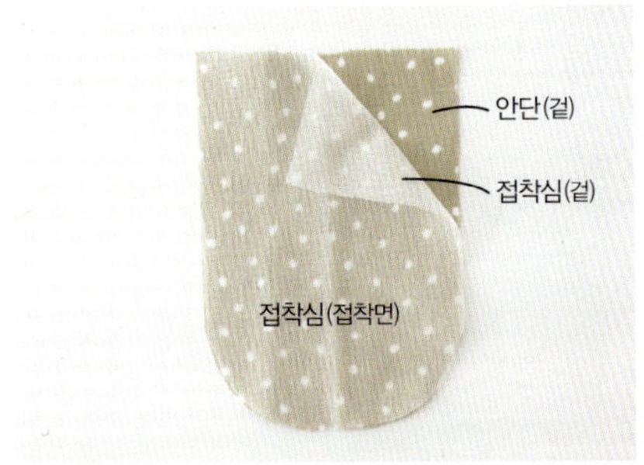

1 안단과 같은 크기로 재단한 접착심을 겉끼리 맞닿도록 안단 위에 겹칩니다.

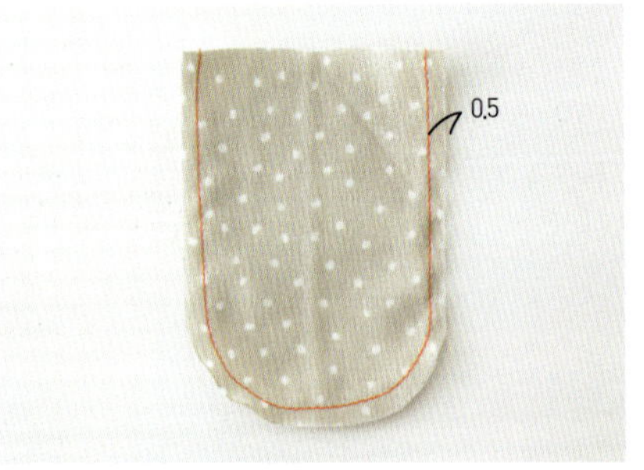

2 안단의 둘레를 박습니다.

3 겉으로 뒤집고 다리미로 접착심을 붙입니다.

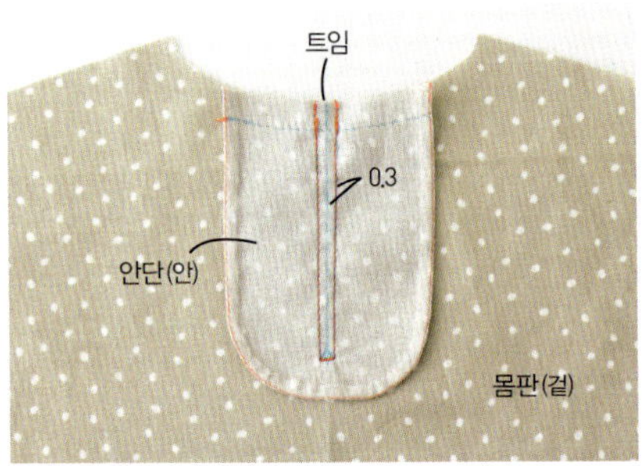

4 몸판과 안단을 겉끼리 맞대고 트임 주위를 박습니다.

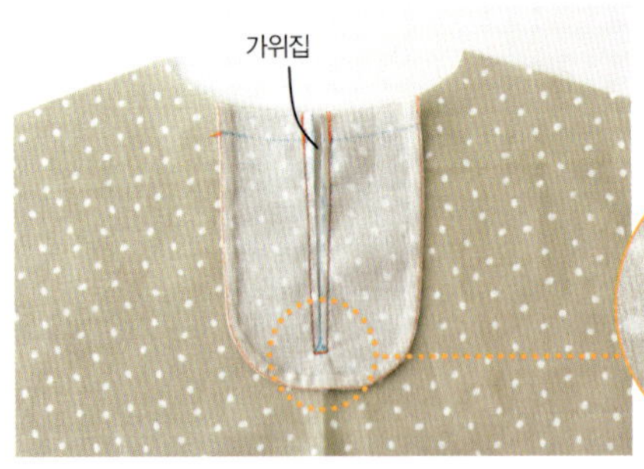

5 트임에 조심스럽게 가위집을 넣는데, 트임 끝 지점은 Y자로 가위집을 넣습니다.

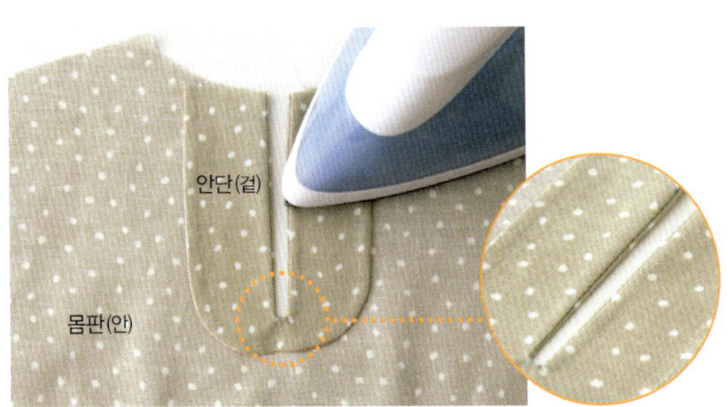

6 안단을 겉으로 뒤집고 몸판의 안쪽으로 약간 들어가도록 다림질해 정돈합니다.

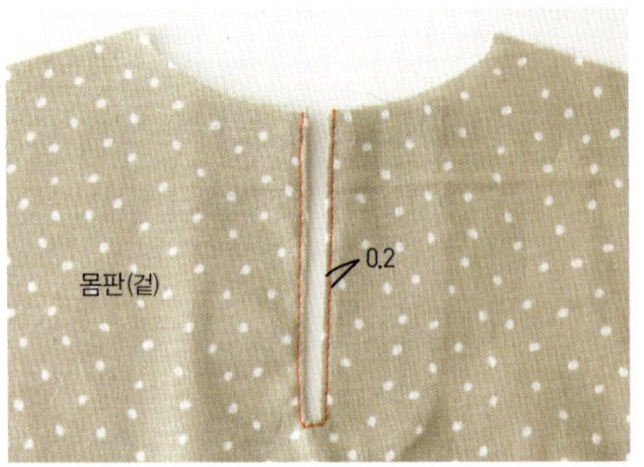

7 몸판의 겉쪽에서 스티치를 해 안단을 안정시킵니다. 슬래시 오프닝을 완성한 모습입니다.

▶▶ 목둘레를 안단으로 처리하기

목둘레에 맞춰 안단을 한 바퀴 빙 둘러 달아 처리하는 방법입니다.

1 앞안단과 뒤안단을 겉끼리 맞대어 어깨를 박고, 시접은 가름솔로 처리합니다.

2 안단의 바깥쪽 가장자리에 한 바퀴 빙 둘러 지그재그 스티치를 합니다.

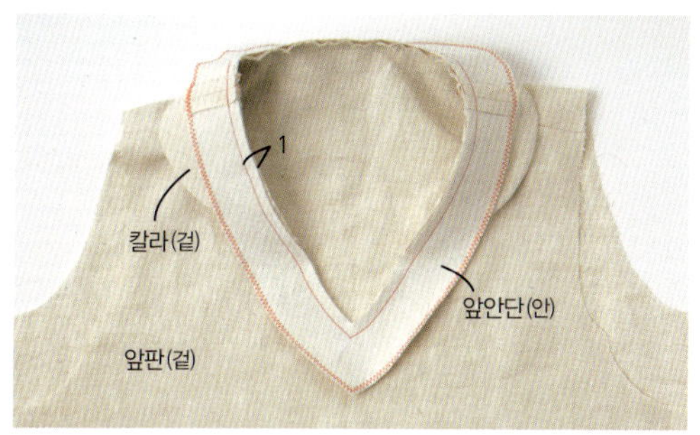

3 어깨를 박고 시접을 처리한 몸판과 안단을 겉끼리 맞대어 박습니다. 칼라를 달려면 이 과정에서 칼라를 몸판에 임시 고정합니다.

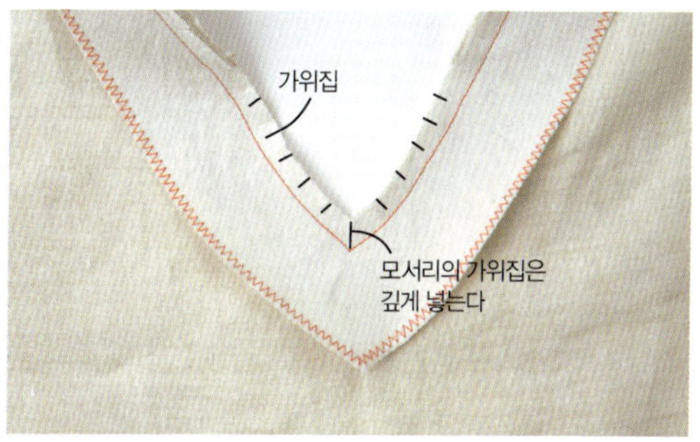

4 시접에 가위집을 넣는데, 모서리의 가위집은 바늘땀 가까이로 깊게 넣습니다.

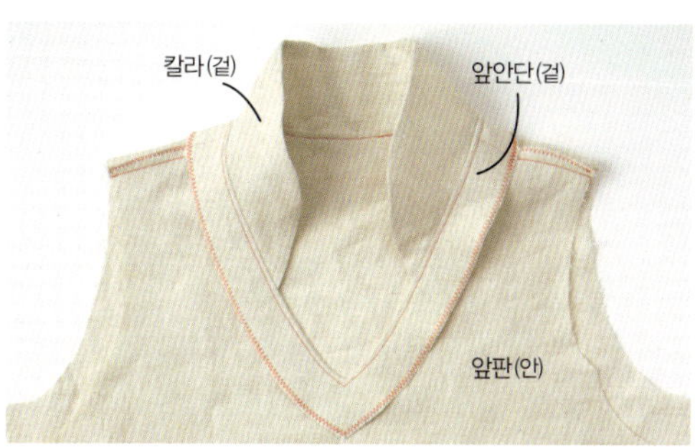

5 안단을 안쪽으로 뒤집어 다리미로 형태를 정돈합니다.

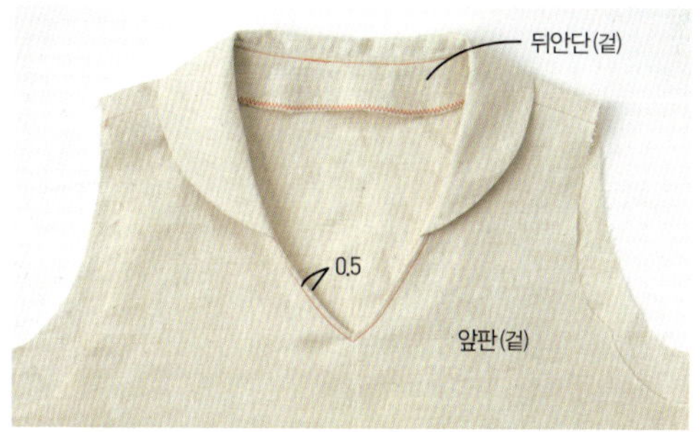

6 목둘레에 스티치를 하고 마무리한 모습입니다.

▶▶ 목둘레를 바이어스로 처리하기

목둘레에 빙 둘러 양쪽 시접이 접힌 타입의 바이어스테이프(p.75)를 달아 처리하는 방법입니다.

1 한쪽 접음선의 가장자리에 큰 땀으로 1줄 박고, 윗실을 잡아당겨서 목둘레의 형태에 맞춥니다.

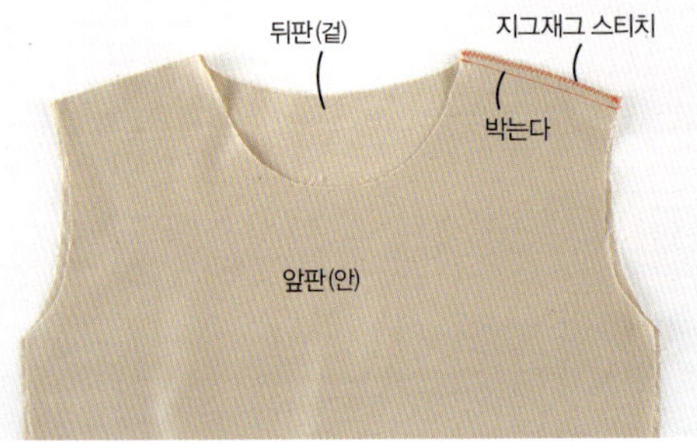

2 앞·뒤판의 오른쪽 어깨를 겉끼리 맞대어 박고, 시접은 지그재그 스티치로 처리해 뒤쪽으로 넘깁니다.

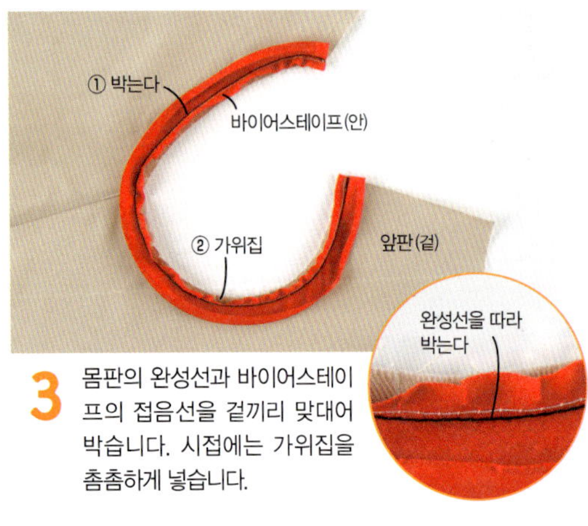

3 몸판의 완성선과 바이어스테이프의 접음선을 겉끼리 맞대어 박습니다. 시접에는 가위집을 촘촘하게 넣습니다.

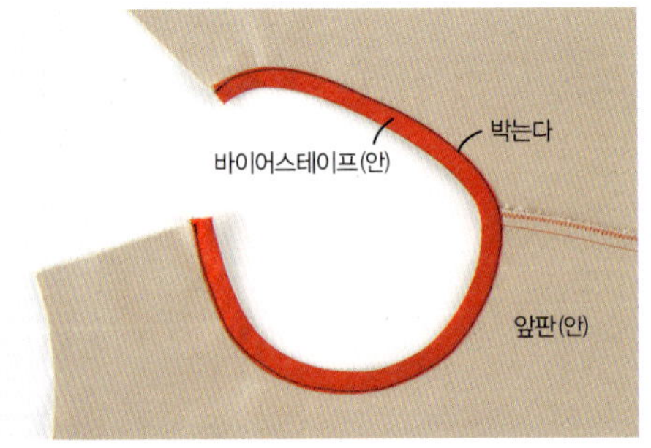

4 바이어스테이프를 완성선보다 약간 안쪽으로 들어가도록 접고, 바이어스테이프의 가장자리에 스티치합니다.

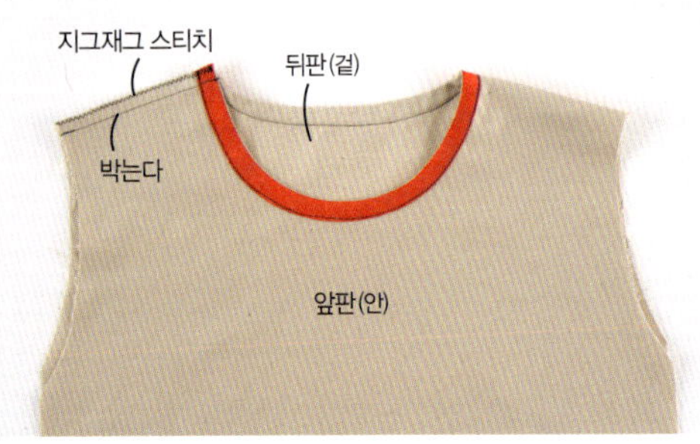

5 앞·뒤판의 왼쪽 어깨를 겉끼리 맞대어 박고, 시접은 지그재그 스티치로 처리해 뒤쪽으로 넘깁니다.

6 시접이 들뜨지 않도록 사진처럼 봉제해 고정합니다.

▶▶ 목둘레를 파이핑으로 처리하기

목둘레를 가장자리 장식용 바이어스테이프(p.75)로 감싸 처리하는 방법입니다.

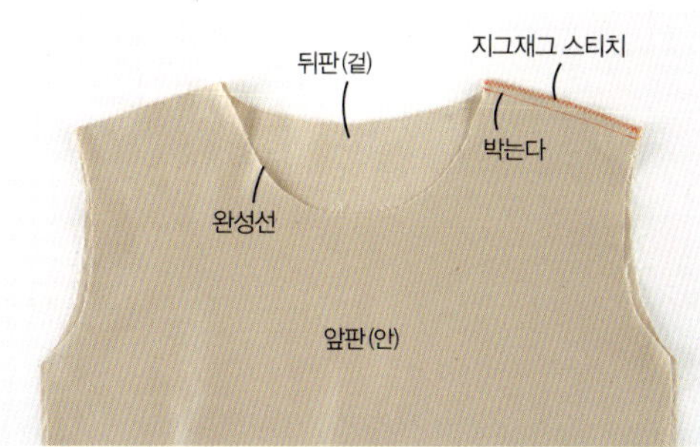

1 앞·뒤판의 오른쪽 어깨를 겉끼리 맞대어 박고, 시접은 지그재그 스티치로 처리해 뒤쪽으로 넘깁니다.

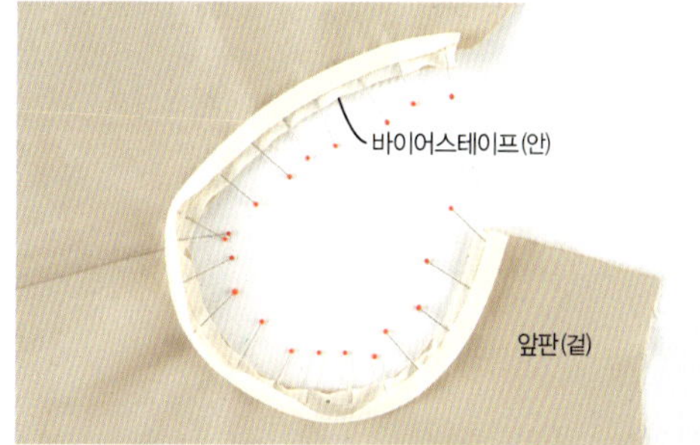

2 바이어스테이프와 몸판을 겉끼리 맞대어 시침핀으로 촘촘하게 고정합니다.

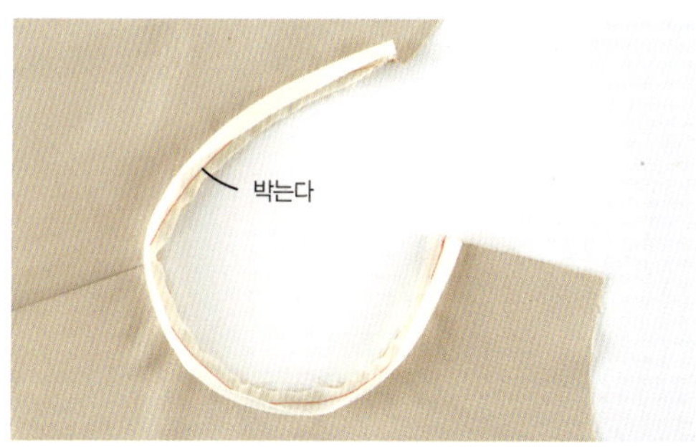

3 바이어스테이프의 접음선을 따라 비뚤어지지 않게 박습니다.

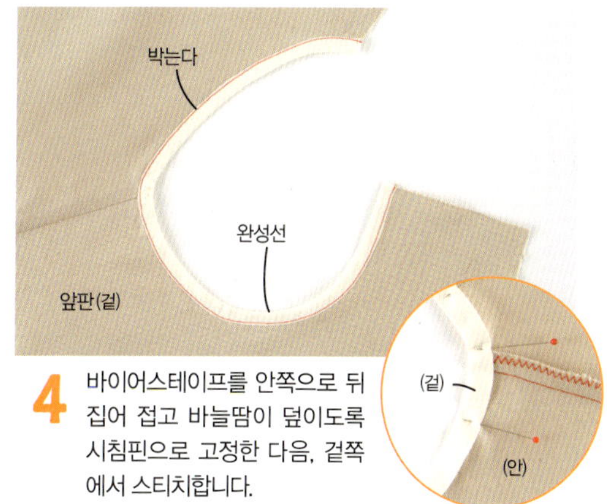

4 바이어스테이프를 안쪽으로 뒤집어 접고 바늘땀이 덮이도록 시침핀으로 고정한 다음, 겉쪽에서 스티치합니다.

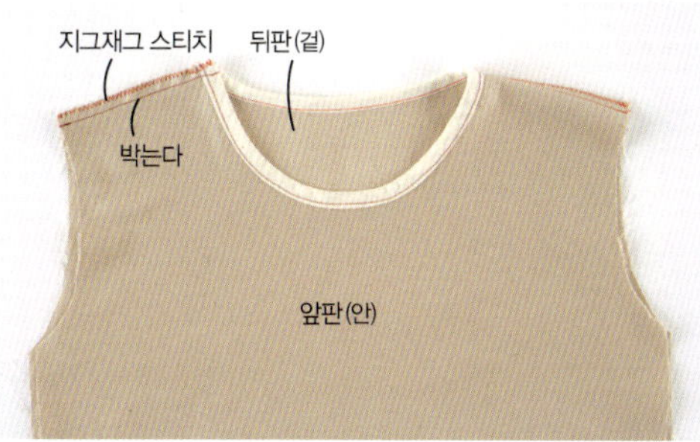

5 앞·뒤판의 왼쪽 어깨를 겉끼리 맞대어 박고, 시접은 지그재그 스티치로 처리해 뒤쪽으로 넘깁니다.

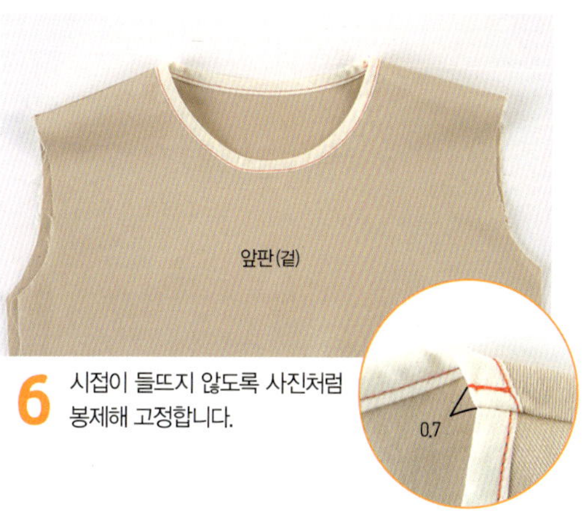

6 시접이 들뜨지 않도록 사진처럼 봉제해 고정합니다.

▶▶ 곡선으로 된 밑단 처리하기

곡선으로 된 밑단을 한 번 접어 처리할 때 남게 되는 바깥쪽의 시접을 깔끔하게 처리하는 방법입니다.

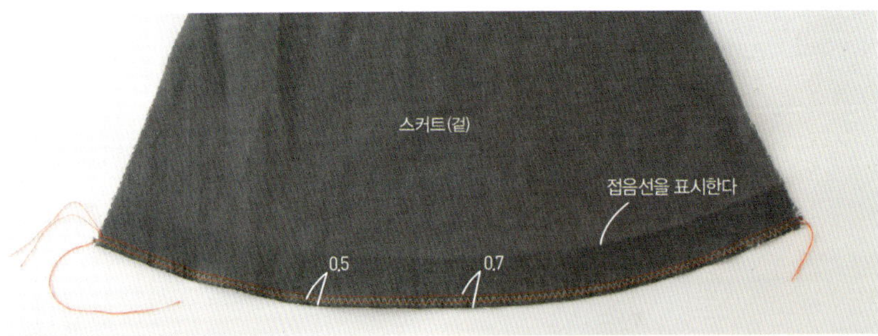

1 밑단은 완성선을 따라 접어 접음선을 표시합니다. 그다음 시접에 큰 땀으로 2줄 박고 봉제 시작 부분과 끝부분의 실을 10㎝ 정도 남깁니다.

2 윗실 2가닥을 함께 잡아당겨서 전체적으로 가볍게 주름을 잡습니다.

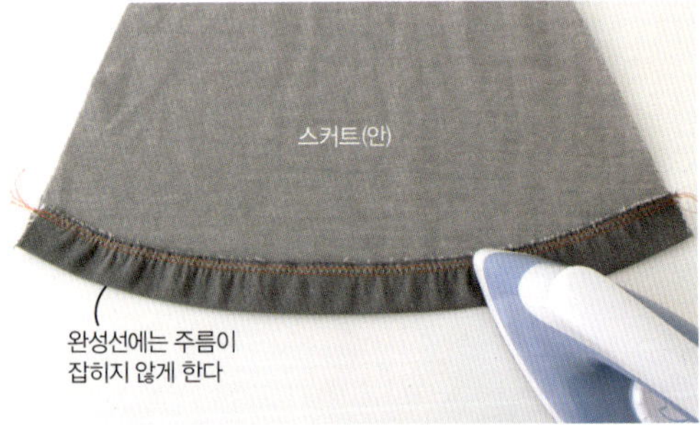

3 완성선을 접습니다. 완성선에는 주름이 잡히지 않도록 윗실을 잡아당기고 시접의 나머지 부분만 오그려서 다리미로 누릅니다.

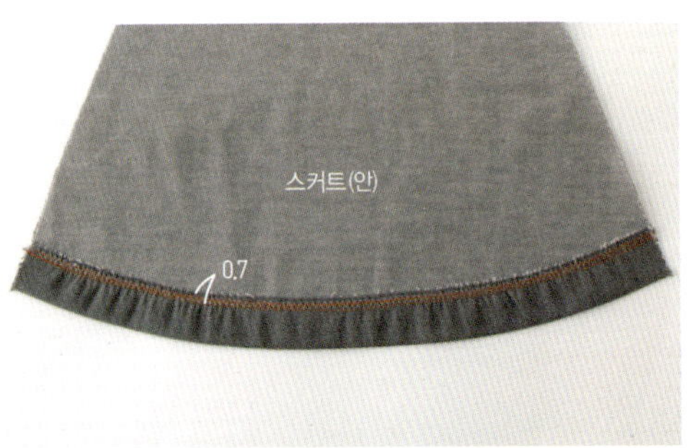

4 가장자리에서 0.7㎝ 들어간 부분을 박습니다. 큰 땀으로 박았던 주름잡기용 실을 빼냅니다.

5 겉에서 봤을 때 깔끔한 곡선이 된 모습입니다.

Lesson3

부자재 사용법

레이스 & 장식 테이프

가장 많이 사용하는 부자재인 레이스와 장식 테이프의 종류, 사용법을 소개합니다.

▶▶ 레이스 종류

면자수 레이스

코튼 원단에 자수를 놓은 레이스입니다.

케미컬 레이스

기본 원단에 수를 놓고 여분의 원단을 용해시켜 만든 레이스로, 다양한 무늬와 모티브가 있습니다.

바텐 레이스

가느다란 브레이드로 모양을 만든 다음, 실로 스티치 장식을 해서 고정시킨 레이스입니다.

토숀 레이스

굵은 리넨이나 면으로 된 실을 꼬아 만든 레이스입니다.

라셸 레이스

라셸 편기로 짠 레이스로, 다른 레이스보다 얇은 것이 특징입니다.

스트레치 레이스

신축성이 있는 레이스로, 니트 원단에 사용합니다.

▶▶ 장식 테이프 종류

면 테이프

면사로 제직된 테이프로, 폭이 다양해서 시접 처리나 고리를 만들 때 사용할 수 있습니다.

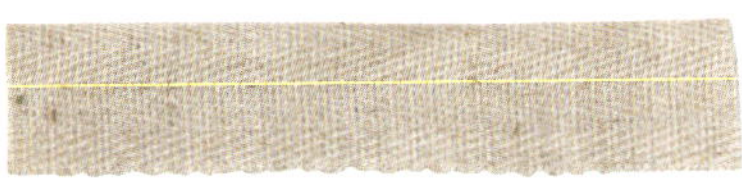

헤링본 테이프

청어의 뼈를 닮은 무늬가 나오도록 제직된 테이프로, 면 테이프보다 두께감이 있습니다. 시접 처리나 앞치마 끈을 만들 때 사용할 수 있습니다.

웨이빙 테이프

두껍게 제직된 테이프로, 면이나 폴리에스테르 소재로 된 것이 있습니다. 무늬와 색상이 다양하며, 주로 가방 손잡이를 만들 때 사용합니다.

▶▶ 레이스 달기

원단 가장자리에 다는 법

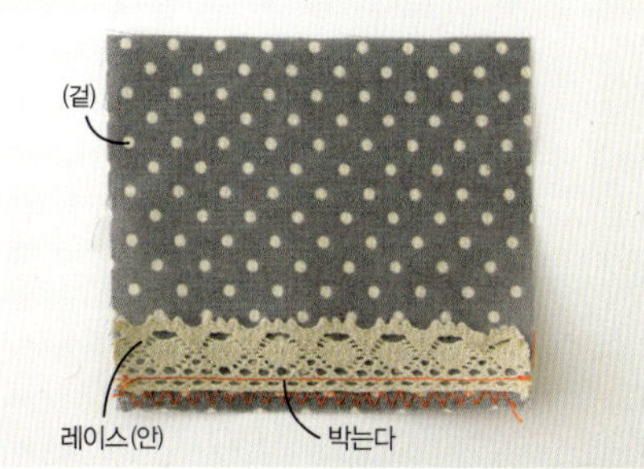

1
레이스와 가장자리를 지그재그 스티치한 원단을 겉끼리 맞대어 박습니다.

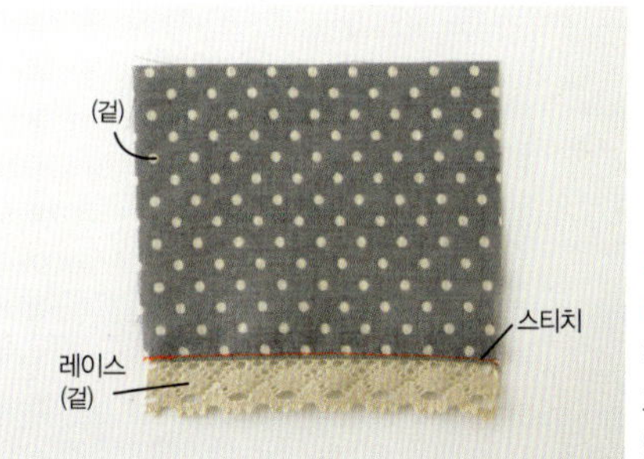

2
레이스를 아래쪽으로 내리고 시접은 원단 쪽으로 넘긴 다음 겉에서 스티치합니다.

원단에 겹쳐 다는 법

원단의 양쪽 가장자리에 지그재그 스티치를 한 다음, 양면 스캘럽 레이스를 겹치고 사진처럼 겉쪽에서 스티치합니다.

사다리 레이스 다는 법

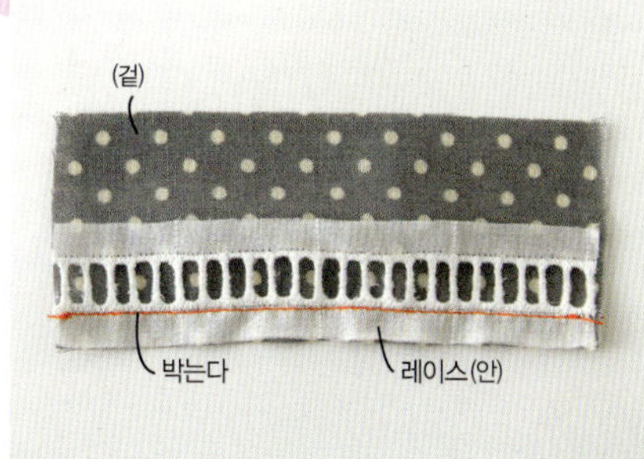

1 레이스와 원단을 겉끼리 맞대어 가장자리를 박습니다. 반대쪽도 레이스와 원단을 겉끼리 맞대어 합봉합니다.

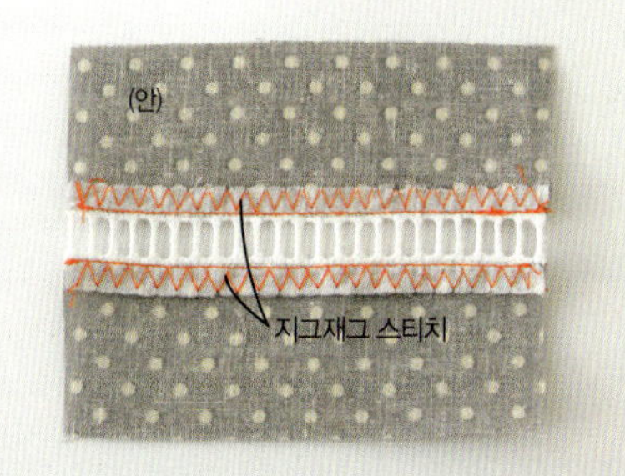

2 시접은 2장을 함께 지그재그 스티치로 처리해 각각 원단 쪽으로 넘깁니다.

3 겉쪽에서 스티치하고 마무리한 모습입니다.

▶▶ 장식 테이프 사용법

면 테이프로 원단 가장자리 감싸기

바이어스테이프처럼 가장자리를 접어 넣을 필요가 없어 편리한 방법입니다.

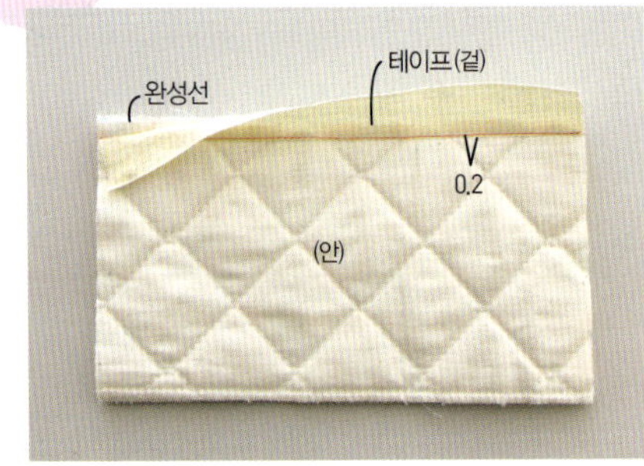

1

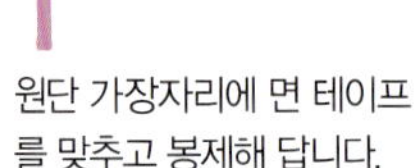

원단 가장자리에 면 테이프를 맞추고 봉제해 답니다.

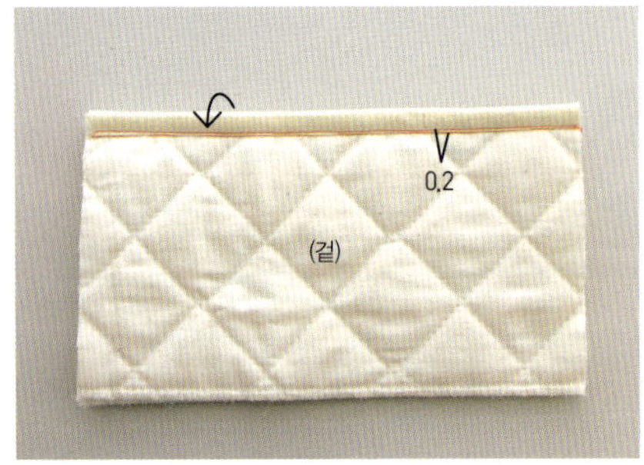

2

면 테이프를 반대쪽으로 넘겨 접고 가장자리를 겉에서 스티치합니다.

헤링본 테이프로 원단 가장자리 처리하기

튼튼하게 만들고 싶은 가방 입구나 옷의 안단, 앞섶 등에 사용할 수 있는 방법입니다.

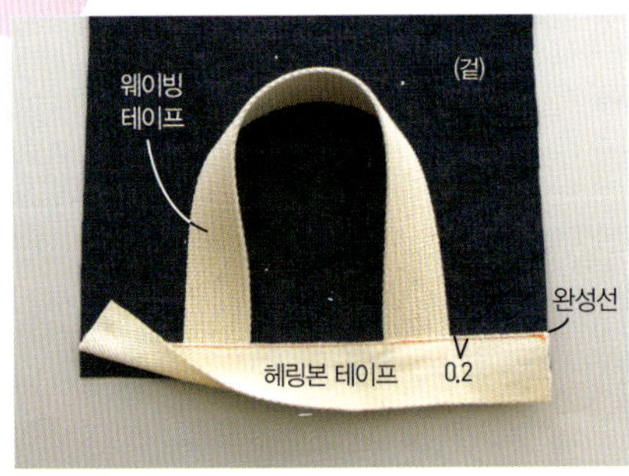

1

겉감의 완성선에 웨이빙 테이프(손잡이), 헤링본 테이프(안단) 순서로 맞춰놓고 박습니다.

2

완성선을 따라 헤링본 테이프를 안쪽으로 넘겨 접고 가장자리에 스티치합니다.

웨이빙 테이프로 장식하기

원단을 심플한 웨이빙 테이프로 장식해서 개성 있는 손잡이를 만들 수 있습니다.

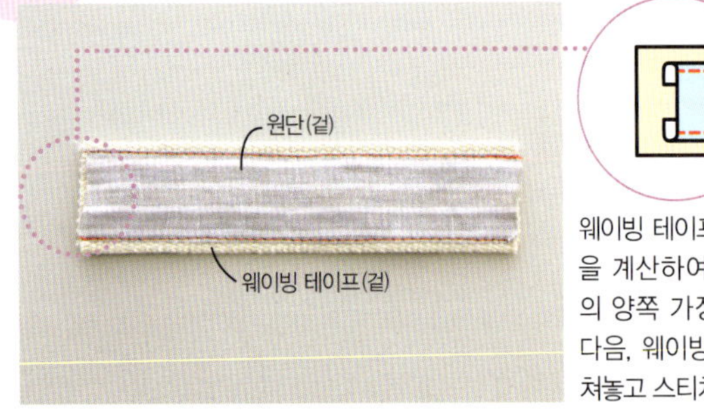

웨이빙 테이프의 폭과 여백을 계산하여 재단한 원단의 양쪽 가장자리를 접은 다음, 웨이빙 테이프와 겹쳐놓고 스티치합니다.

바이어스테이프

원단 가장자리를 처리할 때나 작품에 포인트를 줄 때 등 폭넓게 활용할 수 있는 부자재입니다.

▶▶ 바이어스테이프란?

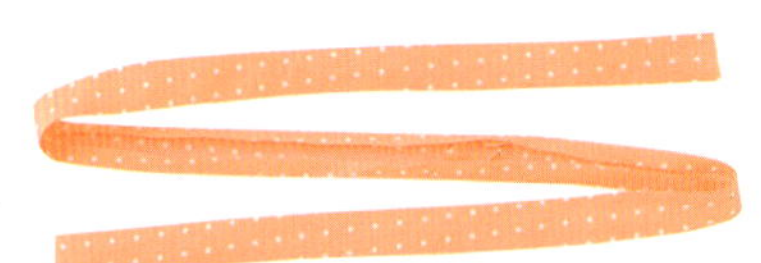

원단을 일정한 폭으로 재단하고, 양쪽 시접을 접어 테이프 모양으로 만든 것을 말합니다. 바이어스 방향으로 재단하기 때문에 신축성이 있으며, 곡선에도 봉제할 수 있습니다. 바이어스테이프는 시판하는 것을 사용할 수도 있고 직접 원단을 재단해서 만들 수도 있습니다.

접는 방법에 따른 바이어스테이프 종류

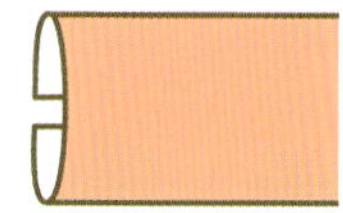

양쪽 시접이 접힌 타입

원단 가장자리를 안쪽으로 접은 타입입니다.

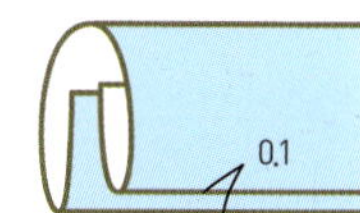

가장자리 장식용

양쪽 시접이 접힌 타입을 반으로 접은 것입니다. 접은 부분이 0.1㎝ 정도 어긋나 있습니다.

▶▶ 바이어스테이프 만드는 방법

1. 바이어스감 만들기

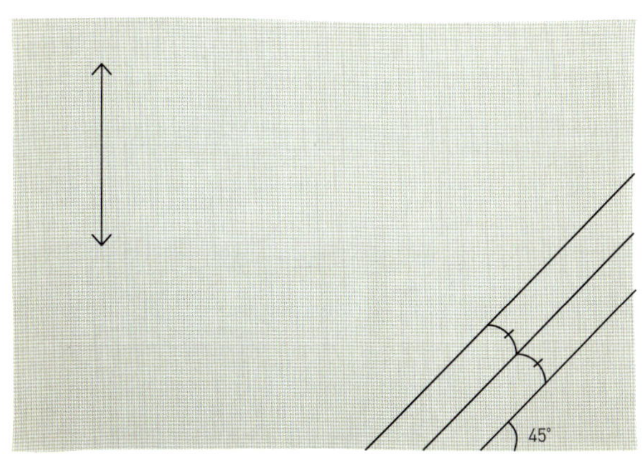

❶ 올 방향의 45° 각도로 선을 그립니다. 이 선과 평행하게, 원하는 바이어스테이프 폭의 2배가 되도록 선을 그리고 원단을 자릅니다.

바이어스감 연결하는 방법

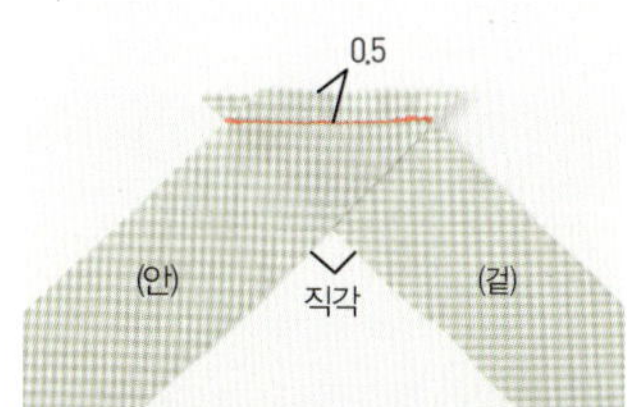

❷ 자른 바이어스감의 가장자리를 직각으로 겉끼리 맞대어 박습니다.

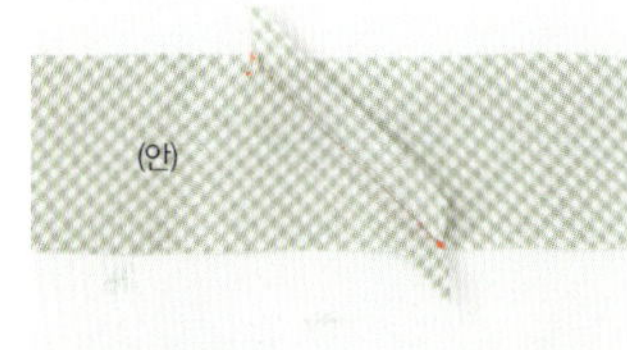

❸ 시접을 가릅니다.

❹ 바이어스테이프의 폭 밖으로 나온 삼각형 시접을 자릅니다.

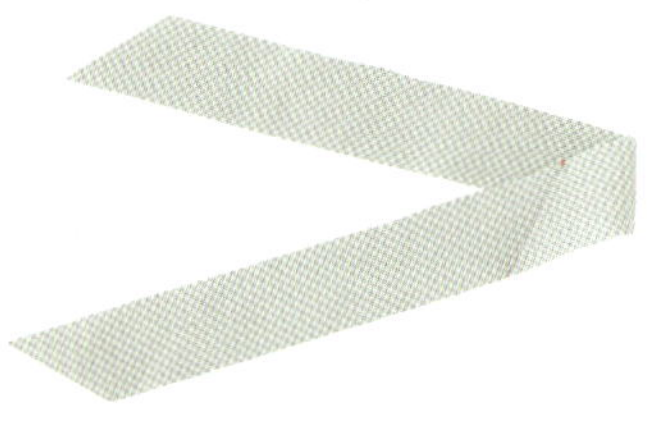

❺ 바이어스감이 완성되었습니다.

2. 바이어스감 접기

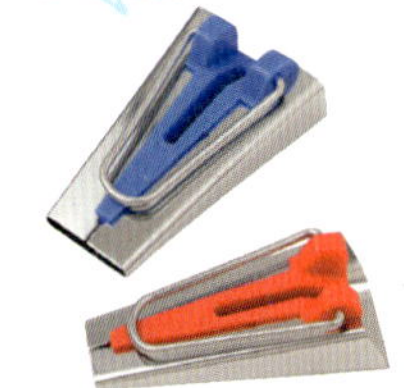

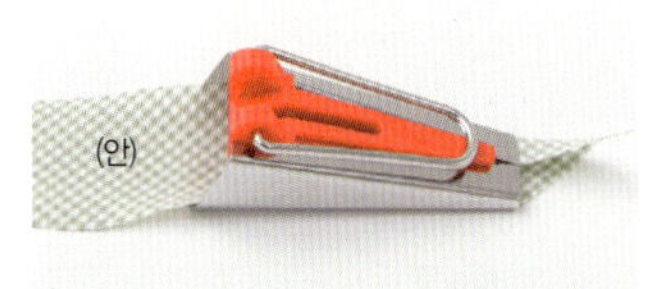

❶ 바이어스 메이커에 바이어스감 안쪽이 위로 오도록 끼우고 끝부분을 송곳으로 꺼냅니다.

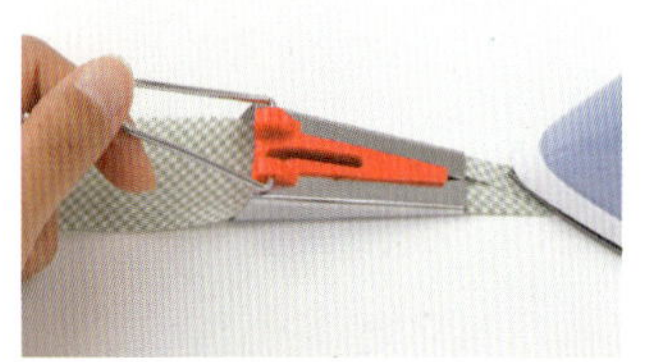

❷ 바이어스 메이커의 손잡이를 잡아당기면서 만들어지는 바이어스의 끝부분부터 다립니다.

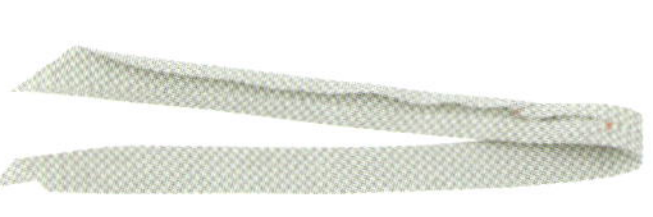

❸ 양쪽 시접이 접힌 바이어스테이프가 완성되었습니다. 가장자리 장식용 테이프는 한 번 더 다리미로 0.1㎝ 정도 어긋나게 접습니다.

▶▶ 기본 봉제

바이어스 처리하기

양쪽 시접이 접힌 바이어스테이프(p.75)로 원단 가장자리를 감싸면서 안쪽으로 넘겨 박는 방법인데, 겉에서는 바이어스 테이프가 보이지 않습니다.

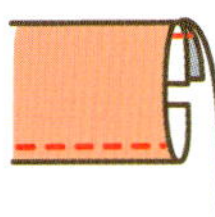

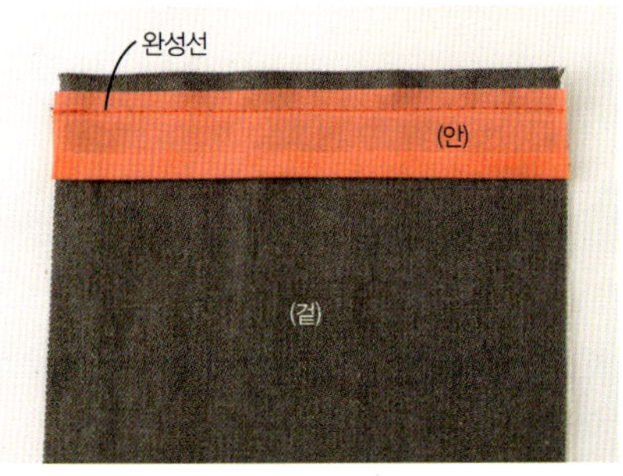

1 본판의 완성선에 바이어스테이프의 접음선을 겉끼리 맞대어 박습니다.

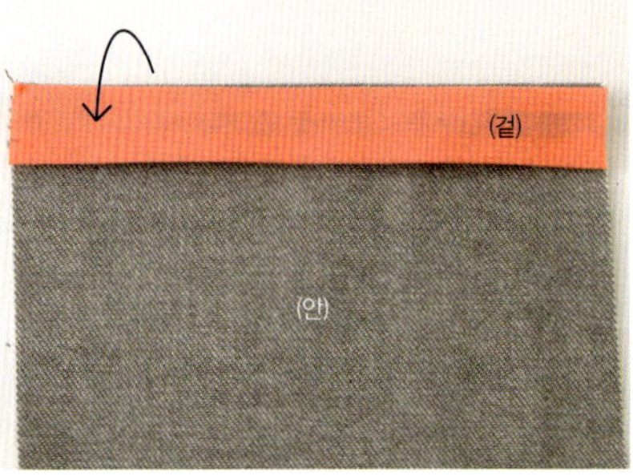

2 바이어스테이프로 원단 가장자리를 감싸듯 완성선을 따라 안쪽으로 넘깁니다.

3 바이어스테이프의 접음선 가장자리를 안쪽에서 박아 완성한 모습입니다.

파이핑 처리하기

가장자리 장식용 바이어스테이프(p.75)로 원단 가장자리의 겉쪽과 안쪽을 감싸 박는 방법인데, 겉쪽과 안쪽에서 바이어스테이프가 보입니다.

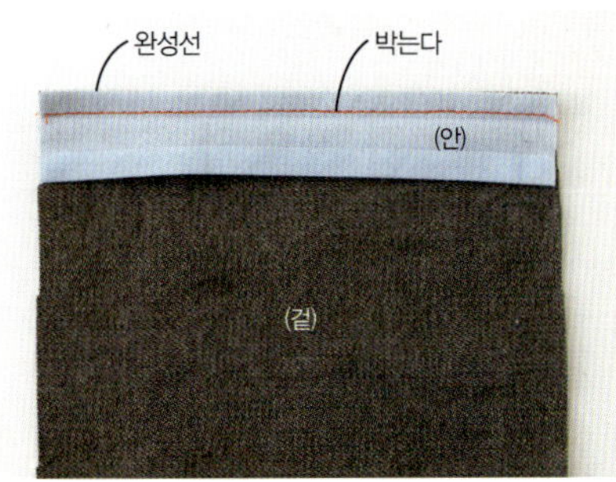

1 가장자리 장식용 바이어스테이프의 접은 폭이 짧은 쪽과 원단을 겉끼리 맞대어놓고 접음선을 박습니다.

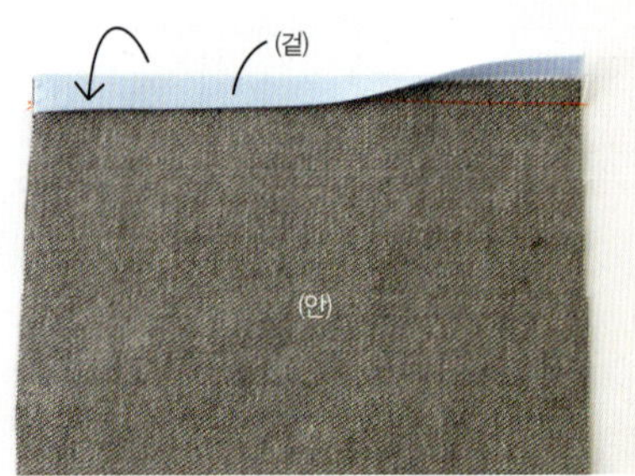

2 바이어스테이프로 원단 끝부분을 감추듯 접습니다.

3 안쪽의 바이어스테이프와 잘 봉제되도록 안쪽의 봉제선을 확인하면서 겉쪽에서 접음선의 가장자리를 봉제합니다. 안쪽 부분이 바이어스테이프의 접은 폭이 긴 쪽이라서 원단을 잘 감싸 봉제할 수 있습니다.

스티치를 겉에서 잘 보이지 않게 하는 방법

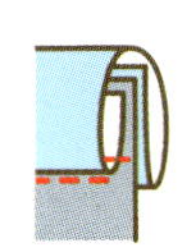

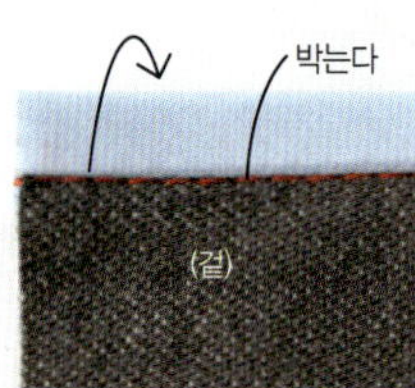

겉쪽에서 봉제할 때 원단과 바이어스테이프가 맞닿는 부분을 박습니다. 이 방법으로 봉제하면 겉쪽에서는 바늘땀이 잘 보이지 않게 됩니다.

※'숨겨박기'(p.45)를 참고하세요.

▶▶ 바이어스 처리의 응용

볼록한 모서리

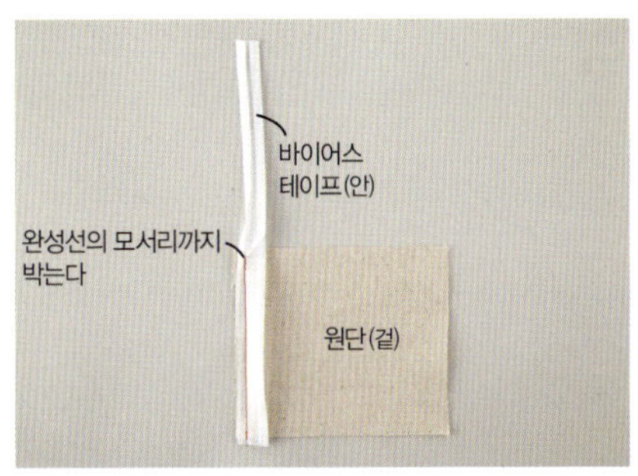

1
원단과 바이어스테이프를 겉끼리 맞댄 다음, 완성선의 모서리까지 박고 실을 자릅니다.

2
원단의 모서리에 맞춰 바이어스테이프를 꺾어 접고 다음 변을 박습니다.

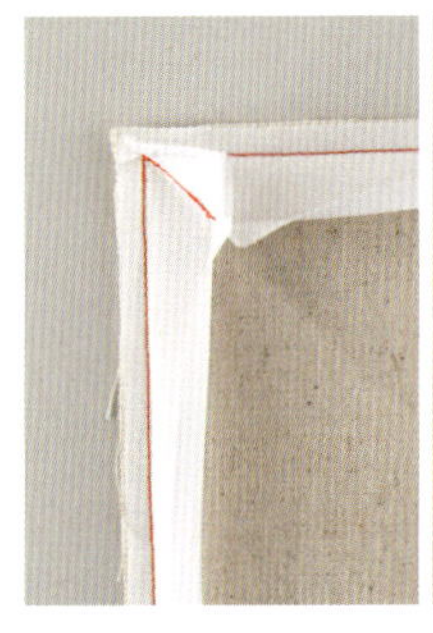
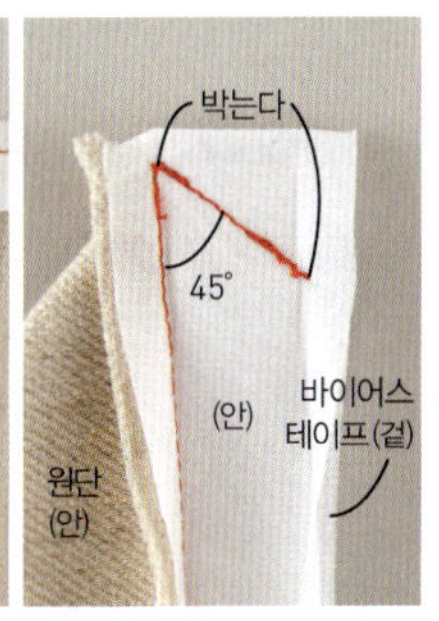

3
바이어스테이프를 겉끼리 맞대고 45° 각도로 모서리부터 접음선까지 박습니다.

4
바이어스테이프를 완성선보다 약간 안쪽으로 들어가도록 접고 접음선의 가장자리에 스티치합니다.

오목한 모서리

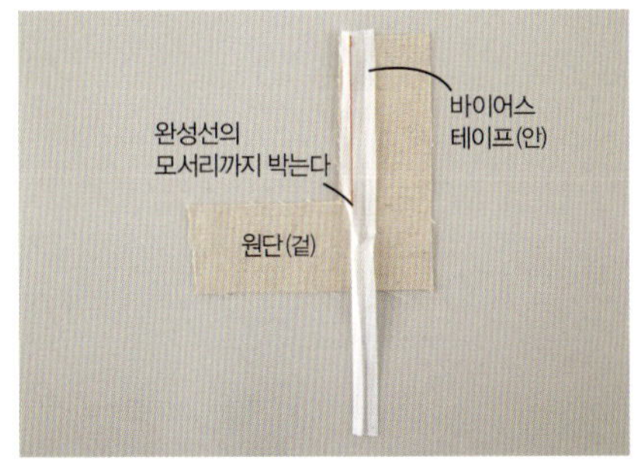

1
원단과 바이어스테이프를 겉끼리 맞대고 완성선의 모서리까지 박습니다.

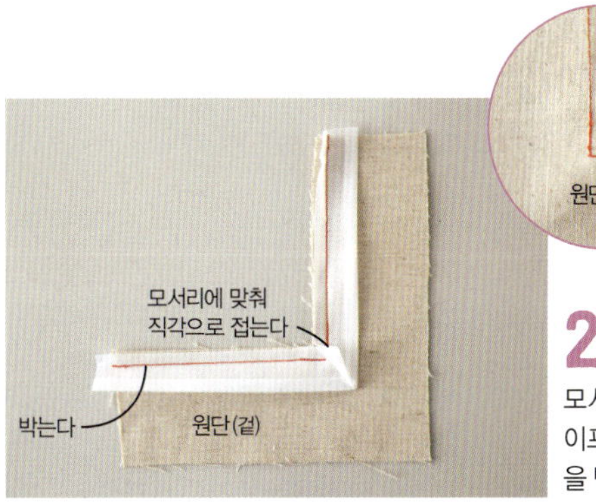

2
모서리에 맞춰 바이어스테이프를 꺾어 접고 다음 변을 박습니다.

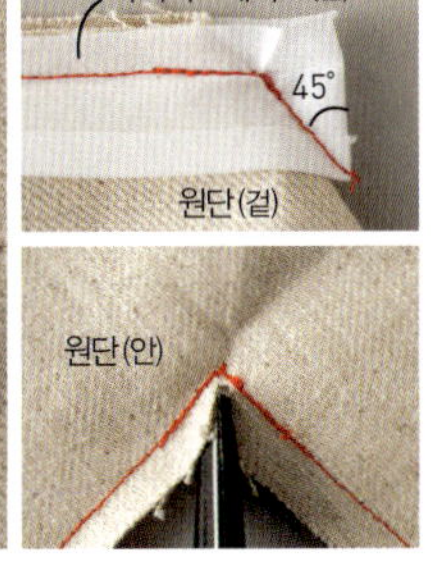

3
바이어스테이프를 겉끼리 맞대고 45° 각도로 끝까지 박습니다. 모서리는 바늘땀 가까이로 깊게 원단에만 가위집을 넣습니다.

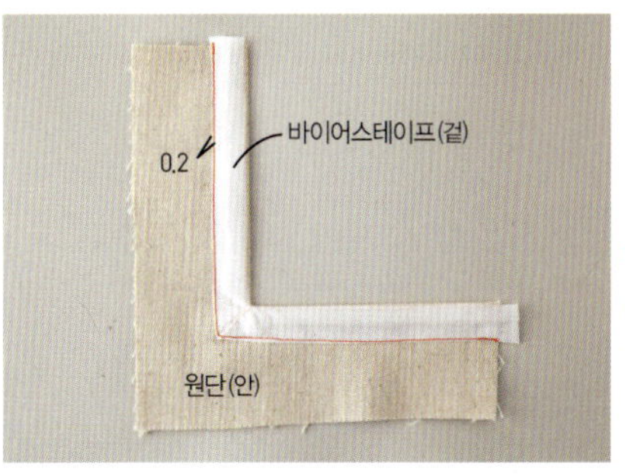

4
바이어스테이프를 완성선보다 약간 안쪽으로 들어가도록 접고 접음선의 가장자리에 스티치합니다.

▶▶ 파이핑 처리의 응용

볼록한 모서리

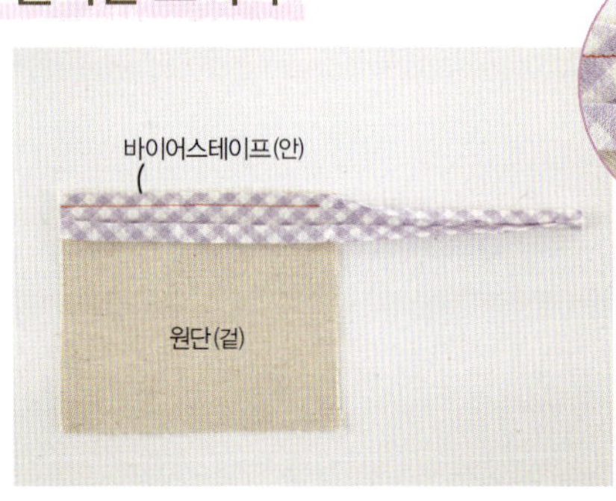

1

원단과 바이어스테이프를 겉끼리 맞대어 박습니다. 모서리는 바늘땀 폭만큼 앞쪽에서 봉제해 고정합니다.

2

바이어스테이프를 모서리에 맞춰 꺾어 접고 다음 변을 박습니다.

3

바이어스테이프의 모서리를 송곳을 이용해 정돈하고 안쪽으로 접습니다.

4

겉쪽에서 스티치하고, 모서리는 공그르기합니다.

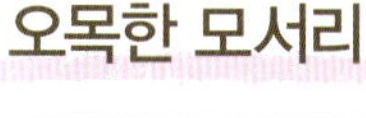

오목한 모서리

1

원단과 바이어스테이프를 겉끼리 맞대고 완성선의 모서리까지 박은 다음 모서리에 가위집을 넣습니다.

2

사진처럼 원단을 일직선이 되도록 펼친 다음 바이어스테이프를 원단과 겉끼리 맞대고 박습니다.

3

바이어스테이프의 모서리를 정돈하고 안쪽으로 접어 넣습니다.

4

겉쪽에서 스티치하고, 모서리는 공그르기합니다.

단추 & 금속 부자재

작품의 포인트가 되는 단추와 금속 부자재를 깔끔하게 달아보세요.

▶▶ 단추 & 금속 부자재 종류

플라스틱 단추

수지나 석유 등을 원료로 만든 단추이며, 색상과 모양이 아주 다양합니다.

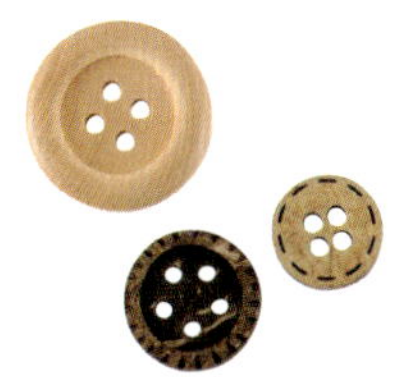

나무 단추

나무를 깎아 만든 단추이며, 내추럴한 느낌을 주고 싶을 때 사용합니다.

자개단추

조개껍데기를 소재로 해 만든 단추인데, 빛의 각도에 따라 광택이 변합니다.

금속 단추

금속을 원료로 한 단추이며, 심플한 스타일부터 화려하게 장식된 스타일까지 종류가 다양합니다.

가죽 단추

소·말·산양 등의 가죽으로 만든 단추이며, 가죽 1장으로 만든 단추와 가죽을 엮어서 만든 단추 등이 있습니다.

싸개 단추

단추의 토대를 원단이나 가죽 등으로 감싸 만든 단추이며, 직접 싸개 단추를 만들 수 있는 기구도 있습니다.

스냅 단추

금속이나 플라스틱으로 만든 암단추와 수단추 한 쌍으로 구성된 단추인데, 손바느질로 다는 타입이 많습니다.

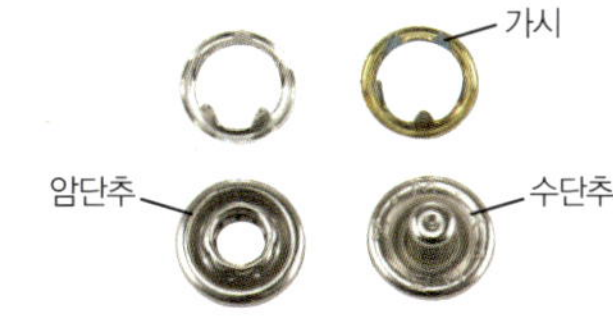

가시 도트 단추

금속제의 튼튼한 스냅 단추로, 막대 기구와 망치를 사용해 답니다.

자석 단추

자석으로 여닫을 수 있는 금속제 단추입니다.

아일릿

구멍을 보강할 때 쓰는 금속제로 된 부자재입니다.

양면 징

수놈과 암놈 사이에 원단이나 가죽을 끼워 넣어 고정시키는 부자재입니다.

▶▶ 단춧구멍 크기와 위치

단춧구멍 크기

단추 지름에 단추 두께를 더한 치수가 단춧구멍 크기입니다.

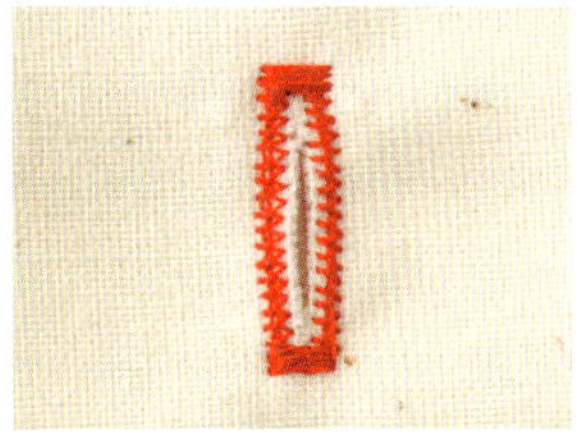

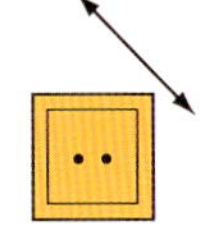

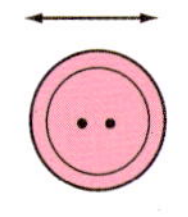

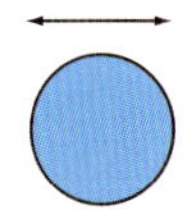

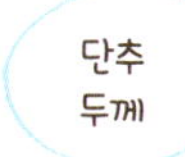

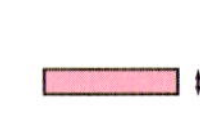

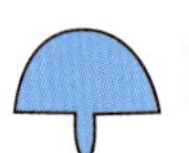

단춧구멍 위치

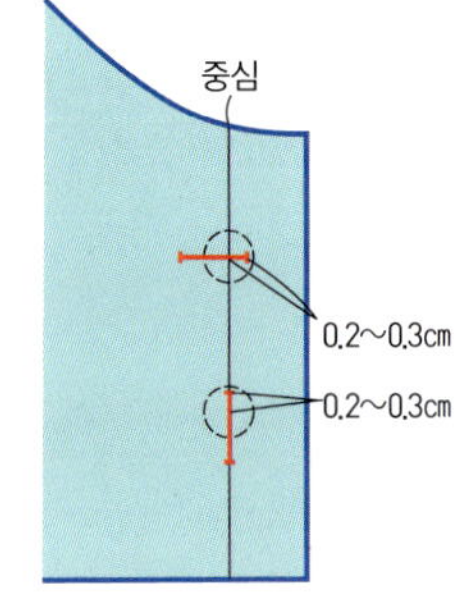

단추 다는 위치의 중심에서 앞단 쪽으로 0.2~0.3cm 나온 위치.

단추 다는 위치의 중심에서 위쪽으로 0.2~0.3cm 나온 위치.

▶▶ 단춧구멍 만드는 방법

재봉틀 설정하기

※자투리 천 등으로 테스트 봉제를 한 다음 실제로 작품을 만들 원단에 봉제합니다.

1 노루발을 단춧구멍 노루발로 교체합니다.

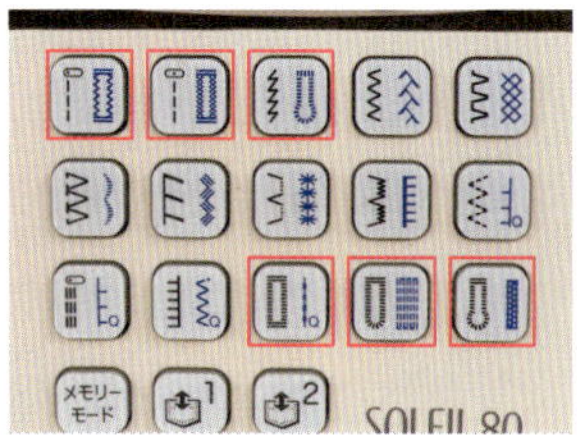

2 재봉틀의 스티치를 단춧구멍을 만들 수 있는 봉제 모양으로 바꿉니다.

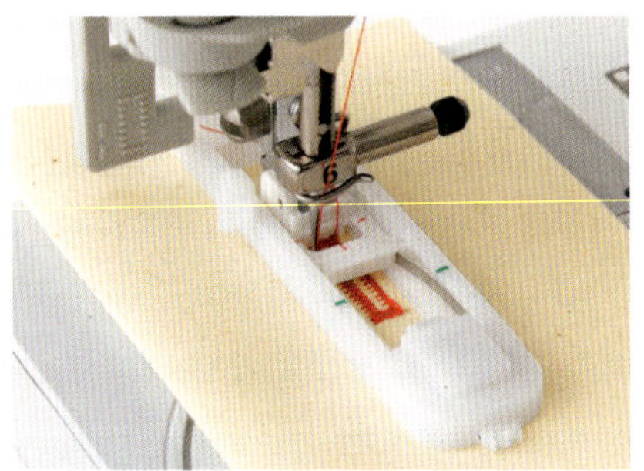

1 재봉틀을 설정한 다음 단춧구멍을 만들 위치의 가장자리에서 봉제를 시작합니다.

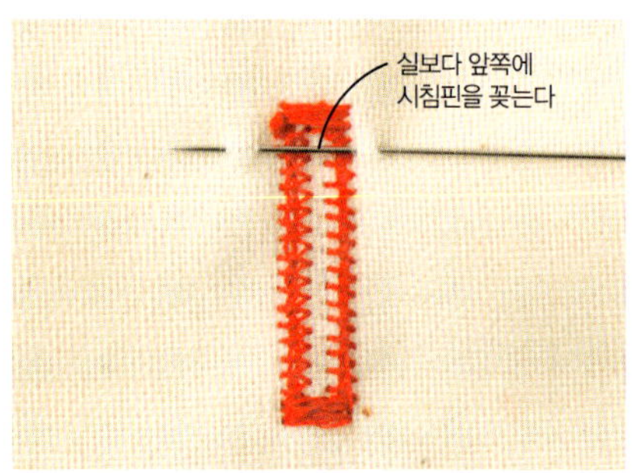

2 단춧구멍을 봉제하고 나면, 봉제한 선이 잘리지 않도록 사진처럼 시침핀을 꽂습니다.

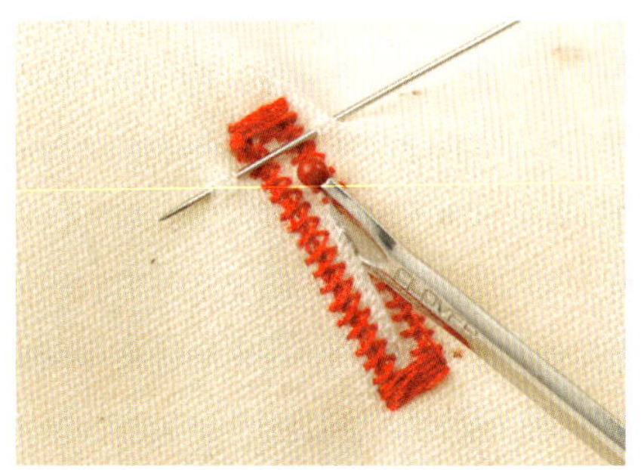

3 바늘땀을 자르지 않도록 주의하면서 실뜯개로 구멍을 뚫습니다.

단추&금속 부자재 다는 방법

구멍이 2개인 단추

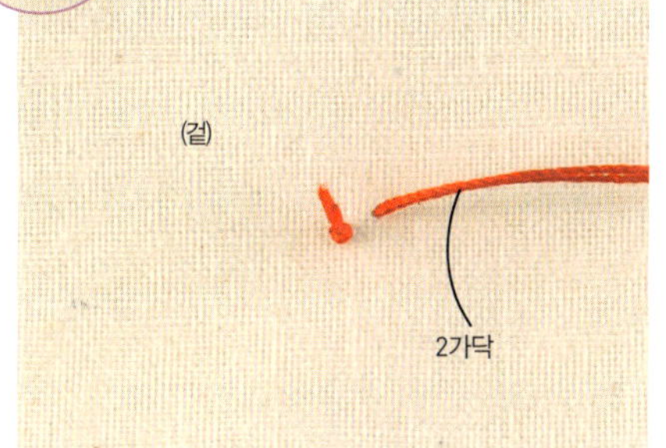

1 실 끝에 매듭을 만들고 단추 다는 위치의 겉쪽에서 안쪽으로 바늘을 넣습니다. 안쪽에서 원단을 살짝 떠서 바늘을 겉으로 빼냅니다.

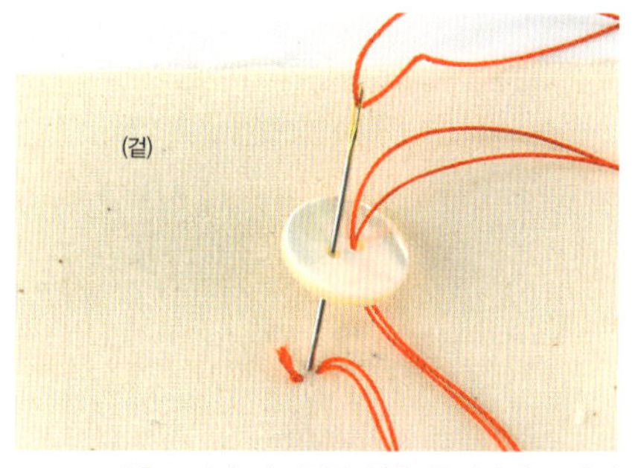

2 단춧구멍에 사진처럼 실을 통과시키고 다시 원단에 바늘을 꽂습니다.

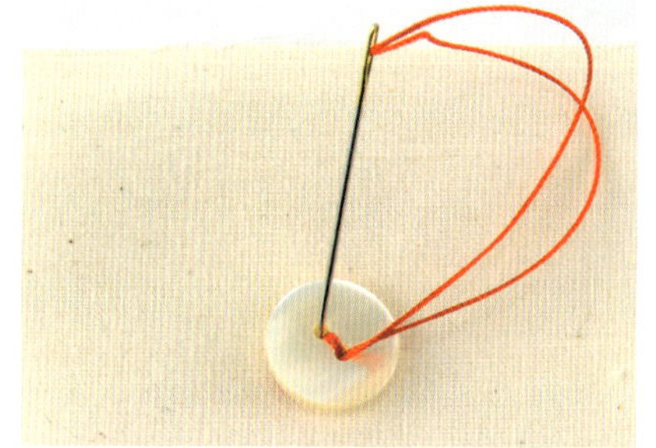

3 같은 방법으로 단춧구멍에 실을 두세 번 통과시킵니다.

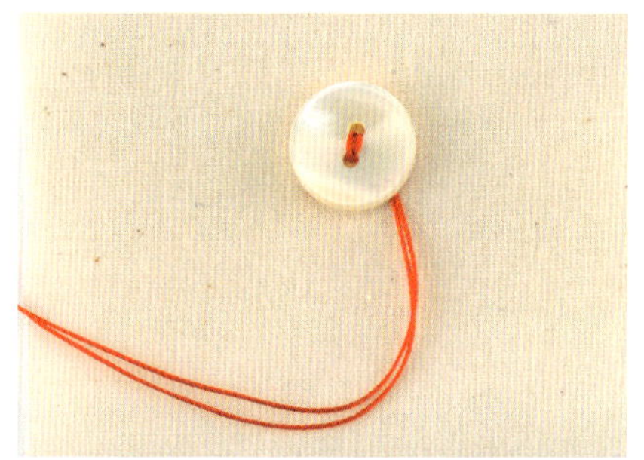

4 단추와 원단 사이로 바늘을 빼내고 원단과 단추 사이에 두세 번 실을 감아 단추 기둥을 만듭니다.

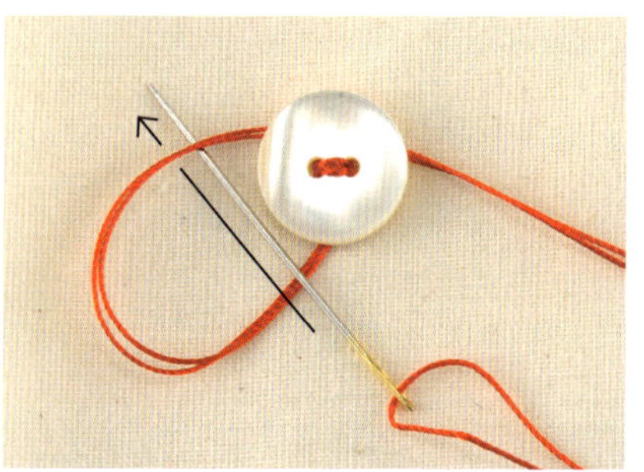

5 실로 사진처럼 고리를 만들어 바늘을 통과시키고 단단히 조입니다.

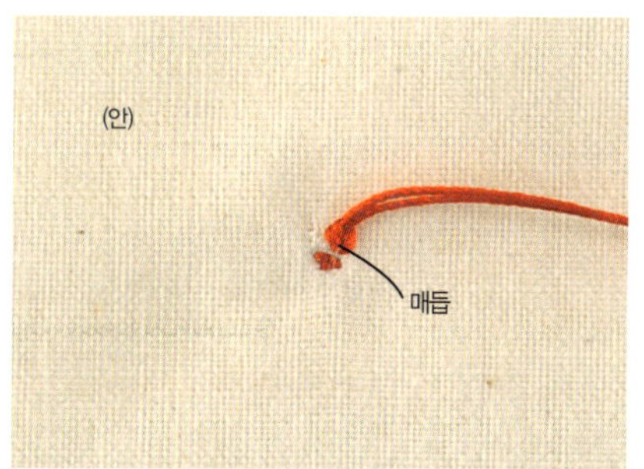

6 바늘을 안쪽으로 빼내 매듭을 짓고 매듭 옆의 원단을 한 땀 떠서 실을 자릅니다.

기둥이 있는 단추

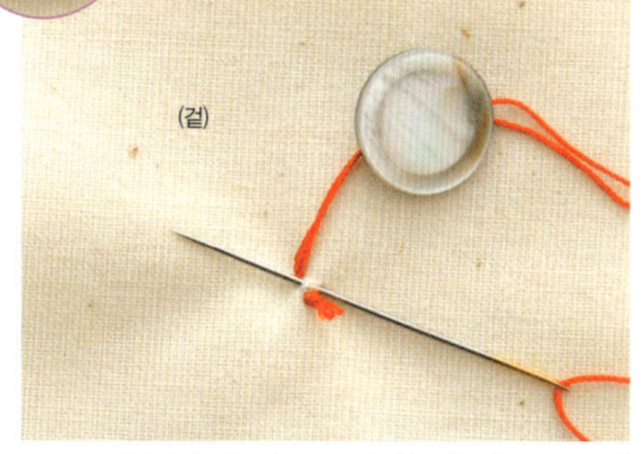

1 실 끝에 매듭을 만들어 원단을 살짝 뜨고 바늘을 겉으로 빼냅니다. 단추 기둥에 실을 통과시키고 한 번 더 원단을 겉에서 뜹니다.

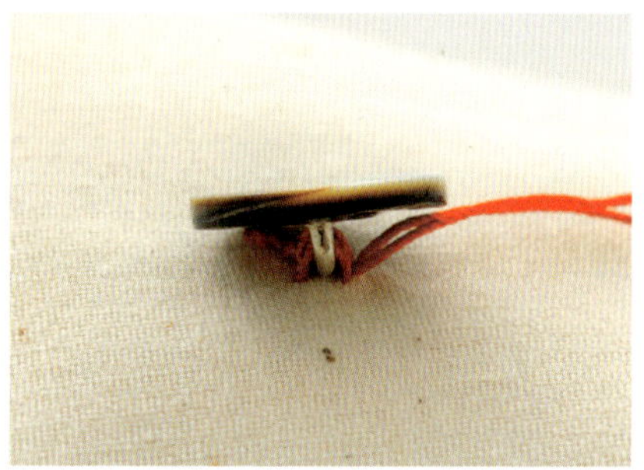

2 단추 기둥에 실을 세 번 정도 통과시킵니다.

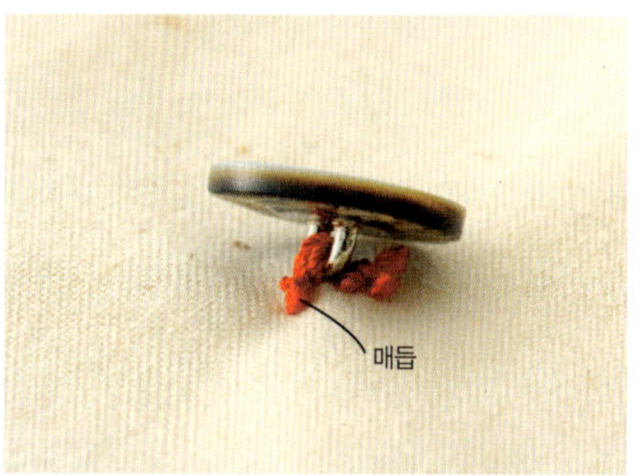

3 단추 기둥 가까이에서 실을 빼내 매듭을 짓고 매듭 옆의 원단을 한 땀 떠서 실을 자릅니다.

구멍이 4개인 단추

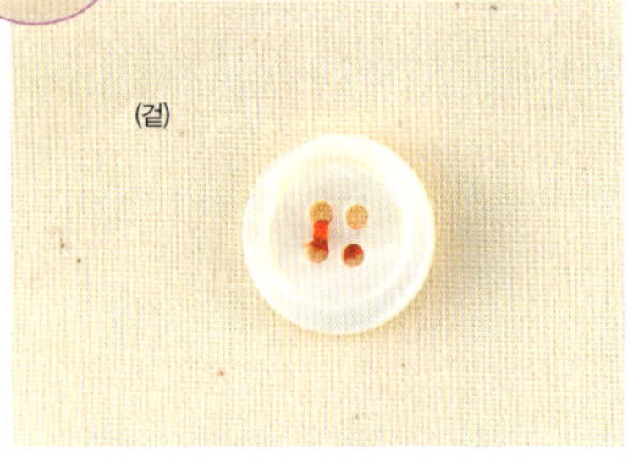

1 '구멍이 2개인 단추'(p.81) 달기의 1~2와 같은 방법으로 바늘을 꽂고 단추에 실을 통과시킵니다.

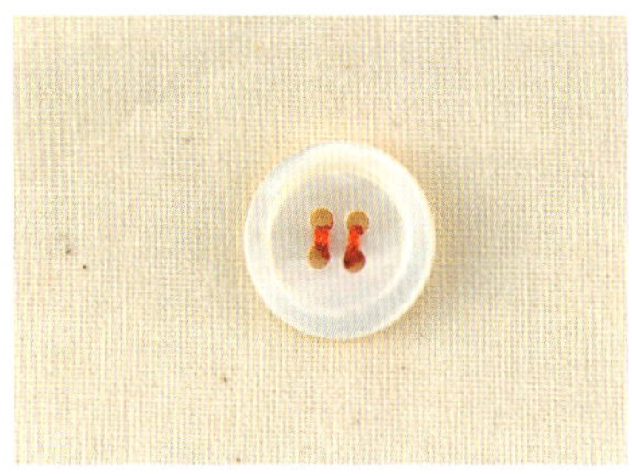

2 같은 방법으로 나머지 2개의 구멍에도 실을 통과시킵니다.

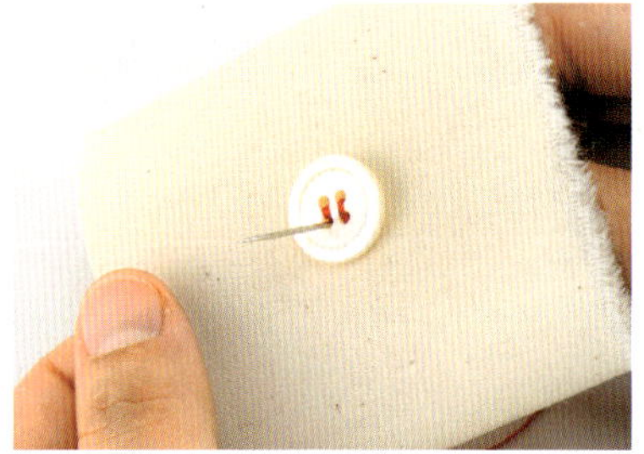

3 이 과정을 두세 번 반복합니다.

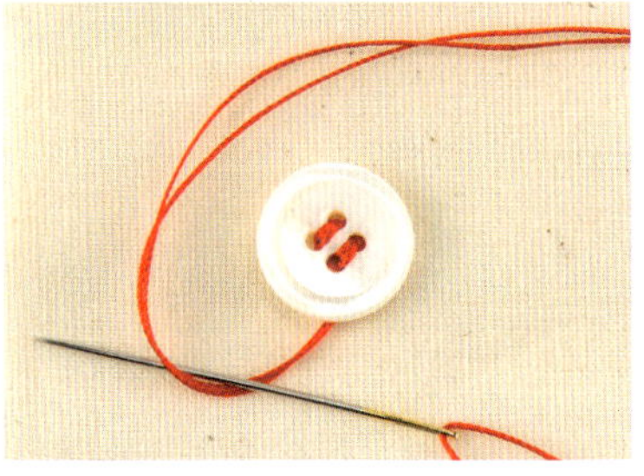

4 두세 번 실을 감아 단추 기둥을 만들고 고리에 바늘을 통과시켜 실을 조입니다.

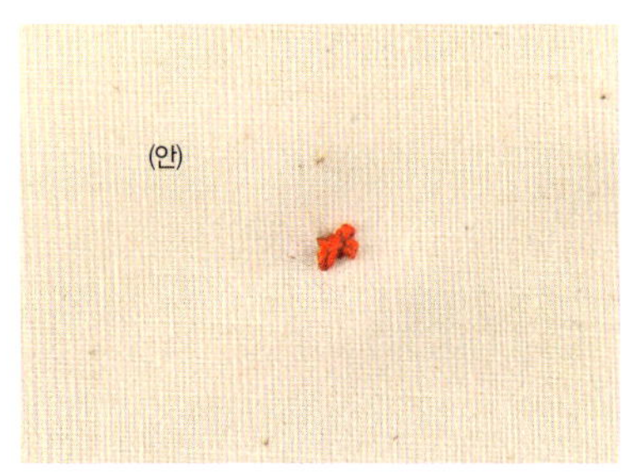

5 안쪽에서 매듭을 짓고 매듭 옆의 원단을 한 땀 떠서 실을 자릅니다.

스냅 단추

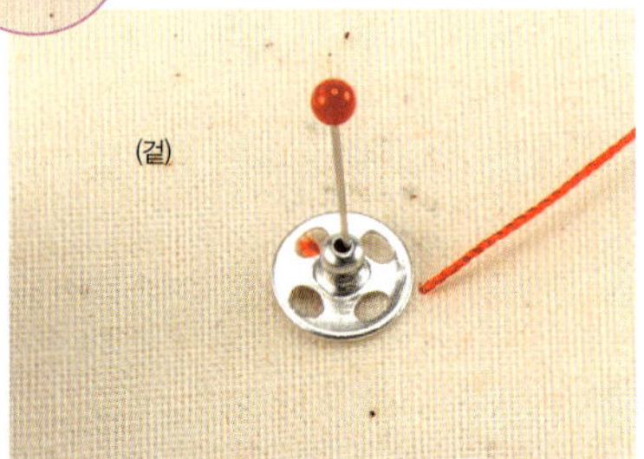

1 먼저 스냅 단추를 시침핀으로 고정합니다. 매듭을 만들고 바늘로 원단을 조금 떠서 스냅 단추의 옆쪽으로 빼냅니다.

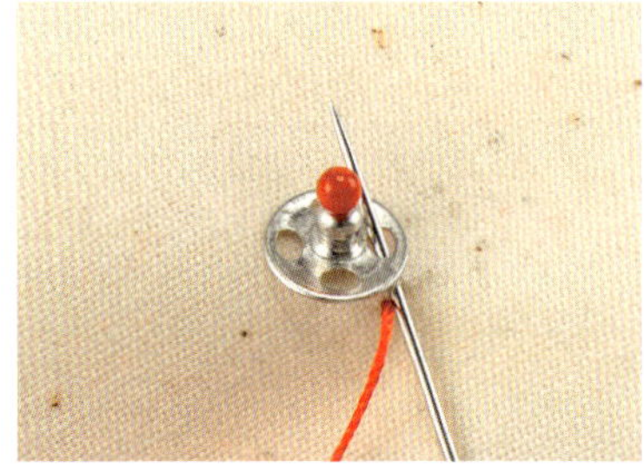

2 1의 옆쪽으로 바늘을 꽂아 스냅 단추의 구멍에 바늘을 통과시킵니다.

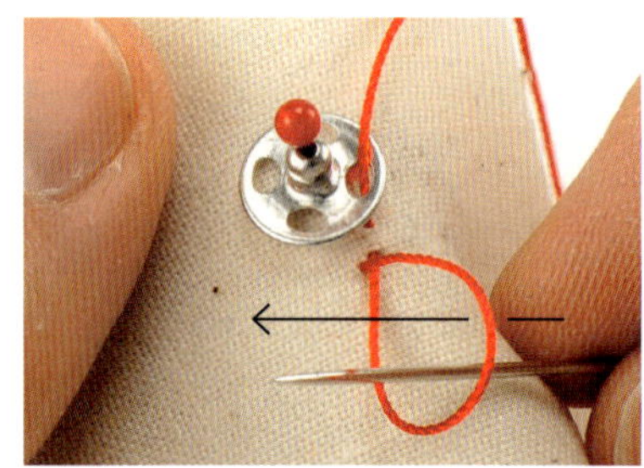

3 실을 잡아당겨 생긴 고리에 화살표처럼 바늘을 통과시킵니다.

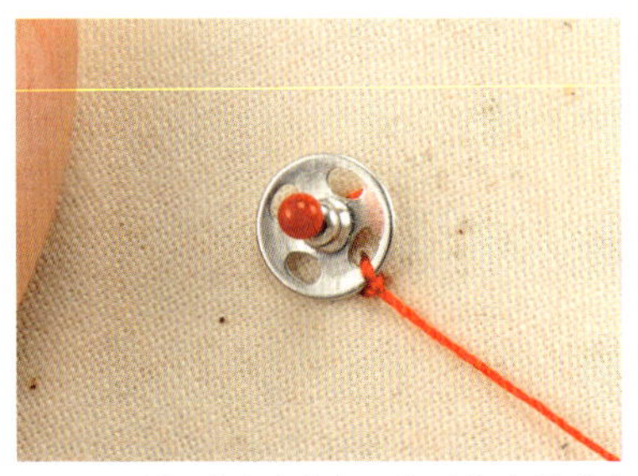

4 실을 잡아당기면 스냅 단추가 원단에 꿰매집니다.

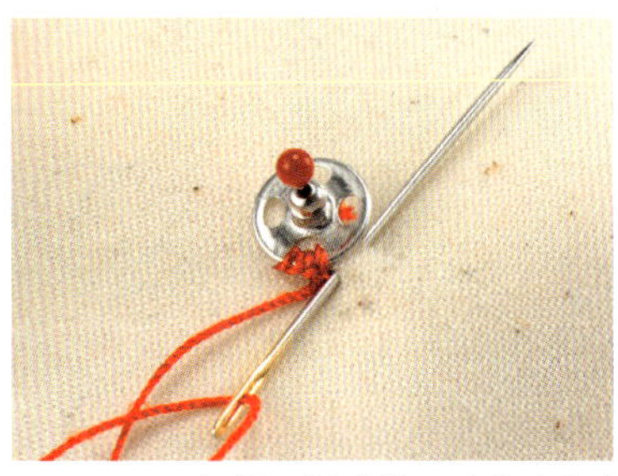

5 2~4 과정을 반복해 한 구멍에 서너 번 바느질합니다.

6 구멍 4개를 모두 바느질하고 나면 스냅 단추 옆쪽에서 매듭을 짓고, 안쪽으로 바늘을 넣어 실을 자릅니다.

가시 도트 단추

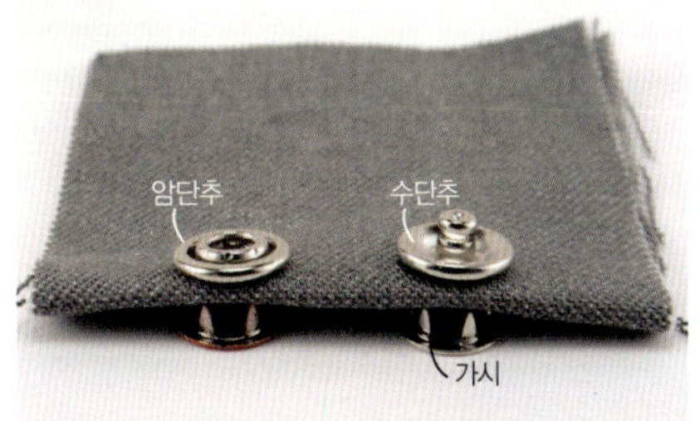

1
원단 아래쪽에는 가시가 달린 부분을 놓고, 원단 위쪽에는 암단추 또는 수단추를 겹쳐놓습니다.

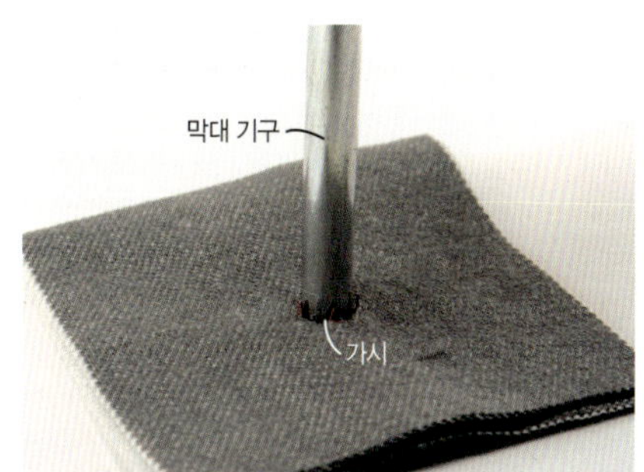

2
막대 기구의 끝부분으로 가시를 원단에 확실히 찔러 넣습니다.

3
암단추의 홈에 가시가 들어가도록 올려놓고 그 위에 막대 기구를 맞춰놓습니다.

4
망치로 막대 기구 위쪽을 때려서 단추가 흔들거리지 않도록 튼튼하게 답니다.

자석 단추

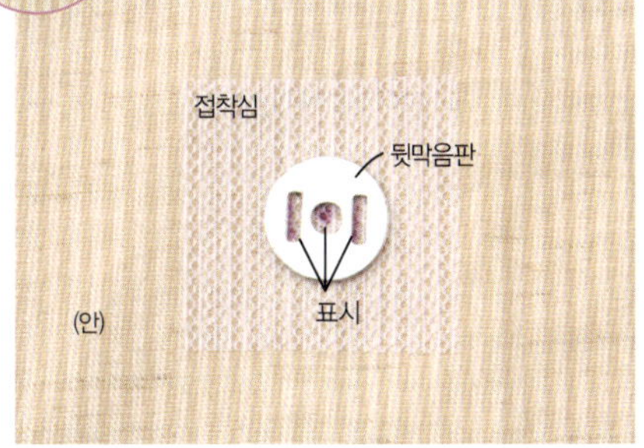

1
먼저 원단 안쪽에 보강을 위해 접착심을 붙여둡니다. 뒷막음판을 자석 단추 다는 위치의 안쪽에 대고 자석 단추의 발이 들어갈 위치에 초크펜으로 표시를 합니다.

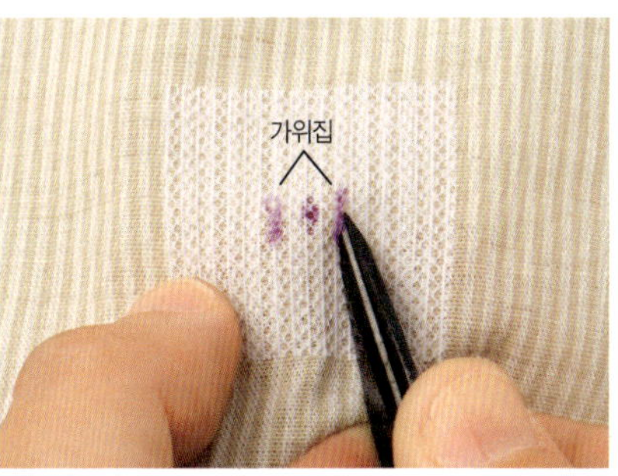

2
자석 단추의 발이 통과될 부분에 가위집을 넣습니다.

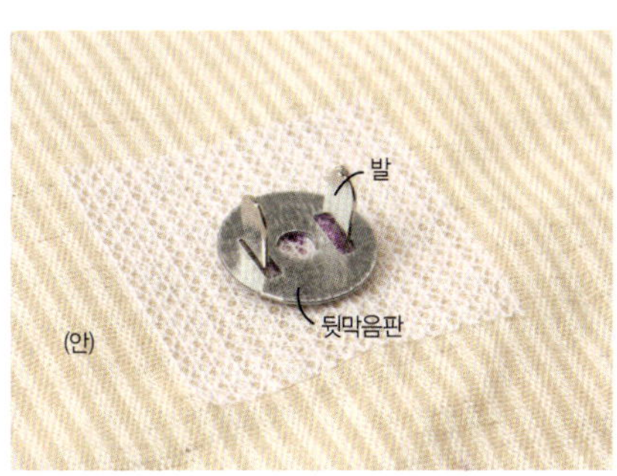

3
겉쪽에서 자석 단추의 발을 끼운 다음 안쪽에서 뒷막음판을 끼웁니다.

4
펜치로 자석 단추의 발을 바깥쪽으로 구부립니다. 반대쪽도 바깥쪽으로 구부립니다.

아일릿

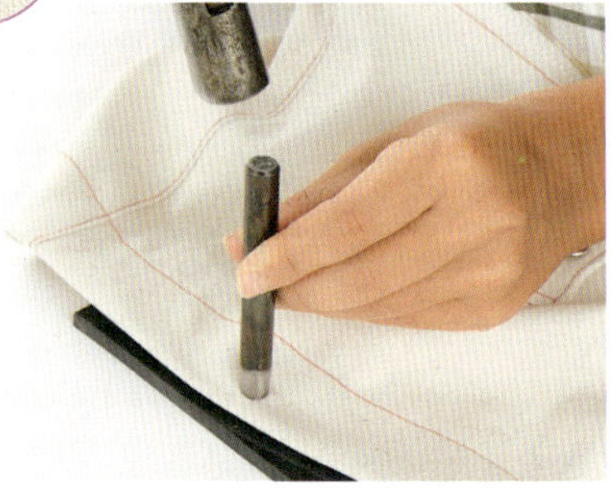

1 구멍 펀치로 아일릿 다는 위치에 구멍을 뚫습니다.

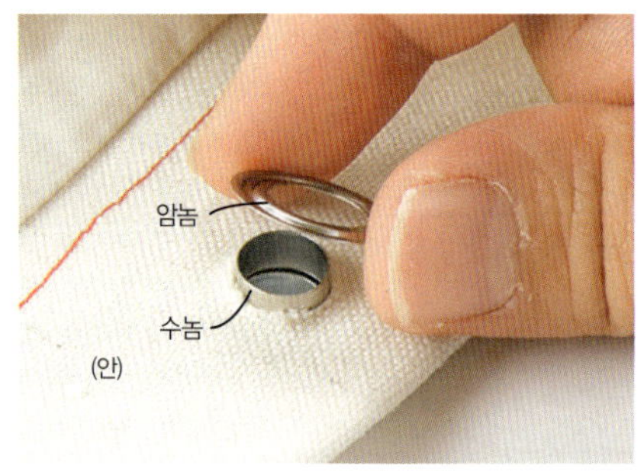

2 원단 겉쪽에서 수놈을 끼워 넣고 원단 안쪽에서 수놈 위에 암놈을 끼웁니다.

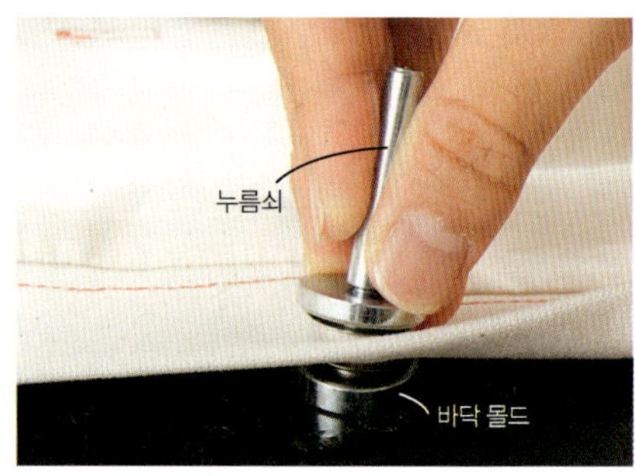

3 아래쪽에 바닥 몰드를 맞춰놓고 위쪽에 누름쇠를 겹친 다음, 망치로 아일릿이 흔들거리지 않을 때까지 두드려 고정합니다.

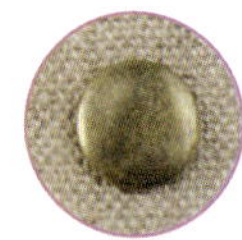

양면 징

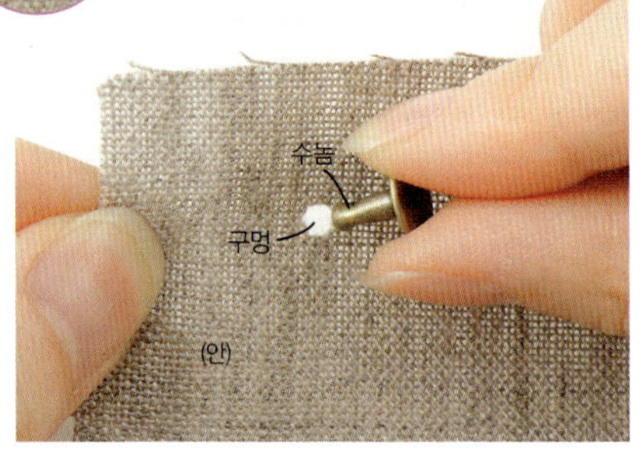

1 구멍 펀치로 원단에 구멍을 뚫고 수놈을 원단 안쪽에서 끼워 넣습니다.

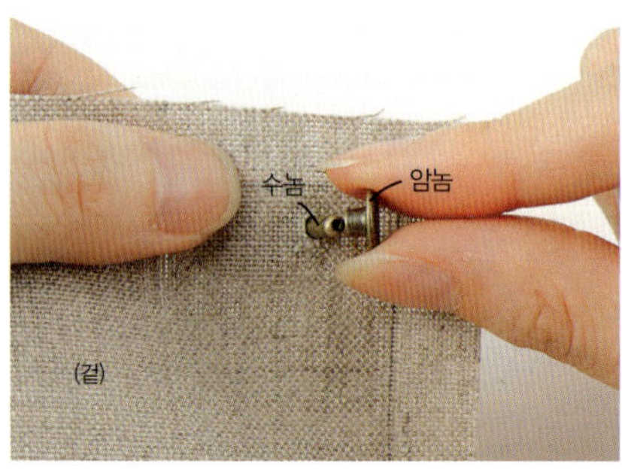

2 겉쪽에서 수놈 위에 암놈을 끼웁니다.

3 바닥 몰드에 2를 올려놓고 누름쇠의 파인 부분이 암놈에 직각으로 맞닿게 한 다음, 망치로 두드려 고정합니다.

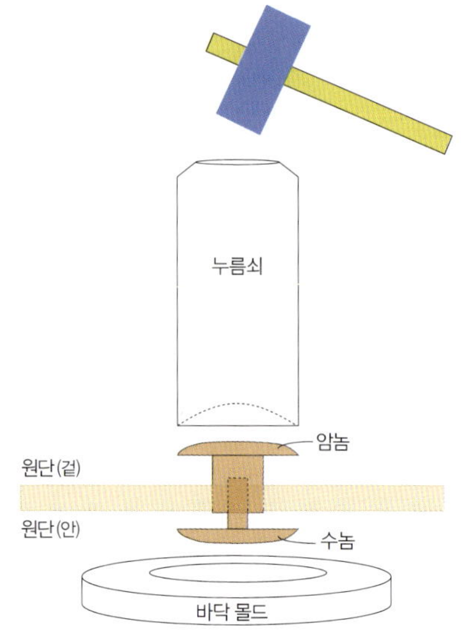

지퍼

어려워 보이는 지퍼 달기도 순서대로 봉제하면 어렵지 않게 완성할 수 있습니다.

▶▶ 지퍼의 기본

종류

합성수지 지퍼(코일 지퍼)

폴리에스테르나 나일론 등 수지 소재의 지퍼로, 지퍼 이빨 부분이 코일 모양으로 되어 있습니다.

플랫 니트 지퍼

봉제해서 달기 쉬운 일반 지퍼이며, 수지 소재로 되어 있어 가위로 자를 수 있기 때문에 길이도 조절할 수 있습니다. 소품에서 옷까지 다양한 용도로 쓰입니다.

콘실 지퍼

지퍼 이빨이 겉으로 드러나지 않는 타입인데, 주로 지퍼가 드러나지 않는 옷을 만들 때 사용합니다.

비슬론 지퍼

나일론이나 폴리에스테르 등의 수지로 만든 지퍼로, 지퍼 이빨의 크기가 큰 것이 특징입니다. 금속제보다 가벼워 캐주얼한 옷이나 가방을 만들 때 적합합니다.

금속 지퍼

지퍼 이빨 부분이 금속으로 만들어진 지퍼로 주로 가방이나 파우치, 팬츠의 앞트임 등에 사용합니다.

부분 명칭

상단 막음쇠
슬라이더가 빠지지 않도록 하는 지퍼 윗단의 스토퍼 부분.

슬라이더
지퍼를 여닫을 때 지퍼 이빨을 결합시키거나 분리시키는 지퍼의 부속.

손잡이
슬라이더를 잡아당길 수 있도록 하는 부분.

지퍼의 길이
상단 막음쇠부터 하단 막음쇠까지의 길이.

지퍼 이빨
슬라이더가 지나갈 때 서로 맞물리거나 벌어지는 부분으로, 영어로는 엘리먼트(element)라고 합니다.

지퍼 테이프
지퍼 이빨이 달린 지퍼 양옆의 테이프를 가리키는데, 지퍼를 달 때는 이 테이프를 봉제합니다.

하단 막음쇠
슬라이더를 멈추게 하는 지퍼 아랫단의 스토퍼 부분.

하단 막음쇠가 좌우로 완전히 열리는 오픈 지퍼

하단 막음쇠가 좌우로 완전히 열리는 타입의 지퍼를 '오픈 지퍼'라고 하며, 파카 등에 주로 사용됩니다.

합성수지 지퍼의 길이 조절하기

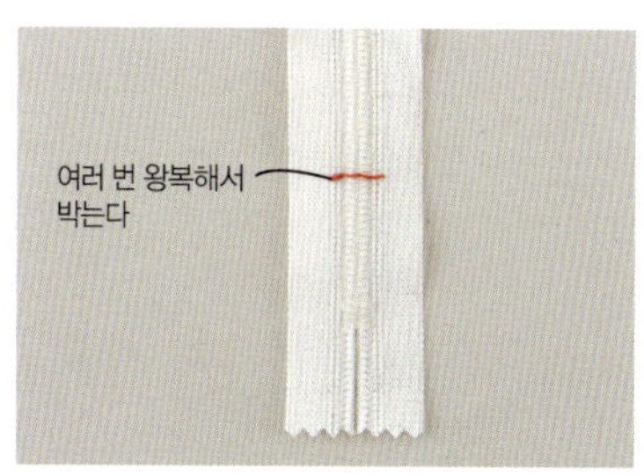

1 조절하려는 길이의 위치를 재봉틀이나 손바느질로 여러 번 왕복해서 튼튼하게 바느질합니다. 이렇게 하면 하단 막음쇠 역할을 하게 됩니다.

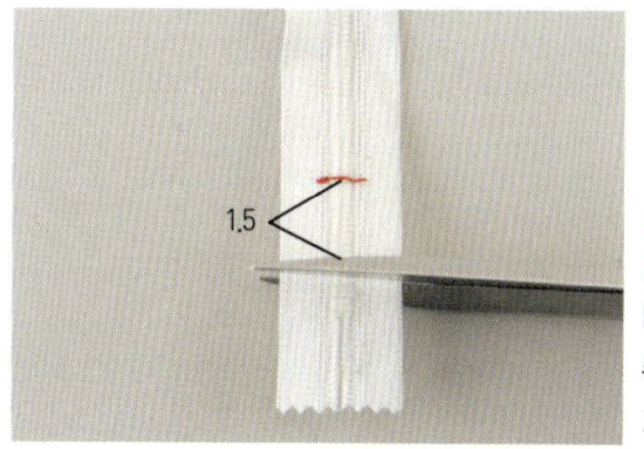

2 바느질한 부분에서 아래쪽으로 1.5㎝ 여분을 남기고 가위로 자릅니다.

▶▶ 지퍼 다는 방법

오픈 지퍼

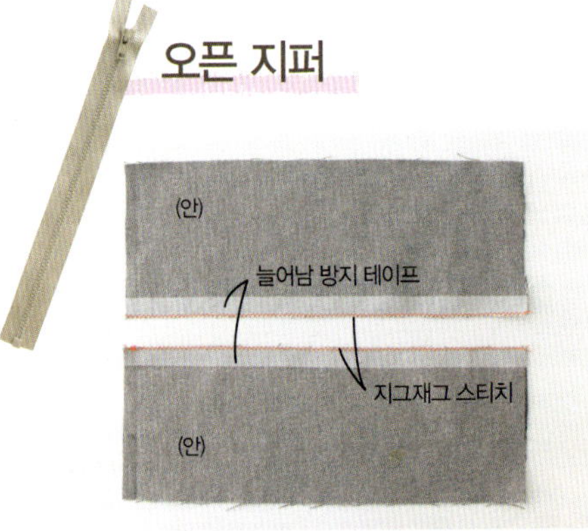

1 시접에 늘어남 방지 테이프를 붙이고, 가장자리를 지그재그 스티치로 처리합니다.

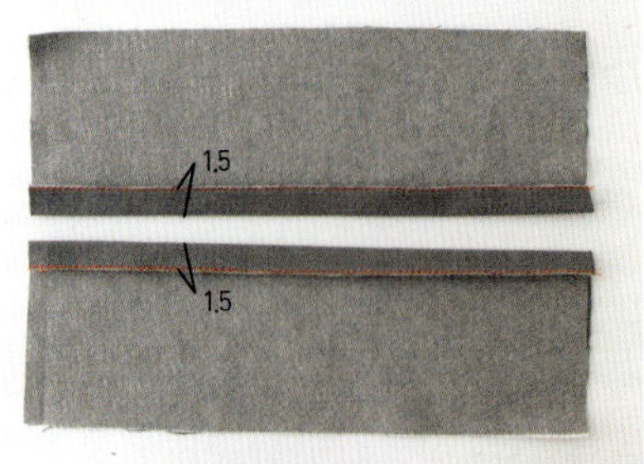

2 완성선을 따라 접음선을 표시합니다.

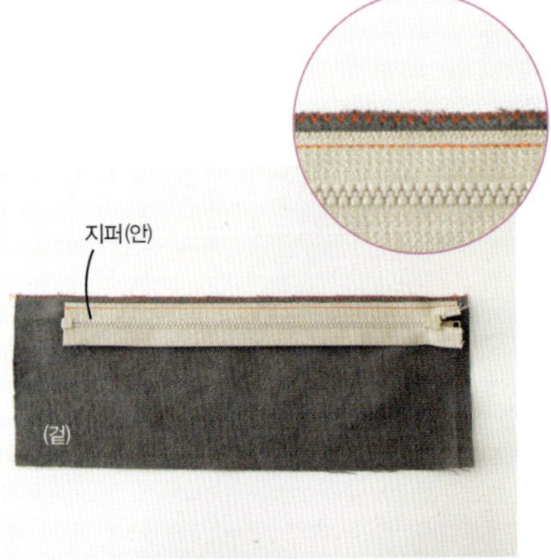

3 원단과 지퍼 테이프를 겉끼리 맞대어 박은 모습입니다.

4 3과 같은 방법으로 반대쪽도 위치를 잘 맞추고 겉끼리 맞대어 합봉합니다.

5 겉쪽에서 스티치합니다.

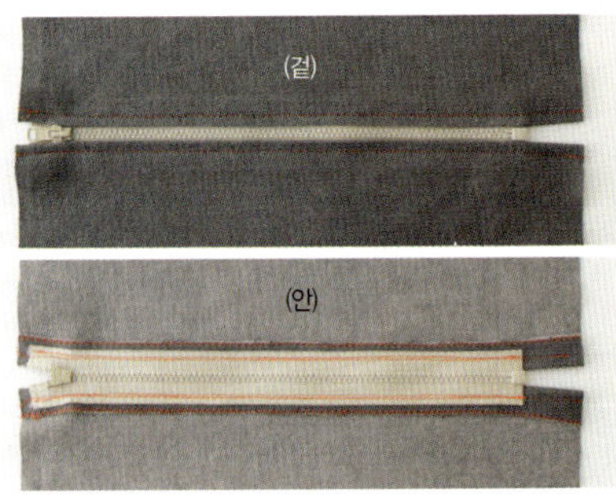

6 오픈 지퍼를 단 모습입니다.

콘실 지퍼

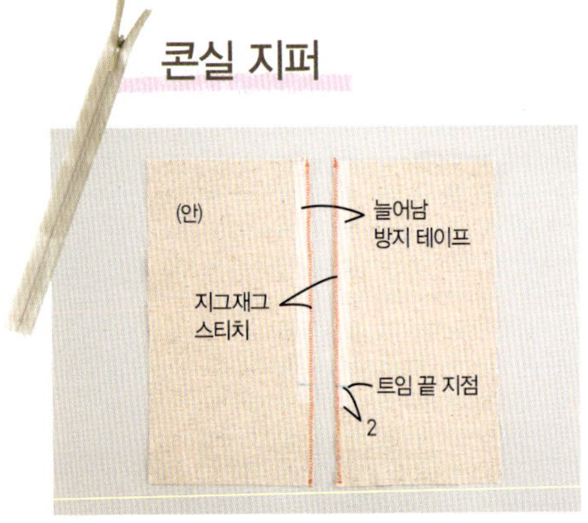

1 트임 끝 지점의 2㎝ 아래까지 늘어남 방지 테이프를 붙이고 가장자리를 지그재그 스티치로 처리합니다.

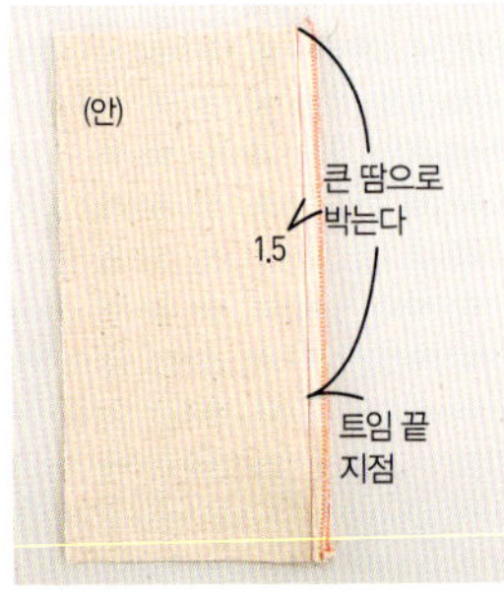

2 원단을 겉끼리 맞대고 큰 땀으로 트임 끝 지점까지 박습니다.

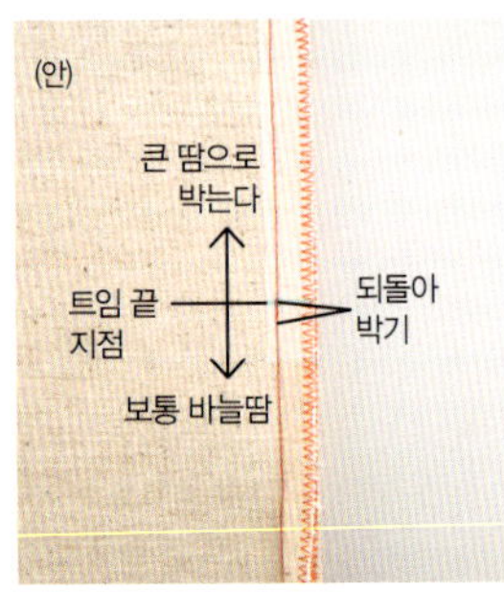

3 트임 끝 지점에서 아래쪽으로 2㎝ 정도는 되돌아 박기를 해서 튼튼하게 보강하고, 그 이후에는 보통 바늘땀으로 바꿔서 박습니다.

4 시접을 다리미로 가릅니다.

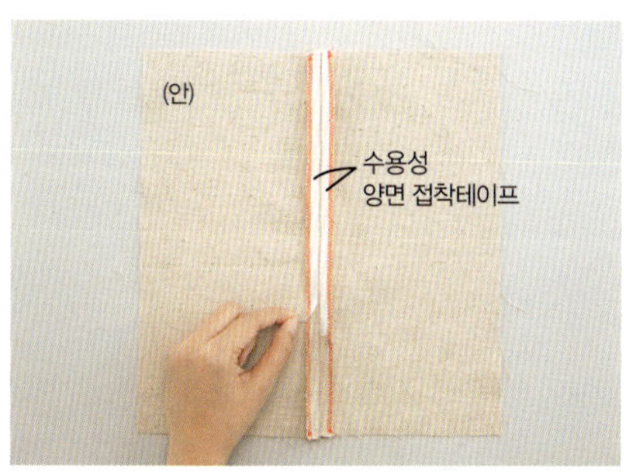

5 시접에 수용성 양면 접착테이프를 붙입니다. 이 수용성 양면 접착테이프는 세탁하면 물에 녹아 없어집니다.

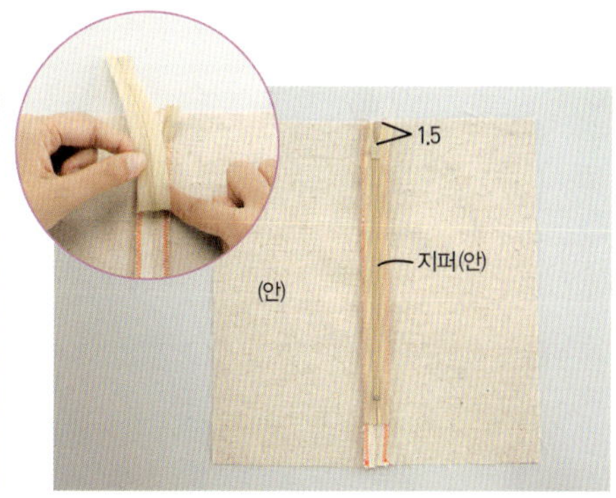

6 지퍼의 중심과 바늘땀을 맞춰 답니다. 양면 접착테이프가 없다면 지퍼 테이프를 시접에만 시침질로 꿰매어 달아도 괜찮습니다.

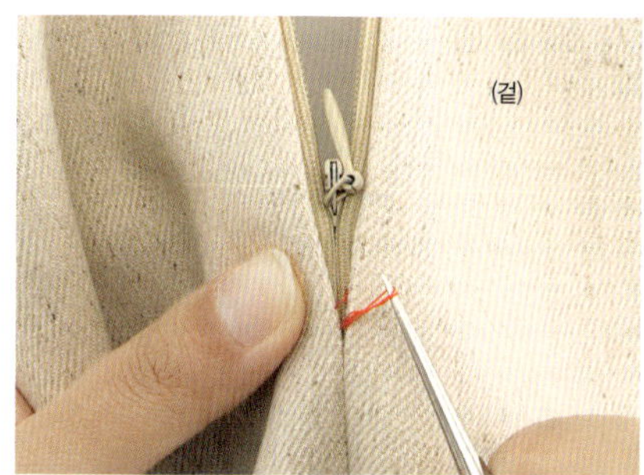

7 큰 땀으로 박았던 실을 트임 끝 지점까지 송곳을 사용해 뜯어냅니다.

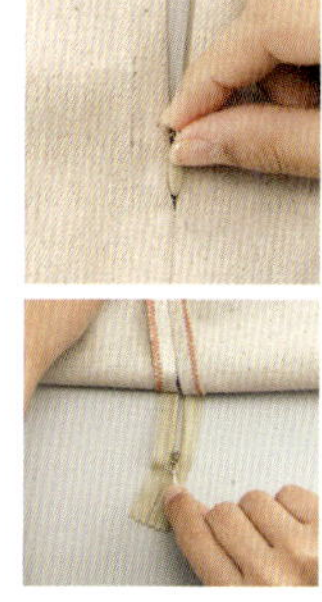

8 손잡이를 트임 끝 지점의 바늘땀 틈새를 통해 안쪽으로 빼내고 슬라이더와 하단 막음쇠를 트임 끝 지점보다 아래쪽으로 옮깁니다.

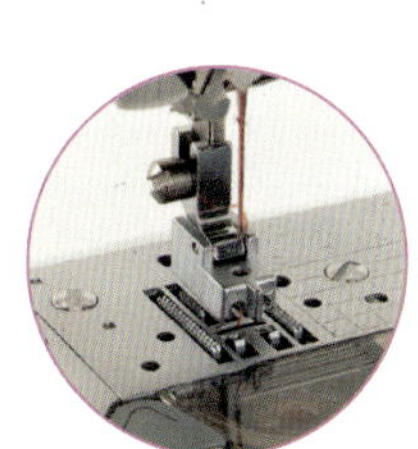

노루발을 콘실 지퍼 노루발로 교체합니다.

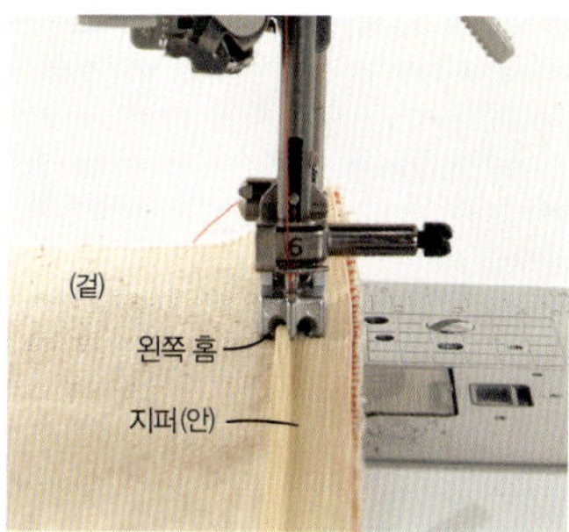

9 겉으로 뒤집어 시접을 가르고 지퍼 이빨을 노루발 홈에 넣고 봉제를 시작합니다.

콘실 지퍼 노루발을 사용하면 지퍼 이빨을 세워가면서 가장자리를 봉제할 수 있습니다.

10 트임 끝 지점의 한 땀 전까지 박습니다.

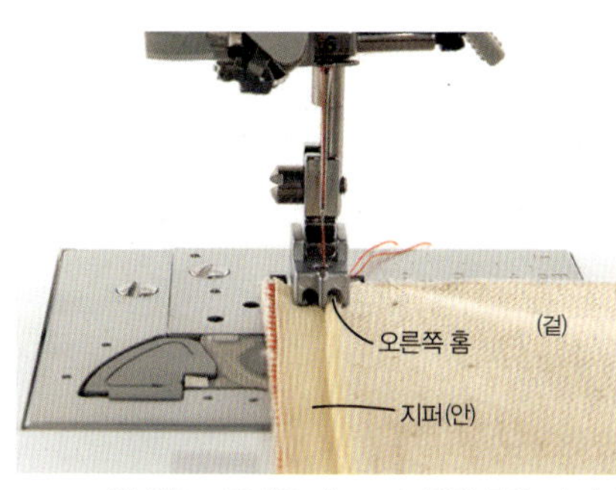

11 반대쪽도 시접을 가르고 노루발 홈을 바꿔서 박습니다.

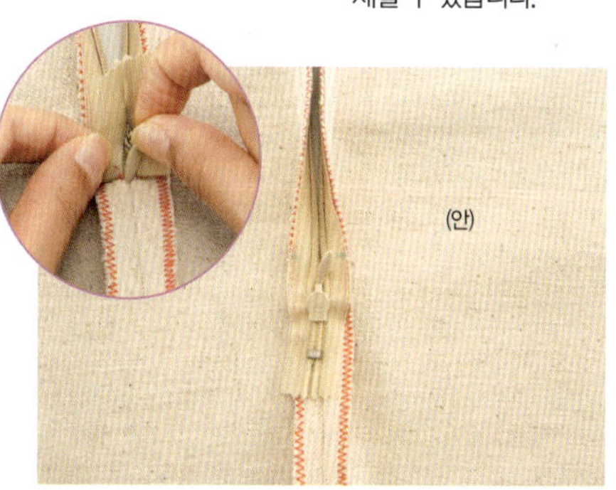

12 바늘땀의 틈새를 통해 손잡이를 겉쪽으로 빼냅니다.

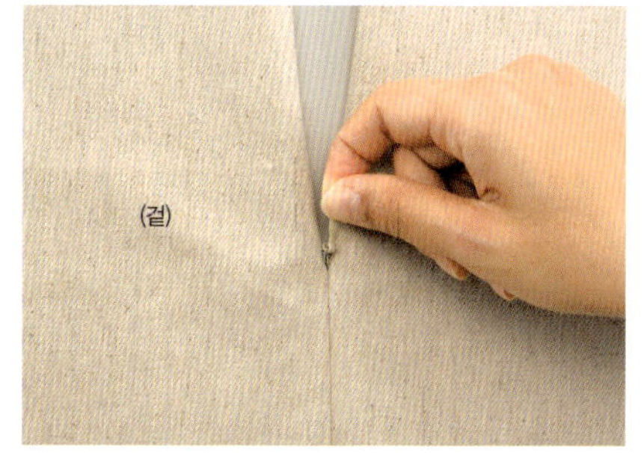

13 슬라이더를 위쪽으로 이동시킵니다.

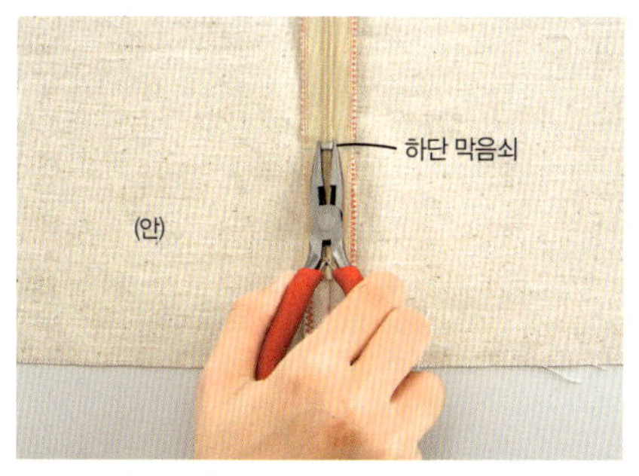

14 하단 막음쇠를 트임 끝 지점의 위치에 놓고 펜치로 조여서 고정합니다.

15 콘실 지퍼를 단 모습입니다. 겉쪽에서는 바늘땀이 보이지 않습니다.

팬츠의 앞지퍼

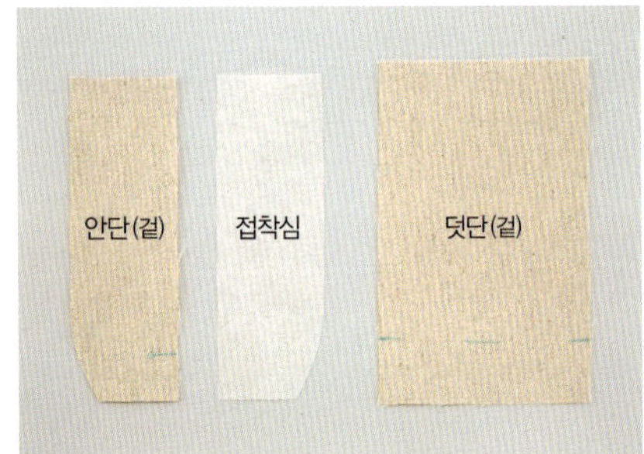

1 안단, 접착심, 덧단을 준비합니다.

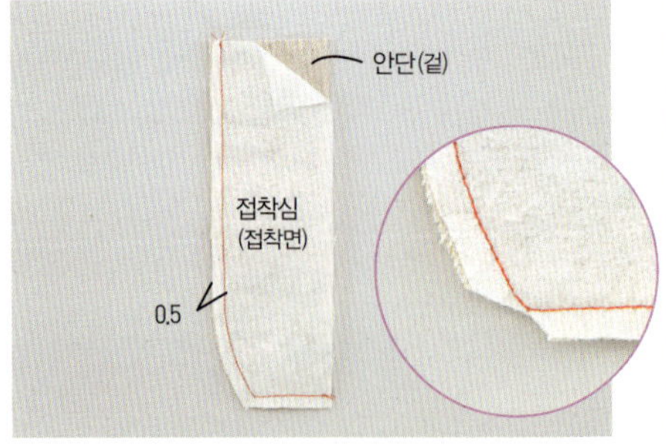

2 안단과 접착심을 겉끼리 맞대어 박고, 모서리 시접은 사진처럼 자릅니다.

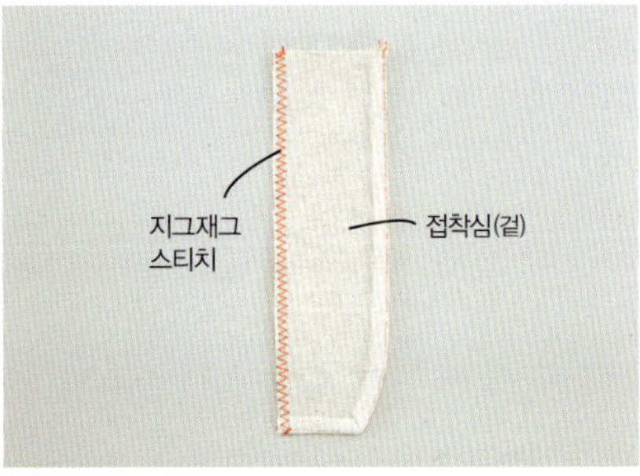

3 겉으로 뒤집어 다리미로 접착심을 붙이고 시접에 지그재그 스티치를 합니다.

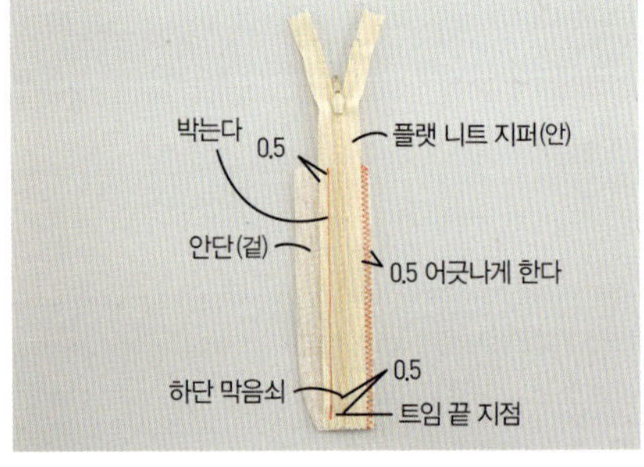

4 안단에 플랫 니트 지퍼를 겹쳐 박습니다.

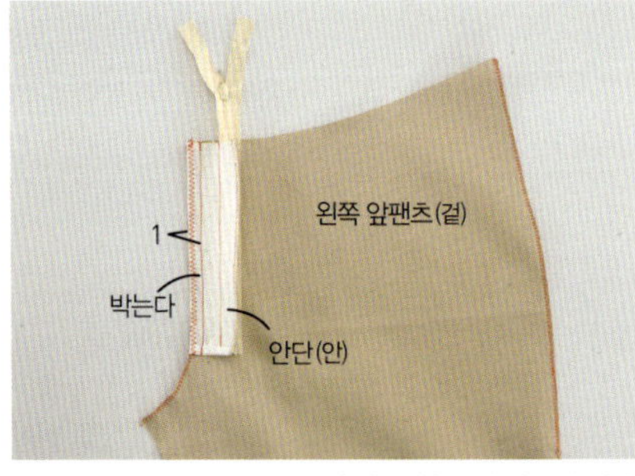

5 지퍼는 박지 말고, 안단과 왼쪽 앞팬츠만 박습니다.

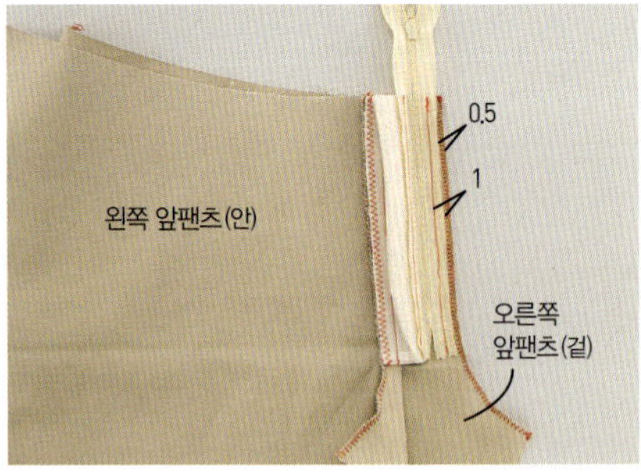

6 지퍼와 오른쪽 앞팬츠를 겉끼리 맞대어 박습니다.

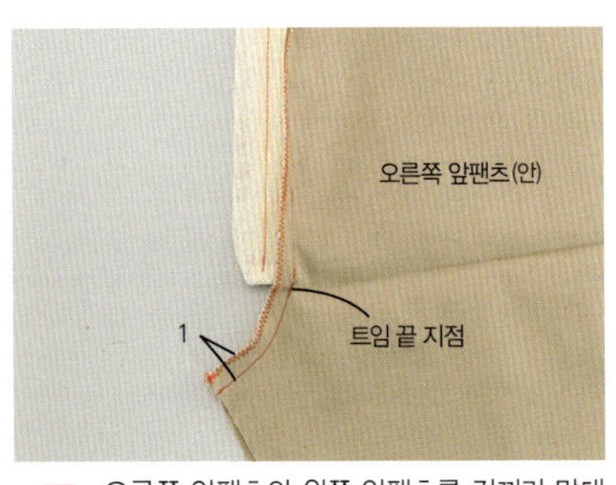

7 오른쪽 앞팬츠와 왼쪽 앞팬츠를 겉끼리 맞대고 트임 끝 지점까지의 밑위를 박습니다.

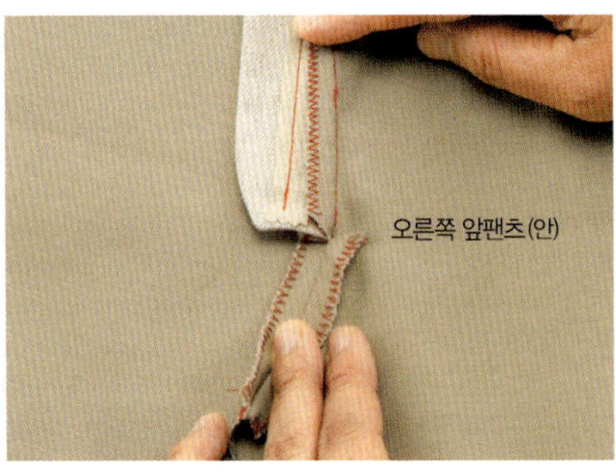

8 안단의 아래쪽, 오른쪽 앞팬츠 시접에 가위집을 넣습니다.

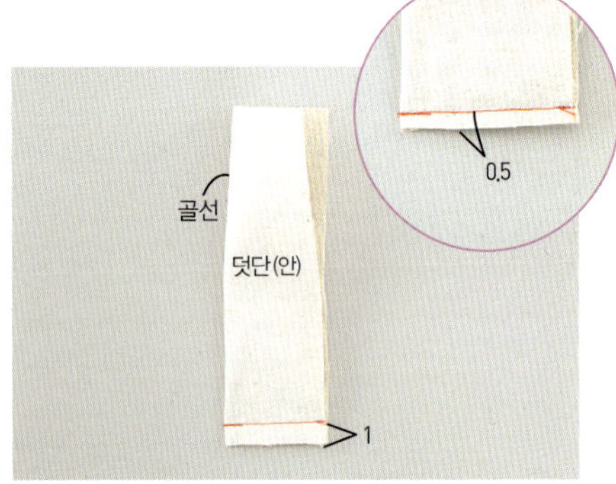

9 덧단을 겉끼리 맞대어 접고 아래쪽을 박은 다음 시접을 0.5㎝로 자릅니다.

9·10을 깔끔하게 봉제할 수 없다면

안끼리 맞대어 반으로 접고 주위에 지그재그 스티치합니다.

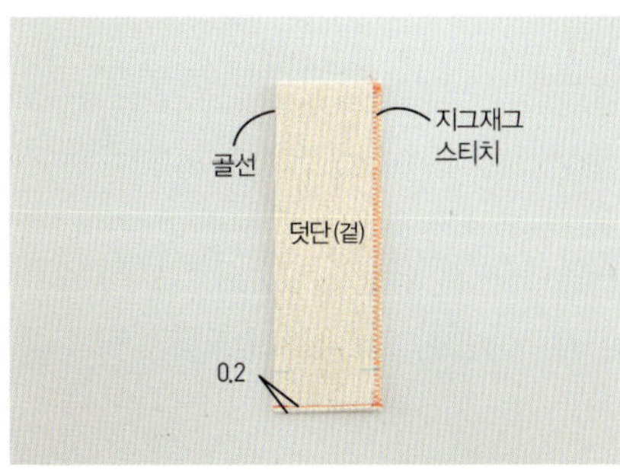

10 덧단을 겉으로 뒤집어 스티치를 하고 시접에 지그재그 스티치합니다.

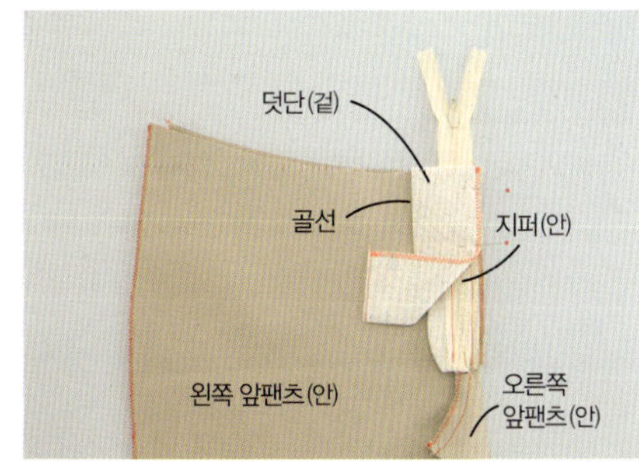

11 오른쪽 앞팬츠의 지퍼와 덧단을 맞춰놓고 시침핀을 꽂습니다.

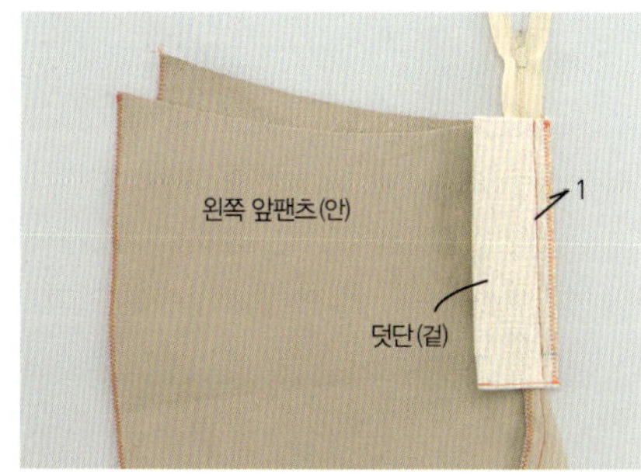

12 덧단을 봉제해 고정합니다.

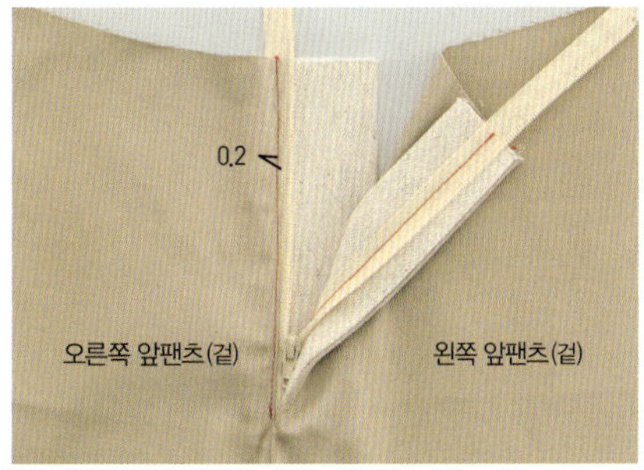

13 지퍼를 내리고 오른쪽 앞팬츠에 스티치합니다.

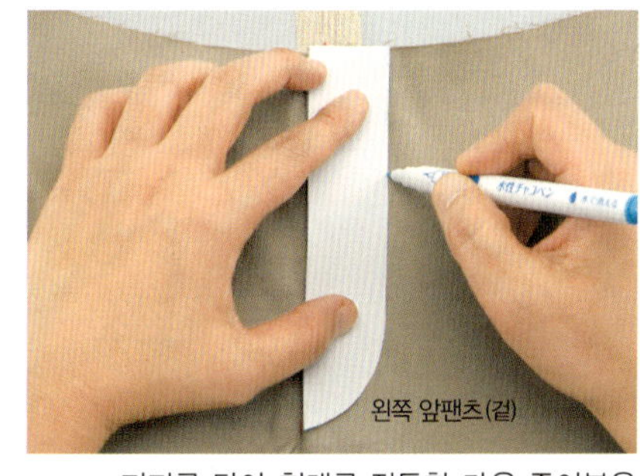

14 지퍼를 닫아 형태를 정돈한 다음 종이본을 대고 초크펜으로 스티치선을 그립니다.

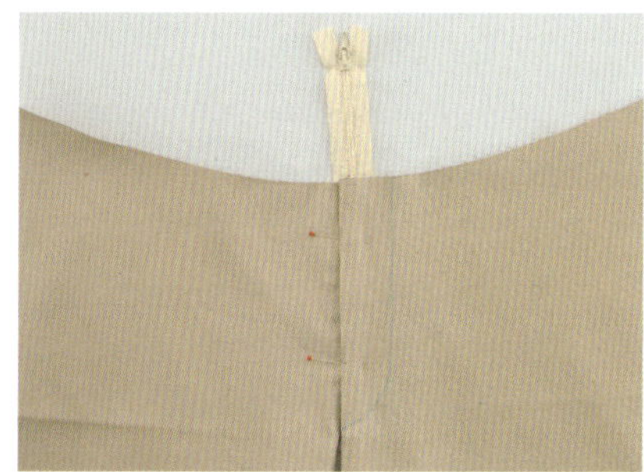

15 팬츠의 형태를 정돈하고 앞중심에 시침핀을 꽂습니다.

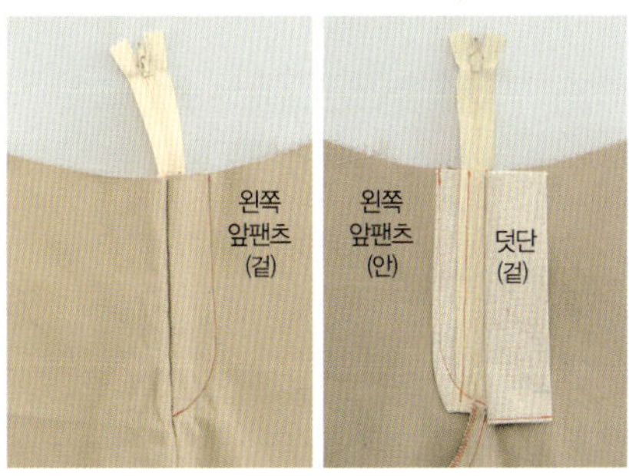

16 덧단을 오른쪽 앞팬츠 쪽으로 넘기고 겉쪽에서 스티치하는데, 덧단을 함께 봉제하지 않도록 주의합니다.

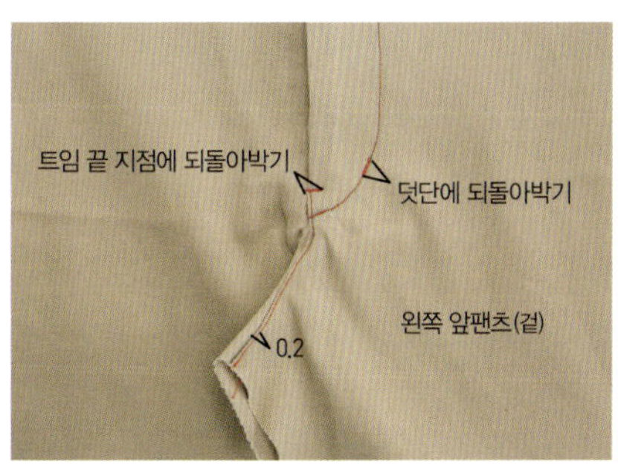

17 덧단을 왼쪽 앞팬츠 쪽으로 넘기고 트임 끝 지점에 되돌아박기를 합니다. 밑위 시접을 왼쪽 팬츠 쪽으로 넘겨 스티치합니다. 16의 스티치 위에 겹쳐서 되돌아박기를 합니다.

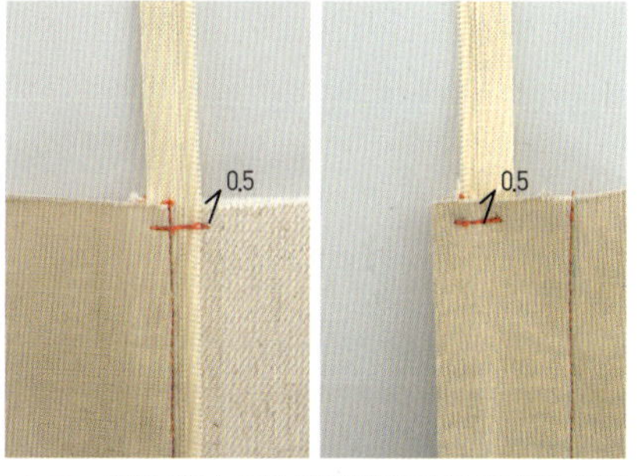

18 허리둘레 시접에 지퍼 테이프를 고정하기 위해 사진처럼 되돌아박기를 합니다.

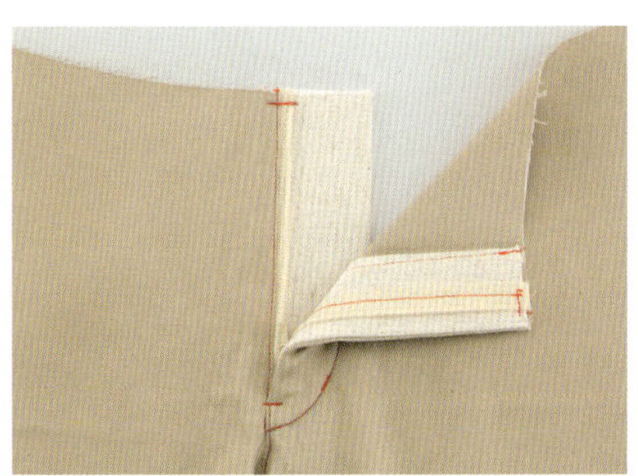

19 여분으로 남겨두었던 지퍼를 자릅니다.

20 앞지퍼(프런트 플라이 지퍼)를 단 모습입니다.

플랫 니트 지퍼로 만든 옆지퍼

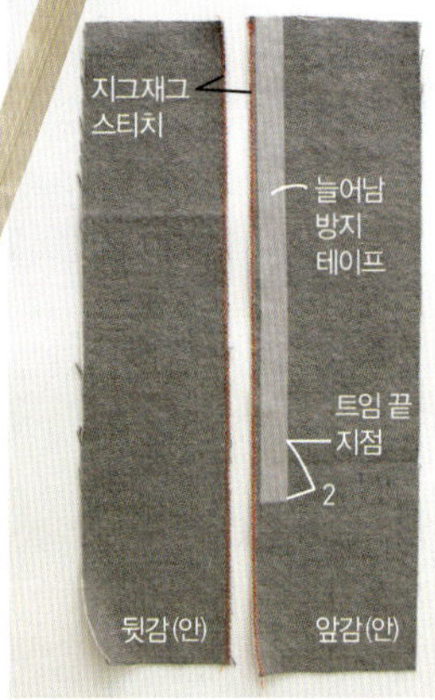

1 앞감의 트임 끝 지점에서 2㎝ 아래쪽까지 늘어남 방지 테이프를 붙이고, 시접을 지그재그 스티치로 처리합니다.

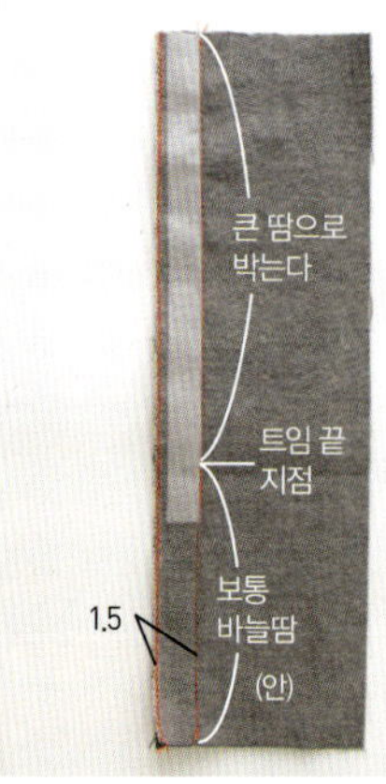

2 앞감과 뒷감을 겉끼리 맞대고 완성선을 트임 끝 지점까지 큰 땀으로 박습니다.

3 시접을 가르고 뒷감 시접이 0.3㎝ 나오게 해서 접습니다.

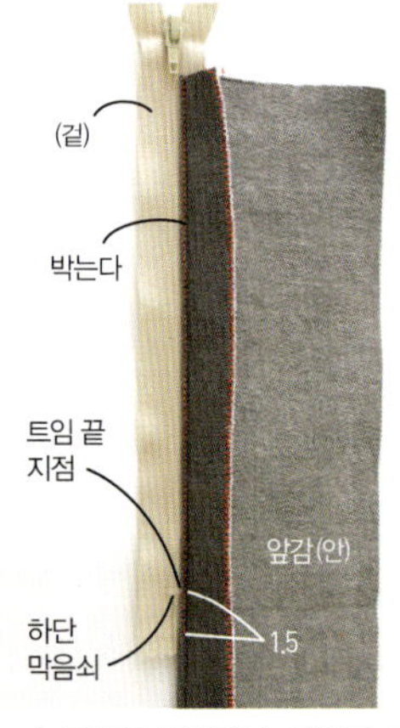

4 노루발을 지퍼용 노루발로 교체한 다음 뒷감 시접의 접음선을 지퍼 이빨의 가장자리에 맞추고 0.3㎝ 나와 있는 시접에 봉제해 답니다.

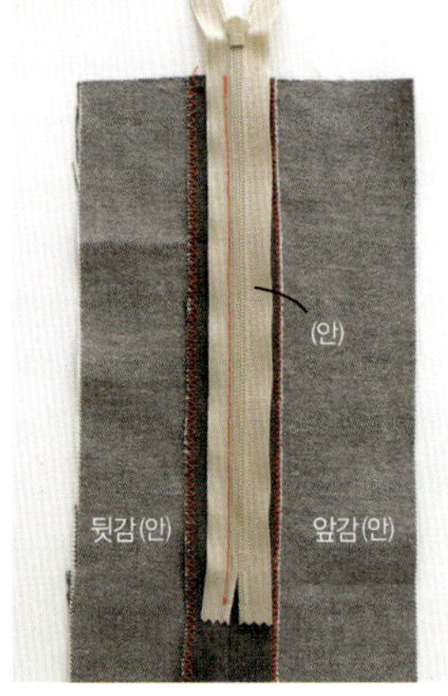

5 사진처럼 원단을 좌우로 펼칩니다.

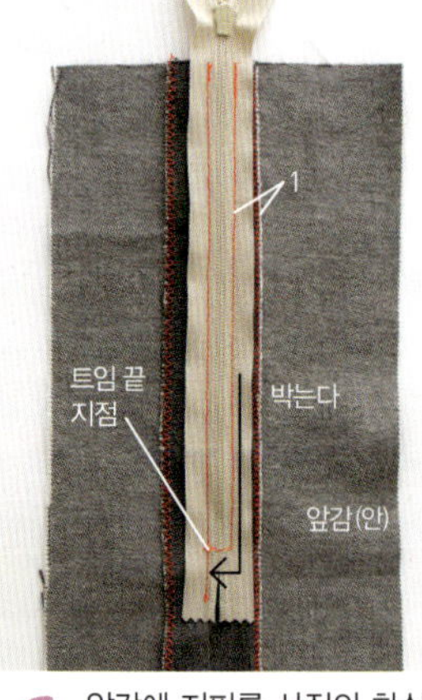

6 앞감에 지퍼를 사진의 화살표 방향대로 봉제해 답니다.

7 앞감에 지퍼를 봉제하고 달아 뒤집어놓은 모습입니다.

8 큰 땀으로 박았던 실을 송곳을 이용해 트임 끝 지점까지 뜯습니다.

9 지퍼를 단 모습입니다.

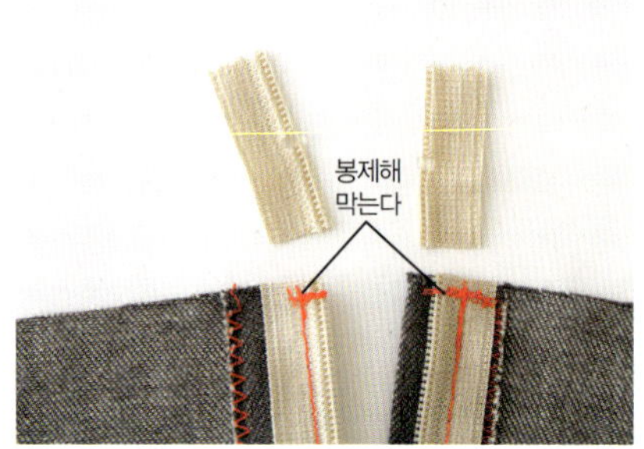

10 마지막으로 슬라이더가 빠지지 않도록 윗부분을 튼튼하게 봉제해 막고 여분의 테이프는 가위로 자릅니다.

Lesson 4

니트 원단 다루는 법

니트 원단의 기본

니트 원단은 잘 늘어나기 때문에 다루기 어려워 보이지만, 기본을 잘 익혀두면 생각보다 어렵지 않습니다.

니트 원단 종류

후라이스

겉코와 안코를 번갈아 뜬 '1코 고무뜨기' 원단으로, 겉과 안의 모양이 똑같습니다. 가로로 잘 늘어나 티셔츠 등 몸에 딱 맞는 옷을 만들 때 적합합니다.

다이마루

잘 늘어나지 않는 '메리야스뜨기(평뜨기)'로 뜬 원단으로, 가장자리가 말리는 특성이 있습니다. 겉쪽은 세로로 줄이 보이며 안쪽과 모양이 다릅니다. 티셔츠 등에 주로 사용합니다.

쭈리

보통 '스웨트(Sweat)'라고 불리는 원단으로, 안쪽은 기모로 처리되어 있고 고리 모양의 조직이 있습니다. 보온성이 우수해 추리닝이나 파카 등을 만들 때 적합합니다.

니트 원단 표기

16/2 다이마루

번수 원단을 짠 실 굵기를 표시하는 단위로, 숫자가 클수록 실이 가늡니다.

쌍사 '2'는 쌍사(雙絲)를 의미하며, 실 2가닥을 꼬아서 합친 실로 짠 원단입니다. '더블 다이마루'라고도 합니다.

16/– 다이마루

단사 '–'는 단사(單絲)를 의미하며, 실 1가닥으로 짠 원단입니다. '싱글 다이마루'라고도 합니다.

30 코마 다이마루

코마 원단을 만들 때 면의 불순물을 제거하는 공정을 거친 촉감이 부드러운 코마사로 짠 원단입니다.

분또 다이마루

분또 편물의 틈을 좁게 해서 짠 원단입니다.

텐션이란?

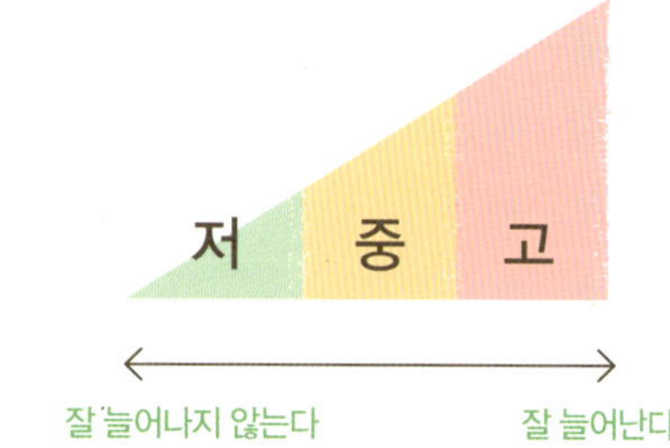

원단의 신축하는 정도를 '텐션'이라고 합니다. 텐션이 높은 원단일수록 잘 늘어나고, 텐션이 낮은 원단일수록 잘 늘어나지 않습니다. 니트 원단을 사용하는 데 익숙하지 않은 초보자라면 텐션이 낮고 약간 두께감이 있는 니트 원단을 사용하는 것이 좋습니다.

원단 올 바로잡기

1 물에 한 시간 정도 담급니다.

2 원단 밑에 수건을 깔고 손으로 눌러서 물기를 짭니다.

3 원단이 늘어나지 않도록 평평한 곳에 놓아 그늘에서 말립니다.

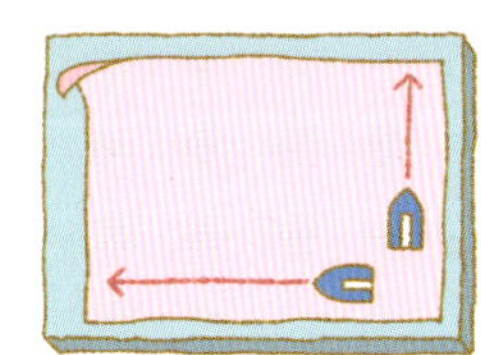

4 약간 덜 마른 상태에서 늘어나지 않도록 조심하면서 올의 방향을 정돈하고, 스팀다리미로 다립니다.

▶▶ 니트 원단을 봉제할 때 필요한 도구

재단할 때

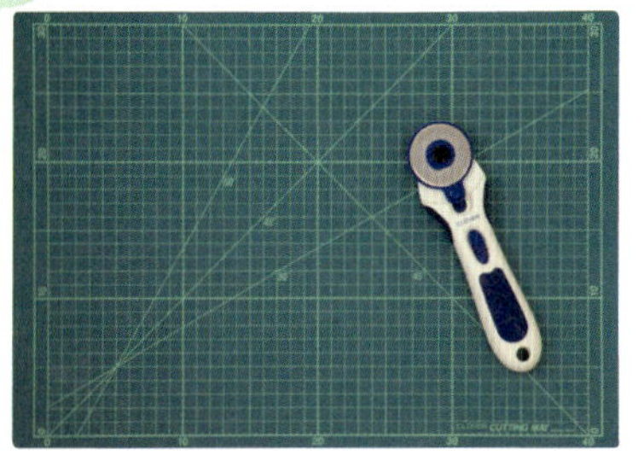

재단 칼&커팅 매트

재단 가위로도 재단할 수 있으나, 재단 칼을 사용하면 니트 원단이 늘어나는 일 없이 패턴대로 정확하게 재단할 수 있어 편리합니다.

봉제할 때

니트용 봉제사(레질론)

신축성이 있는 나일론실입니다. 이 실로 봉제하면 니트 원단과 함께 늘어나기 때문에 실이 잘 끊어지지 않습니다.

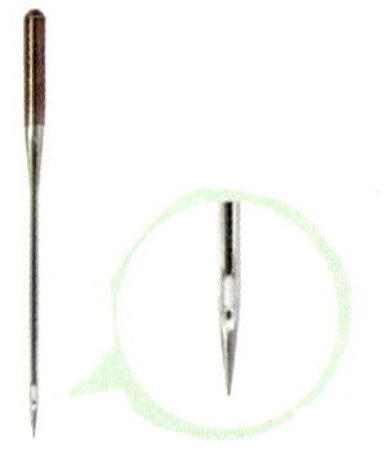

니트용 재봉틀 바늘

바늘 끝부분이 약간 둥글게 되어 있어서 원단의 뜨개실이 뜯어지는 일 없이 봉제할 수 있습니다.

늘어남 방지 테이프

니트 원단은 늘어나기 쉬우므로 늘어나지 않아야 하는 어깨 시접 등에 붙여서 늘어나는 것을 방지합니다.

시접 고정용 집게

움직이기 쉬운 니트 원단을 집어 확실하게 고정시킬 수 있습니다.

테플론 노루발(가죽 노루발)

니트 원단처럼 봉제하기 어려운 원단에 사용하는 노루발로, 봉제할 때 원단을 부드럽게 미는 역할을 합니다.

※현재 사용하는 재봉틀에 맞는 정품 노루발을 사용하는 것이 좋습니다.

정돈할 때

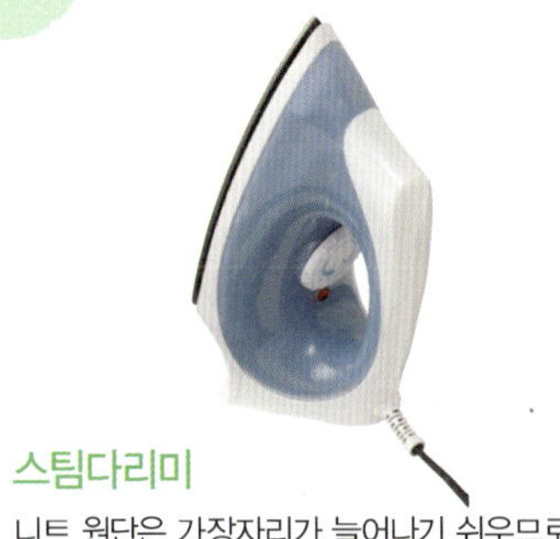

스팀다리미

니트 원단은 가장자리가 늘어나기 쉬우므로 봉제한 뒤에 늘어난 부분을 스팀다리미로 정돈합니다.

▶▶ 맞춤점 표시하기

노치

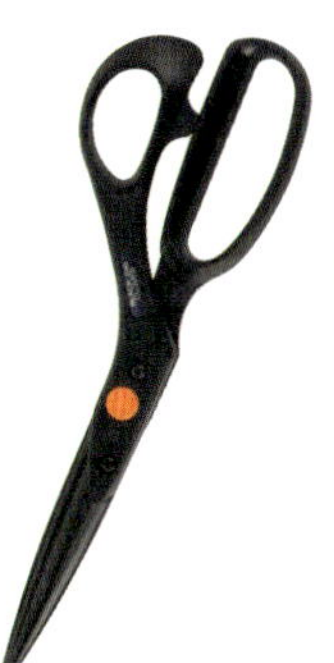

올이 잘 풀리지 않는 니트 원단이라면 시접에 노치(notch, 가위집)를 넣어 표시할 수도 있습니다.

초크펜

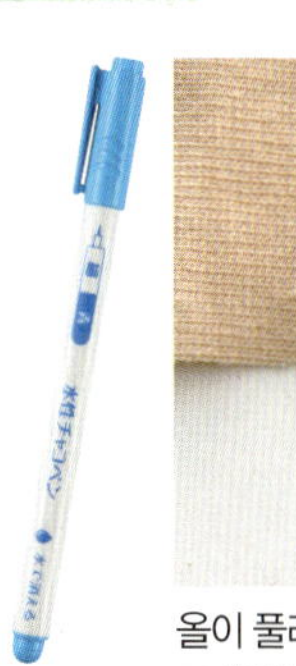

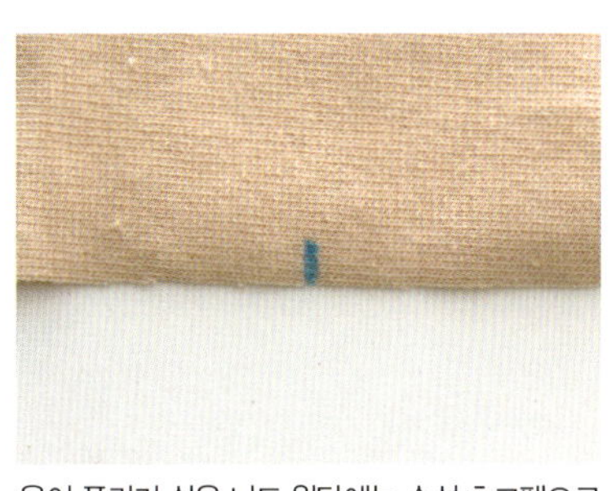

올이 풀리기 쉬운 니트 원단에는 수성 초크펜으로 표시하는 것이 좋습니다.

도구 제공 테플론 노루발: KAWAGUCHI, 니트용 봉제사: FUJIX, 스팀다리미 외: CLOVER

니트 원단 봉제법

니트 원단을 봉제할 때의 요령과 바늘땀 정돈하는 방법을 소개합니다.

▶▶ 재봉틀 설정하기

가정용 재봉틀로 니트 원단을 봉제할 때 알아야 할 3가지 중요 포인트입니다.

바늘땀 설정하기

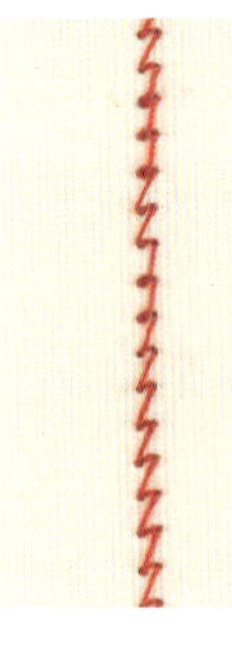

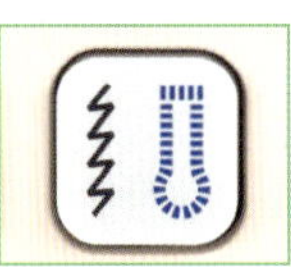

신축 봉제

바늘땀이 원단과 함께 늘어나는 봉제법으로, 지그재그 스티치와 비슷합니다.

삼중 신축 봉제

같은 위치를 삼중으로 봉제한 것처럼 보이는 튼튼한 바늘땀입니다.

노루발 압력 설정하기

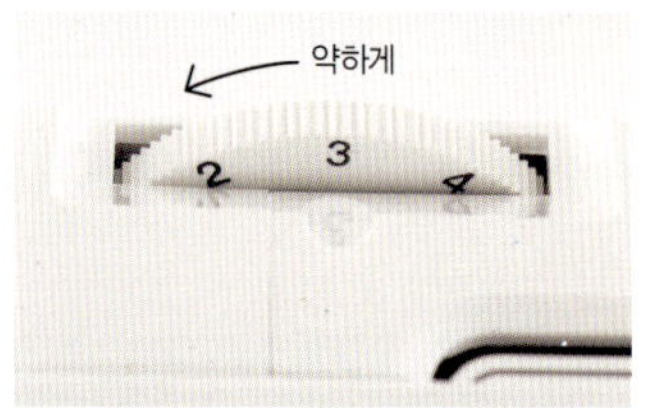

니트 원단은 노루발 압력이 강하면 봉제할 때 늘어날 수 있기 때문에, 노루발 압력을 조절할 수 있는 재봉틀이라면 노루발 압력을 약하게 설정합니다.

단 처리하기

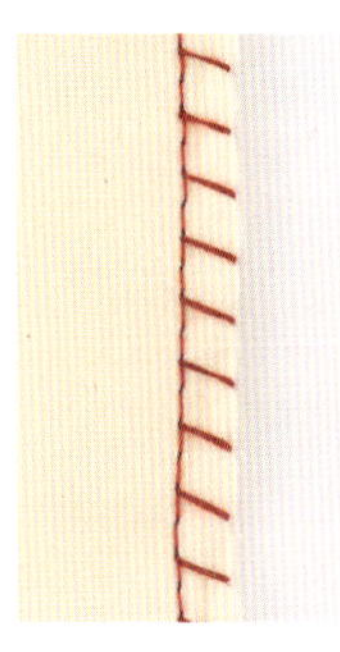

휘갑치기(오버로크)

니트 원단을 봉제할 때 적합한 바느질로, 시접의 올풀림을 방지합니다.

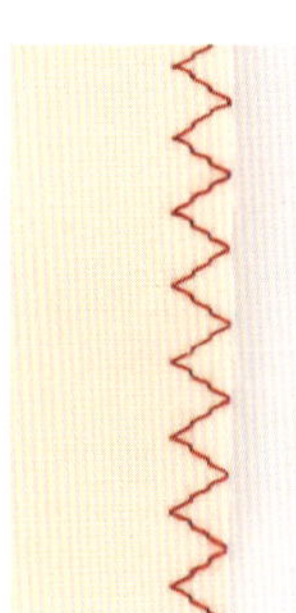

삼중 지그재그 스티치

일반 지그재그 스티치보다 튼튼하게 완성됩니다.

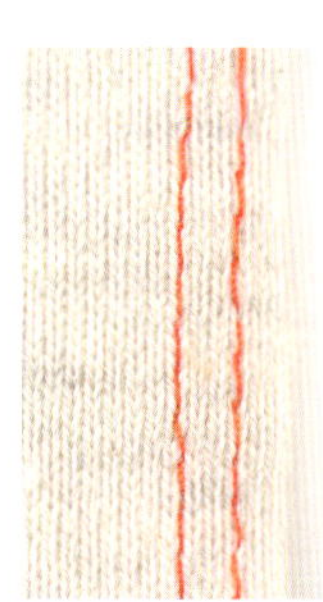

시침박기

시접을 직선박기로 2줄 봉제하는 방법입니다.

▶▶ 다림질하기

봉제한 부분이 늘어나서 원단이 울 경우의 대처법입니다.

1 단 처리를 한 뒤에 원단이 우는 모습입니다.

2 다리미를 증기로 설정해놓고 누르듯이 다리미를 갖다 댑니다.

3 울었던 시접이 안정된 모습입니다.

▶▶ 오버로크 재봉틀

오버로크 재봉틀이란?

최대 4가닥의 실을 사용해 고리 모양으로 봉제하는 오버로크 재봉틀은 원단 가장자리의 올풀림을 방지하는 목적으로 사용합니다. '바늘 2개, 실 4가닥'을 사용하는 오버로크 재봉틀이 가장 보편적입니다.

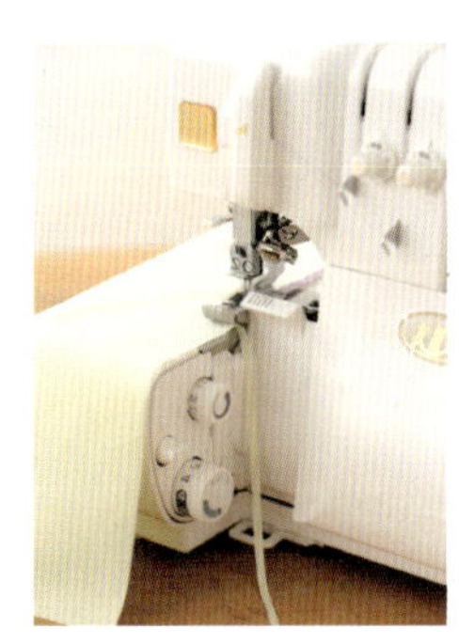

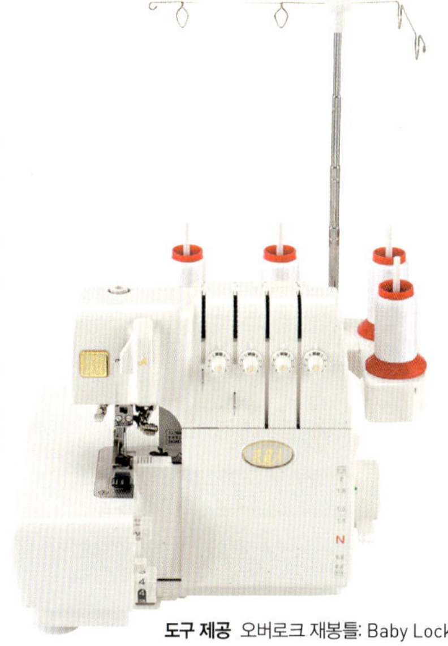

도구 제공 오버로크 재봉틀: Baby Lock

오버로크 재봉틀의 특징

오버로크 재봉틀로 가능한 작업

니트 원단 합봉하기

신축성 있는 원단은 합봉과 가장자리 감침질을 동시에 할 수 있습니다. 합봉할 때는 바늘 2개, 실 4가닥을 사용하는 오버로크 재봉틀을 사용하세요.

패브릭 원단은 봉제할 수 없나요?

원단 조직이 촘촘해 봉제선의 봉제한 실이 보일 수도 있고 원단이 터질 수도 있습니다. 단, 비칠 정도로 얇은 원단이라면 합봉은 가능합니다.

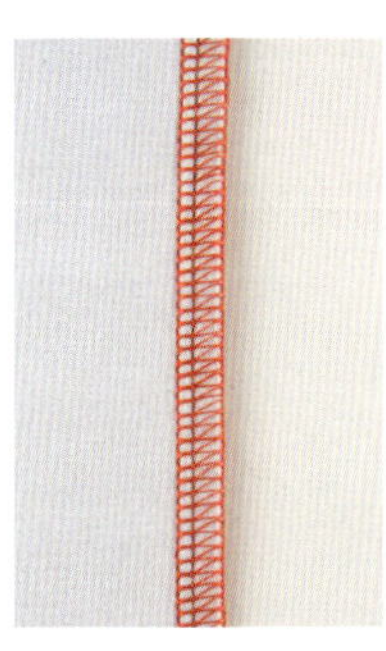

시접 처리하기

가정용 재봉틀보다 튼튼하게 가장자리를 처리할 수 있고, 기성품과 똑같이 마무리됩니다.

스커트 밑단이나 소맷부리에 사용되는 '끝말이 오버로크'는 얇은 원단의 가장자리를 처리할 때 적합합니다.

오버로크 재봉틀로 불가능한 작업

직선박기, 단춧구멍 등의 스티치

오버로크 재봉틀은 원단 가장자리만 봉제할 수 있기 때문에 원단 안쪽을 봉제할 때는 사용할 수 없습니다. 직선박기와 단춧구멍 만들기는 불가능하므로 가정용 재봉틀과 함께 사용하는 것이 좋습니다.

Column 2

소소한 봉제 팁

패턴을 자를 때는 커터를

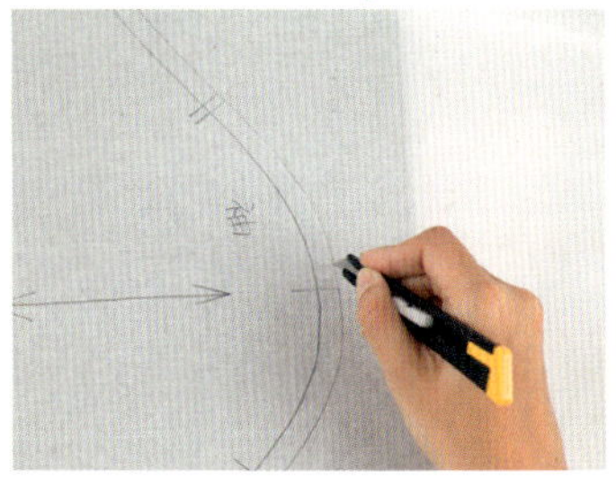

패턴을 자를 때 가위 대신 커터를 사용하면 작업 시간을 단축할 수 있습니다. 곡선은 커터만 사용해 자르고, 직선은 금속제의 자를 대고 자릅니다.

이어서 봉제해 시간을 단축

여러 장의 원단을 봉제해야 할 때 일일이 하나씩 봉제하고 실을 자르다 보면 시간이 꽤 걸립니다. 사진처럼 실을 자르지 않고 몇 땀 정도 여유를 둔 상태에서 다음 원단을 이어서 봉제한 다음 원단들 사이의 실을 한꺼번에 자르면 작업이 한결 수월해집니다.

'한 번 접기', '두 번 접기'는 봉제 전에

소맷부리처럼 작은 원통 모양으로 된 부분은 봉제 후에 접는 것이 까다롭습니다. 평면 상태일 때 접음선을 표시해두고 원통 모양으로 봉제하는 것이 좋습니다.

고리는 여러 개를 한꺼번에 봉제

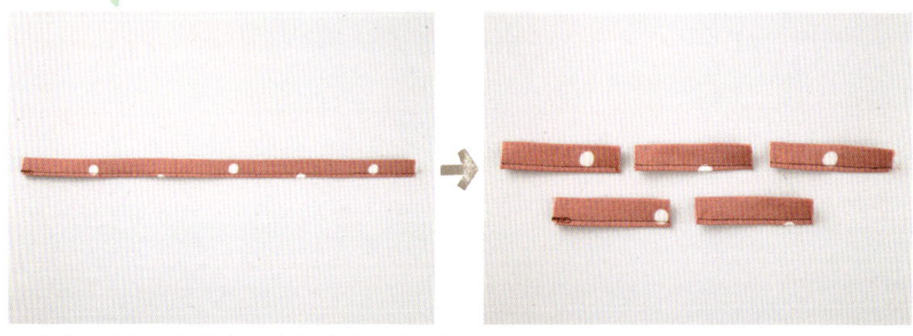

고리처럼 같은 폭의 원단이 많이 필요할 때는 한꺼번에 길게 만들어두고, 필요한 길이와 개수만큼 잘라서 사용하면 시간을 절약할 수 있습니다.

재봉틀 옆에는 쓰레기봉투를

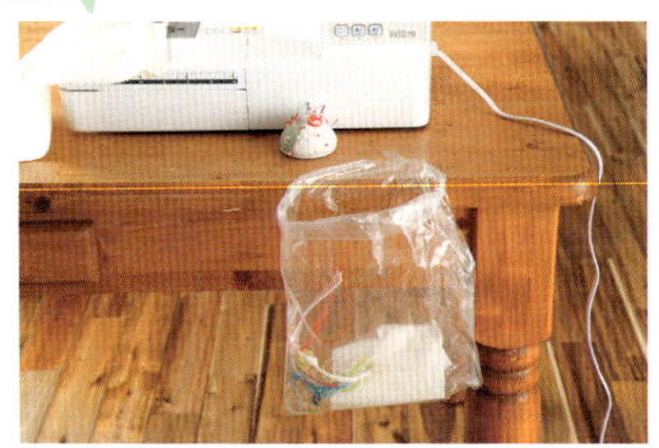

재봉틀 주변은 실밥이나 자투리 원단으로 어지럽혀지기 쉽습니다. 재봉틀 옆에 비닐봉지나 작은 쓰레기통을 놓아두면 그때그때 처리할 수 있기 때문에 봉제한 작품이 실투성이가 될 염려도 없고 뒷정리 또한 간단하게 할 수 있습니다.

작업대 옆에는 다리미를 두자

봉제에서 시접을 접거나 가르는 작업을 하는 다림질로 넘어가는 과정이 원활하게 이어지도록 작업대 옆에 다리미를 놓아두세요. 작업이 한결 수월해집니다.

Lesson 5

작품 만들기

사이즈 선택하기

'소품'(p.100)이나 '옷'(p.108~111)을 만들기 전에 사이즈를 확인합니다.

사이즈 재는 방법

How to make에는 '완성 크기'가 적혀 있습니다. 구체적으로 어느 부분을 재야 하는지 확인하고 작업을 시작합니다.

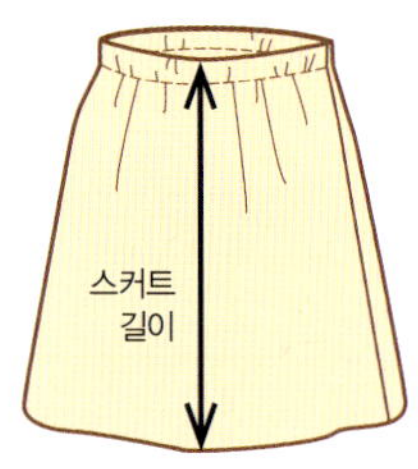

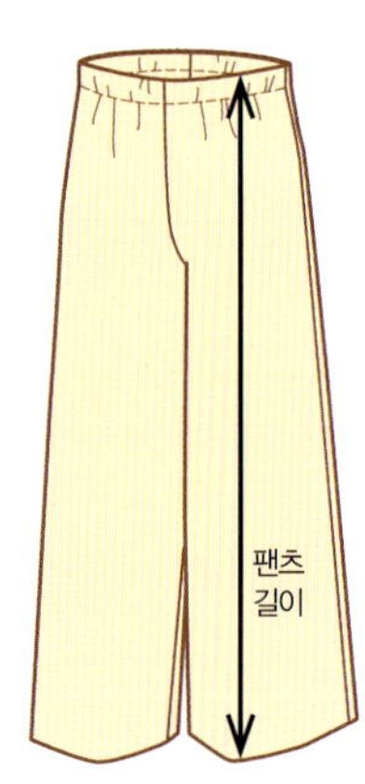

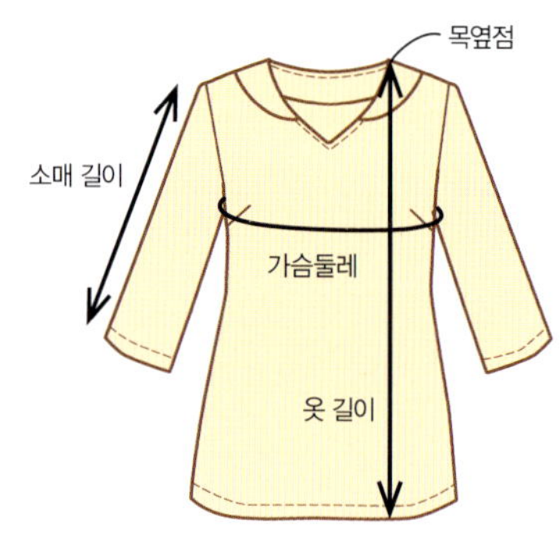

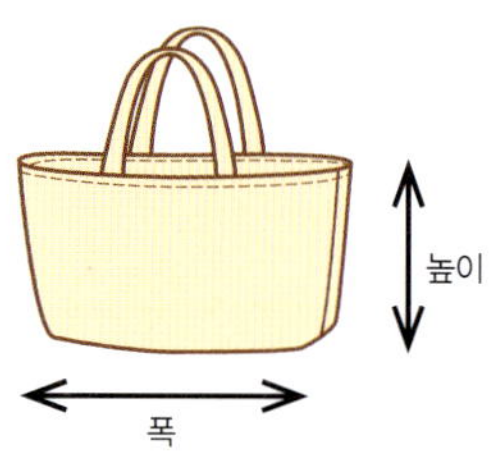

신체 치수

속옷을 입은 상태에서 잰 치수를 아래의 표에 적용시켜 사이즈를 선택합니다.

아동

	가슴둘레	허리둘레	엉덩이둘레	키
100	54	49	57	95~105
110	58	51	61	105~115
120	62	53	65	115~125

남성

	가슴둘레	허리둘레	키
S	84~92	77~82	162~170
M	88~96	80~85	166~174
L	94~102	83~88	170~178
XL	100~108	87~92	174~182

여성

	가슴둘레	허리둘레	엉덩이둘레	키
S	79	60	87	160
M	83	64	91	160
L	87	68	95	160
XL	91	72	99	160

▶▶ 패턴 사이즈 조절하기

사이즈 조절하기

한 사이즈 이상 사이즈를 변경하려면 전문 지식이 필요하지만, 사이즈를 약간 조절해야 한다면 방법은 간단합니다. 사이즈를 조금 크게 조절하고 싶다면 원래 완성선보다 0.5㎝ 정도 시접 쪽으로 완성선을 그리고, 반대로 사이즈를 조금 작게 조절하고 싶다면 원래 완성선보다 0.5㎝ 정도 안쪽으로 완성선을 그립니다.

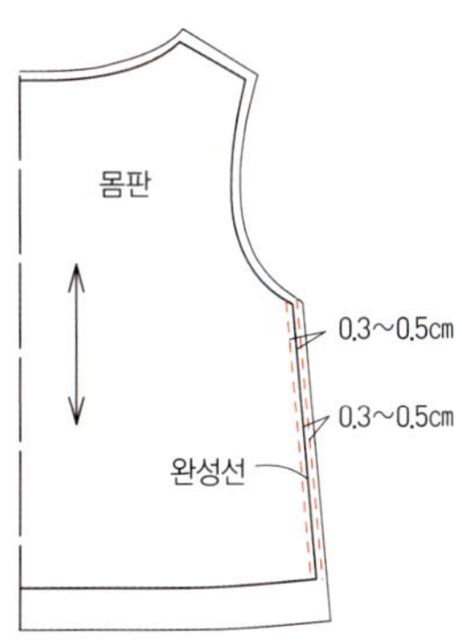

소매 길이 늘리기

소매의 패턴을 위아래로 2등분하고 그 사이에 늘리고 싶은 만큼의 길이를 더해 평행하게 넓힙니다. 그다음 소매 밑단의 완성선을 자연스럽게 연결합니다.

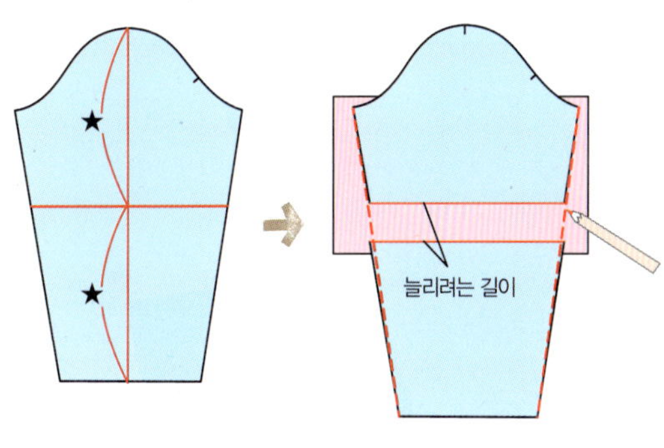

스커트 길이 늘리기

늘리려는 길이만큼 밑단선과 평행하게 선을 그려서 중심선과 옆선을 연장합니다.

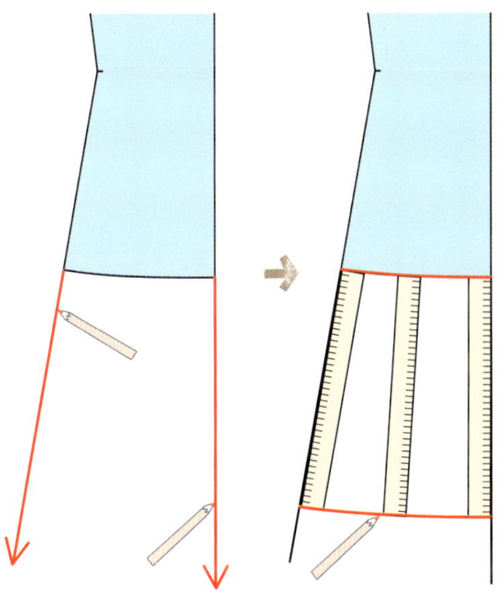

팬츠 폭 늘리기

앞·뒤 팬츠의 밑단선을 각각 세로로 2등분합니다. 그 사이에 늘리려는 폭(1㎝ 정도까지)을 더해, 허리둘레 완성선과 밑단선을 자연스럽게 연결합니다.

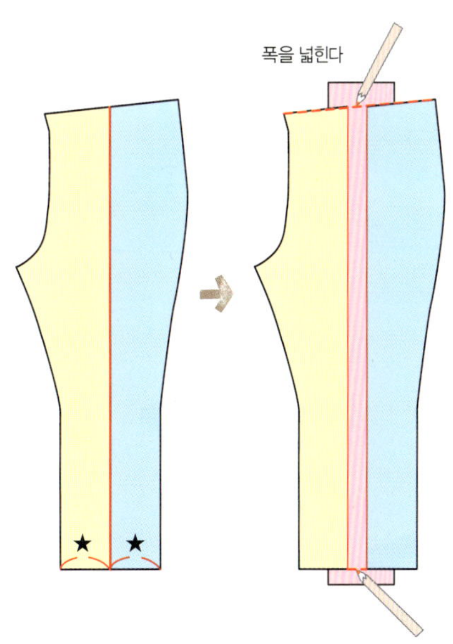

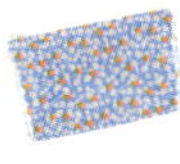

소품

기본을 익혔다면 간단한 소품 만들기부터 시작합니다.

주방 세트

식탁 매트, 행주, 코스터를 직선박기만으로 간단하게 만들 수 있어요.

How to make P.101

스트링 파우치

안감이 달려 있어 튼튼한 기본 스타일 파우치!

How to make P.102

팔 토시

직선박기만으로 손쉽게 만들 수 있는 팔 토시는
니트 원단을 다루는 연습으로도 제격이지요.

How to make P.104

지퍼 파우치

원단 가장자리를 처리하지 않고
작업할 수 있는 비닐 코팅 원단!

How to make P.105

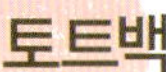

토트백

A4 사이즈도 들어갈 만큼 공간이 넉넉한 토트백은 가방 바닥을 달리해 2가지 스타일로 연출할 수 있어요.

How to make P.106

주방 세트

재료

식탁 매트: 리넨 50cm×38cm

행주: 리넨(스트라이프 무늬) 60cm×60cm

코스터: 리넨 15cm×15cm

완성 크기

식탁 매트: 45cm×33cm

행주: 55cm×55cm

코스터: 10cm×10cm

재단 배치도

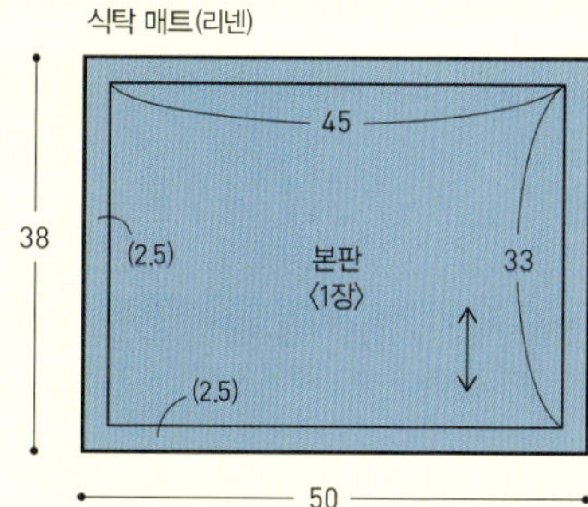

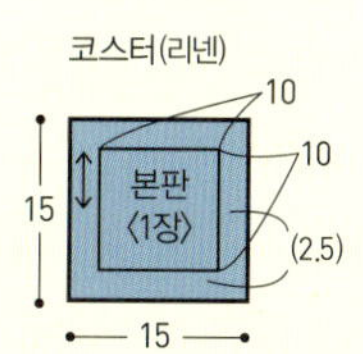

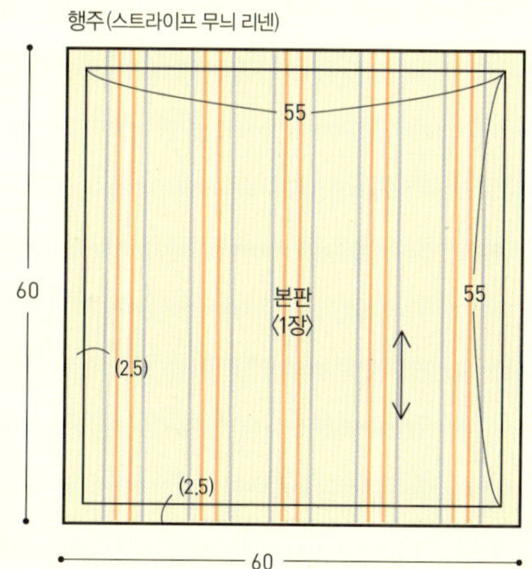

※( ) 안은 시접

식탁 매트 만드는 방법 ※행주와 코스터도 같은 방법으로 만들 수 있습니다.

1 원단 가장자리를 1.2cm로 접어서 다리고, 완성선을 따라 다시 1.3cm로 접어서 다립니다.

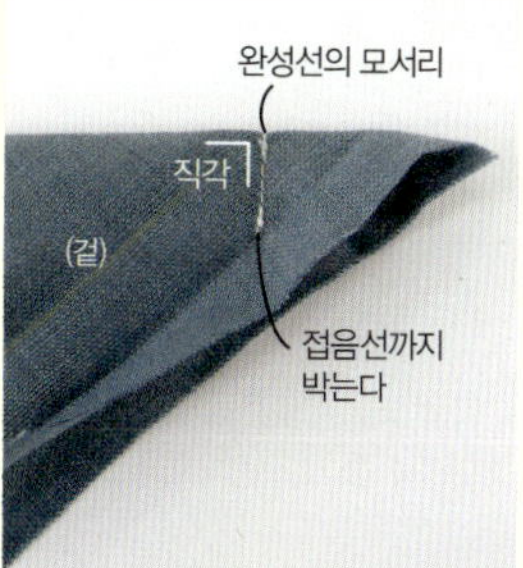

2 모서리를 안끼리 맞대 삼각으로 접고 완성선의 모서리에서 첫 번째 접음선까지만 사진처럼 박습니다.

3 시접을 0.5cm 남기고 자릅니다.

4 시접을 다리미로 가르고, 나머지 모서리도 같은 방법으로 처리합니다.

5 네 모서리를 뒤집습니다.

6 네 모서리를 송곳으로 깔끔하게 빼내고 가장자리를 정돈합니다.

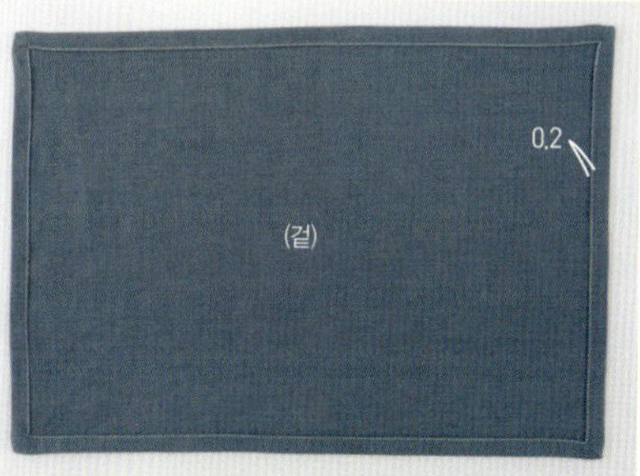

7 1에서 만들어둔 접음선대로 두 번 접어 겹치고 접음선에서 0.2cm 들어간 부분을 빙 둘러 박으면 끝입니다.

스트링 파우치

재료

시팅(꽃무늬) 76cm×29cm

시팅(아이보리색) 68cm×29cm

납작 스트링 면끈 폭 0.7cm×70cm 2개

완성 크기

폭 27cm×높이 35cm

재단 배치도

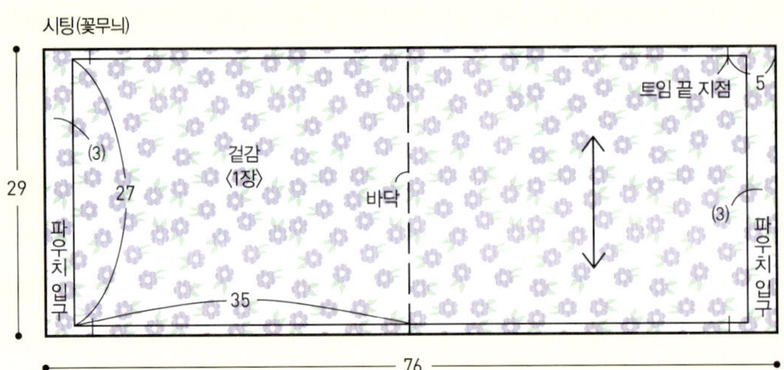

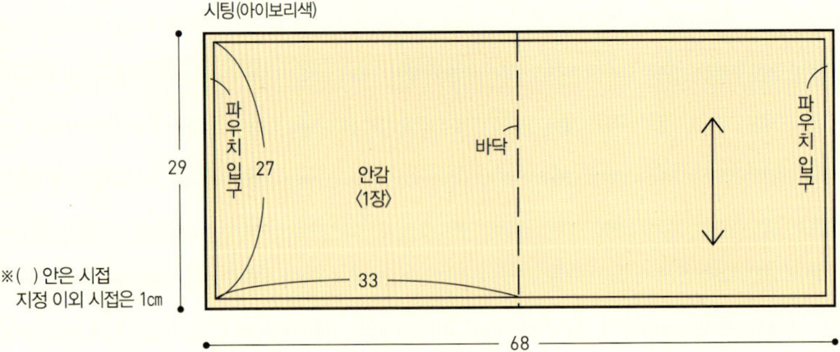

※( ) 안은 시접
지정 이외 시접은 1cm

만드는 방법

1 겉감과 안감의 파우치 입구 쪽 시접을 각각 완성선에 맞춰 다리미로 접어서 접음선을 만들어둡니다.

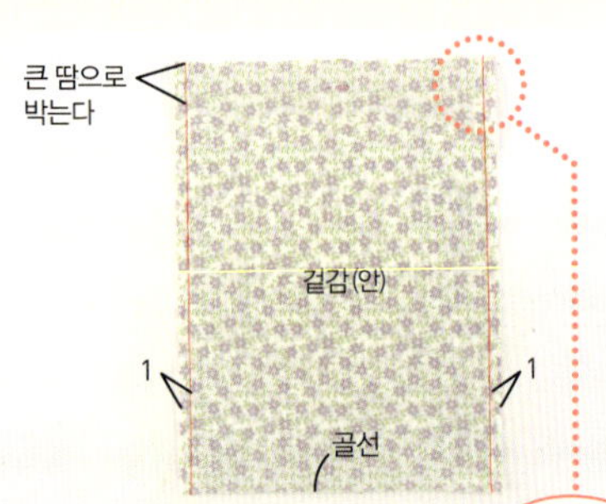

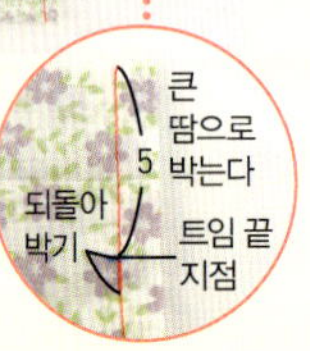

2 겉감을 겉끼리 맞대어 반으로 접고 양 옆선을 박습니다. 트임 끝 지점에서 파우치 입구 쪽까지는 큰 땀으로 박습니다.

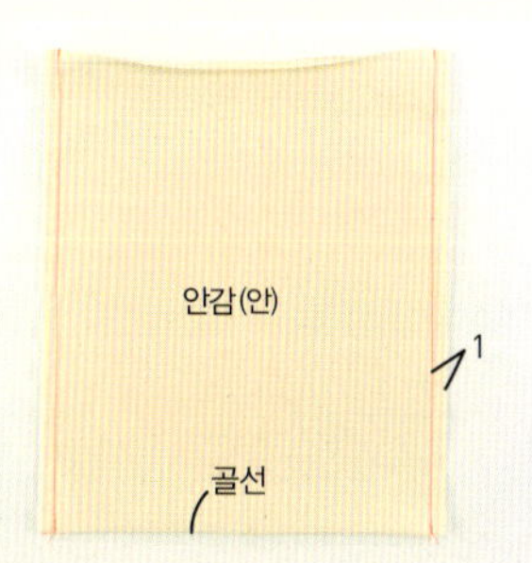

3 안감을 겉끼리 맞대어 반으로 접고 양 옆선을 박습니다.

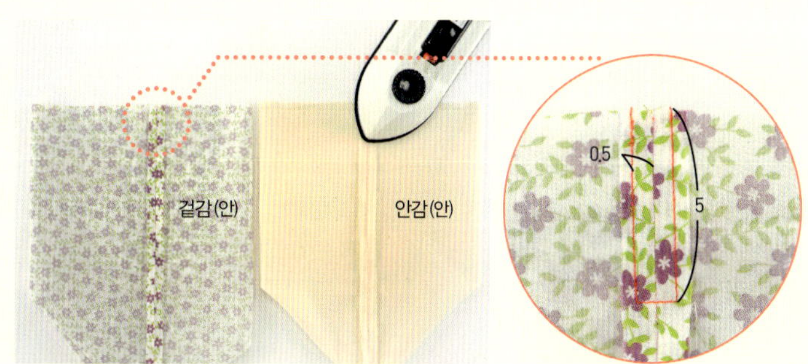

4 안감과 겉감의 옆선 시접을 안쪽에서 다리미로 가릅니다.

겉감 입구의 옆선은 사진처럼 스티치합니다.

5 겉감과 안감의 입구를 각각 완성선을 따라 접은 다음 안끼리 맞대어 입구를 맞춥니다.

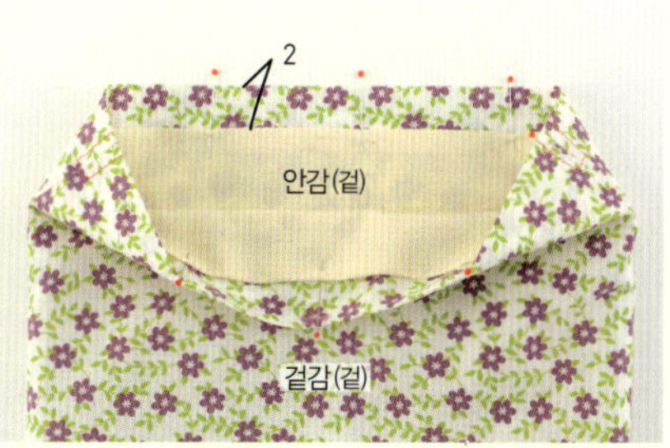

6 파우치 입구를 시침핀으로 고정합니다.

7 파우치 입구 둘레를 스티치합니다.

겉감 입구의 옆선에 큰 땀으로 박았던 실을 뜯어내고 끈 끼울 구멍을 만듭니다.

8 양 옆선의 끈 끼울 구멍에 예시 화살표처럼 끈을 끼우고 끈의 끝부분을 묶습니다.

Arrange

원단을 바꿔보세요

퀼팅 원단과 샴브레이 원단으로 파우치를 만들면 뒤집어서 양면으로 사용할 수 있습니다.

모서리를 둥글려보세요

옆선을 봉제할 때 바닥 모서리를 둥글게 박으면 귀여운 스타일의 파우치가 탄생된답니다.

팔 토시

재료

니트 다이마루 48㎝×45㎝

스트레치 레이스 폭 1.5㎝×50㎝

완성 크기

손목둘레 16㎝

토시 길이 40.5㎝

재단 배치도

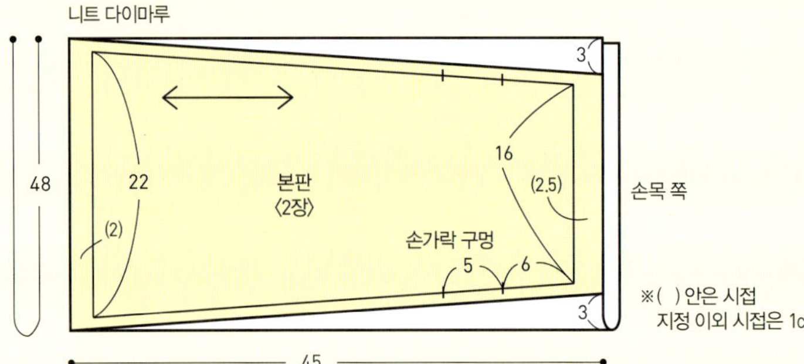

만드는 방법 ※니트용 재봉틀 바늘과 니트용 봉제사를 사용합니다.

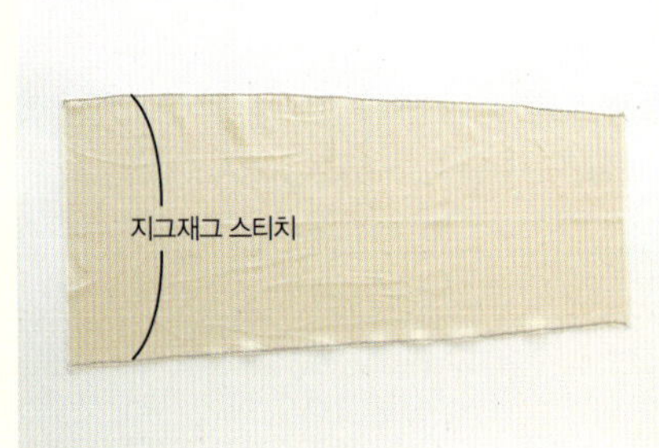

1 양쪽 가장자리 시접을 지그재그 스티치로 처리합니다.

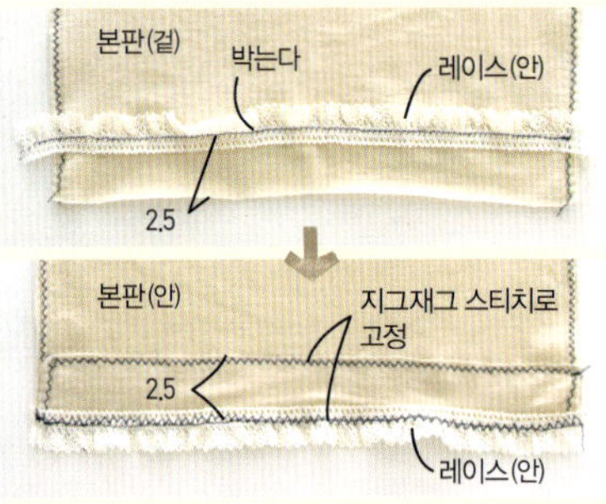

2 손목 쪽의 완성선에 맞춰 레이스를 봉제해 고정합니다. 완성선을 따라 본판을 접고 접음선과 원단 가장자리에 지그재그 스티치로 고정합니다.

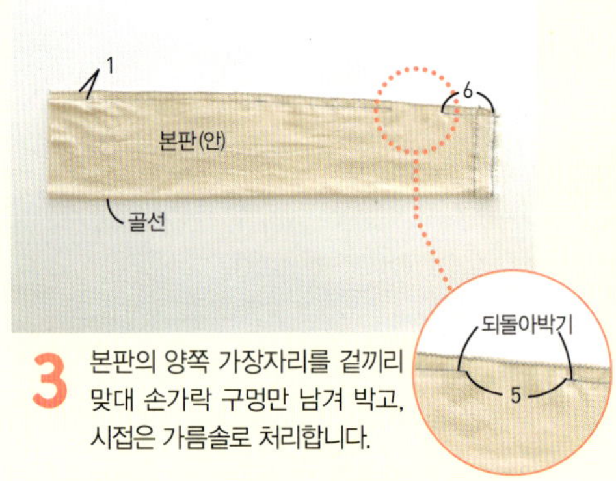

3 본판의 양쪽 가장자리를 겉끼리 맞대 손가락 구멍만 남겨 박고, 시접은 가름솔로 처리합니다.

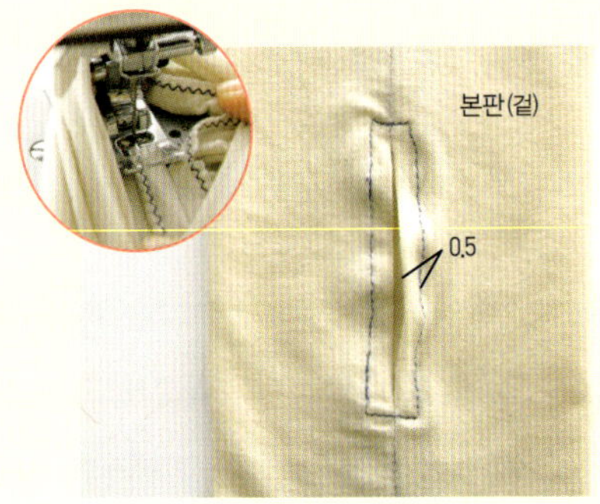

4 손가락 구멍 둘레에 스티치를 합니다.

5 손목 쪽 시접이 뜨지 않도록 사진처럼 스티치 합니다.

6 윗단 시접은 완성선을 따라 접고 지그재그 스티치로 고정합니다. 같은 방법으로 하나 더 만듭니다.

지퍼 파우치

재료

비닐 코팅 원단 46cm×16cm

비슬론 지퍼 20cm 1개

완성 크기

폭 21cm×높이 12cm

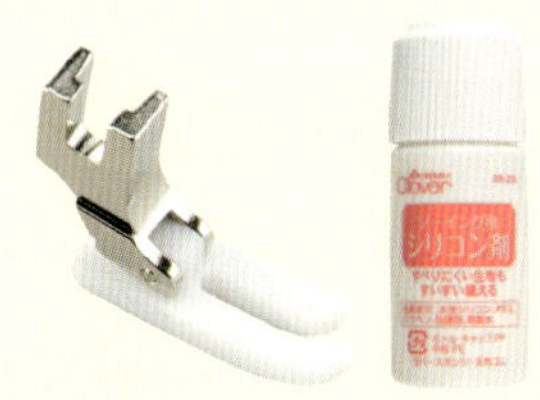

준비 도구

테플론 노루발 KAWAGUCHI

소잉용 실리콘제 CLOVER

재단 배치도

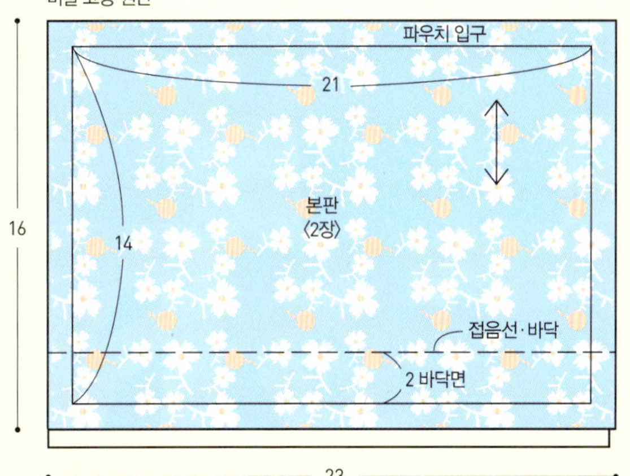

만드는 방법

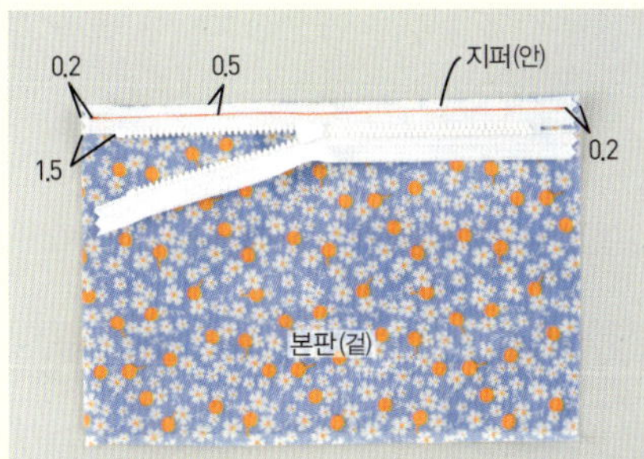

1 본판 입구 쪽에 준비한 비슬론 지퍼를 답니다. 본판과 지퍼 테이프 끝부분을 겉끼리 맞대어 놓고 박는데, 양옆은 0.2cm 남깁니다.

2 반대쪽도 같은 방법으로 지퍼를 답니다. 지퍼 테이프의 가장자리를 사진처럼 삼각 모양으로 접고 네 군데를 봉제해 고정합니다.

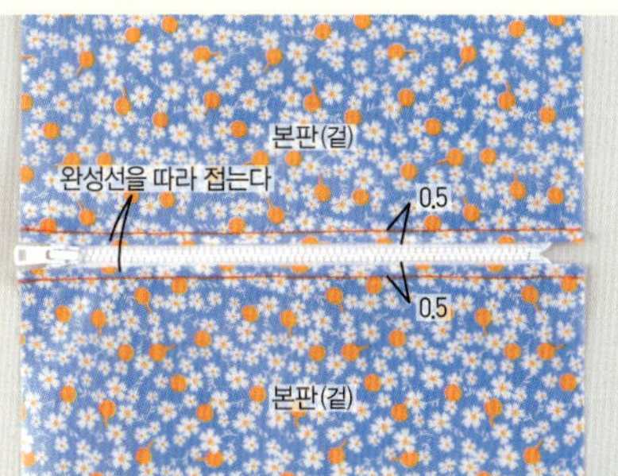

3 완성선을 따라 파우치 입구를 접고 겉쪽에서 스티치합니다.

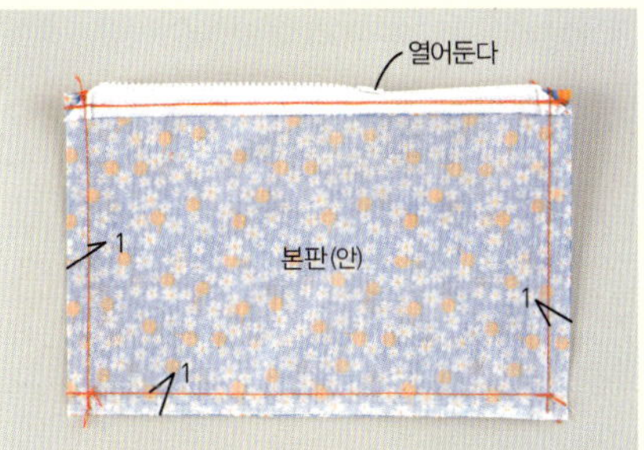

4 본판을 겉끼리 맞대고 양 옆선과 바닥을 박습니다. 지퍼는 겉으로 뒤집을 때 뒤집기 편하도록 중간까지 열어둡니다.

5 양 옆선과 바닥 시접을 핑킹가위로 자릅니다. 비닐 코팅 원단 외의 원단은 지그재그 스티치로 처리해야 합니다.

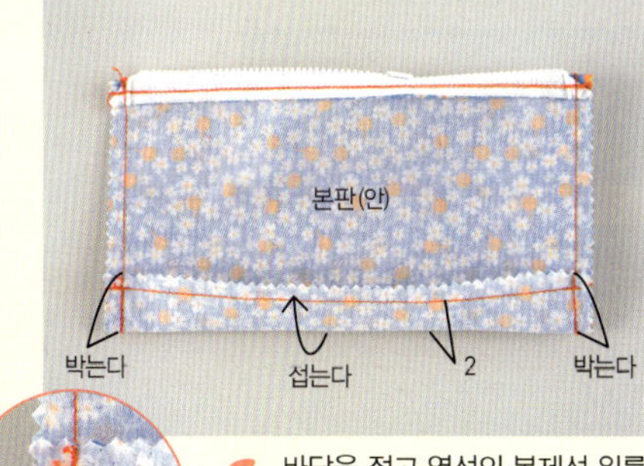

6 바닥을 접고 옆선의 봉제선 위를 한 번 더 박아서 바닥면을 만듭니다.

겉으로 뒤집으면 완성

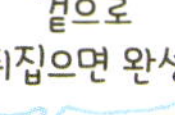

토트백

재료

퀼팅 원단 47㎝×70㎝

웨이빙 테이프 폭 3㎝×37.5㎝ 2개

완성 크기

폭 45㎝×높이 29.5㎝

(손잡이 불포함)

재단 배치도

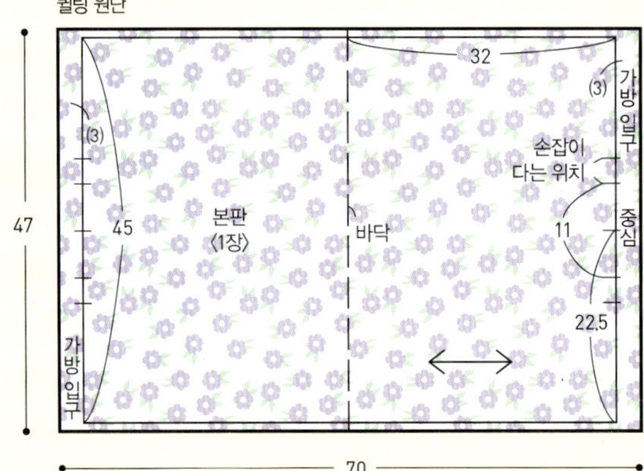

만드는 방법

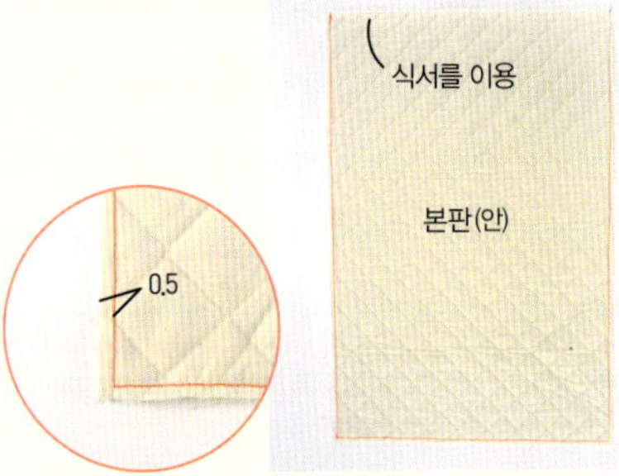

1 퀼팅 원단은 실이 잘 풀리므로 올풀림을 막기 위해 시접에 스티치를 해야 합니다.

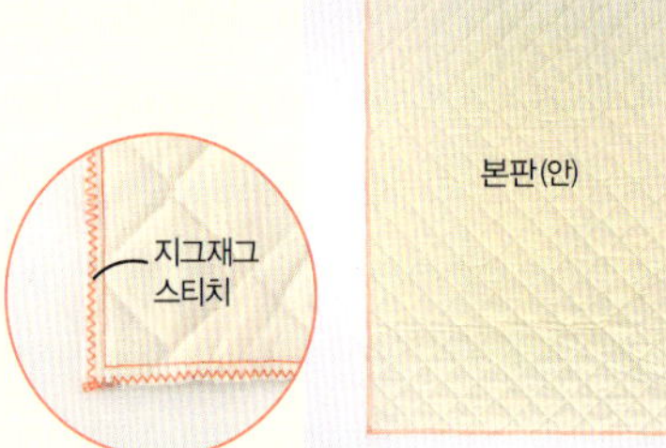

2 원단 가장자리는 지그재그 스티치를 해 깔끔하게 처리합니다.

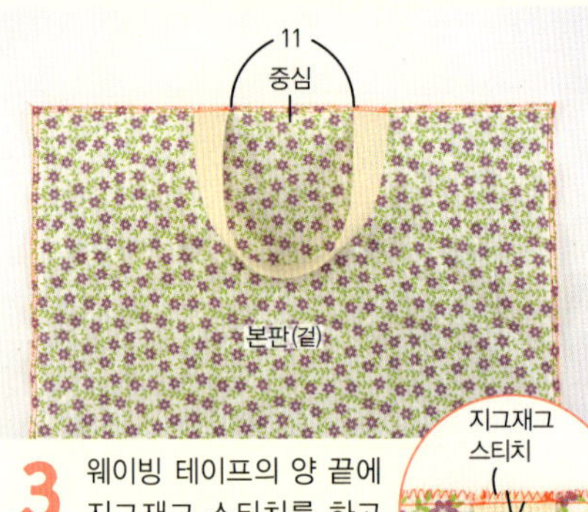

3 웨이빙 테이프의 양 끝에 지그재그 스티치를 하고 본판에 임시 고정합니다. 반대쪽도 같은 방법으로 처리합니다.

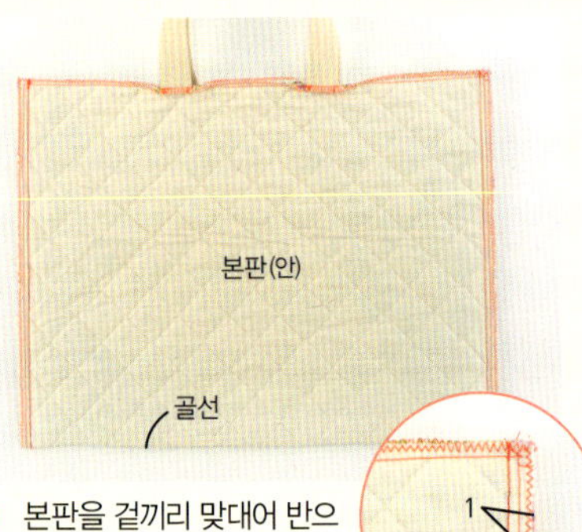

4 본판을 겉끼리 맞대어 반으로 접고 양 옆선을 박습니다. 시접은 가름솔로 처리합니다.

5 가방 입구의 완성선을 따라 다리미로 시접을 접습니다.

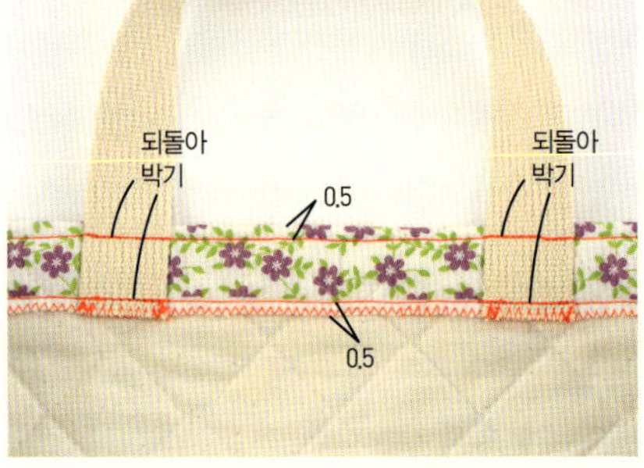

6 가방 입구에 2줄로 스티치를 하는데, 손잡이 부분은 되돌아박기로 보강합니다.

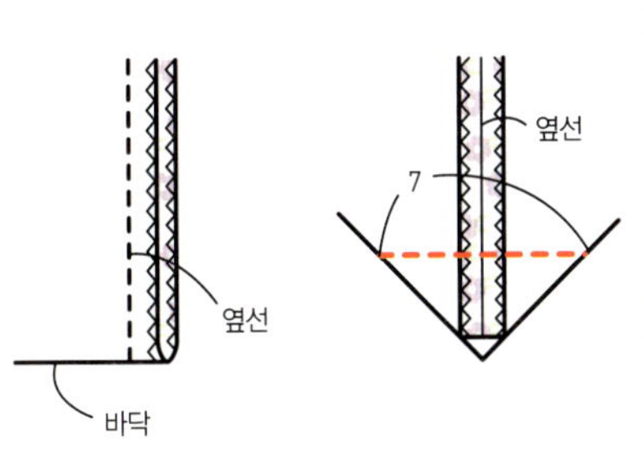

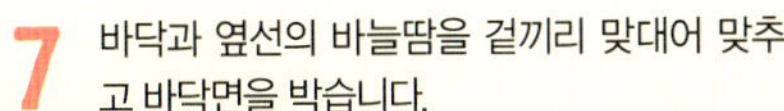

7 바닥과 옆선의 바늘땀을 겉끼리 맞대어 맞추고 바닥면을 박습니다.

8 시접을 1cm만 남기고 자른 다음 지그재그 스티치로 처리합니다.

Point Lesson

비닐 코팅 원단으로 만드는 토트백 (바닥면을 접을 수 있는 타입)

재료

비닐 코팅 원단 47cm×70cm

웨이빙 테이프 폭 3cm×46cm 2개

완성 크기

폭 45cm×높이 25cm×바닥면 14cm

(손잡이 불포함)

재단 배치도

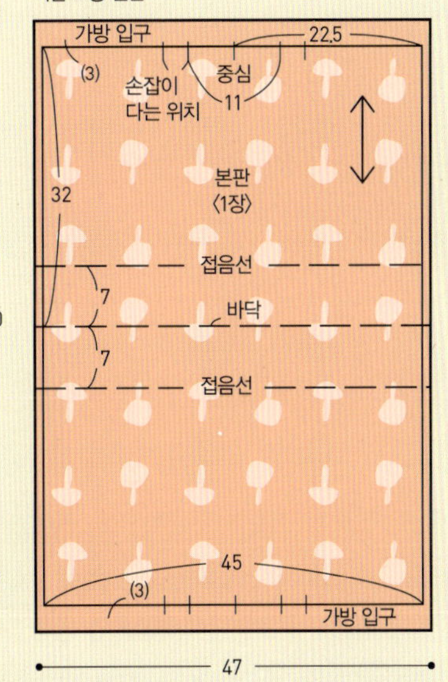

※( ) 안은 시접
지정 이외 시접은 1cm

옆선 봉제법

※옆선 이외의 봉제법은 p.106을 참고하세요.
이 토트백은 알기 쉽도록 다른 원단으로 만들었습니다.

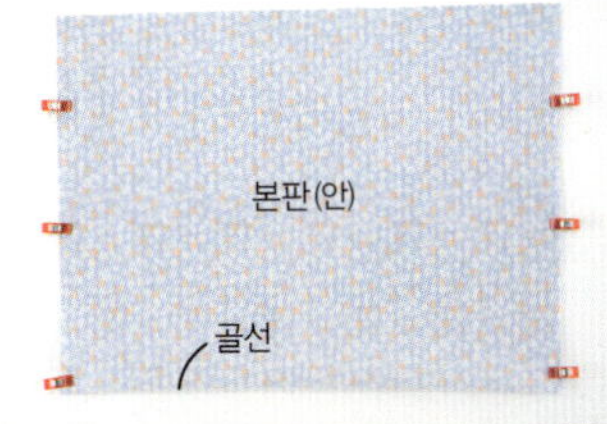

1 본판을 겉끼리 맞대어 반으로 접고 양 옆선을 시접 고정용 집게로 고정합니다.

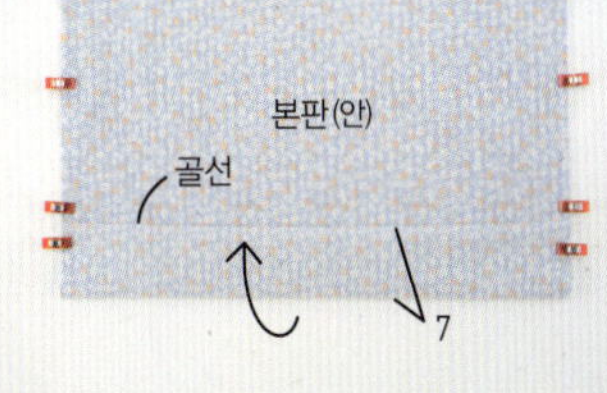

2 바닥을 한 번 더 7cm 정도 접고 시접 고정용 집게로 고정합니다.

3 옆선을 박습니다. 바닥면의 위아래는 되돌아박기를 해 보강합니다.

4 바닥면을 접을 수 있는 토트백을 완성했습니다.

옷

How to make의 순서를 따라 봉제하면 옷을 만드는 것도 어렵지 않습니다!

랩스커트

허리둘레를 끈으로 조절할 수 있는
이 랩스커트는 포인트로
넉넉한 주머니를 달아 실용성도 높였답니다.

How to make P.112

큐롯

옆지퍼를 달아 허리둘레가 깔끔하게 떨어지는 디자인인데,
약간 튼튼한 원단으로 만드는 것이 좋아요.

How to make P.115

주머니 스커트

앞판 옆면을 두 번 접어
주머니를 간단하게 만들 수 있는 개더스커트!

How to make P.118

풀오버

머리부터 입는 풀오버는
주머니를 달거나 칼라를 달아
변화를 줄 수도 있답니다.

How to make P.120

캐미 원피스

소매가 없어 만드는 방법이 손쉬운 캐미 원피스는
안에 얇은 티셔츠를 받쳐 입어도 좋아요.

How to make P.124

보더 무늬 티셔츠&튜닉 원피스

보더 무늬 원단을 사용해
티셔츠와 튜닉 원피스로 만들어 패밀리룩 완성!

Design 아카미네 사야카 **Pattern** 사카우치 코코

How to make P.127

칠부 소매 티셔츠

헤링본 테이프로 만든 앞트임이 돋보이는 스트라이프 티셔츠는 엄마와 아이가 커플룩으로 입을 수 있어요.

How to make P.133

카디건

앞단을 헤링본 테이프로 처리한 이 카디건은 기모 니트 소재라서 보온성이 좋아요.

How to make P.136

아동용 팬츠

니트 원단으로도 만들 수 있는 이 팬츠는 모든 옷에 매치할 수 있는 기본 팬츠랍니다.

How to make P.130

랩스커트

재료

코튼(스트라이프 무늬) 폭 110㎝×150㎝

접착심 70㎝×20㎝

완성 크기

스커트 길이(S~XL 공통) 57.5㎝

실물 크기 패턴

A면[1] 1 앞스커트, 2 뒤스커트, 3 앞안단, 4 뒤안단, 5 주머니

재단 배치도

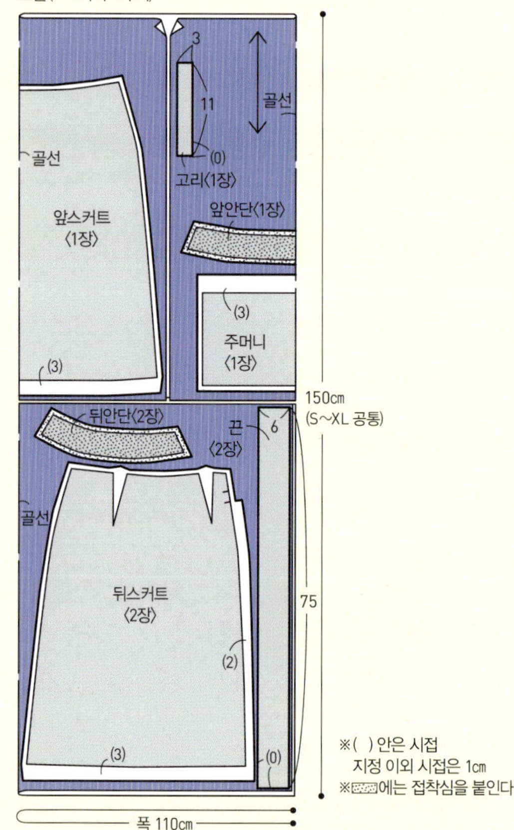

※( ) 안은 시접
지정 이외 시접은 1㎝
※▒에는 접착심을 붙인다

만드는 방법

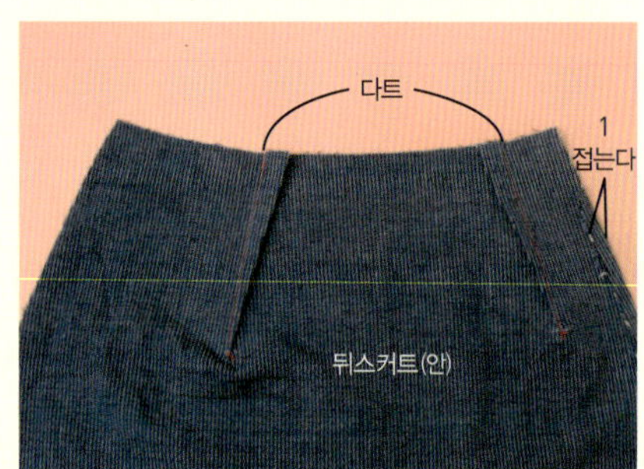

1 뒤스커트에 다트를 두 군데 봉제해 만들고 각각 중심 쪽으로 넘깁니다. 뒷단은 1㎝ 접어둡니다.

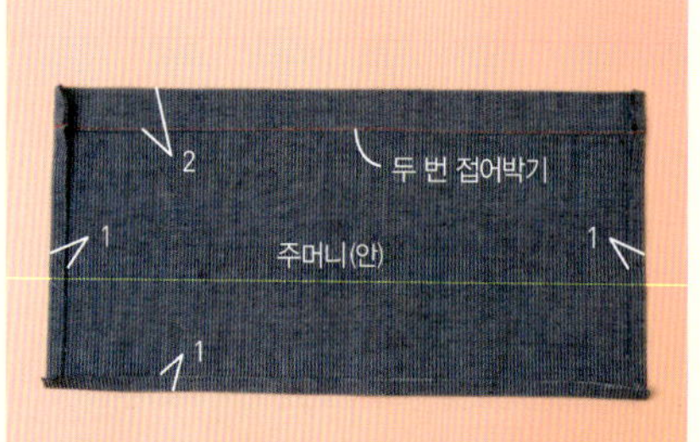

2 주머니 입구를 1㎝와 2㎝로 접어박은 다음, 주머니 입구 쪽을 제외한 나머지 세 변을 완성선을 따라 접습니다.

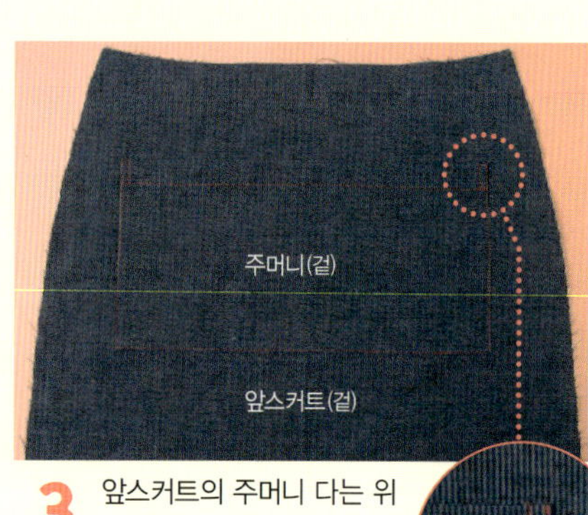

3 앞스커트의 주머니 다는 위치에 주머니를 봉제해 답니다. 주머니 입구의 양옆은 사각으로 봉제해 보강합니다.

※'사각 패치 포켓'(p.51)을 참고하세요.

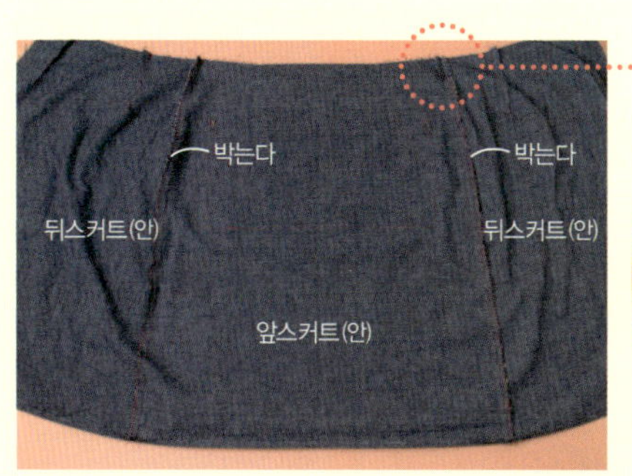

4 앞스커트와 뒤스커트는 겉끼리 맞대어 옆선을 박습니다. 오른쪽 옆선 시접에 가위집을 넣어 시접을 가른 다음, 가위집을 넣은 부분부터 밑단까지의 시접은 2장을 함께 지그재그 스티치로 처리해 뒤쪽으로 넘깁니다. 왼쪽 옆선도 2장을 함께 지그재그 스티치로 처리하고 뒤쪽으로 넘깁니다.

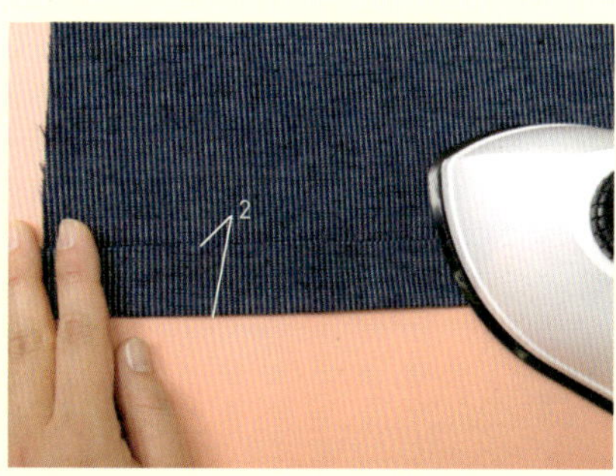

5 밑단은 1㎝와 2㎝로 접고 다리미를 이용해 다립니다.

6 뒷단의 밑단 시접을 1㎝ 자르고 스티치합니다.

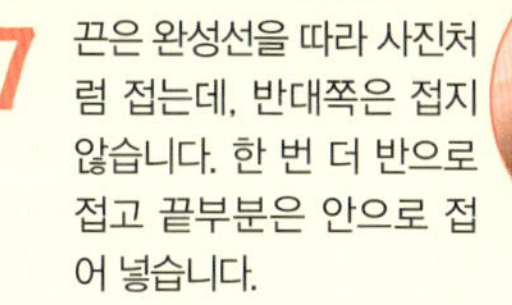

7 끈은 완성선을 따라 사진처럼 접는데, 반대쪽은 접지 않습니다. 한 번 더 반으로 접고 끝부분은 안으로 접어 넣습니다.

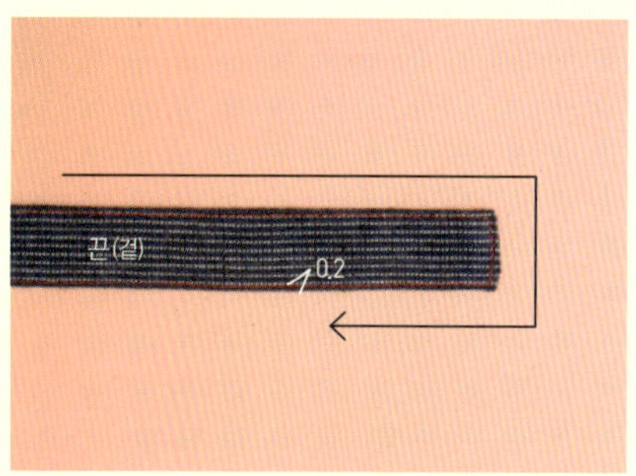

8 사진의 화살표 방향을 따라 세 변에 스티치합니다. 같은 방법으로 끈을 하나 더 만듭니다. 총 2장입니다.

9 뒤스커트의 끈 다는 위치에, 끈 시접을 접지 않은 쪽을 임시 고정합니다.

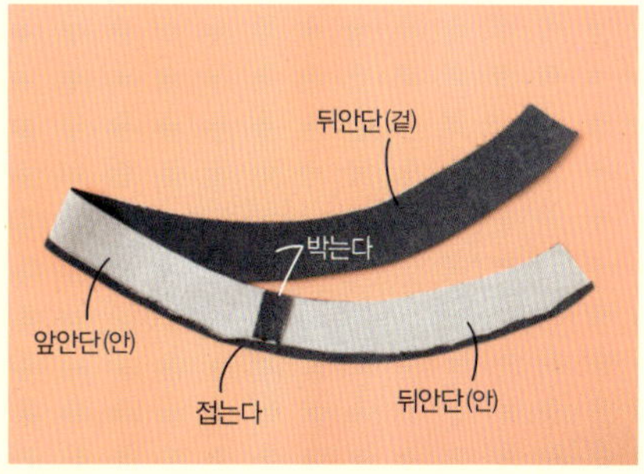

10 앞안단과 뒤안단은 겉끼리 맞대어 옆선을 박고, 시접은 가릅니다. 아랫단은 완성선을 따라 접습니다.

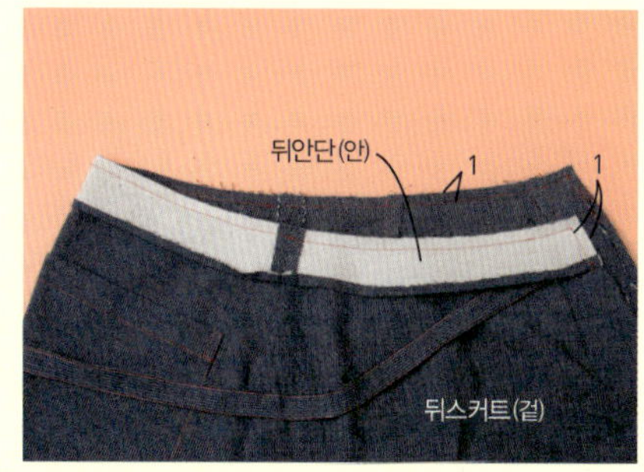

11 스커트와 안단의 허리둘레를 겉끼리 맞대어 박습니다.

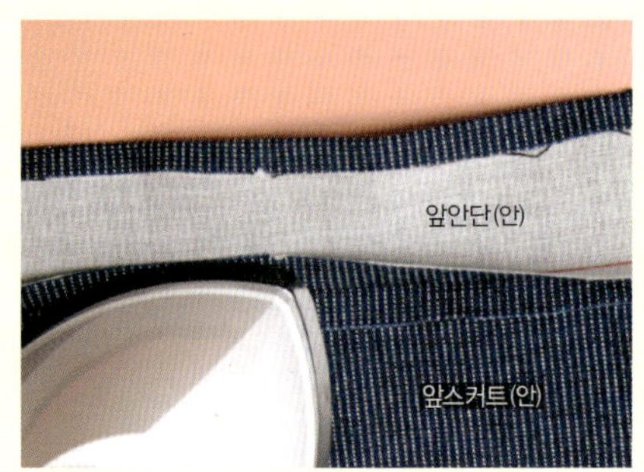

12 11의 시접을 다리미로 가릅니다.

13 모서리 시접을 사진처럼 자릅니다.

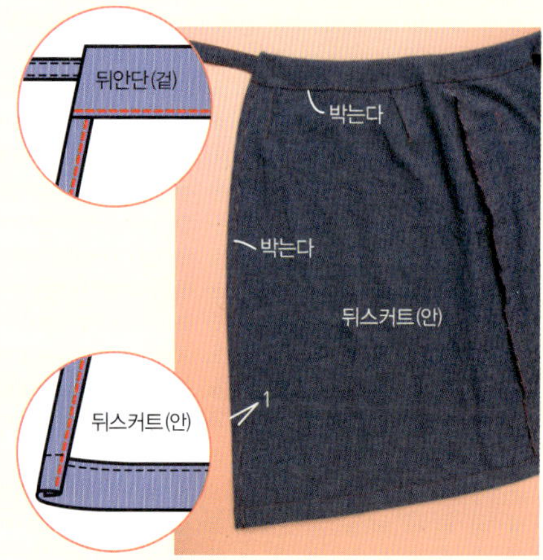

14 안단을 겉으로 뒤집고 뒷단 시접을 다시 1cm 정도 접습니다. 안단의 가장자리와 뒷단에 스티치합니다.

15 모든 부분을 봉제한 모습입니다.

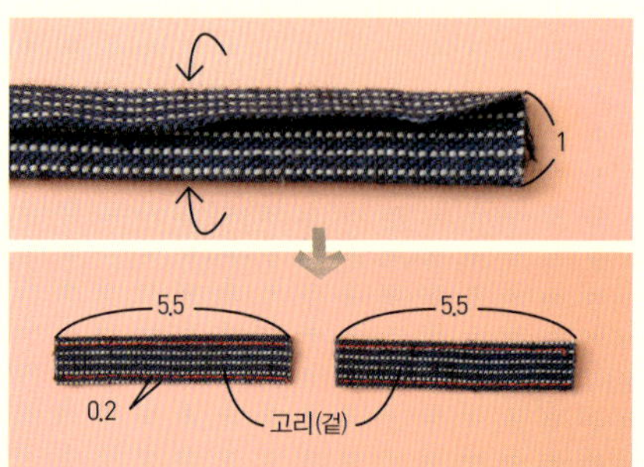

16 고리의 양쪽 가장자리를 1cm씩 접어 폭이 1cm가 되게 합니다. 양쪽 가장자리에 스티치를 하고 5.5cm 길이로 잘라 고리를 2개 만듭니다.

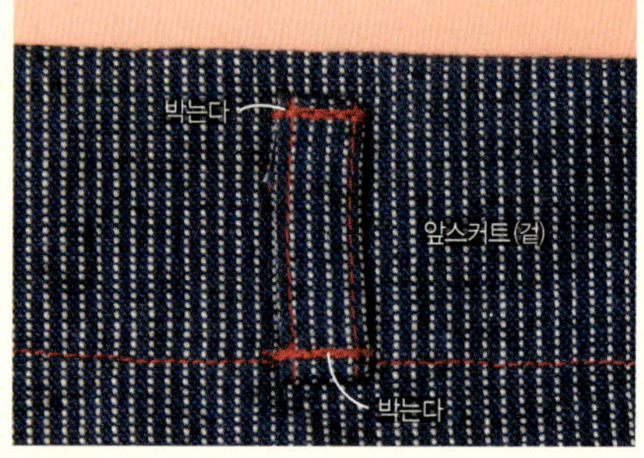

17 고리의 양 끝을 1cm 정도 접고, 고리 다는 위치에 세로로 봉제해서 고정합니다.

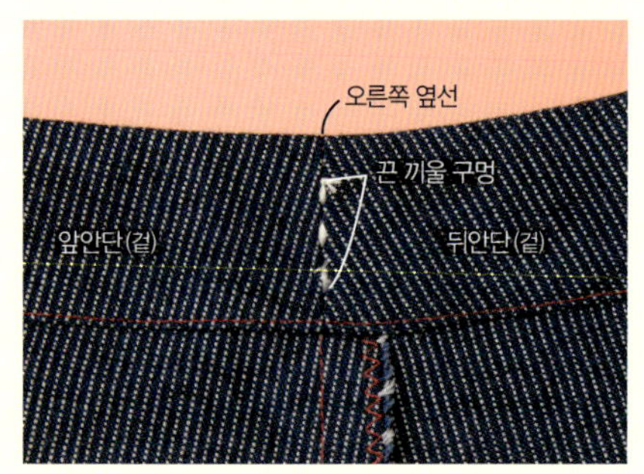

18 시침실을 사용해 오른쪽 옆선의 바늘땀에 끈 끼울 구멍을 표시합니다.

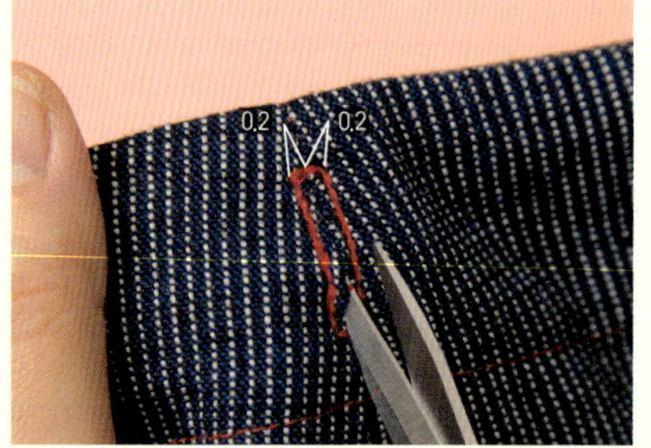

19 끈 끼울 구멍의 0.2cm 바깥쪽에 삼중으로 스티치를 합니다. 스티치한 실이 잘리지 않도록 주의하면서 옆선의 바늘땀만 잘라 끈 끼울 구멍을 만듭니다.

20 끈 끼울 구멍을 만든 모습입니다. 준비해놓은 끈을 끼우고 앞쪽에서 리본을 묶어 마무리합니다.

완성

큐롯

재료

리넨(공통) 폭 110cm×170cm

리넨 테이프 폭 1.5cm×85cm

늘어남 방지 테이프 폭 1cm×140cm

플랫 니트 지퍼 20cm 1개

단추 지름 1.3cm 1개

완성 크기

(왼쪽부터 S/M/L/XL)

허리둘레 60.5/64.1/68.5/72.7cm

팬츠 길이 70/71/72/73cm

실물 크기 패턴

A면[2] 1 앞팬츠, 2 뒤팬츠

재단 배치도

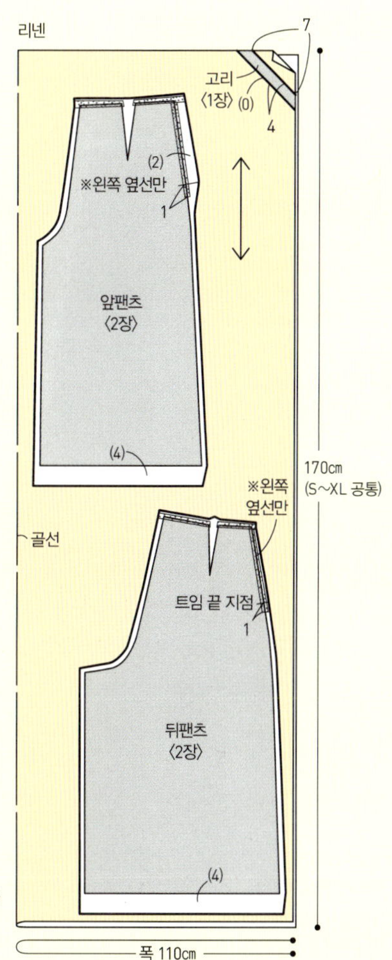

※( ) 안은 시접
지정 이외 시접은 1cm
※▨에는 늘어남 방지 테이프를 붙인다
옆선은 왼쪽 옆선에만 붙인다

앞팬츠의 옆선에 시접 넣는 방법

오른쪽 앞팬츠의 옆선에 시접을 1cm 넣습니다.

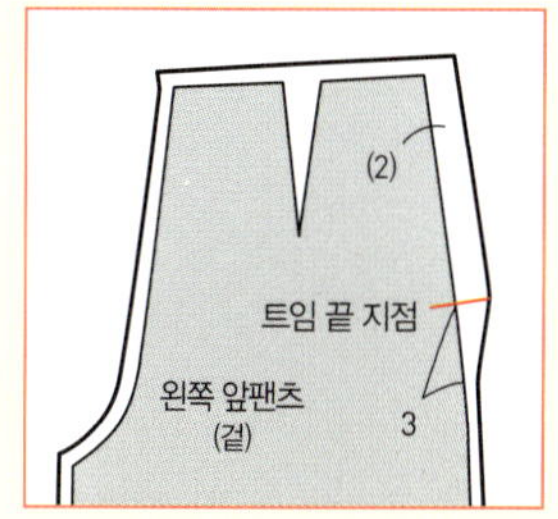

왼쪽 앞팬츠 시접은 허리둘레부터 트임 끝 지점까지는 2cm 넣고, 트임 끝 지점부터는 1cm 넣습니다. 2cm →1cm로 바뀌는 부분은 자연스럽게 이어지도록 비스듬히 선을 그립니다.

만드는 방법

1 허리둘레와 왼쪽 옆선의 지퍼 다는 위치에 늘어남 방지 테이프를 붙이는데, 다트의 접음선 부분은 제외합니다.

2 앞·뒤 팬츠의 다트를 각각 박고 중심 쪽으로 넘깁니다.

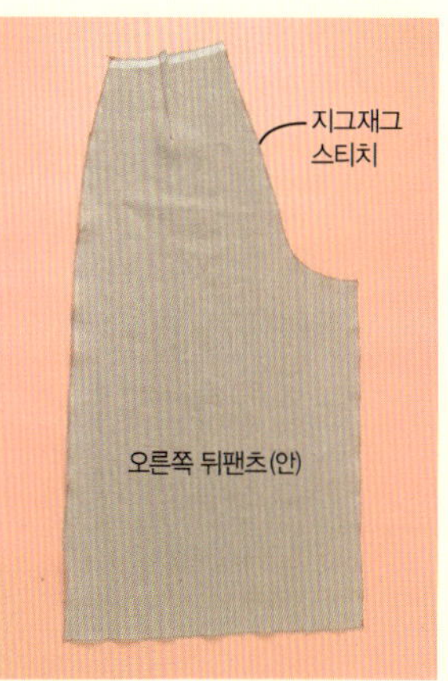

3 허리둘레 이외 시접은 지그재그 스티치로 처리합니다.

4 앞·뒤 팬츠는 겉끼리 맞대어 옆선을 박습니다. 왼쪽 옆선은 허리둘레부터 트임 끝 지점까지 큰 땀으로 박고, 시접은 가름솔로 처리합니다.

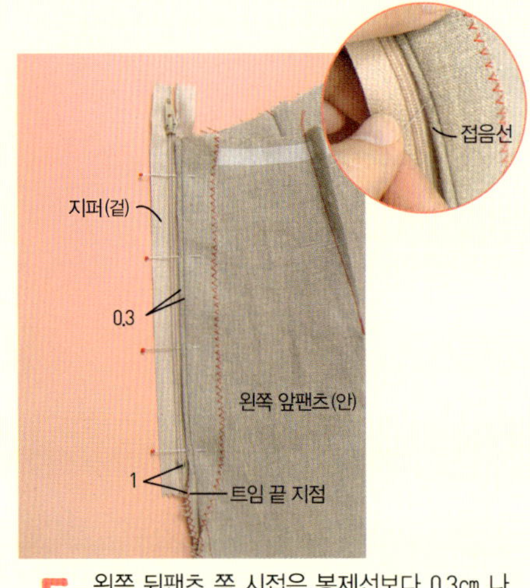

시침핀은 접음선부터 꽂으면 봉제할 때 원단이 밀리는 것을 방지할 수 있습니다.

5 왼쪽 뒤팬츠 쪽 시접은 봉제선보다 0.3㎝ 나오게 해서 접습니다. 지퍼의 하단 막음쇠는 트임 끝 지점에서 1㎝ 위쪽에 맞춰놓고 시침핀을 꽂습니다.

※지퍼 다는 방법은 '플랫 니트 지퍼로 만든 옆지퍼'(p.90)를 참고하세요.

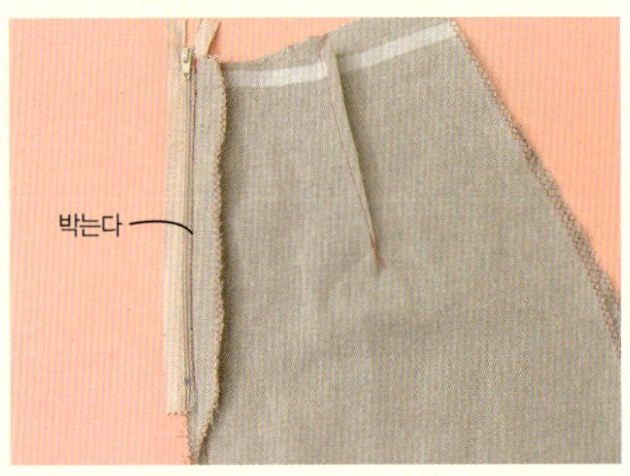

6 왼쪽 뒤팬츠에서 0.3㎝ 나오게 한 부분을 박고, 지퍼를 봉제해 고정합니다.

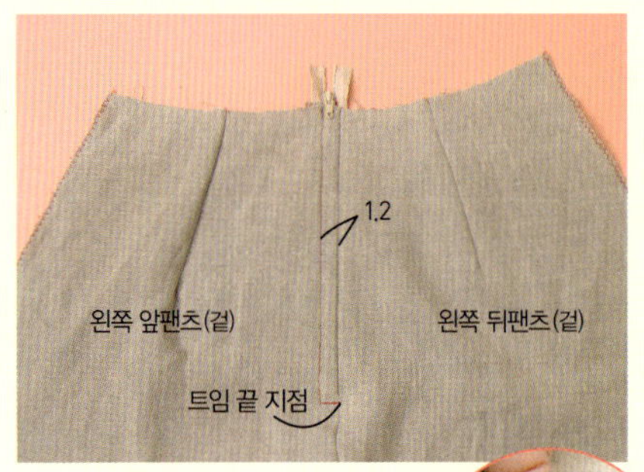

7 앞·뒤 팬츠를 펼쳐놓고 앞팬츠에 지퍼를 봉제해 고정합니다. 큰 땀으로 박았던 실을 트임 끝 지점까지 뜯어 냅니다.

8 허리둘레 시접에 지퍼를 임시 고정하고 여분의 지퍼를 자릅니다.

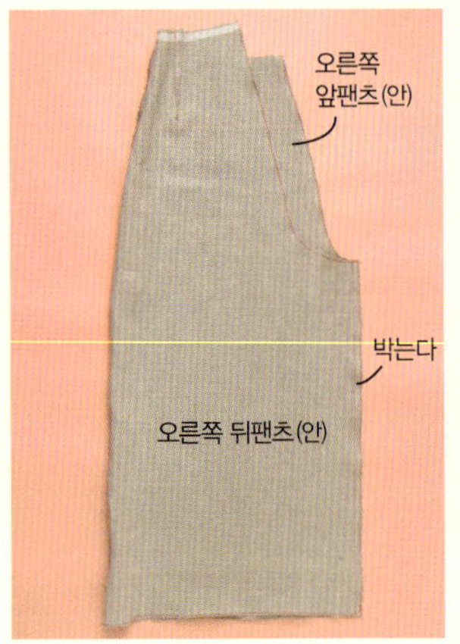

9 앞·뒤팬츠를 겉끼리 맞대어 밑아래를 박고 시접은 가름솔로 처리합니다. 왼쪽 팬츠도 같은 방법으로 봉제합니다.

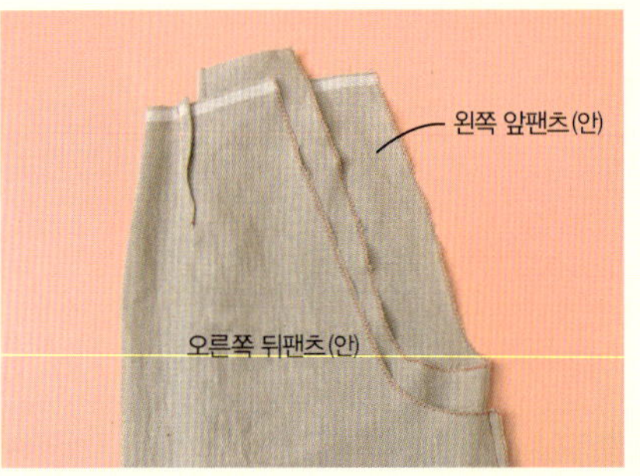

10 왼쪽 팬츠를 겉으로 뒤집어 오른쪽 팬츠 속으로 넣고 밑위를 겉끼리 맞댑니다.

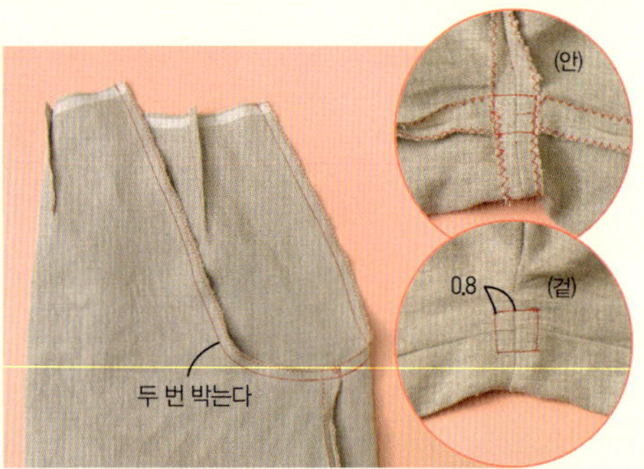

11 밑위를 보강하기 위해 두 번 박고, 시접은 가름솔로 처리합니다. 밑위와 밑아래 시접이 겹치는 부분은 스티치합니다.

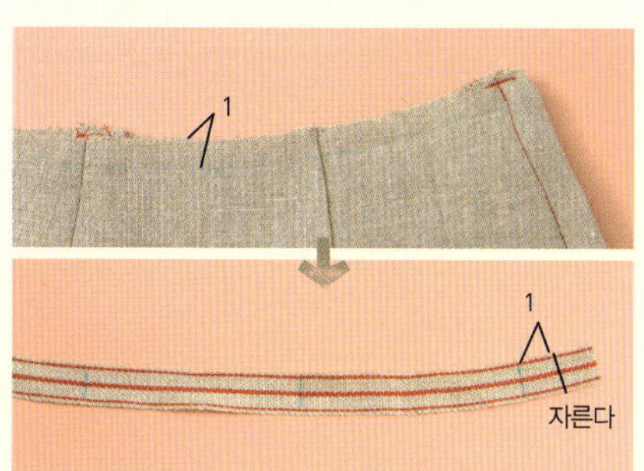

12 허리둘레 완성선에 맞춰, 리넨 테이프에 옆선·중심·다트의 맞춤점을 초크펜으로 표시합니다. 리넨 테이프의 양 끝은 완성선보다 1cm 정도 길게 남기고 자릅니다.

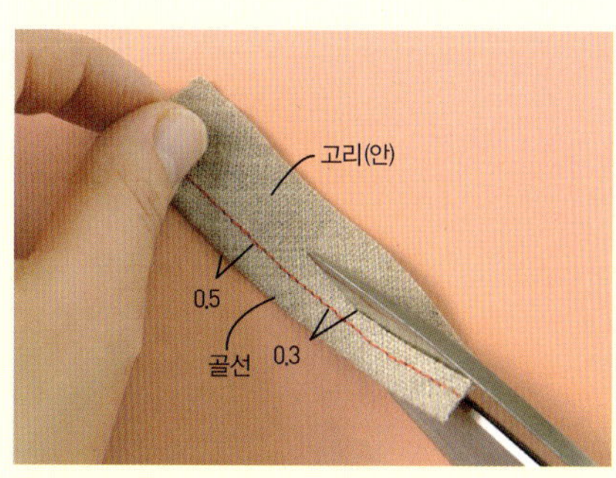

13 단춧고리를 겉끼리 맞대어 접음선에서 0.5cm 들어간 부분을 박은 다음, 시접을 0.3cm 남기고 자릅니다.

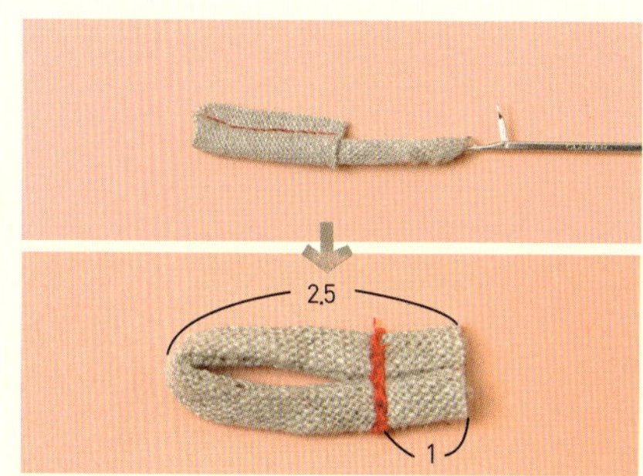

14 단춧고리는 겉이 뒤집개를 사용해 겉으로 뒤집고 5cm 길이로 자른 다음 반으로 접어 임시 고정합니다.

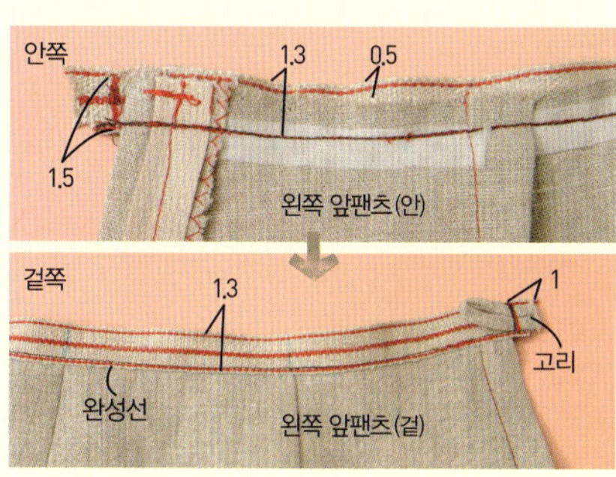

15 허리둘레 완성선에 리넨 테이프를 겹쳐놓고 가장자리를 봉제해 고정합니다. 단춧고리는 왼쪽 앞팬츠 끝부분에 봉제해 답니다.

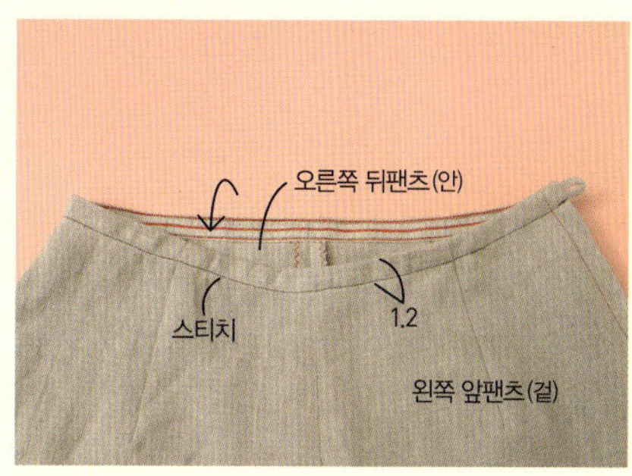

16 완성선을 따라 리넨 테이프를 안쪽으로 접습니다. 왼쪽 옆선에 나와 있는 리넨 테이프의 끝부분은 안쪽으로 접어 넣고 스티치합니다.

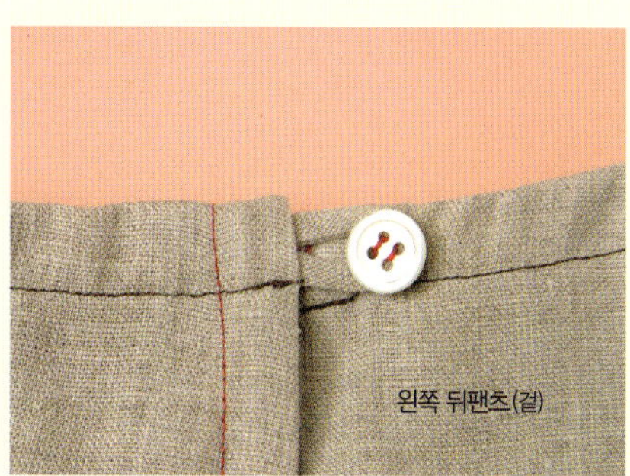

17 지퍼를 닫고 단춧고리 위치에 맞춰 왼쪽 뒤팬츠에 단추를 봉제해 답니다.

※'구멍이 4개인 단추' 다는 방법(p.82)을 참고하세요.

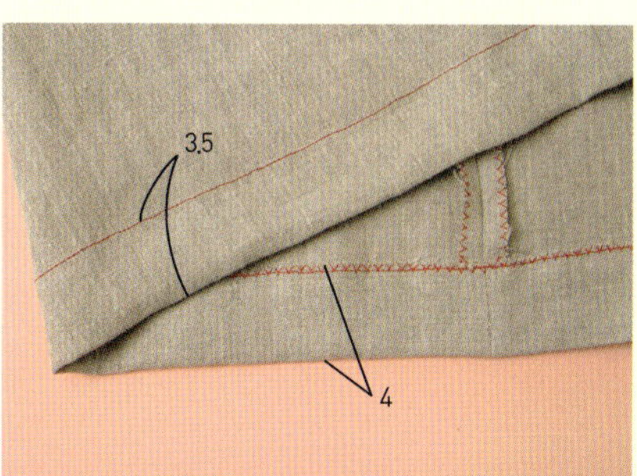

18 마지막으로 밑단은 완성선을 따라 한 번 접어 박습니다.

주머니 스커트

재료 ※고무 밴드는 허리둘레 사이즈에 맞춰 조절한다

- **주머니 스커트(여성용)**

(왼쪽부터 S/M/L/XL)

론 폭 110cm×205/215/225/240cm

고무 밴드 폭 0.6cm×70cm 2개

- **주머니 스커트(아동용)**

(왼쪽부터 100/110/120)

론 폭 110cm×100/115/115cm

고무 밴드 폭 0.6cm×50cm 2개

완성 크기

- **주머니 스커트(여성용)**

(S~XL 공통)

스커트 길이 69cm

- **주머니 스커트(아동용)**

(왼쪽부터 100/110/120)

스커트 길이 34/37/40cm

실물 크기 패턴

- **주머니 스커트(여성용)**

A면[3] 1 앞·뒤 중앙, 2 앞판 옆면, 3 뒤판 옆면

- **주머니 스커트(아동용)**

A면[4] 1 앞·뒤 중앙, 2 앞판 옆면, 3 뒤판 옆면

재단 배치도

주머니 스커트(아동용)

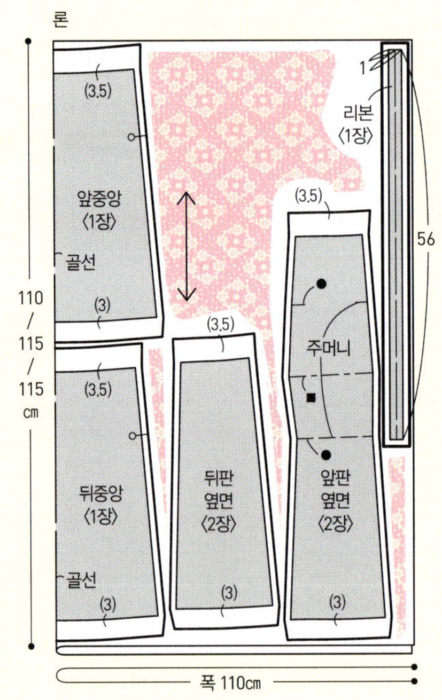

※위부터 100/110/120
※( ) 안은 시접
지정 이외 시접은 1cm

주머니 스커트(여성용)

론
1
리본
〈1장〉
56
(3.5)
주머니
앞판
옆면
〈2장〉
(3)
(3.5)
골선
앞중앙
〈1장〉
(3)
(3.5)
뒤판
옆면
〈2장〉
(3)
(3.5)
뒤중앙
〈1장〉
(3)
205
/
215
/
225
/
240
cm
폭 110cm

※위부터 S/M/L/XL
※( ) 안은 시접
지정 이외 시접은 1cm

만드는 방법 ※알기 쉽도록 다른 원단을 사용했습니다.

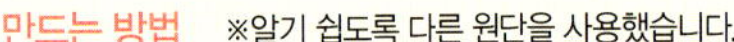

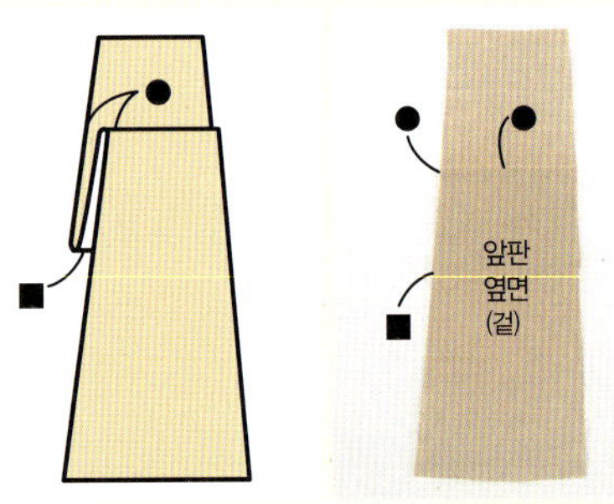

1 앞판 옆면은 접음선을 따라 접고 주머니 입구(●)와 바닥(■)을 만듭니다.

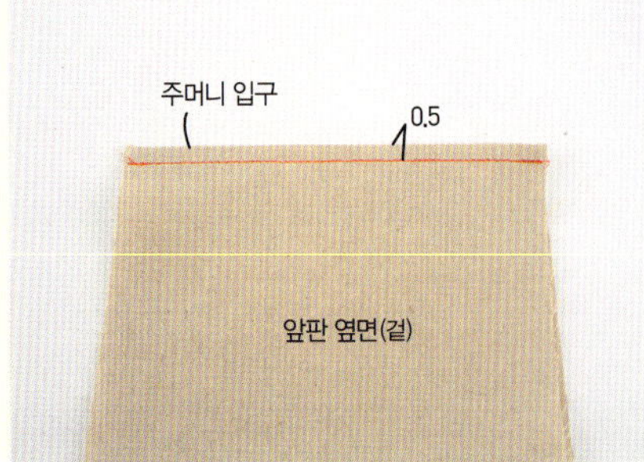

2 앞판 옆면의 주머니 입구에 스티치합니다.

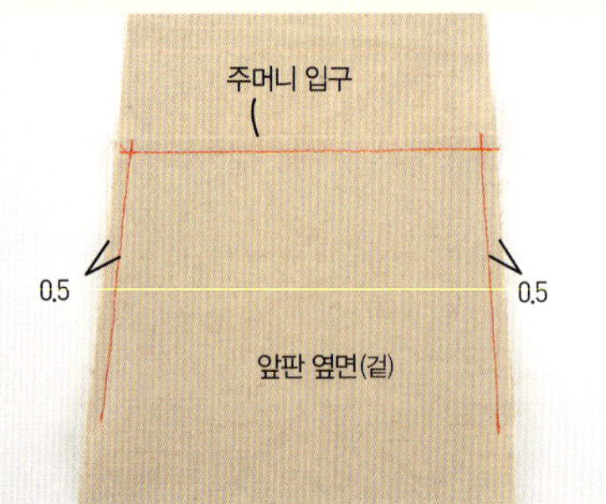

3 주머니의 양 옆선을 임시 고정합니다. 반대쪽도 같은 방법으로 만듭니다.

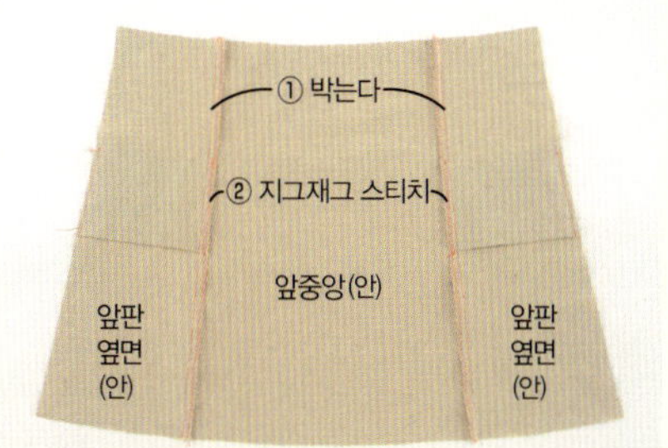

4 앞중앙과 앞판 옆면은 겉끼리 맞대어 박고, 시접은 2장을 함께 지그재그 스티치해 중앙 쪽으로 넘깁니다. 뒤중앙과 뒤판 옆면도 같은 방법으로 봉제합니다.

5 앞스커트와 뒤스커트를 겉끼리 맞대어 양 옆선을 박고, 시접은 2장을 함께 지그재그 스티치해 뒤쪽으로 넘깁니다.

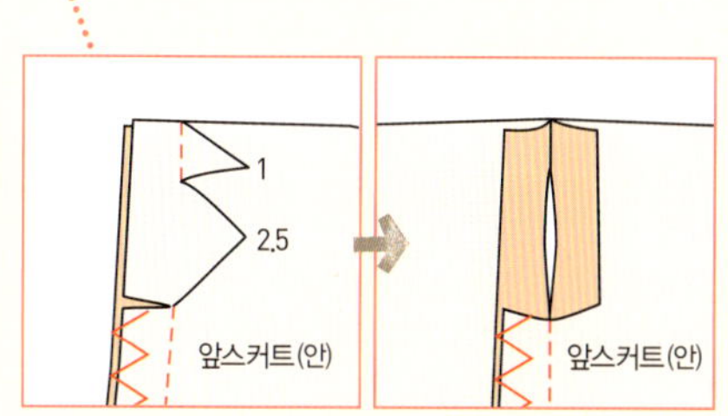

왼쪽 옆선은 고무 밴드 끼울 구멍만 남겨서 박고, 앞스커트 시접에만 가위집을 넣어 가릅니다.

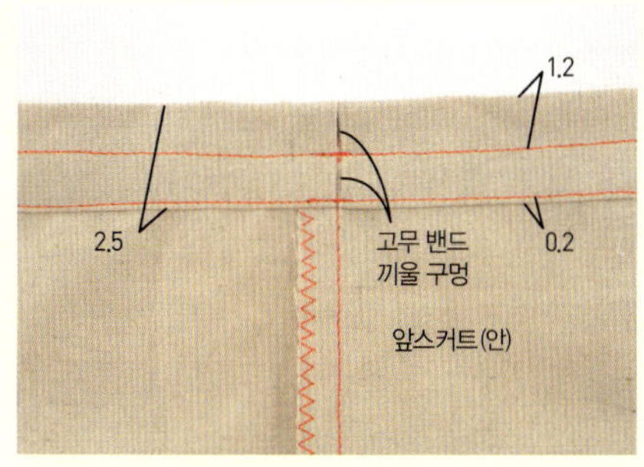

6 허리둘레 시접을 1cm와 2.5cm로 접고 2줄로 스티치합니다.

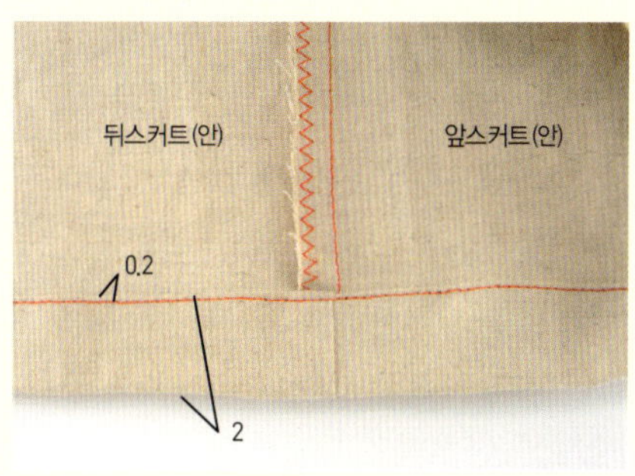

7 밑단 시접을 1cm와 2cm로 접고 스티치합니다.

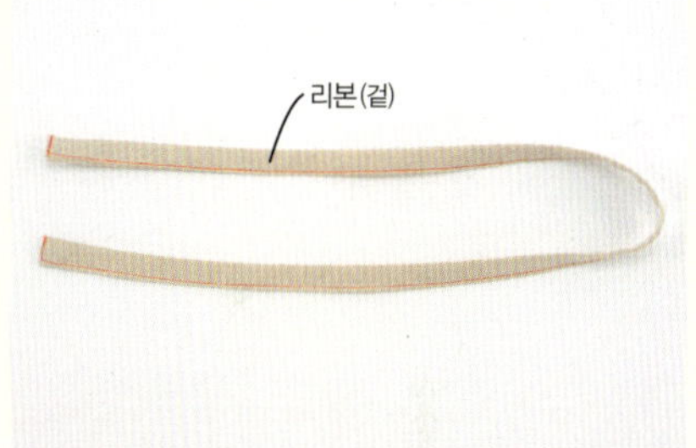

8 '같은 원단으로 끈 만들기'(p.49)를 참고해 리본을 만듭니다.

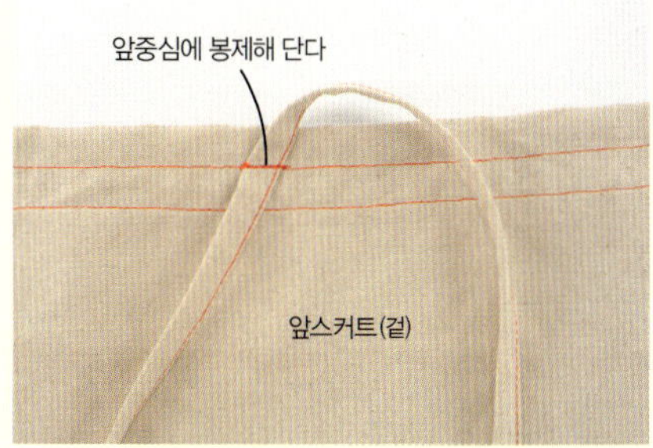

9 사진처럼 허리둘레 앞중심에 리본 중심을 비스듬히 봉제해 답니다.

위아래의 고무 밴드 끼울 구멍에 고무 밴드를 끼우고 리본을 묶어 완성합니다.

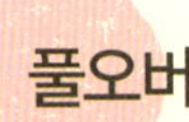

풀오버

재료

● **주머니 풀오버**
(왼쪽부터 S/M/L/XL)
리넨(공통) 폭 142cm×160cm
접착심 폭 90cm×30cm
늘어남 방지 테이프 폭 1cm×80cm

● **칼라 달린 풀오버**
(왼쪽부터 S/M/L/XL)
론 폭 110cm×170/170/175/175cm
접착심 폭 90cm×30cm
늘어남 방지 테이프 폭 1cm×80cm

완성 크기

(왼쪽부터 S/M/L/XL)

● **주머니 풀오버**
가슴둘레 91.8/97.8/103.8/109.8cm
옷 길이 100.3/100.5/100.8/101cm
소매 길이 40cm

● **칼라 달린 풀오버**
가슴둘레 91.8/97.8/103.8/109.8cm
옷 길이 65.3/65.5/65.8/66cm
소매 길이 46.5cm

실물 크기 패턴

● **주머니 풀오버**
A면[5] 1 앞판, 2 뒤판, 3 소매, 4 앞안단, 5 뒤안단, 6 주머니

● **칼라 달린 풀오버**
A면[6] 1 앞판, 2 뒤판, 3 소매, 4 앞안단, 5 뒤안단, 6 칼라

재단 배치도

주머니 풀오버

리넨

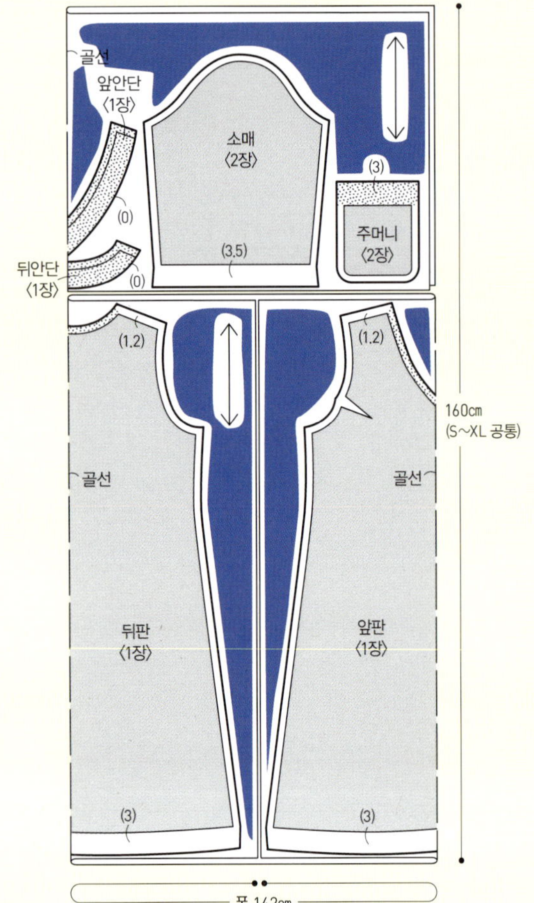

칼라 달린 풀오버

론

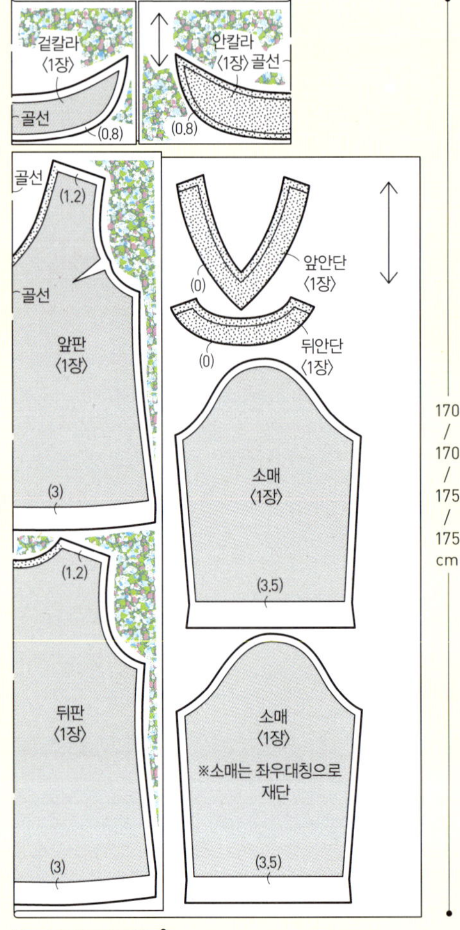

※위부터 S/M/L/XL
※( ) 안은 시접
지정 이외 시접은 1cm
※▒에는 늘어남 방지 테이프나 접착심을 붙인다
※재단 배치도는 M사이즈를 기준으로 배치한다

만드는 방법 ※알기 쉽도록 다른 원단을 사용했습니다.

준비하기

● 주머니 풀오버

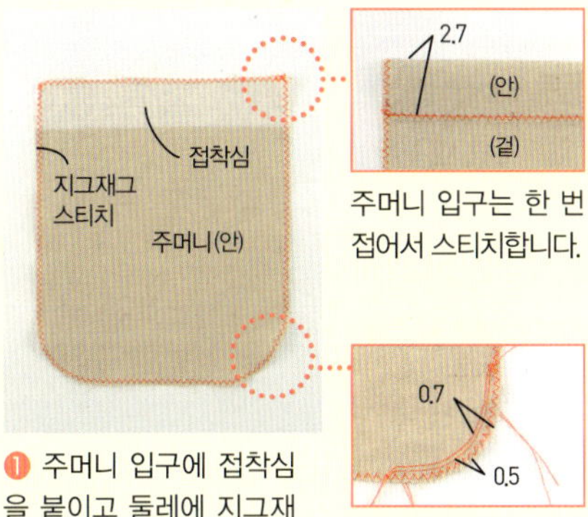

❶ 주머니 입구에 접착심을 붙이고 둘레에 지그재그 스티치를 합니다.

2.7
(안)
(겉)

주머니 입구는 한 번 접어서 스티치합니다.

0.7
0.5

곡선은 큰 땀으로 2줄 박습니다.

접착심
접착심
앞판(안)

❷ 앞판 안쪽의 주머니 다는 위치에 접착심을 붙여 보강합니다.

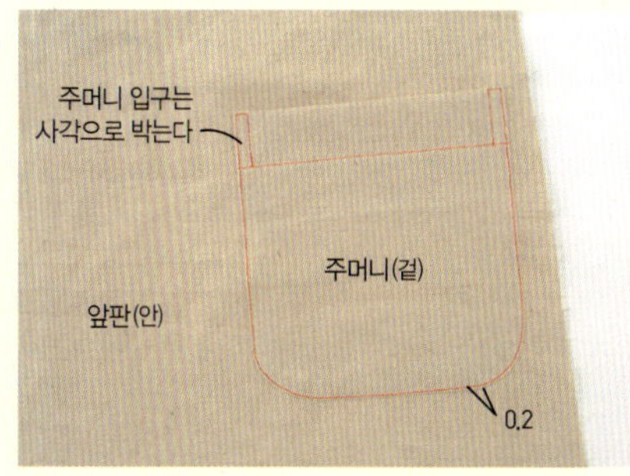

❸ '사각 패치 포켓'(p.51)을 참고해 완성선을 따라 주머니를 접고, 주머니 다는 위치에 봉제해 답니다. 주머니 입구의 양옆은 사각으로 봉제해 보강합니다.

● 칼라 달린 풀오버

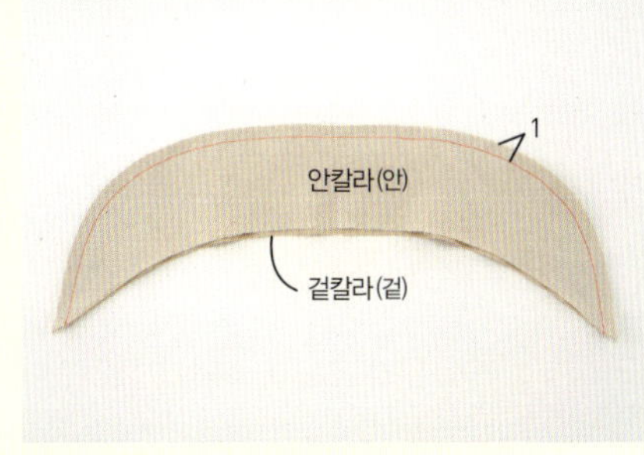

❶ 겉칼라와 안칼라를 겉끼리 맞대어 박습니다.

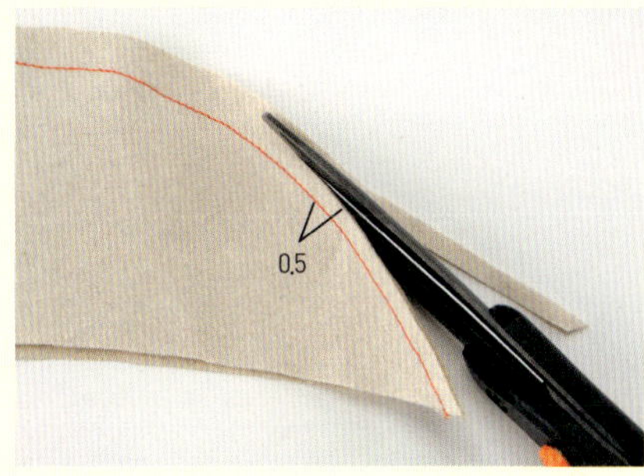

❷ 시접을 0.5㎝로 자릅니다.

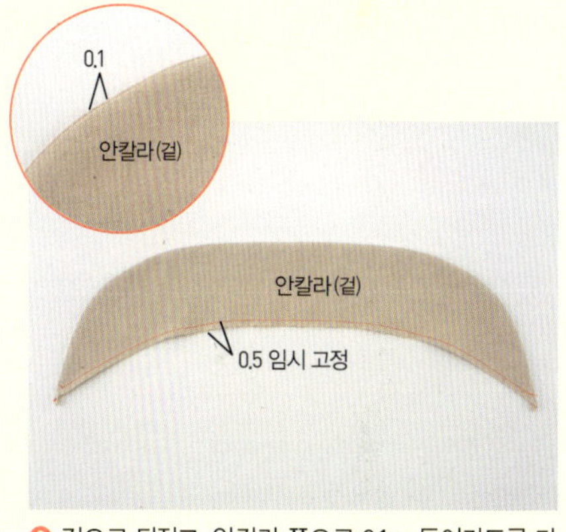

❸ 겉으로 뒤집고, 안칼라 쪽으로 0.1㎝ 들어가도록 다림질해 정돈합니다. 사진처럼 몸판과 연결할 부분을 스티치로 임시 고정합니다.

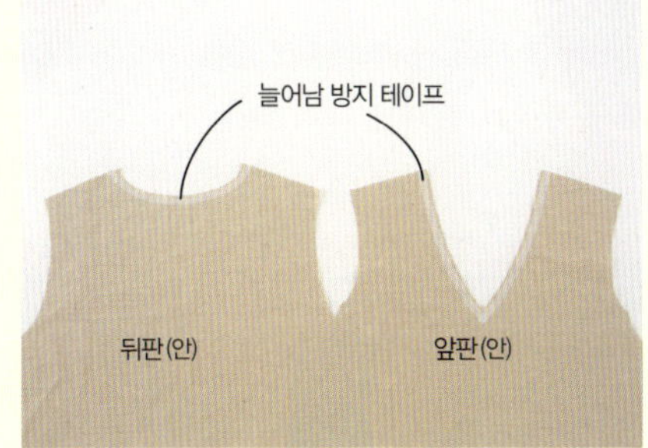

1 앞·뒤판의 안쪽 목둘레에 늘어남 방지 테이프를 붙입니다.

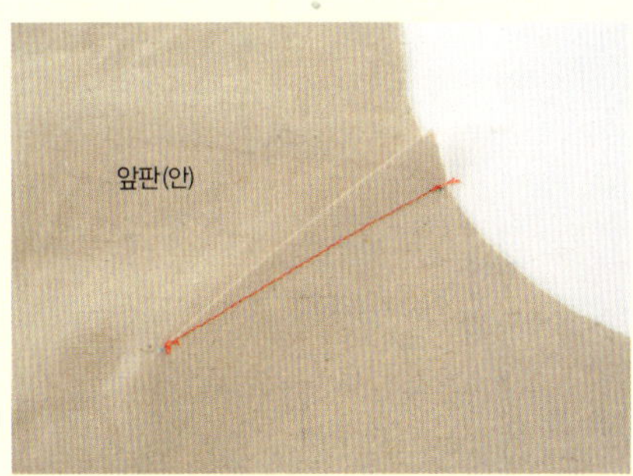

2 앞판의 다트를 박고, 위쪽으로 넘깁니다.
※'다트 만드는 법'(p.48)을 참고하세요.

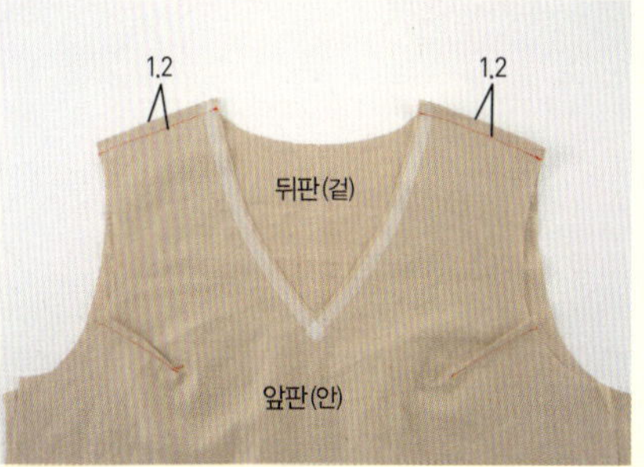

3 앞판과 뒤판은 겉끼리 맞대어 어깨를 합봉합니다.

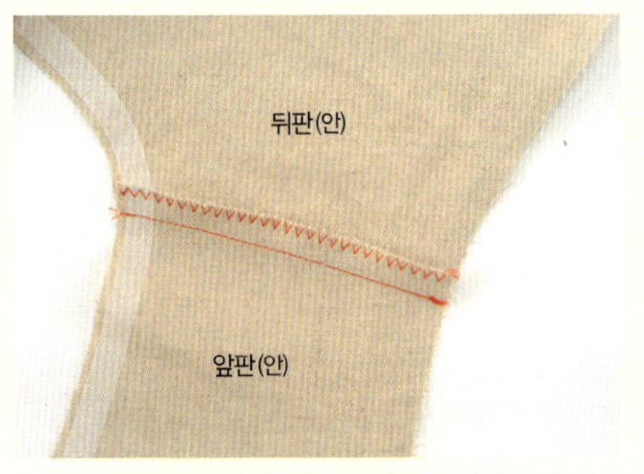

4 시접은 2장을 함께 지그재그 스티치를 해 뒤쪽으로 넘깁니다.

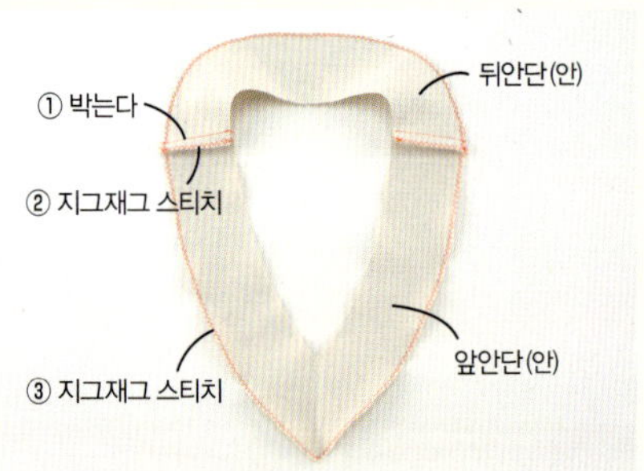

5 앞안단과 뒤안단은 겉끼리 맞대어 어깨를 박고, 시접은 2장을 함께 지그재그 스티치를 해 앞쪽으로 넘깁니다. 바깥쪽 둘레에 지그재그 스티치합니다.

주머니 풀오버

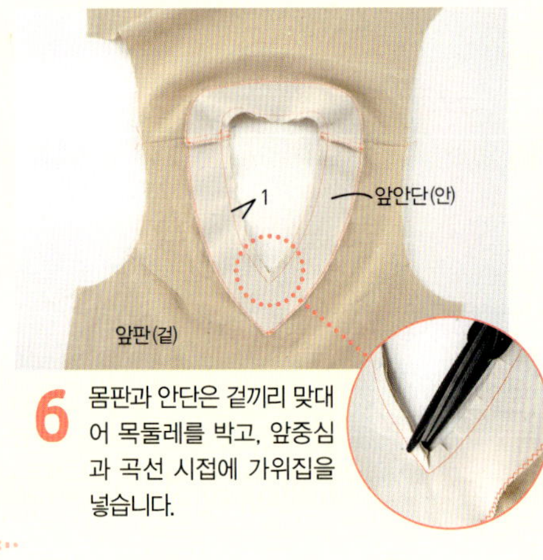

6 몸판과 안단은 겉끼리 맞대어 목둘레를 박고, 앞중심과 곡선 시접에 가위집을 넣습니다.

7 안단은 안쪽으로 뒤집고, 목둘레에 스티치합니다.

8 안단이 움직이지 않도록, 뒤안단의 아랫단에 한 번 더 스티치를 해 몸판에 고정합니다.

칼라 달린 풀오버

6 겉칼라가 위로 오게 해서 몸판에 겹쳐놓고, 임시 고정합니다.

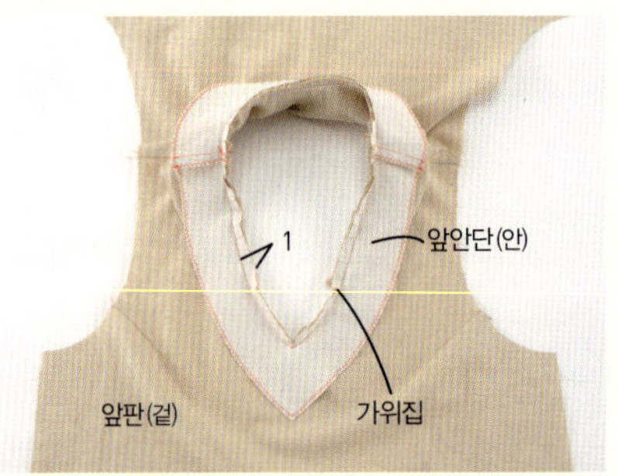

7 칼라와 안단을 겉끼리 맞대어 목둘레를 박고, 앞중심과 곡선 시접에 가위집을 넣습니다.

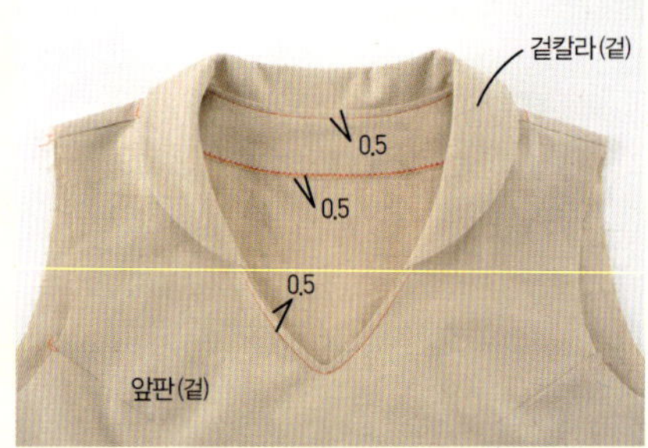

8 안단을 안쪽으로 뒤집고, 목둘레와 뒤안단의 아랫단에 스티치합니다.

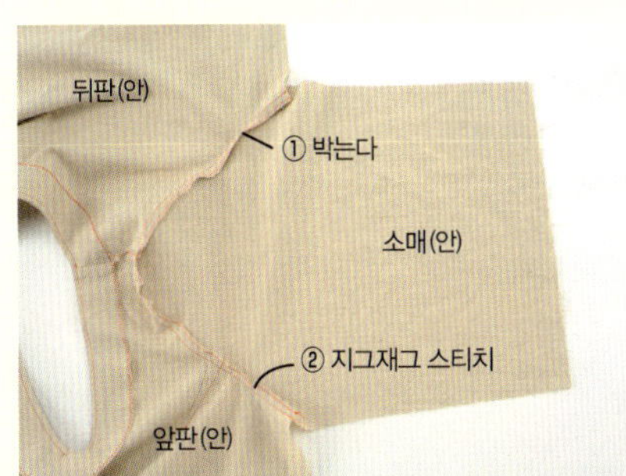

9 몸판과 소매는 겉끼리 맞대어 박고, 시접은 2장을 함께 지그재그 스티치를 해 소매 쪽으로 넘깁니다.

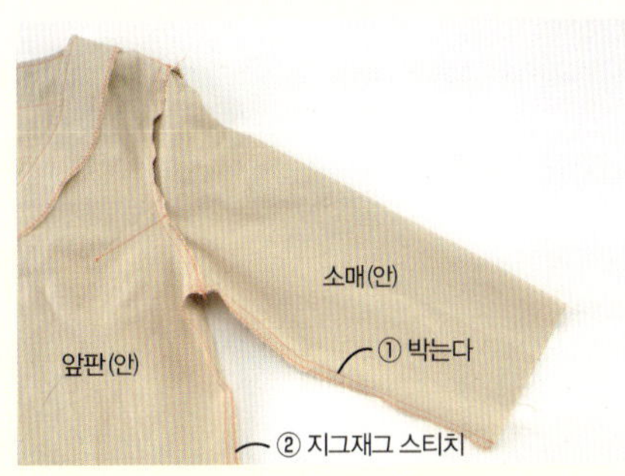

10 소매와 몸판을 각각 겉끼리 맞대고, 소매 밑단에서 몸판 밑단까지 이어서 박습니다. 시접은 2장을 함께 지그재그 스티치를 해 뒤쪽으로 넘깁니다.

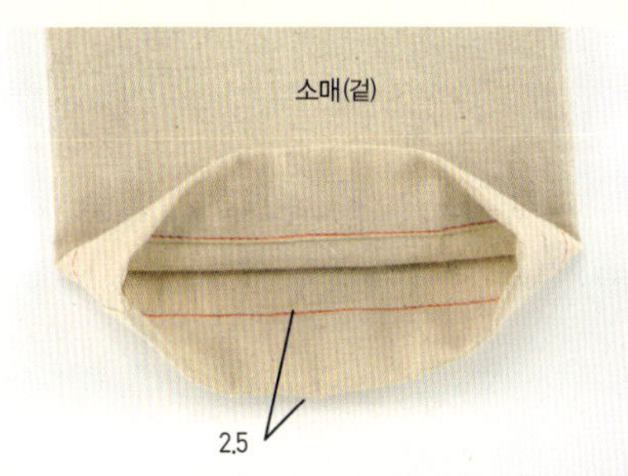

11 소맷부리는 1cm와 2.5cm로 접어서 두 번 접어박기로 처리합니다.

● 주머니 풀오버 리넨 등 보통 두께 원단의 밑단을 처리할 때입니다.

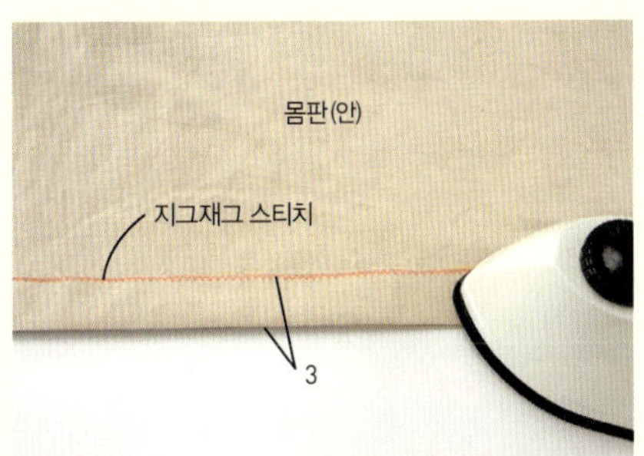

12 밑단 시접에 지그재그 스티치를 하고, 완성선을 따라 한 번 접어박기를 합니다.

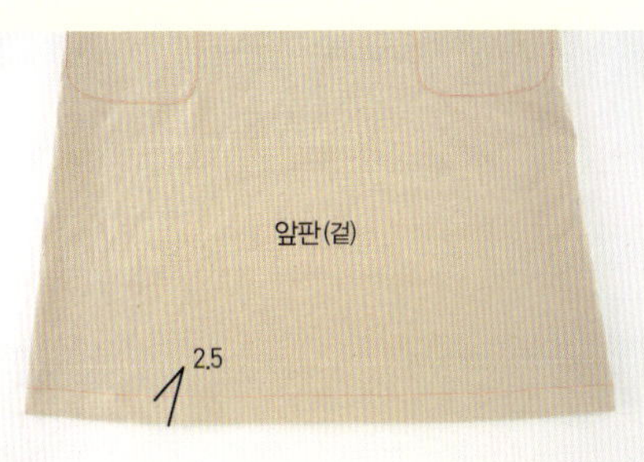

13 겉쪽에서 스티치해 마무리합니다.

완성

● 칼라 달린 풀오버 론 등 얇은 원단의 밑단을 처리할 때입니다.

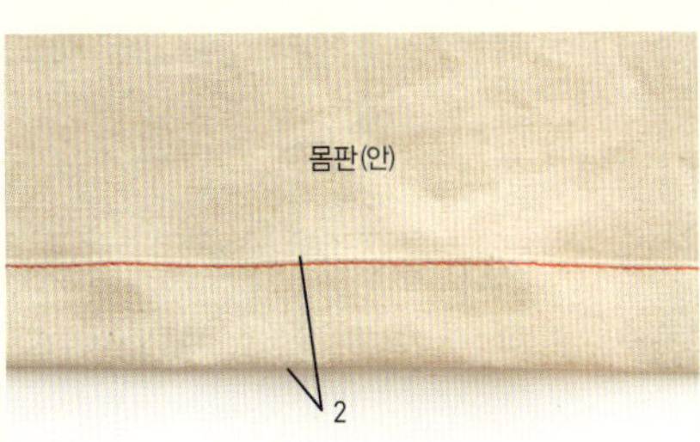

12 밑단 시접을 1cm와 2cm로 접어서 두 번 접어박기로 처리합니다.

완성

캐미 원피스

재료

(왼쪽부터 S/M/L/XL)

● **무릎길이 캐미 원피스**

리넨 폭 112cm×195/195/205/205cm

접착심 폭 90cm×40cm

● **롱 캐미 원피스**

시팅(스퀘어 도트 무늬) 폭 110cm×250/255/260/265cm

접착심 폭 90cm×40cm

완성 크기

(왼쪽부터 S/M/L/XL)

● **무릎길이 캐미 원피스**

가슴둘레 84.5/90.5/96.5/102.5cm

옷 길이(공통) 92cm

● **롱 캐미 원피스**

가슴둘레 84.5/90.5/96.5/102.5cm

옷 길이(공통) 110cm

실물 크기 패턴

● **무릎길이 캐미 원피스**

B면[8] 1 앞판, 2 뒤판,

3 어깨끈, 4 앞안단, 5 뒤안단

● **롱 캐미 원피스**

B면[9] 1 앞판, 2 뒤판,

3 어깨끈, 4 앞안단, 5 뒤안단

※뒤판은 패턴을 이어서 1장으로 만들어 사용한다

재단 배치도

무릎길이 캐미 원피스

리넨

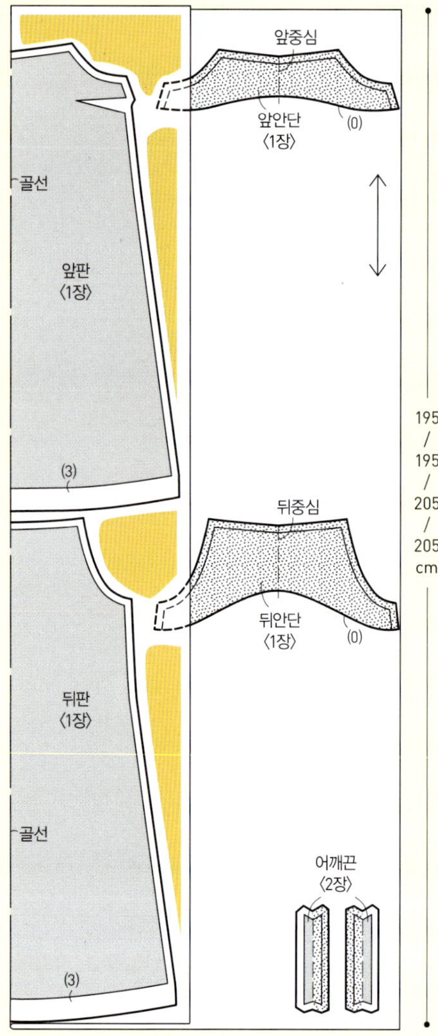

※위에서부터 S/M/L/XL

※( ) 안은 시접

지정 이외 시접은 1cm

※▒에는 접착심을 붙인다

롱 캐미 원피스

시팅(스퀘어 도트 무늬)

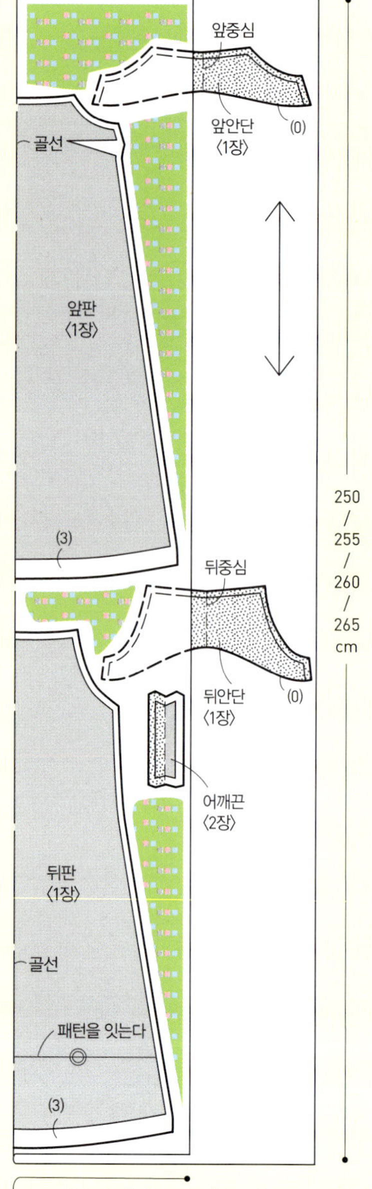

만드는 방법 ※알기 쉽도록 다른 원단을 사용했습니다.

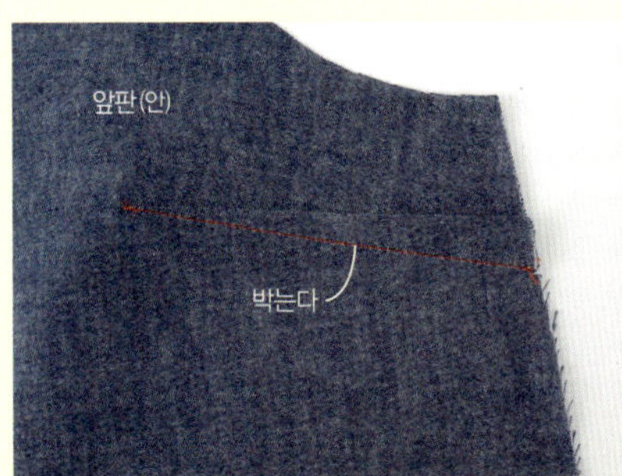

1 앞판의 다트를 박아 위쪽으로 넘깁니다.
※'다트 만드는 법'(p.48)을 참고하세요.

2 반대쪽 다트도 같은 방법으로 박습니다.

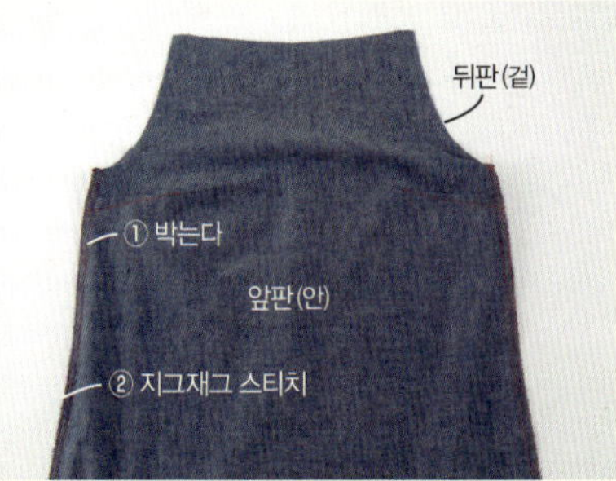

3 앞판과 뒤판은 겉끼리 맞대어 옆선을 박고, 시접은 2장을 함께 지그재그 스티치를 해 뒤쪽으로 넘깁니다.

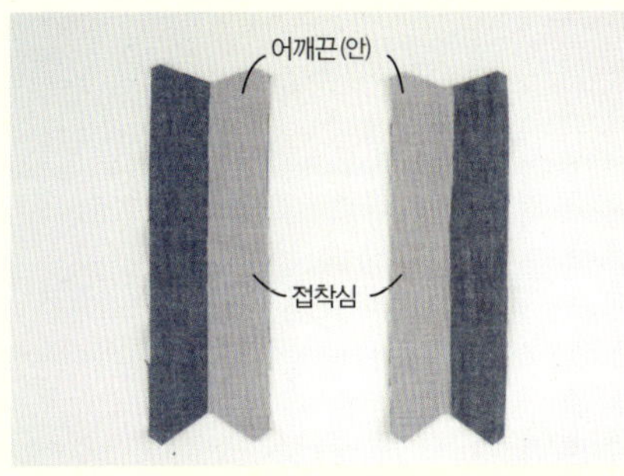

4 어깨끈 안쪽에 좌우대칭이 되도록 접착심을 붙입니다. 접착심을 붙인 쪽이 옷을 입었을 때 안쪽입니다.

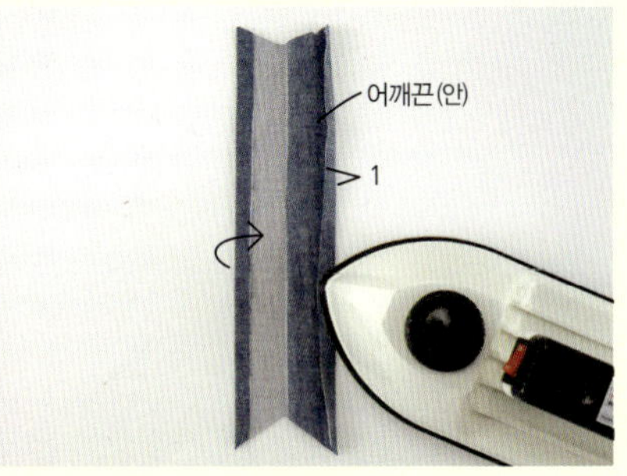

5 어깨끈의 양쪽 가장자리는 완성선을 따라 다리미를 이용해 접습니다.

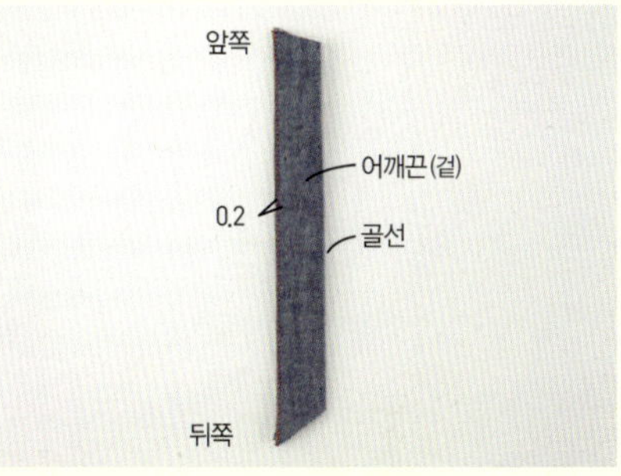

6 어깨끈을 한 번 더 반으로 접고 스티치합니다.

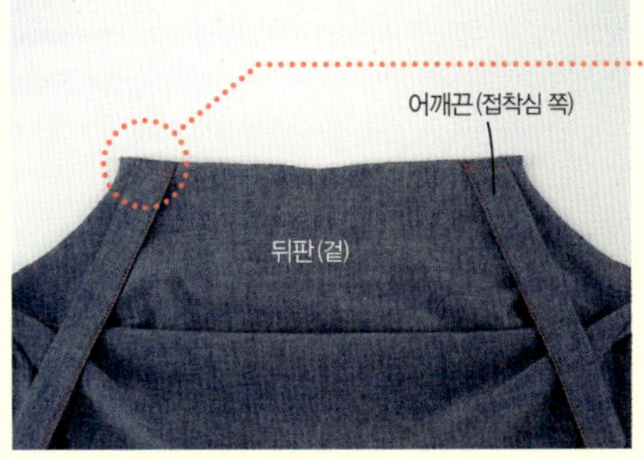

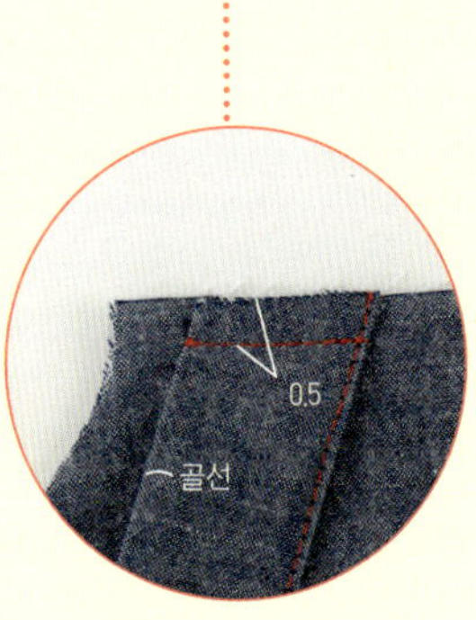

7 어깨끈을 뒤판의 어깨끈 다는 위치에 어깨끈 방향에 주의해서 임시 고정합니다.

8 어깨끈의 반대쪽 끝부분을 앞판(겉)의 어깨끈 다는 위치에 임시 고정합니다.

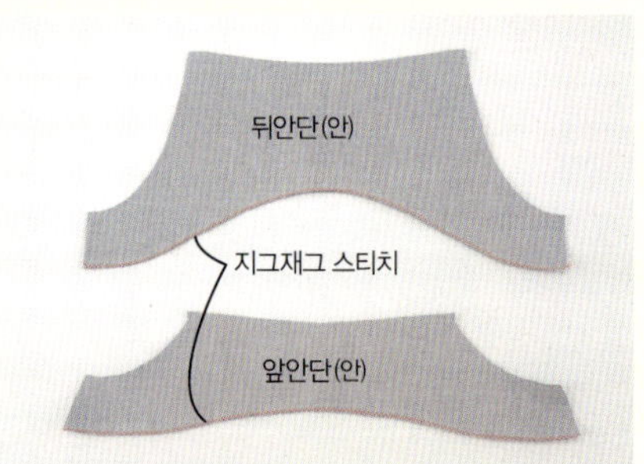

9 앞·뒤 안단에 접착심을 붙이고, 아랫단을 지그재그 스티치로 처리합니다.

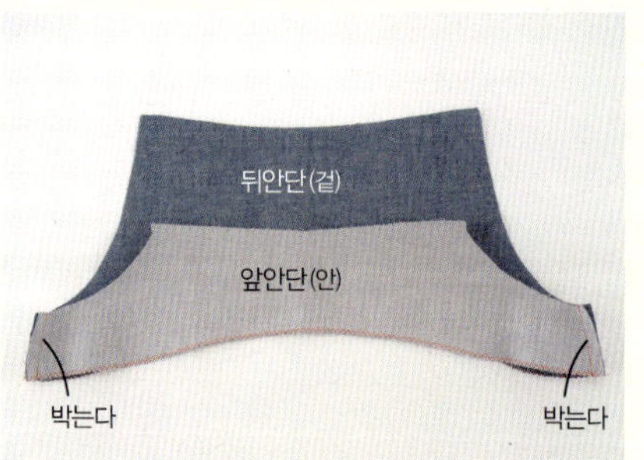

10 앞·뒤 안단을 겉끼리 맞대어 옆선을 박고, 시접은 앞쪽으로 넘깁니다.

11 몸판과 안단을 겉끼리 맞대고, 어깨끈을 봉제하지 않도록 주의하면서 윗단과 진동둘레를 박습니다. 모서리 시접은 자르고 진동둘레의 곡선 시접에 가위집을 넣습니다.

12 안단을 안쪽으로 뒤집고, 안단이 약간 안쪽으로 들어가도록 다리미로 형태를 정돈합니다.

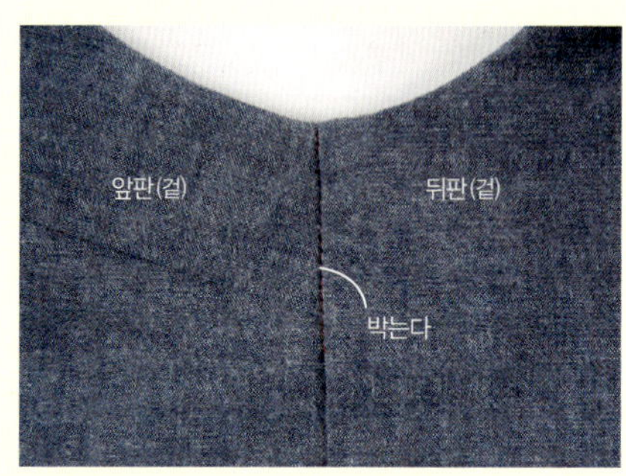

13 옷을 뒤집고, 안단이 움직이지 않도록 겉쪽에서 옆선의 바늘땀을 박아 안정시킵니다.
※'숨겨박기'(p.45)를 참고하세요.

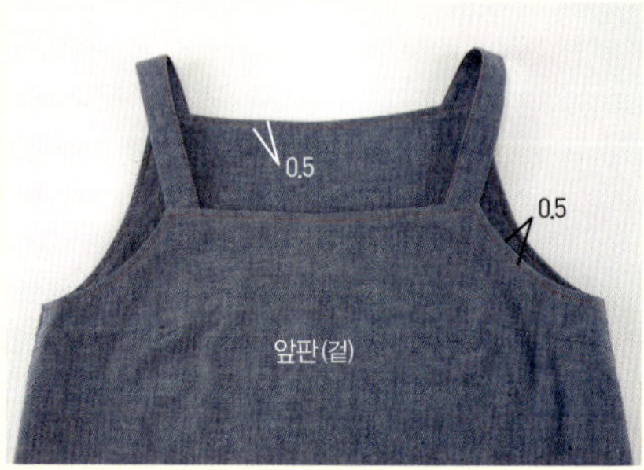

14 몸판의 윗단과 진동둘레를 겉쪽에서 스티치합니다.

15 밑단 시접은 다리미를 이용해 1㎝와 2㎝로 접어 다립니다.

16 끝으로 안쪽에서 스티치를 합니다.

보더 무늬 티셔츠&튜닉 원피스

공통 재료

- **보더 무늬 튜닉 원피스**(여성용)

니트 다이마루(보더 무늬) 폭 175cm×120cm
론(리버티 프린트) 40cm×35cm
니트용 늘어남 방지 테이프 폭 1cm×100cm

- **보더 무늬 티셔츠**(아동용)

니트 다이마루(보더 무늬) 폭 175cm×65cm
론(리버티 프린트) 40cm×25cm
니트용 늘어남 방지 테이프 폭 1cm×70cm

- **보더 무늬 티셔츠**(남성용)

니트 다이마루(보더 무늬) 폭 175cm×105cm
니트용 늘어남 방지 테이프 폭 1cm×100cm

완성 크기

- **여성용 보더 무늬 튜닉 원피스**(왼쪽부터 S/M/L/XL)

가슴둘레 86/90/94/98cm
옷 길이 87.5/87.5/88/88cm

- **아동용 보더 무늬 티셔츠**(왼쪽부터 100/110/120)

가슴둘레 60/64/68cm
옷 길이 35/38/41cm

- **남성용 보더 무늬 티셔츠**(왼쪽부터 S/M/L/XL)

가슴둘레 102/106/110/114cm
옷 길이 64.4/66.7/68.9/71.1cm

실물 크기 패턴

- **보더 무늬 튜닉 원피스**(여성용)

B면[10] 1 앞·뒤판, 2 소매

- **보더 무늬 티셔츠**(아동용)

A면[7] 1 앞·뒤판, 2 소매

- **보더 무늬 티셔츠**(남성용)

B면[11] 1 앞·뒤판, 2 소매

재단 배치도

보더 무늬 튜닉 원피스(여성용)

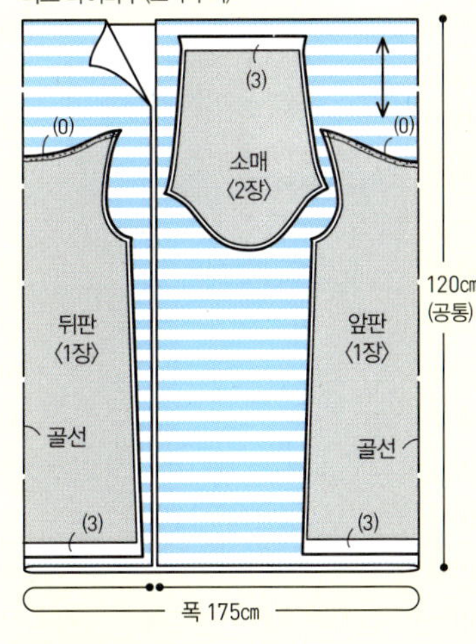

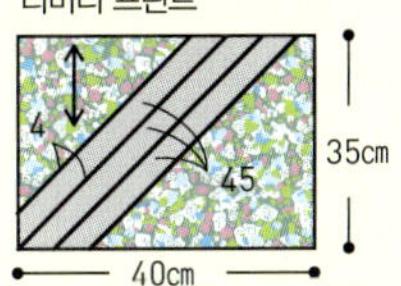

보더 무늬 티셔츠(아동용)

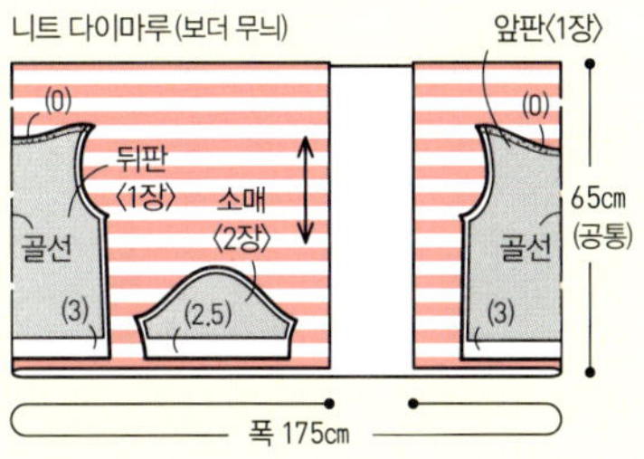

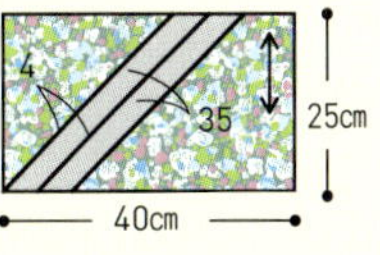

보더 무늬 티셔츠(남성용)

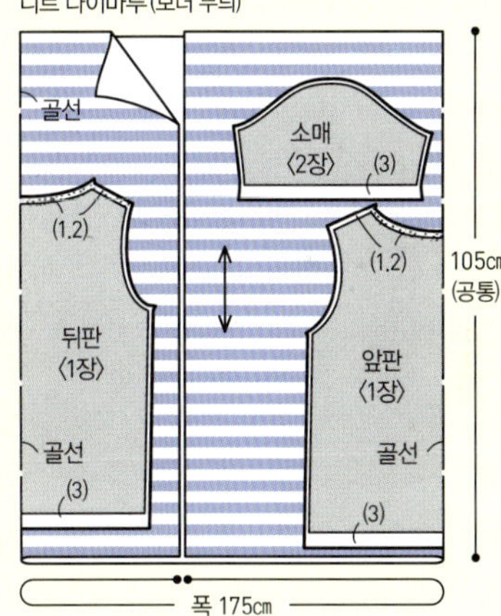

※( ) 안은 시접
지정 이외 시접은 1cm
※▒에는 늘어남 방지 테이프를 붙인다

● 튜닉 원피스(여성용)&티셔츠(아동용)

만드는 방법 ※니트용 재봉틀 바늘과 니트용 봉제사로 작업합니다.

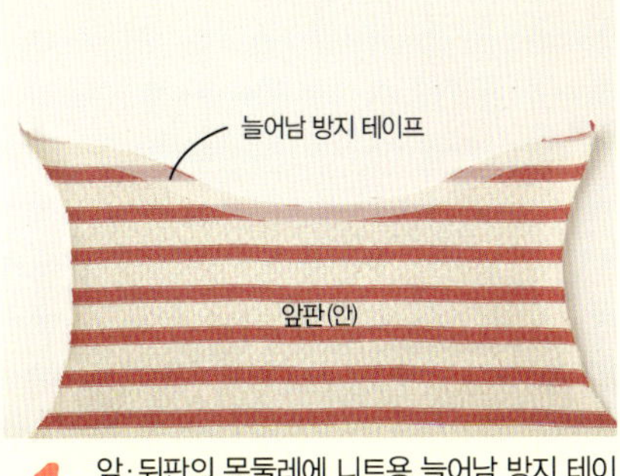

1 앞·뒤판의 목둘레에 니트용 늘어남 방지 테이프를 붙입니다.

2 가장자리 장식용 바이어스 테이프(p.75)를 만들고, 앞판과 바이어스테이프를 겉끼리 맞대어 박습니다.

3 바이어스테이프를 안쪽으로 뒤집고 겉쪽에서 스티치합니다. 뒤판도 같은 방법으로 처리합니다.

4 앞판의 어깨 위쪽에 뒤판의 어깨를 겹쳐놓고, 임시 고정합니다.

5 몸판과 소매를 겉끼리 맞대고 시침핀을 촘촘하게 꽂습니다.

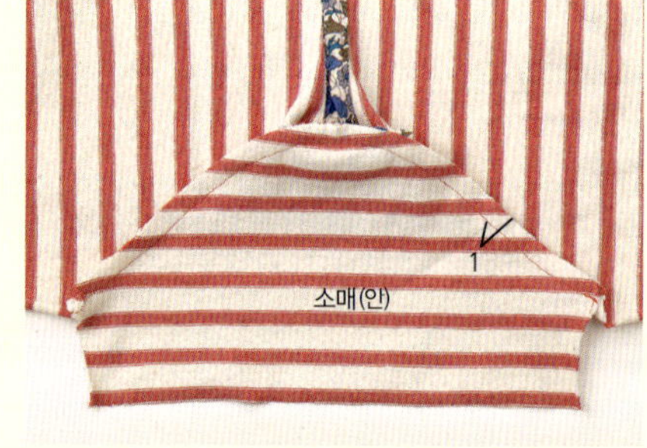

6 몸판과 소매를 합봉합니다.

7 시접은 원단 가장자리보다 약간 안쪽에서 2장을 함께 지그재그 스티치로 처리하고 몸판 쪽으로 넘겨 여분을 자릅니다. 반대쪽도 같은 방법으로 처리합니다.

8 앞·뒤판과 소매를 각각 겉끼리 맞대고, 소맷부리에서 밑단까지 사진의 화살표 방향으로 이어서 박습니다.

9 7의 진동둘레와 같은 방법으로 2장을 함께 지그재그 스티치로 처리하고, 여분을 자릅니다.

10 소맷부리와 밑단 시접에 지그재그 스티치를 합니다.

11 소맷부리는 완성선을 따라 접고, 2줄로 스티치합니다.

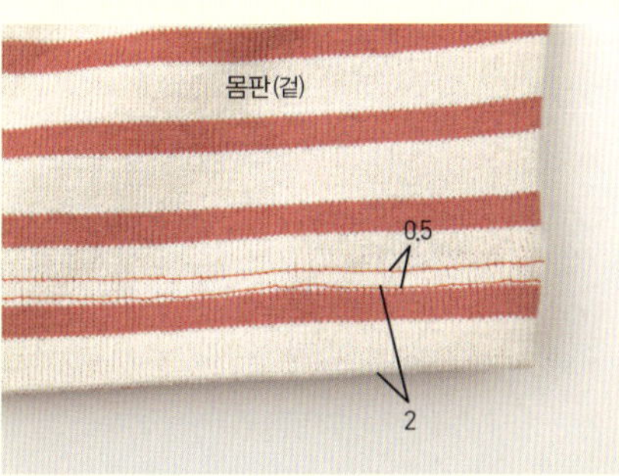

12 마지막으로 완성선을 따라 밑단을 접고, 2줄로 스티치합니다.

완성

Point Lesson

보더 무늬 티셔츠(남성용)

※소매 달기, 소맷부리, 밑단의 봉제법은 p.128~129를 참고하세요.

목둘레

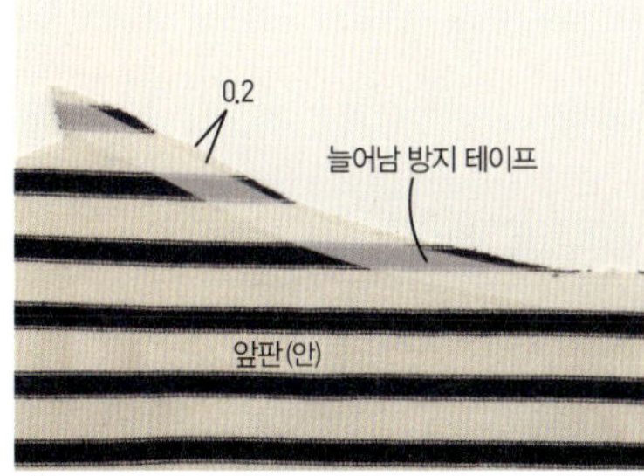

❶ 원단 가장자리에서 몸판 안쪽으로 0.2㎝ 들어간 부분에 니트용 늘어남 방지 테이프를 붙입니다.

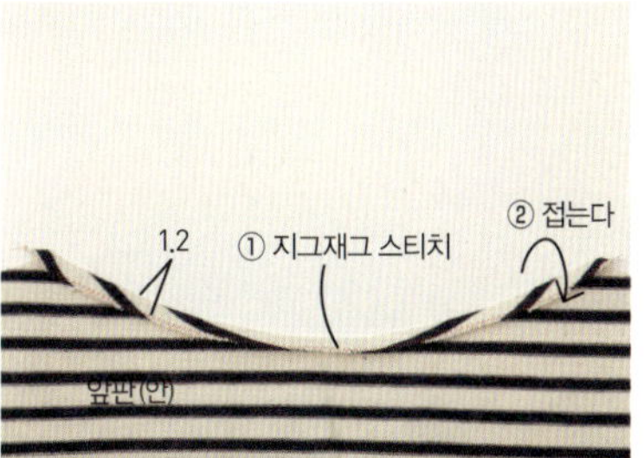

❷ 목둘레에 지그재그 스티치를 하고, 완성선을 따라 안쪽으로 접습니다.

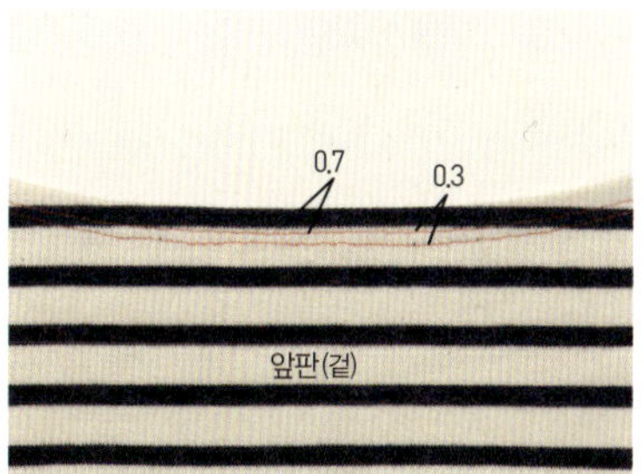

❸ 목둘레에 2줄로 스티치합니다.

어깨

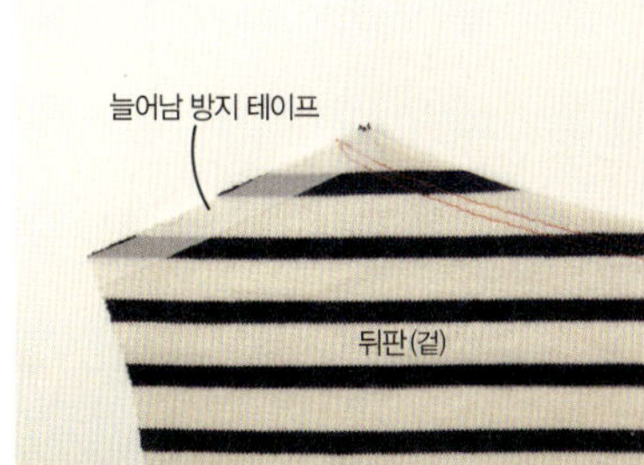

❶ 목둘레를 봉제하고, 뒤판의 어깨 겉쪽에 니트용 늘어남 방지 테이프를 붙입니다.

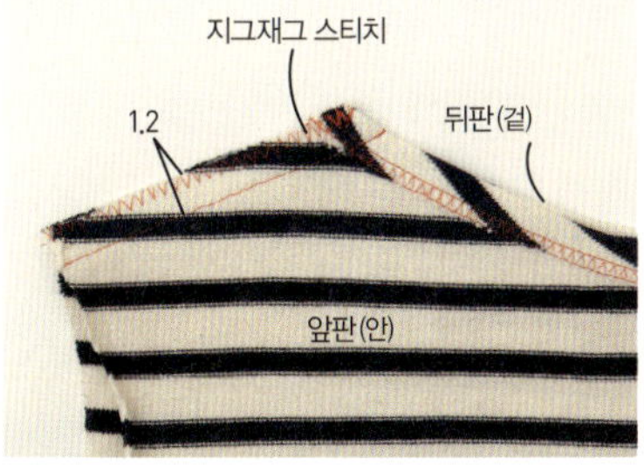

❷ 앞·뒤판은 겉끼리 맞대어 어깨를 박고, 시접은 2장을 함께 지그재그 스티치합니다.

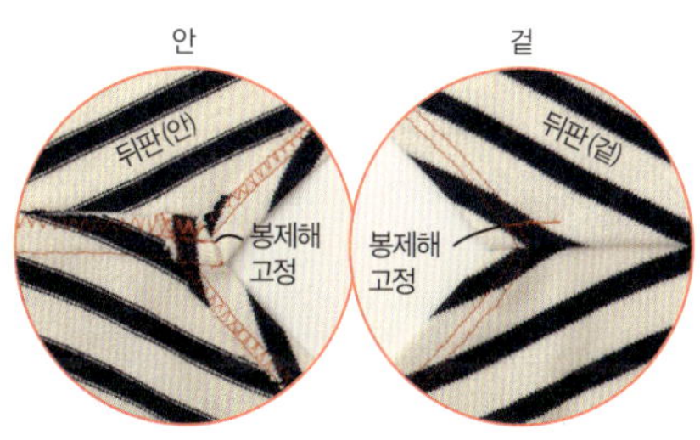

❸ 사진처럼 시접을 뒤쪽으로 넘겨 봉제해 고정합니다.

아동용 팬츠

재료 ※고무 밴드는 허리둘레 사이즈에 맞춰 조절한다

(왼쪽부터 100/110/120)

● **스트레치 팬츠**

프렌치 니트 파일 폭 150㎝×60/65/70㎝

고무 밴드 폭 3㎝×50㎝

● **데님 팬츠**

데님(무지) 폭 150㎝×60/65/70㎝

데님(스트라이프 무늬) 10㎝×25㎝

고무 밴드 폭 3㎝×50㎝

완성 크기(공통)

(왼쪽부터 100/110/120)

팬츠 길이 35/41/47㎝

실물 크기 패턴

● **스트레치 팬츠**

B면[12] 1 앞팬츠, 2 뒤팬츠, 3 벨트

● **데님 팬츠**

B면[13] 1 앞팬츠, 2 뒤팬츠, 3 벨트, 4 주머니

재단 배치도

스트레치 팬츠

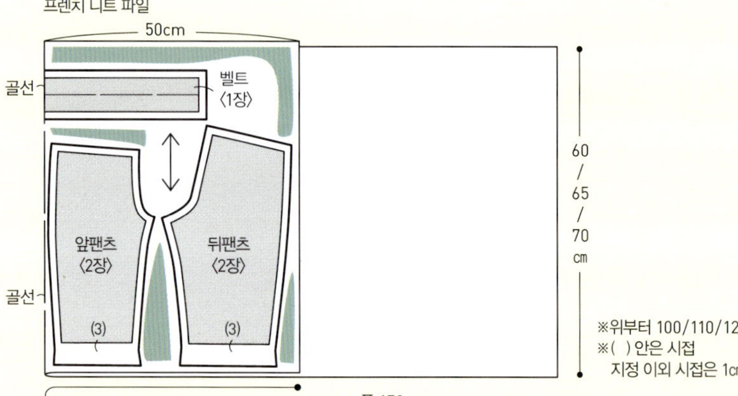

데님 팬츠

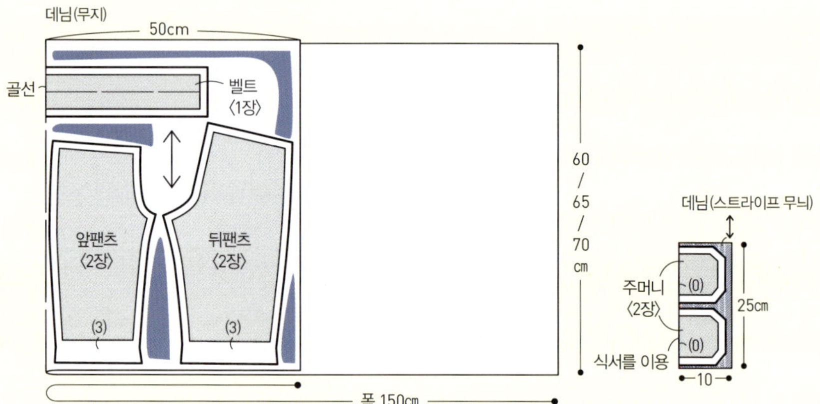

● 스트레치 팬츠

만드는 방법 ※니트용 재봉틀 바늘과 니트용 봉제사로 작업합니다.

1 앞·뒤 팬츠를 각각 겉끼리 맞대어 밑위를 박고, 시접은 2장을 함께 지그재그 스티치로 처리합니다. 앞팬츠 시접은 오른쪽 팬츠 쪽으로, 뒤팬츠 시접은 왼쪽 팬츠 쪽으로 넘깁니다.

원단 가장자리보다 약간 안쪽에서 지그재그 스티치를 한 뒤에 여분을 잘라내면 깔끔합니다.

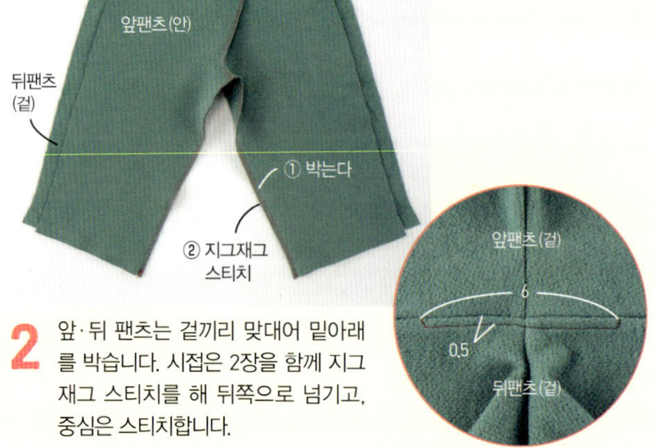

2 앞·뒤 팬츠는 겉끼리 맞대어 밑아래를 박습니다. 시접은 2장을 함께 지그재그 스티치를 해 뒤쪽으로 넘기고, 중심은 스티치합니다.

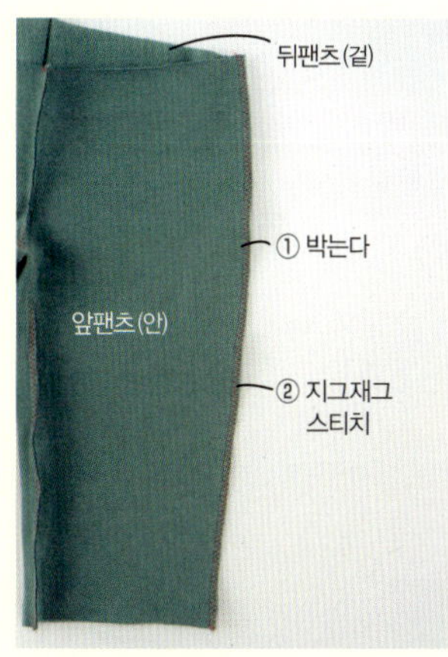

3 앞·뒤 팬츠의 옆선을 겉끼리 맞대어 박고, 시접은 2장을 함께 지그재그 스티치로 처리해 뒤쪽으로 넘깁니다.

4 벨트는 겉끼리 맞대어 고무 밴드 끼울 구멍만 남기고 박습니다.

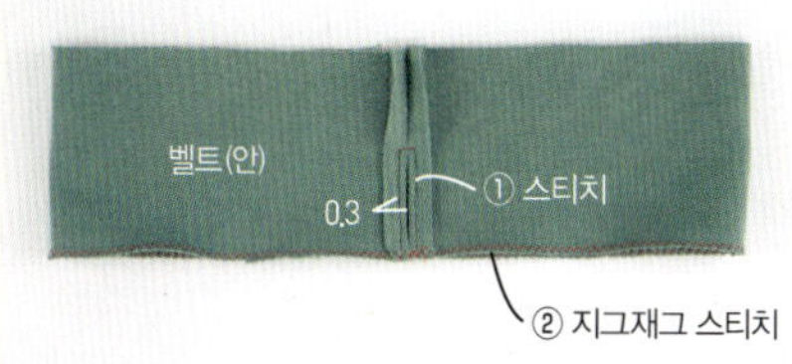

5 시접을 갈라서 고무 밴드 끼울 구멍에 스티치를 하고, 벨트 아랫단은 지그재그 스티치로 처리합니다.

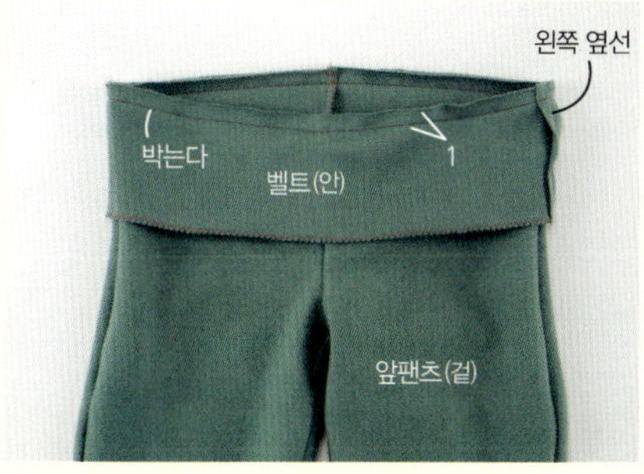

6 팬츠와 벨트를 겉끼리 맞댑니다. 벨트의 바늘땀을 왼쪽 옆선에 맞춰 박고, 시접은 벨트 쪽으로 넘깁니다.

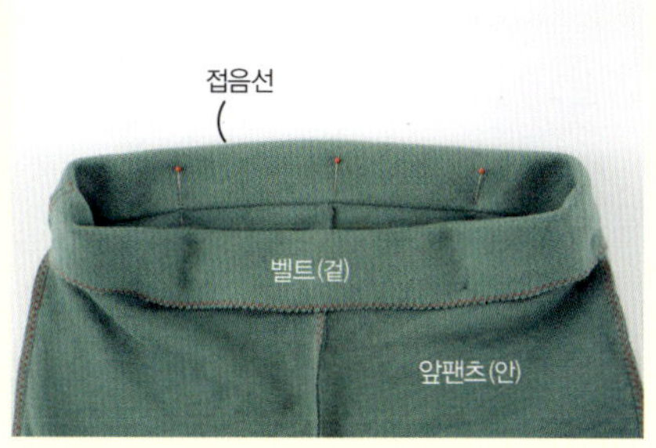

7 벨트는 접음선을 따라 안쪽으로 접고, 겉쪽에서 시침핀으로 고정합니다.

8 팬츠와 벨트의 봉제선을 겉에서 박습니다.
※'숨겨박기'(p.45)를 참고하세요.

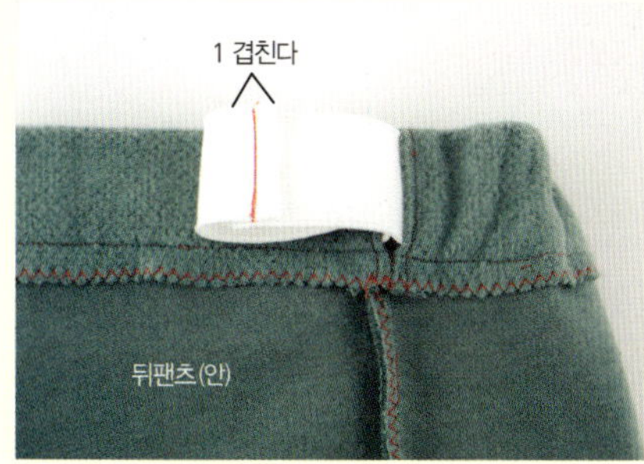

9 허리둘레에 고무줄 끼우개를 이용해 고무 밴드를 끼우고, 허리둘레에 맞춰 길이를 조절합니다. 고무 밴드의 끝부분은 1㎝ 겹쳐 박습니다.

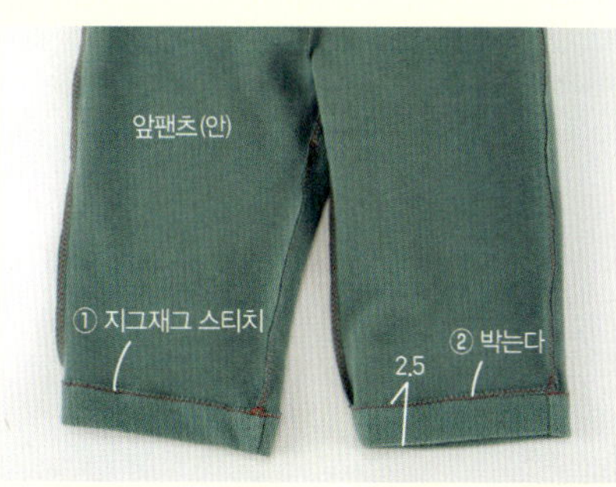

10 바지 밑단 시접은 지그재그 스티치를 하고, 완성선을 따라 접어박습니다.

완성

Point Lesson

데님 팬츠

※벨트 달기, 밑단 처리법은 p.131을 참고하세요.

주머니를 만들어 단다

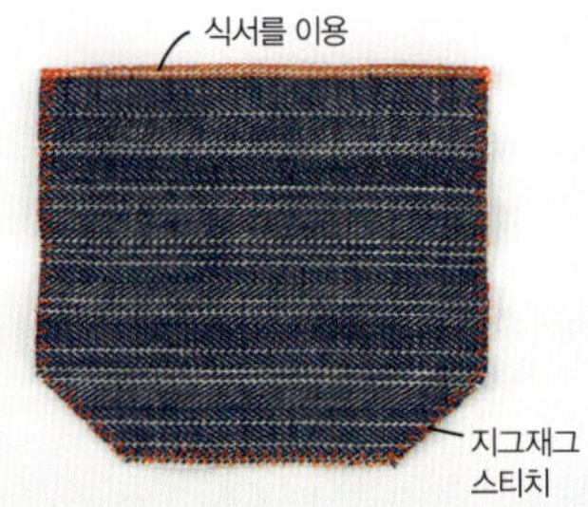

❶ 주머니 입구를 제외한 나머지 시접에 지그재그 스티치를 합니다.

❷ 주머니 입구 이외의 부분은 완성선을 따라 접고, 다리미로 다립니다.

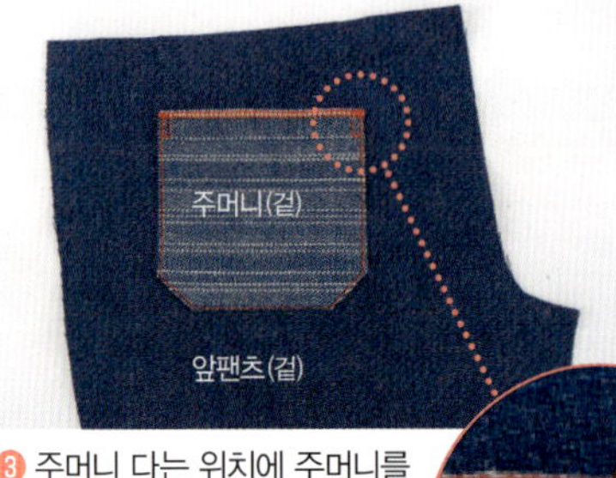

❸ 주머니 다는 위치에 주머니를 봉제하고, 주머니 입구의 양쪽 끝부분은 사각으로 봉제해 보강합니다.

※'사각 패치 포켓'(p.51)을 참고하세요.

밑위를 박는다

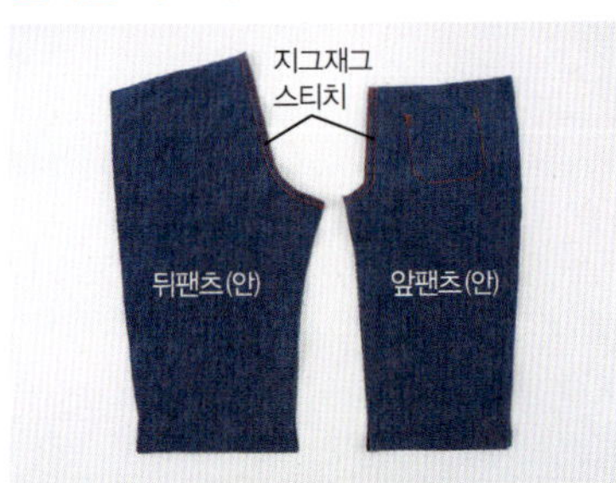

❶ 앞·뒤 팬츠를 각각 겉끼리 맞대어 밑위를 박고, 시접은 2장을 함께 지그재그 스티치로 처리합니다.

❷ 앞팬츠 시접은 오른쪽 팬츠 쪽으로, 뒤팬츠 시접은 왼쪽 팬츠 쪽으로 넘기고, 각각 겉쪽에서 스티치해서 고정합니다.

밑아래를 박는다

❶ 앞팬츠의 옆선과 밑아래 시접에 지그재그 스티치를 합니다. 뒤팬츠도 같은 방법으로 처리합니다.

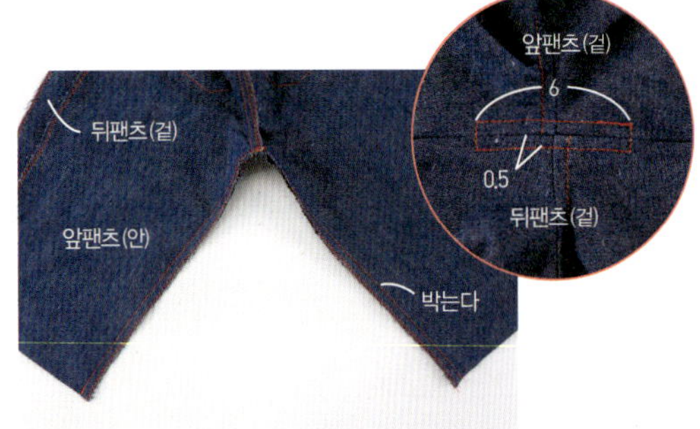

❷ 앞·뒤 팬츠를 겉끼리 맞대고, 밑아래를 박습니다. 시접은 가름솔로 처리하고, 중심에 스티치를 해서 고정합니다.

옆선을 박는다

앞·뒤 팬츠를 겉끼리 맞대어 옆선을 박고, 시접은 가름솔로 처리합니다.

칠부 소매 티셔츠

재료

● 칠부 소매 티셔츠(여성용)
(왼쪽부터 S/M/L/XL)
니트 다이마루(보더 무늬) 폭 175cm×75cm
늘어남 방지 테이프 폭 1cm×85cm
헤링본 테이프 폭 3cm×66cm
바이어스테이프 폭 1.3cm×52/54/56/58cm
단추 지름 1.5cm 4개

● 칠부 소매 티셔츠(아동용)
(왼쪽부터 100/110/120)
니트 다이마루(보더 무늬) 폭 175cm×55/55/60cm
늘어남 방지 테이프 폭 1cm×54/57/60cm
헤링본 테이프 폭 3cm×52.5/54/55.5cm
바이어스테이프 폭 1.3cm×43.5/44/44.5cm
단추 지름 1.5cm 3개

완성 크기

● 칠부 소매 티셔츠(여성용)
(왼쪽부터 S/M/L/XL)
가슴둘레 84/90/96/102cm
옷 길이 57.5/58/58.5/59cm

● 칠부 소매 티셔츠(아동용)
(왼쪽부터 100/110/120)
가슴둘레 60/64/68cm
옷 길이 38/41/44cm

실물 크기 패턴

● 칠부 소매 티셔츠(여성용)
B면[14] 1 앞판, 2 뒤판, 3 소매

● 칠부 소매 티셔츠(아동용)
B면[15] 1 앞판, 2 뒤판, 3 소매

재단 배치도

칠부 소매 티셔츠(여성용)

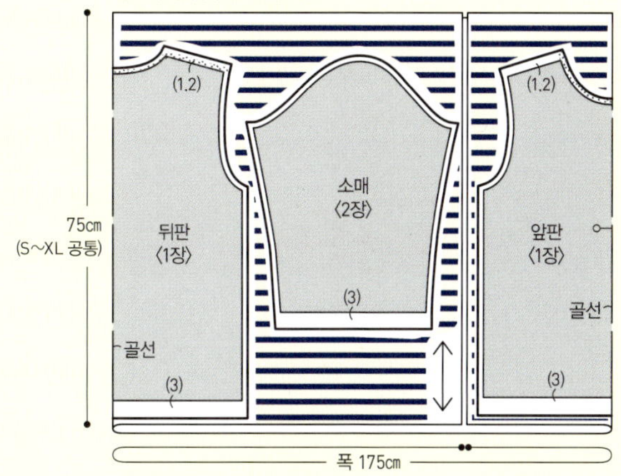

※( ) 안은 시접
지정 이외 시접은 1cm
※▒에는 늘어남 방지 테이프를 붙인다

칠부 소매 티셔츠(아동용)

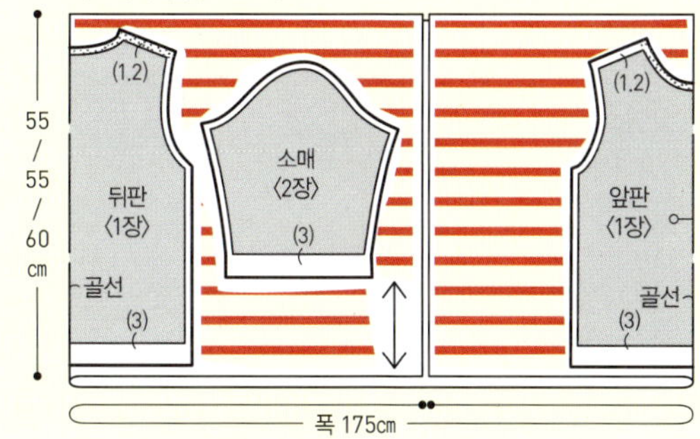

※위부터 100/110/120
※( ) 안은 시접
지정 이외 시접은 1cm
※▒에는 늘어남 방지 테이프를 붙인다

만드는 방법 ※니트용 재봉틀 바늘과 니트용 봉제사로 작업합니다.

1 앞·뒤판의 목둘레 안쪽과 뒤판의 어깨 겉쪽에 늘어남 방지 테이프를 붙입니다.

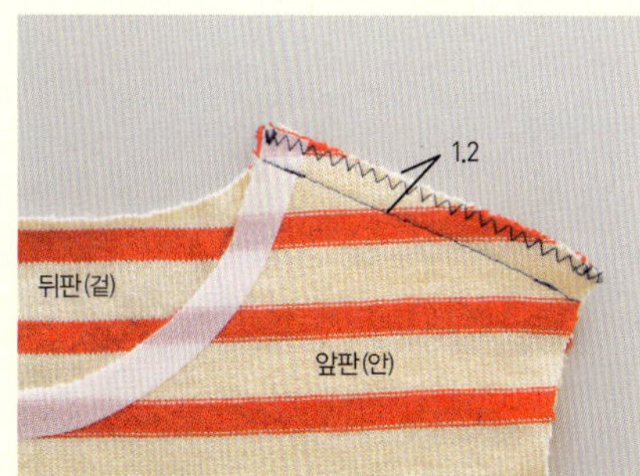

2 앞뒤판 겉끼리 맞대고, 오른쪽 어깨를 박습니다. 시접은 2장을 함께 지그재그 스티치를 해 뒤쪽으로 넘깁니다.

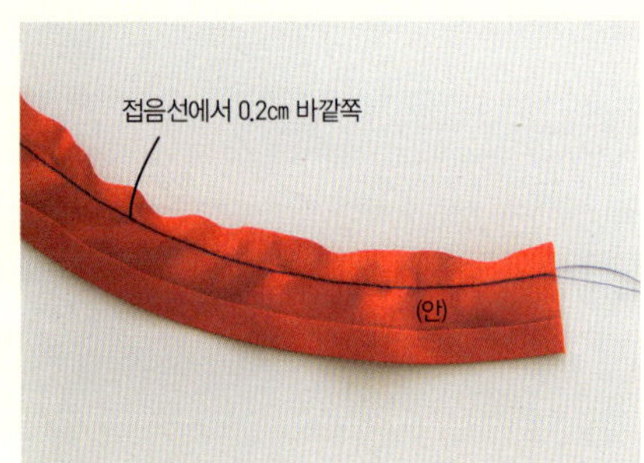

3 바이어스테이프는 한쪽을 펼쳐서 큰 땀으로 1줄 박고, 주름이 생기지 않을 정도로만 윗실을 오그립니다.

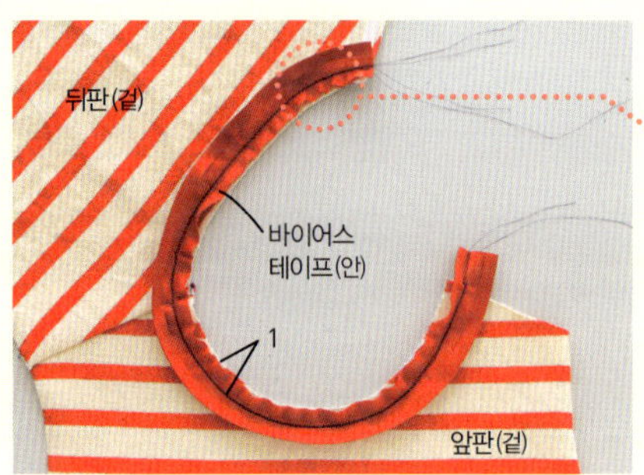

4 바이어스테이프 접음선과 몸판 목둘레의 완성선을 겉끼리 맞대고, 접음선을 따라 박습니다.

목둘레 시접을 0.5cm로 자른 모습입니다.

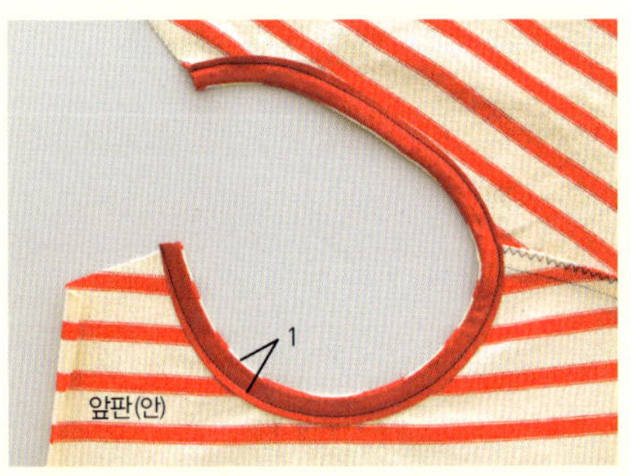

5 바이어스테이프를 안쪽으로 뒤집어 스티치합니다.

6 앞판과 뒤판은 겉끼리 맞대어 왼쪽 어깨를 박고, 시접은 2장을 함께 지그재그 스티치를 해 뒤쪽으로 넘깁니다.

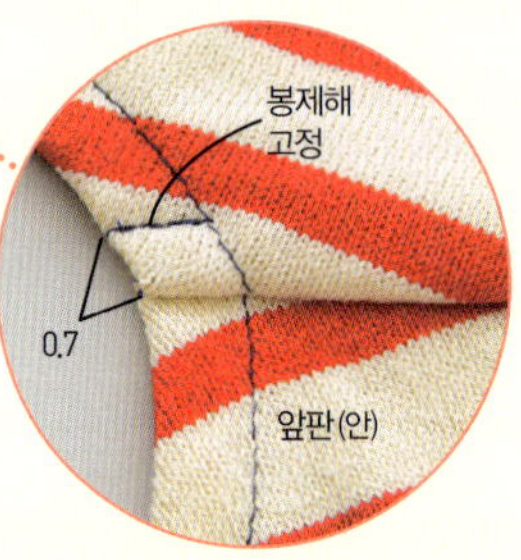

목둘레 시접은 스티치로 봉제해 고정합니다.

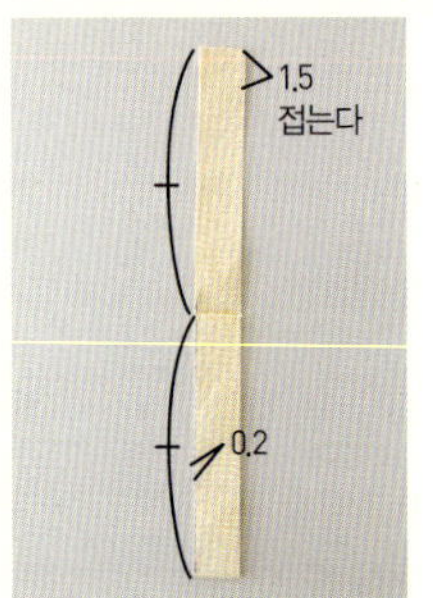

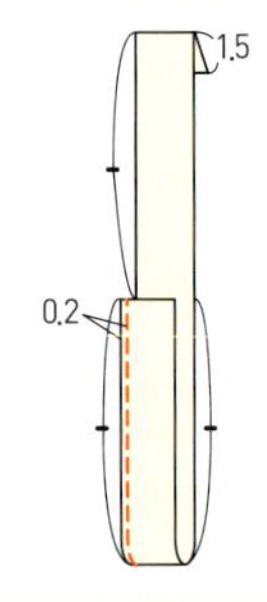

7 헤링본 테이프의 한쪽 끝부분은 1.5cm 접고, 나머지를 3등분합니다. 그림처럼 접어 2장을 겹쳐놓은 상태에서 가장자리에 스티치합니다.

8 헤링본 테이프 중심을 앞중심에 맞추고, 위쪽을 사진의 화살표를 따라 트임 끝 지점까지 봉제해 고정합니다.

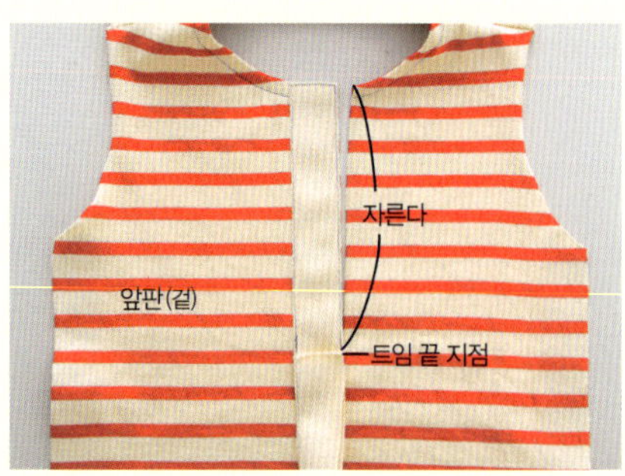

9 헤링본 테이프 가장자리에 맞춰 앞판의 트임 끝 지점까지 가위집을 정확하게 넣습니다.

10 몸판을 뒤집고 봉제하지 않은 쪽의 헤링본 테이프를 접어 올린 다음, 가위집을 넣은 부분에 시침핀으로 고정합니다.

헤링본 테이프를 앞판 가위집에 맞춰 고정합니다.

11 10에서 고정한 부분을 목둘레부터 트임 끝 지점까지 박습니다.

12 사진처럼 몸판을 펼쳐 헤링본 테이프의 형태를 정돈한 다음, 몸판에 스티치합니다. 목둘레와 트임 끝 지점에도 스티치합니다.

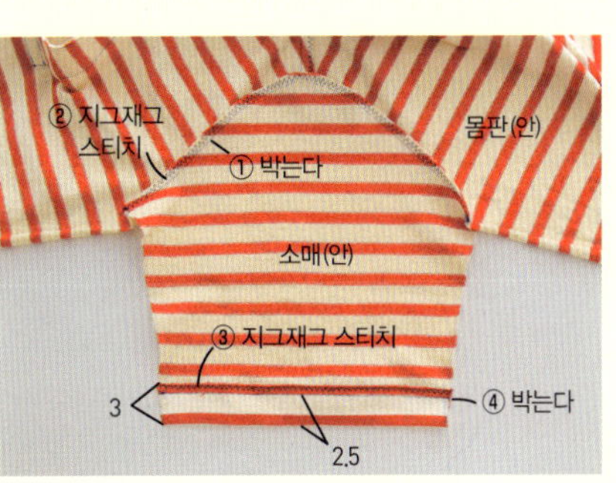

13 몸판과 소매를 겉끼리 맞대어 박고, 시접은 2장을 함께 지그재그 스티치를 해 몸판 쪽으로 넘깁니다. 소맷부리 시접도 지그재그 스티치를 해 완성선을 따라 접어박습니다.

14 몸판과 소매를 각각 겉끼리 맞대고, 소매 밑단에서 몸판 밑단까지 한 번에 이어서 박습니다. 시접은 2장을 함께 지그재그 스티치를 해 뒤쪽으로 넘깁니다.

15 소맷부리는 완성선을 따라 접고, 2줄로 박은 다음 시접을 고정합니다. 몸판 밑단은 시접에 지그재그 스티치를 해 완성선을 따라 접고 2줄로 박습니다.

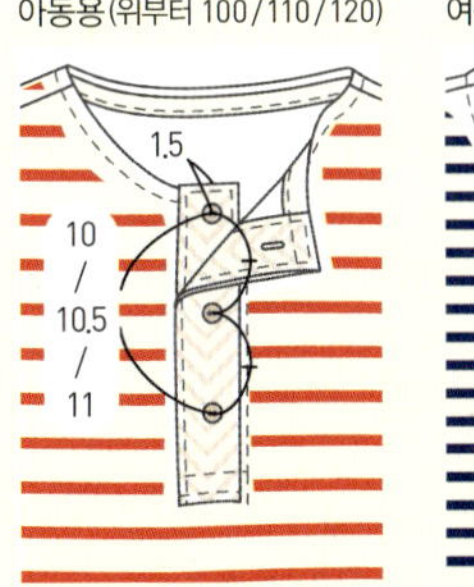

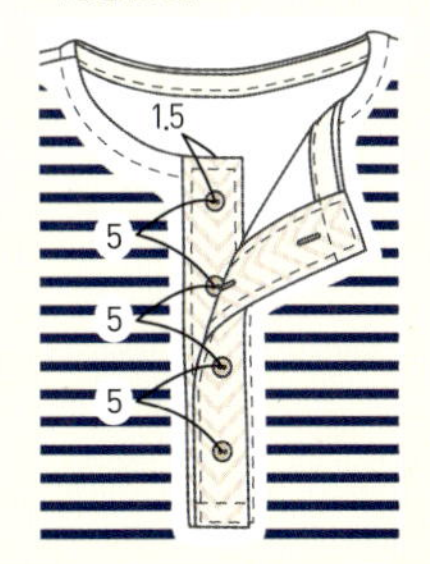

완성

16 헤링본 테이프에 단춧구멍을 만들고 단추를 답니다.
※'구멍이 4개인 단추'(p.82)를 참고하세요.

카디건

재료

● 카디건(여성용)

(왼쪽부터 S/M/L/XL)

기모 니트 폭 90cm×140/140/180/180cm

늘어남 방지 테이프 폭 1cm×85cm

헤링본 테이프 폭 3cm×110cm

바이어스테이프 폭 1.3cm×53/55/57/59cm

단추 지름 1.3cm 7개

● 카디건(아동용)

(왼쪽부터 100/110/120)

기모 니트 폭 90cm×90/95/105cm

늘어남 방지 테이프 폭 1cm×54/57/60cm

헤링본 테이프 폭 3cm×74/80/86cm

바이어스테이프 폭 1.3cm×43/43.5/45cm

단추 지름 1.5cm 5개

완성 크기

● 카디건(여성용)

(왼쪽부터 S/M/L/XL)

가슴둘레 84/90/96/102cm

옷 길이 59/59.5/60/60.5cm

● 카디건(아동용)

(왼쪽부터 100/110/120)

가슴둘레 60/64/68cm

옷 길이 39/42/45cm

실물 크기 패턴

● 카디건(여성용)

B면[16] 1 앞판, 2 뒤판, 3 소매

● 카디건(아동용)

B면[17] 1 앞판, 2 뒤판, 3 소매

재단 배치도

카디건(여성용)

기모 니트

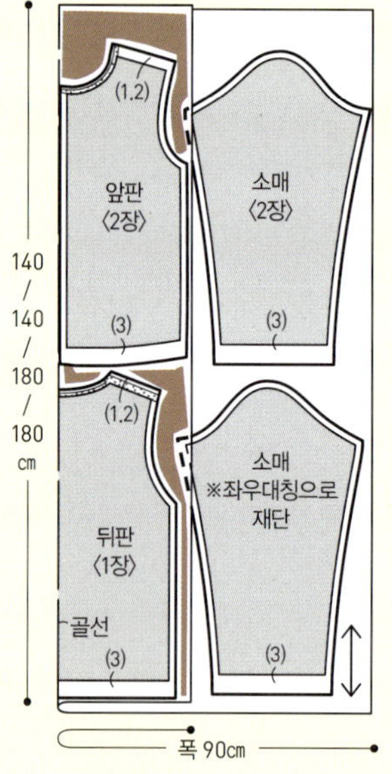

※위부터 S/M/L/XL
※( ) 안은 시접
지정 이외 시접은 1cm
※▒에는 늘어남 방지 테이프를 붙인다

카디건(아동용)

기모 니트

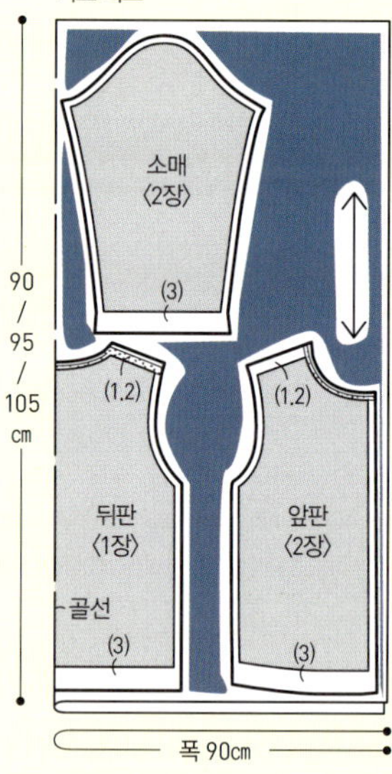

※위부터 100/110/120
※( ) 안은 시접
지정 이외 시접은 1cm
※▒에는 늘어남 방지 테이프를 붙인다

만드는 방법

※알기 쉽도록 원단 색상을 바꿔서 만들었습니다. 니트용 재봉틀 바늘과 니트용 봉제사로 작업합니다.

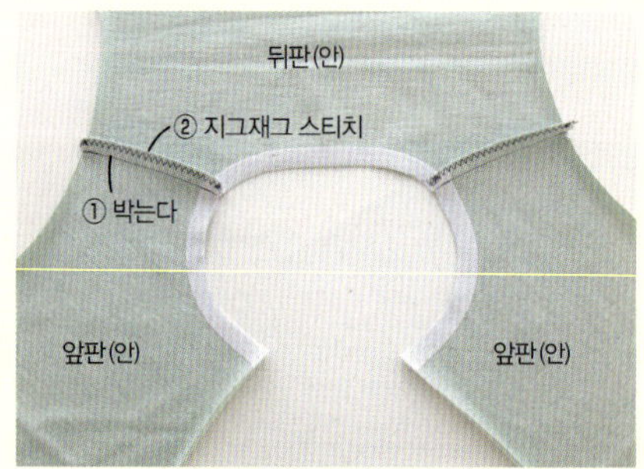

1 재단 배치도와 p.133을 참고해서 앞·뒤판에 늘어남 방지 테이프를 붙인 다음, 겉끼리 맞대어 어깨를 박습니다. 시접은 2장을 함께 지그재그 스티치를 해 뒤쪽으로 넘깁니다.

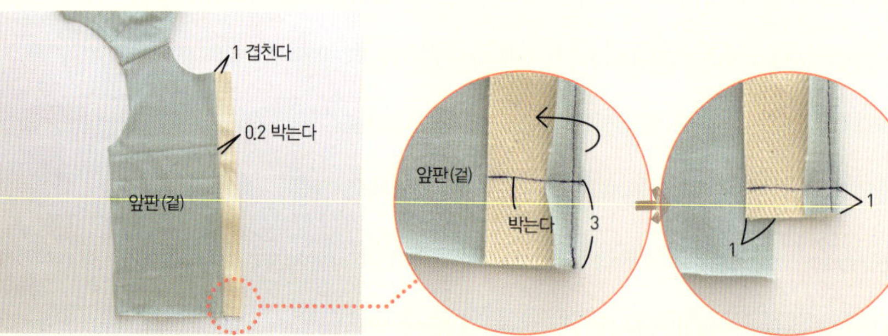

2 앞단 위쪽에 헤링본 테이프 1cm를 겹치고, 가장자리에 스티치합니다.

테이프와 시접을 접어 올려 앞단에 겹치고, 완성선을 따라 밑단을 봉제합니다.

여분 시접은 사진처럼 자르고, 반대쪽도 같은 방법으로 처리합니다.

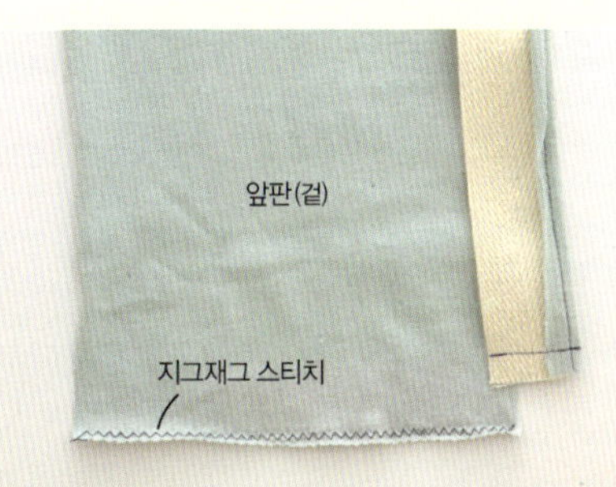

3 카디건 앞판과 뒤판 밑단에 지그재그 스티치를 합니다.

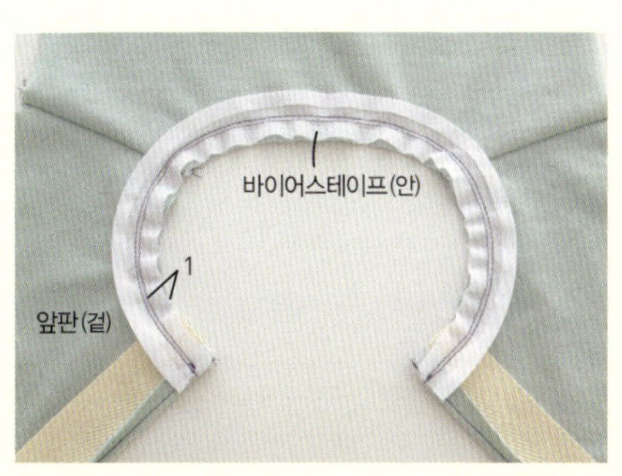

4 p.134를 참고해 바이어스테이프를 오그리고, 몸판과 겉끼리 맞대어 박습니다. 시접은 0.5㎝로 자릅니다.

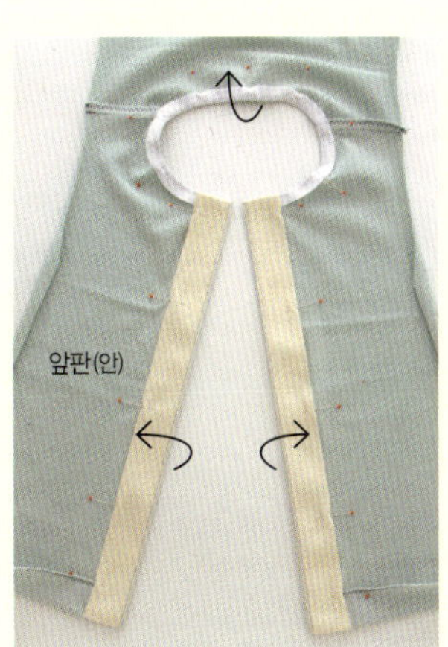

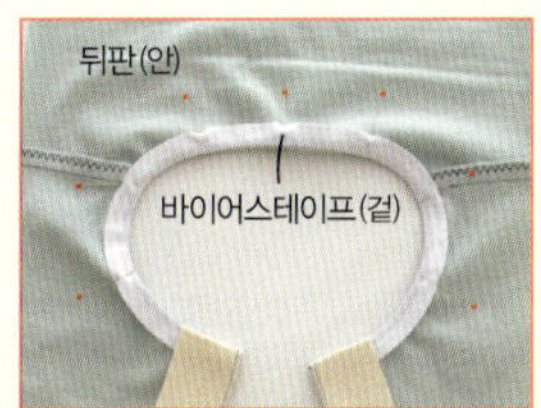

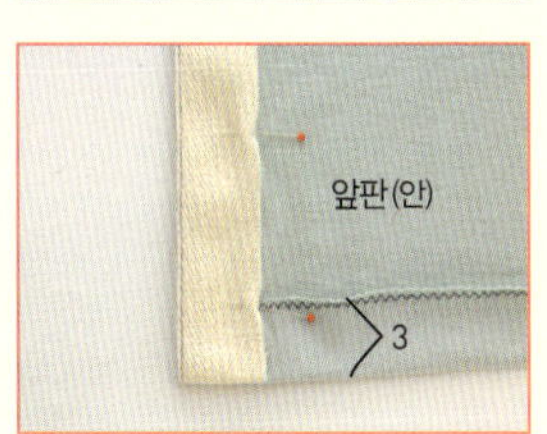

5 바이어스테이프와 헤링본 테이프를 안쪽으로 뒤집고, 시침핀으로 고정합니다. 카디건 밑단은 완성선을 따라 접습니다.

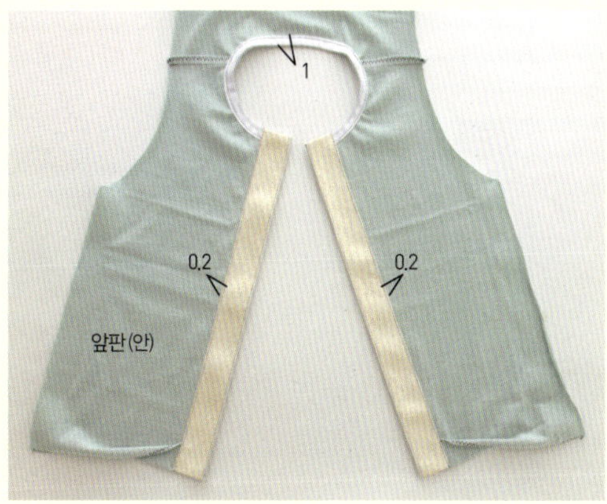

6 안쪽에서 헤링본 테이프와 바이어스테이프에 스티치합니다.

완성

소매 달기, 소매 밑단, 옆선, 소맷부리, 밑단의 봉제법은 p.135를 참고하고, 단춧구멍을 만들어 단추를 달면 완성입니다.

찾아보기

쉽게 배우는
새로운 재봉틀의 기초

1판 1쇄 발행 | 2017년 3월 27일
1판 5쇄 발행 | 2023년 11월 1일

지은이 사카우치 쿄코
옮긴이 김수연
펴낸이 김기옥

실용본부장 박재성
편집 실용2팀 이나리, 장윤선
마케터 이지수
판매전략 김선주
지원 고광현, 김형식, 임민진

디자인 푸른나무 디자인(주)
인쇄·제본 민언프린텍

펴낸곳 한스미디어(한즈미디어(주))
주소 121-839 서울시 마포구 양화로 11길 13(서교동, 강원빌딩 5층)
전화 02-707-0337 | 팩스 02-707-0198 | 홈페이지 www.hansmedia.com
출판신고번호 제 313-2003-227호 | 신고일자 2003년 6월 25일

ISBN 979-11-6007-125-2 13590

책값은 뒤표지에 있습니다.
잘못 만들어진 책은 구입하신 서점에서 교환해 드립니다.